Lange – Praxishandbuch Schwimmen

Erfolgreiche Stundenbilder
für Schule und Verein

Anja Lange

Praxishandbuch Schwimmen

Limpert Verlag Wiebelsheim

Die Angaben in diesem Buch sind von der Autorin und dem Verlag sorgfältig erwogen und geprüft, dennoch kann keine Garantie übernommen werden. Eine Haftung der Autorin bzw. des Verlags und seiner Beauftragten für Personen-, Sach- und Vermögensschäden ist ausgeschlossen. Stets sind weibliche Adressaten gleichermaßen und gleichberechtigt gemeint, auch wenn der Text aus Gründen der Kürze und Lesbarkeit nur die männliche Form anführt.

Bibliografische Information der Deutschen Nationalbibliothek
Die Deutsche Nationalbibliothek verzeichnet diese Publikation in der Deutschen Nationalbibliografie; detaillierte bibliografische Daten sind im Internet über http://dnb.d-nb.de abrufbar.

www.limpert.de

Fotos: Anja Lange
Druck und Verarbeitung: Himmer GmbH, Augsburg
Grafiken: Limpert Verlag

Printed in Germany/Imprimé en Allemagne
ISBN 978-3-7853-1900-0

Vorwort

Schwimmen und Tauchen rangieren in der Beliebtheitsskala der deutschen Bevölkerung auf den vordersten Plätzen. Sich unter der Wasseroberfläche im dreidimensionalen Raum nahezu schwerelos bewegen zu können, ist immer noch ein nicht alltägliches Erlebnis, das fasziniert. Wer nicht schwimmen kann, steht schnell am Rand und fühlt sich ausgeschlossen. Wasser ist ein Bewegungsraum, in dem Kinder viele außergewöhnliche Erfahrungen sammeln können, die nur in diesem Element möglich sind. Im Wasser kann man den eigenen nahezu schwerelosen Körper, das Fliegen beim Sprung, das Gleiten und das Wasser als solches erleben. Man erkundet Vortriebsmöglichkeiten und Abdruckflächen, erlebt Risiko und Wagnis beim Springen ins Wasser aus unterschiedlichen Höhen, spielt zusammen im Team Wasserball und hat Erfolgserlebnisse bei Kleinen Spielen sowie beim Lösen von Bewegungsaufgaben.

Schwimmen kann überlebensnotwendig sein. Es nicht zu können, bedeutet, in entsprechenden Gefahrensituationen zu ertrinken. Außerdem stärkt Schwimmenkönnen das Selbstwertgefühl, ermöglicht die Teilnahme an vielen Freizeitsportaktivitäten und ist die ideale Life-time-Sportart, bei der man sich mit zunehmendem Alter sogar noch verbessern kann! Aus diesen Gründen gehört Schwimmen anerkanntermaßen zu den Grundfertigkeiten und ist ein unverzichtbarer Bestandteil des pädagogischen Bildungs- und Erziehungsauftrags der Schulen. Ein Blick auf die aktuellen Lehrpläne zeigt, dass der Inhaltsbereich „Bewegen im Wasser-Schwimmen“ auch im Zeitalter der Kompetenzorientierung zum festen Bestandteil des Sportunterrichts in der Sekundarstufe zählt. Aber obwohl Schwimmen in der Beliebtheitsskala der Freizeitsportarten weit vorne steht, ist es in institutionalisierter Form in Schule und Verein doch weniger positiv besetzt. Dies könnte daran liegen, dass sich Schul- und Vereinsschwimmen immer noch zu sehr auf das zum Teil mühsame Erlernen der Techniken beschränkt und zu wenig Vielfalt zulässt. Die Abwendung von dieser sehr technikbezogenen Auslegung, wonach Schwimmen als Bewegung in einer der vier olympischen Techniken auf geradlinigen Bahnen im normierten Becken zu verstehen ist, eröffnet eine Vielfalt von Sinnperspektiven wie Spaß, Körpererfahrung, Wahrnehmung, Sozialerfahrung, Selbständigkeit, Spielen, Wettkampf, Gestaltung oder Abenteuer.

Die Erziehung zum lebenslangen Schwimmen gelingt nur, wenn man es schafft, Spaß und Begeisterung an der Bewegung im Wasser zu vermitteln und Schüler zu motivieren. Allerdings neigen einige Lehrer, die ausschließlich die im Lehrplan vorgegebene Prüfung im Sinn haben, dazu, sich zu sehr auf die Sachebene zu konzentrieren. Sie feilen an den Techniken, stoppen Zeiten und sehen die Fehler, anstatt auch offenere Lösungen zuzulassen und viele kleine individuelle Erfolgserlebnisse zu ermöglichen. Verpflichtender Schwimmunterricht sollte für alle, egal ob talentiert oder untalentiert, kein ungeliebtes Muss sein, sondern mit Freude betrieben werden. Einen Aufforderungscharakter besitzen aus motivationspsychologischer Sicht eher variantenreichere Situationen als einseitige. Daraus folgt, dass Schwimmen für Schüler von Beginn an in vielseitigen Formen angeboten werden muss. Dieser Aspekt stand auch bei der Konzeption dieses Buches im Vordergrund. Man findet deshalb Stunden zum Rettungsschwimmen, Wasserspringen, ABC-Tauchen, Wasserball und zu Formen des Kunstschwimmens oder auch aktuelle Fitnessangebote wie Aquazumba oder Aqua-Kickboxen. Gerade die unbekannten und deshalb attraktiven Inhalte machen Spaß und wecken den Lerneifer.

Dr. Anja Lange

Inhaltsverzeichnis

I Einführung

1 Rechtliches

Lehrbefähigung

Jeder Lehrer, der Schwimmen unterrichtet, muss ein sicherer Schwimmer sein, die Schwimmlehrbefähigung besitzen und rettungsfähig sein. Was Rettungsfähigkeit bedeutet, ist in den Bundesländern nicht einheitlich geregelt, meint aber meistens den Besitz eines Rettungsschwimmabzeichens in Bronze. Auch die Fragen, ob und in welchem zeitlichen Rahmen eine Auffrischung erfolgen muss, werden in einigen Bundesländern nicht klar beantwortet. Aufgrund mangelnder Übung bei Ernstfällen fehlt Lehrkräften häufig die notwendige Sicherheit, um im Ernstfall konsequent einen Schüler zu retten. Jedes Zögern und Delegieren kann schon zu viel Zeit kosten. Deshalb sollte sich jeder Lehrer regelmäßig selbstkritisch fragen, ob er im Ernstfall in der Lage ist, ein Ertrinken verhindern zu können. Falls nicht, müssen die Kenntnisse aufgefrischt werden. Auch wenn zusätzliches Aufsichtspersonal im Schwimmbad anwesend ist, ist allein der Lehrer für das Schulschwimmen verantwortlich. Der Schwimmerlass legt fest, dass

- die Schüler vor der Aufnahme des Schwimmunterrichtes über Gefahren und Vorsichtsmaßnahmen inklusive der Baderegeln zu belehren sind,
- vor dem Betreten und Verlassen der Schwimmstätte die Vollständigkeit der Lerngruppe zu überprüfen ist,
- die Lerngruppenstärke beim Schwimmunterricht in der Regel den Klassengrößen gemäß den für die einzelnen Schulstufen und Schulformen geltenden Richtlinien entspricht, sofern nicht wegen besonderer Umstände die Bildung kleinerer Lerngruppen erforderlich ist, damit der Lehrer seiner Sorgfalts- und Aufsichtspflicht genügen kann,
- Schwimmer und Nichtschwimmer in getrennten Lerngruppen unterrichtet werden sollten, sofern spezielle pädagogische Maßnahmen nicht einen gemeinsamen Unterricht sinnvoll erscheinen lassen. Dies kann auch klassen- oder schulübergreifend erfolgen.
- eine Lerngruppe mit Schwimmern und Nichtschwimmern, die nur von nur einer Lehrkraft beaufsichtigt wird, im Lehrschwimmbecken oder im Nichtschwimmerteil eines Schwimmbeckens zu unterrichten ist.
- Nichtschwimmer sich im Lehrschwimmbecken oder im Nichtschwimmerteil eines Schwimmbeckens nur in dem Beckenteil aufhalten dürfen, in dem sie ungefährdet in höchstens brusttiefem Wasser stehen können.
- die Lehrkraft ihren Platz so wählen muss, dass sie alle im Wasser befindlichen Schüler sehen kann. Sie sollte sich nicht gleichzeitig mit Schülern im Wasser aufhalten, sofern dies nicht in besonderen Fällen aus pädagogischen oder methodischen Gründen erforderlich ist.
- Einzelaufsicht erforderlich ist bei Schülern, die lernen sollen, im tiefen Wasser frei zu schwimmen sowie in der Regel auch beim Strecken- und Tieftauchen.
- der Unterricht im Wasserspringen und im Tauchen nur Lehrkräften gestattet ist, die über die entsprechenden fachlichen und methodischen Voraussetzungen verfügen. Beim Wasserspringen ist besonders darauf zu achten, dass die jeweilige Absprungfläche erst betreten werden darf, wenn die Wasserfläche im Sprungbereich frei ist.
- bei Rollwenden und Startsprüngen auf eine ausreichende Wassertiefe von mindestens 1,80 m zu achten ist.

Unfälle

In den Unfallstatistiken der Versicherungsverbände findet man Schwimmen sehr weit hinten. Wenn es aber zu Unfällen kommt, sind diese zum Teil folgenschwer, manchmal sogar lebensgefährlich oder tödlich. Die Örtlichkeit, das Element Wasser und die möglicherweise schwerwiegenden Folgen einer Fehlhandlung stellen die Lehrkräfte vor ungewohnte Probleme. Deshalb sind spezifische Sicherheitsvorkehrungen auf technischer, organisatorischer, personeller und methodischer Ebene unerlässlich.

Im Jahr 2004 ereigneten sich an baden-württembergischen Schulen 44 % aller Schülerunfälle im Schulsportunterricht. Der Anteil von Unfällen in Schwimmbädern betrug insgesamt 5 %. Eindeutig dem Schulschwimmunterricht zuzuordnen waren 2.028 Unfälle und damit 2,4 % aller Schulsportunfälle. Die restlichen Unfälle waren auf wassersportlichen Aktivitäten, z. B. bei außerunterrichtlichen Veranstaltungen, zurückzuführen. 68 % der Unfälle beim regulären Schulschwimmunterricht ereigneten sich im Wasser bzw. im Schwimmbecken, 32 % der Unfälle passierten am Beckenrand, im Umkleideraum oder unter der Dusche. Im langfristigen Jahresmittel sind ein bis zwei tödliche Ertrinkungsunfälle zu beklagen. Gegenüber den anderen Schulsportunfällen fällt bei Schwimmunfällen der verhältnismäßig hohe Anteil an Kopf- und Zahnverletzungen sowie Schnitt- und Platzwunden auf. 62 % der Schwimmunfälle im Wasser ereignen sich durch Kollisionen, entweder mit anderen Sporttreibenden oder mit dem Schwimmbeckenrand. Weitere 15 % waren den Tätigkeiten Springen und Rutschen ins Wasser zuzuordnen. Individuelle Auslösefaktoren wie fehlende Schwimmtechnik und Bewegungssicherheit, unzureichende organisatorische Regelungen oder verbotswidriges Verhalten (z. B. Rennen im Barfußbereich) waren die Hauptunfallursachen, gefolgt von baulichen Mängeln an den Einrichtungsteilen (z. B. rutschige Bodenbeläge und beschädigte Bodenfliesen). Hauptunfallarten bei Unfällen am Beckenrand, in Umkleidekabinen oder Duschen waren mit 64 % sogenannte Stolper- und Sturzunfälle, wobei das Ausrutschen auf nassen Fliesen mit 43 % die häufigste Unfallursache war. Auch wenn es mühsam ist, sollte deshalb immer wieder auf ein generelles Laufverbot in der Schwimmhalle hingewiesen werden (vgl. Hans-Joachim Wachter, Unfallkasse BW-Abteilung Prävention. 2/2005 INFO-Fachbereich Sport 15-16).

Befreiung vom Schwimmunterricht

Über eine Befreiung vom Sport- und Schwimmunterricht, die länger als eine Woche dauert, entscheidet der Fachlehrer aufgrund eines ärztlichen Attests. Dauert die Befreiung mehr als zwei Monate, entscheidet der Schulleiter aufgrund eines schulärztlichen Zeugnisses (vgl. BASS § 11). Zur Befreiung vom Schwimmunterricht aus religiösen Gründen findet man im Handlungsprogramm Schwimmen der Bezirksregierung Arnsberg auf S. 8 folgenden Passus: „Es gibt laut Erlass keine generelle Freistellung vom Schwimmunterricht, auch nicht für muslimische Schülerinnen und Schüler." Aus aktuellen Presseberichten, die sich auf neuere Gerichtsurteile beziehen, ist abzulesen, dass sich die verpflichtende Teilnahme am Schwimmunterricht auch an weiterführenden Schulen immer weiter durchsetzt. Neuerdings können Schulleiter auch bei muslimischen Mädchen die Teilnahme am Schwimmunterricht einfordern. Die Freistellung vom Schwimmunterricht erfolgt in jedem Fall nur auf ausführlichen schriftlichen Antrag der Erziehungsberechtigten.

Lehrkräfte sollten muslimische Mädchen bei der Erlangung der Schwimmfähigkeit in besonderer Weise individuell fördern und gegebenenfalls für diese Mädchen ein individuelles Förderprogramm entwickeln und organisieren. In Konfliktfällen sind Schulleiter und unterrichtende Lehrkraft verpflichtet, Information, Rat und Unterstützung durch entsprechende Integrationsbeauftragte und die obere Schulaufsicht einzuholen. Muslimische Schülerinnen bestimmter Glaubensausrichtungen brauchen eine Schwimmkleidung, die Haut, Haare und Körperformen öffentlichen Blicken entzieht, und müssen sich separat duschen, umziehen und föhnen können. Als Schwimmkleidung kommt zunächst der zweiteilige Burkini aus Lycra mit integrierter Kopfbedeckung infrage, der den Anforderungen des Hidschab entspricht. Allerdings muss die Badeordnung des Schwimmbads diese Form der Badebekleidung erlauben. Dies ist nicht immer der Fall. Als Alternative haben sich auch weite Boardshorts, eine Neoprenhaube und ein weites Lycra-Langarmshirt bewährt.

Schwimmen in den Lehrplänen

Lehrpläne legen für die einzelnen Fächer fest, was im jeweiligen Fachunterricht gelten soll, und sie haben je nach Detailliertheit der Vorgaben eine orientierende bis verbindliche Funktion. Im Allgemeinen sind die Rahmenlehrpläne die didaktische Grundlage für schulinterne Lehrpläne mit kaum verbindlichen Inhalten oder methodischen Anweisungen für deren Vermittlung. Letztendlich entscheidet die Fachkonferenz Sport der jeweiligen Schule über die Ausgestaltung und Umsetzung und damit auch über den Anteil des Schwimmens im Sportunterricht. Der Schwimmunterricht oder das Bewegungsfeld „Bewegen im Wasser – Schwimmen" ist in den Lehrplänen der Schulen ab der Primarstufe fest verankert. Jedes Kind sollte am Ende der Grundschulzeit schwimmen können. Die Realität sieht zum Teil allerdings anders aus. In welchen Klassen, wie oft und mit welchen Inhalten Schwimmen angeboten wird, ist in hohem Maße abhängig von den örtlichen und personellen Gegebenheiten und somit auch sehr unverbindlich. Der Name des Inhaltsbereichs „Bewegen im Wasser – Schwimmen" soll zum Ausdruck bringen, dass das Bewegen im Wasser in seiner Vielfalt Unterrichtsgegenstand werden soll und über das hinausgeht, was die Sportart Schwimmen in Wettkampf und Training beinhaltet. Außerdem sollen Schüler erfahren und reflektieren, dass Schwimmen neben der sportlichen Herausforderung auch mit anderen Sinngebungen belegt werden kann, wie z. B. Wagnis, Fitness, Körpererfahrung, Kreativität oder Kooperation.

2 Organisatorisches

Bäder und Bahnen

Der Schwimmunterricht stellt für Lehrer eine besondere Herausforderung dar und erfordert neben Fachkompetenz auch ein besonderes Organisationstalent. Egal ob ängstlicher Nichtschwimmer oder begeisterter Vereinsschwimmer, alle Schüler wollen gefördert werden. Die Rahmenbedingungen des Schwimmunterrichts sind oft nicht optimal und sehr unterschiedlich. Der Schulträger, also die Kommune, hat die Aufgabe, die sachlichen Voraussetzungen zu schaffen, um den Schulen Schwimmunterricht zu ermöglichen. Da die öffentlichen Bäder in Deutschland zum überwiegenden Teil aber nicht nur den Schulen, sondern auch Vereinen und der Öffentlichkeit zur Verfügung gestellt werden, müssen die Wasserzeiten immer wieder neu ausgehandelt werden. Nach Auskunft der Schulsportreferenten der Aufsichts- und Dienstleistungsdirektion (ADD) sind in mehr als 90 % aller Fälle, in denen Schulen keinen Schwimmunterricht anbieten, fehlende Wasserzeiten ausschlaggebend. Die verbleibenden Fälle werden mit organisatorischen Problemen oder Transportproblemen sowie fehlenden Ressourcen an ausgebildeten Lehrkräften begründet. 23 % aller Hauptschulen, 27 % aller Realschulen, 21 % aller Gymnasien und 46 % aller Berufsschulen stehen laut Sprint-Studie 2005 keine Sportstätten für den Schwimmunterricht zur Verfügung.

Die von Lehrern geplanten Inhalte und Organisationsformen sind stark vom Ort abhängig: Schwimmunterricht kann während des öffentlichen Badebetriebes im Hallenbad stattfinden, im Lehrschwimmbecken einer Schule oder sogar im Erlebnis- oder Freibad. Für die Unterrichtsplanung muss man sich immer mit der zur Verfügung stehenden Wasserfläche und dem Zeitrahmen beschäftigen, der An- und Abreise, Umziehen und auch Haare trocknen beinhaltet.

Häufig ist zu beobachten, dass zwei bis drei Schulen gleichzeitig ein Schwimmbad nutzen und jeder Schule zwei abgetrennte Bahnen zur Verfügung stehen. Findet dann der Unterricht noch in einem 50-m-Becken statt, bedeutet dies zum einen, dass die Schüler schnell ermüden, weil 50 m sehr lang sind, und zum anderen, dass die Lehrkräfte ständig von einem zum anderen Ende eilen müssen, um neue Ansagen zu machen. Hier wäre es sinnvoller, sich mit den Kollegen abzusprechen und das Becken quer aufzuteilen. Nur bei einem gleichzeitig stattfindenden öffentlichen Badebetrieb wird dieses nicht möglich sein. Gibt es tatsächlich nur zwei lange Bahnen, besteht auch die Möglichkeit, für Spiele das Nichtschwimmerbecken zu nutzen. Ideal ist natürlich ein (schuleigenes) Lehrschwimmbecken.

Erschwerend zu dem ohnehin schon enormen Lärmpegel in Schwimmbädern kann hinzukommen, dass zusätzlich noch Musik läuft und der öffentliche Badebetrieb die Schüler stark ablenkt.

Selbst eine 25-m-Bahn ist für Anfänger zu lang, um eine Technik zu erlernen. Günstige Strecken liegen bei 15 m. Hier muss sich der Lehrer Gedanken machen, wie er dieses bei seinen räumlichen Gegebenheiten umsetzen kann. Die Wahl der Organisationsform ist abhängig von den räumlichen Gegebenheiten, der Gruppengröße, dem Leistungsstand und von den Zielen und Inhalten der Stunde Infrage kommen

- Längsbahnschwimmen am laufenden Band: Mehrere Schüler schwimmen auf einer Bahn im Kreis. Stehen zum Beispiel drei Bahnen zur Verfügung, sollten die Gruppen hier so zusammengesetzt sein, dass innerhalb einer Gruppe alle Schwimmer ungefähr die gleiche Leistungsstärke besitzen. Die Größe der Gruppe verringert sich mit steigender Leistung. Die schwächste Gruppe sollte auf der Außenbahn schwimmen, wo sie am stärksten beobachtet und gegebenenfalls korrigiert werden kann.
- Einbahnschwimmen: Die ersten Schüler schwimmen gleichzeitig nebeneinander eine Bahn. Die nächste Gruppe beginnt, wenn die ersten ein Drittel oder die Hälfte der Bahn geschwommen sind. Am Ende der Bahn verlassen die Schüler das Wasser und gehen an Land zurück.
- Einbahnschwimmen in Wellen: Die Schwimmer starten in Gruppen nebeneinander und schwimmen in Wellen hintereinander. Wenn die letzte Gruppe die gegenüberliegende Seite erreicht hat, startet die erste Gruppe wieder zurück.

Checkliste vor und nach dem Unterricht

Zur Vorbereitung des Schwimmunterrichts ist es hilfreich, organisatorische (Sicherheits-)Maßnahmen und Verhaltensregeln schon in der Schule mit den Schülern zu besprechen. Eltern sollten ein Informationsblatt der Schule erhalten, auf dem sie beispielsweise Krankheiten ihrer Kinder, die für den Schwimmunterricht von Bedeutung sein können, wie z. B. Diabetes, angeben können.

- Der Lehrer legt Treffpunkte vor und nach dem Aussteigen aus dem Bus fest. Die Schüler warten in der Regel vor dem Bad und werden zusammen hereingelassen.
- Man muss im Vorfeld Absprachen treffen bei Krankheit der Schüler und Regelungen vorsehen bei Schülern, die ihr Schwimmzeug vergessen haben. Passive können zum Beispiel Mitschüler beobachten und korrigieren, mit dem Handy Technikvideos erstellen oder eine Spielleiter- bzw. Schiedsrichtertätigkeit übernehmen.
- Es sollten immer die gleichen Umkleiden und Sammelstellen nach dem Umziehen auf der Wärmebank benutzt werden. Dieses muss mit dem Badpersonal abgesprochen werden.
- Der Lehrer muss nach dem Einlass oder am Ende der Stunde die Anzahl der Schüler an der Schwimmbadkasse in der Abrechnungsliste unter dem Namen der Schule protokollieren. Dieser Eintrag dient sowohl als Nachweis für die Nutzung und Abrechnung als auch für die Regulierung des Frischwasserzusatzes, der von der Auslastung des Bades abhängt.
- Keiner geht ins Wasser, bevor der Lehrer nicht da ist und niemand geht nach Ende des Unterrichts ohne Erlaubnis in die Schwimmhalle zurück.
- Der Lehrer sollte sich im Bad über die Sicherheitsvorkehrungen und das vorhandene Material informieren: Wo sind die Rettungsgeräte befestigt, wo ist der Verbandskasten und wo befindet sich der Schwimmmeister während des Unterrichts? Fällt der Beckenboden ab oder gibt es einen Hubboden?
- Zu Beginn jeder Stunde kann gemeinsam ein „Brainstorming“ zum jeweiligen Thema der Stunde erfolgen. Dieses bildet mit der Reflexion am Ende eine Klammer der Erarbeitung.
- Anschließend duschen sich die Schüler kurz (!) ab und gehen am besprochenen Ort ins Wasser. Dieser wird mit dem Schwimmmeister und eventuell anderen unterrichten Lehrern abgesprochen.
- Findet gleichzeitig öffentlicher Badebetrieb statt, muss dieser von der Schwimmgruppe durch eine Schwimmleine abgetrennt werden. Der Lehrer sollte sich vorher beim Badpersonal erkundigen, wie das Einziehen der Leinen funktioniert, weil es von Schwimmbad zu Schwimmbad unterschiedlich ist.

Checkliste während des Unterrichts

- Schüler(innen) mit langen Haaren müssen eine Bademütze tragen oder die Haare fest zusammenbinden.
- Jeglicher Schmuck muss abgelegt werden, es darf kein Kaugummi gekaut und Glasflaschen dürfen nicht mit in die Schwimmhalle genommen werden.
- Auf den Absperrleinen darf nicht geturnt werden, weil das innere Stahlseil reißen kann.
- Beim Rückenschwimmen muss beachtet werden, dass es zu keinem Gegenverkehr kommt.
- Einen hohen Anteil echter Wasserzeit erreicht man durch ein gutes Zeitmanagement und Pünktlichkeit. Trotzdem muss ausreichend Zeit zum Umziehen und Föhnen bleiben.
- Schüler müssen fördernde und fordernde Situationen vorfinden, die Vertrauen in das eigene Können und Erfolgserlebnisse ermöglichen. Sie sollten in einen Dialog mit der Bewegungssituation Wasser treten, aber auch altersentsprechende kognitive Inhalte verstehen.
- Positive Erlebnisse können am besten zur Stabilisierung der Persönlichkeit beitragen, weil sie das Selbstwertgefühl verbessern und eine Stärkung des eigenen Zutrauens bewirken.

Material

Der Einsatz von Material ist so zu planen, dass innerhalb einer Stunde nicht zu viele verschiedene Materialien benutzt werden. Ein Wechsel benötigt zu viel Zeit. Es ist wichtig, im Vorfeld zu sichten, was an Material vorhanden ist und sich mit gleichzeitig unterrichtenden Lehrkräften abzusprechen. Schwimmbretter und ggf. Schwimmnudeln sollten die Schulen in Klassenstärke einmalig anschaffen, weil sie vielseitig verwendet werden können. Eigenes Material zusammenzustellen, ist zunächst etwas aufwändiger, wird aber belohnt und kann mehrfach wiederverwendet werden. Viele attraktive und herausfordernde Spielgeräte wie Tischtennisbälle, Pokerchips, Würfel, wasserfeste Karten, CDs, Strohhalme, Duplosteine oder Wasserpistolen aus PET-Flaschen mit einem Loch im Deckel lassen sich einfach und günstig beschaffen. In Absprache mit den Schwimmmeistern können häufig auch schwimmbadeigene aufblasbare Reifen oder Matten genutzt werden.
Zum Teil sollten Informationen visualisiert werden. Hier bieten sich laminierte Blätter an, die an die Wände oder Beckenränder geklebt werden können beziehungsweise durch die Feuchtigkeit an den Fliesen kleben bleiben. Gelegentlich ist es sinnvoll, wenn die Schüler sich im Vorfeld bestimmte youtube-Videos zu einzelnen Techniken anschauen.

3 Methodisches

Schwimmfähigkeit

Nach Ungerechts, Volck & Freitag (2012, 38) gilt derjenige als schwimmfähig, der

- „den Antrieb für das Fortbewegen erzeugen,
- den bremsenden Widerstand des Wassers überwinden und gleichzeitig
- den zum Atmen notwendigen Auftrieb sichern kann".

Eine auf dem genannten Grundverständnis aufbauende, allseits anerkannte Operationalisierung von Schwimmfähigkeit existiert aber bisher nicht. Es hat sich folgender gemeinsamer Definitionskern herauskristallisiert (vgl. Stemper/Kels 2016): Die Basiskompetenz liegt im Überwinden einer definierten Strecke im tiefen Wasser: Diese Strecke liegt zwischen 25 und 200 m, meistens werden 200 m in maximal 15 min gefordert, ohne dass eine Schwimmtechnik beherrscht werden muss.

Teilweise werden eine oder mehr Zusatzkompetenzen gefordert wie

- ein Sprung ins Wasser
- tauchen,
- ausatmen in das Wasser oder
- gleiten

Schwimmfähigkeit ist jedoch nicht gleichbedeutend mit dem Besitz eines Schwimmabzeichens, denn nicht alle Schwimmer haben auch ein Abzeichen.

Die aktuellste Untersuchung zur Frage der Schwimmfähigkeit ist die Kiggs-Studie aus dem Jahr 2014. Im Faktenblatt des damit befassten Robert-Koch-Instituts (Gesundheitsberichterstattung des Bundes) finden sich folgende Kernaussagen:

- 85,5 % der 5- bis 17-jährigen Kinder und Jugendlichen in Deutschland können schwimmen und haben die Schwimmfähigkeit im Schnitt mit etwas mehr als 6 Jahren erlangt.
- Mit dem Alter steigt der Anteil schwimmfähiger Kinder erwartungsgemäß an. Von den 11- bis 17-jährigen Jugendlichen kann nahezu jeder schwimmen (98 %).
- Zwischen den Geschlechtern gibt es kaum Unterschiede.
- Kinder mit niedrigerem Sozialstatus können seltener schwimmen als Gleichaltrige mit hohem sozialen Status.

Es wurden von der Politik und einzelnen Verbänden verschiedene Projekte ins Leben gerufen, um die Schwimmfähigkeit der Kinder und Jugendlichen zu verbessern. Hier ist vor allem die Landesinitiative „Quietschfidel! Ab jetzt für immer ein Schwimmer!" zu nennen, die das Ministerium für Schule und Weiterbildung des Landes NRW zusammen mit dem Deutschen Schwimmverband, dem Schwimmverband Nordrhein-Westfalen und dem Landessportbund Nordrhein-Westfalen unterzeichnet hat. Diese Vereinbarung sieht eine Reduzierung der noch nicht sicher schwimmenden Kinder im Alter von 9-11 Jahren vor. In Zusatzprogramme wie „Wasser entdecken" oder „Ab ins Wasser" investiert der Hamburger Senat seit 2014 jährlich 700.000 Euro.

Kompetenzorientierter Unterricht

Die Hauptaufgaben und Ziele des Faches Sport sind in den Lehrplänen in Form eines Doppelauftrags formuliert. Im Mittelpunkt stehen sowohl die Entwicklungsförderung durch Sport, Bewegung und Spiel, also die Erziehung durch Sport, als auch die Erschließung der Bewegungs-, Spiel- und Sportkultur, die Erziehung zum Sport. Bei der Erziehung durch Sport stehen eher sozial und personal orientierte Kompetenzen im Vordergrund. Bei der Erziehung zum Sport überwiegt die Aneignung motorischer Kompetenzen zur Ausübung einer Sportart. Schulsport soll also einerseits für die Bewegungskultur unserer Gesellschaft qualifizieren, also die notwendigen konditionellen, koordinativen, technischen und taktischen Kompetenzen vermitteln. Schulsport soll andererseits zur Persönlichkeitsbildung beitragen, also personale und soziale Kompetenzen vermitteln, die über den Sport hinausgehen. Um diesem Bildungsauftrag gerecht zu werden, darf also nicht nur die Vermittlung von Fertigkeiten im Vordergrund stehen, sondern auch die Entwicklung übergreifender Kompetenzen. Kompetenzen sind kognitive Fähigkeiten und Fertigkeiten, um bestimmte Probleme zu lösen, sowie die damit verbundenen motivationalen, volitionalen und sozialen Bereitschaften und Fähigkeiten, um die Problemlösungen in variablen Situationen erfolgreich und verantwortungsvoll nutzen zu können (vgl. Klieme et al. 2007, S. 21). Sie umfassen aber auch Bereitschaften, Einstellungen und Haltungen, über die Schüler verfügen müssen, um neuen Anforderungen gewachsen zu sein (Gogoll 2009). Vereinfacht ausgedrückt setzen sich Kompetenzen zusammen aus Wissen, Können und Wollen. Kompetenzen sind allerdings eher als Zielhorizonte eines längerfristigen Lernprozesses zu verstehen und fallen nicht in den engen Zeitrahmen einer Einzel- oder Doppelstunde.

Ein kompetenzorientierter Unterricht beschränkt sich also nicht nur auf erkennbare, operationalisierbare Verhaltensweisen, sondern fragt auch nach Erfahrungen und Einsichten und fördert die Fähigkeit zur Reflexion. Damit Bewegungseindrücke nicht nur von flüchtiger Natur sind, ist immer wieder ein Nachdenken über die körperlichen Erlebnisse notwendig, um aus ihnen nachhaltige Bewegungserfahrungen werden zu lassen. Deshalb bekommt die Art der Aufgabenstellung eine größere Bedeutung. Sie muss zu einer Realisierung von Bewegungsabsichten und zur Lösung von Bewegungsproblemen führen.

Vermittlungsmethoden

Vereinfachend gesagt gibt es zwei verschiedene Pole zur methodischen Gestaltung von Sportunterricht: Zum einen orientiert sich Bewegung an vorgefundenen Leitbildern weltbester Athleten, unterscheidet richtige von falschen Bewegungsmustern und wird in der Regel mithilfe zergliederter Übungsreihen vermittelt. Auf der anderen Seite wird Sich-Bewegen als dialogischer Prozess in einer aktiven Auseinandersetzung mit einem Bewegungsproblem gesehen, bei der individuelle Lernvoraussetzungen, Umwege und Schwierigkeiten im Lernprozess als fruchtbar akzeptiert werden. Es stellt sich die zentrale Frage, wie das Lernen und Lehren sowie die Vermittlung und Verbesserung von Bewegungskönnen bei Schülern erfolgt. Lernen kann nur ermöglicht, arrangiert und unterstützt werden. Es bedeutet immer eine Konfrontation mit sich selbst und seinen Grenzen sowie Möglichkeiten und kann deshalb auch nicht direkt angesteuert werden. Eine Bewegung wie beispielsweise das Brustschwimmen kann als Abbild von Technikleitbildern verstanden werden, die es anzustreben gilt. In diesem Fall geht es vor allem um die Anpassung der individuellen körperlichen Möglichkeiten an das objektive Leitbild und um Erfahrungen aus zweiter Hand, indem Lösungen von anderen übernommen werden. Abweichungen gelten als Fehler. Der Schüler kann sich aber auch mit einer Bewegungsaufgabe in einem dialogischen Prozess auseinandersetzen, um ein persönliches Optimum zu erreichen. Er ahmt in diesem Fall nicht eine Bewegung nach, weil es diese Technik so gibt, sondern weil die gestellte Aufgabe, z. B. im Wasser vorwärts zu kommen, ein funktional angemessenes Bewegungshandeln erfordert. Komplexe Techniken wie das Delfinschwimmen eines Könners können nicht durch eine einfache Nach-Bildung gelernt werden. Auch ein Könner hat sich sehr lange im Verborgenen mit der Bewegungsaufgabe Delfinschwimmen auseinandergesetzt. Im Sportunterricht hat man es mit einer sehr heterogenen Schülergruppe zu tun. Dieses betrifft sowohl die motorischen und körperlichen Voraussetzungen als auch Interessen und Engagement. Die Schüler werden deshalb auch kaum in der Lage sein, das Leitbild eines Könners auch nur annähernd zu kopieren. Selbst wenn es gelingt, bleibt unklar, ob nicht veränderte Lösungen individuell zu besseren Ergebnissen führen würden. Statt sich an Technikleitbildern von Spitzenschwimmern zu orientieren, steht die Frage im Vordergrund: „Wie komme ICH am besten vorwärts?“ Nur so sind individuelle Erfolgserlebnisse möglich.

Nach Laging (2013) sollten deshalb folgende didaktische Prinzipien gelten:

- Sinn- und Bedeutungsorientierung
  Das Erlernen einer Teilbewegung als Technik, die scheinbar die optimale Lösung darstellt, nützt wenig, wenn der Schüler nicht den Sinn der Bewegungshandlung erkennt. Im Lernprozess muss daher klar sein, was vom Schüler gefordert wird und worum es im Kern dieser Bewegung geht. Es geht also nicht isoliert um die Zergliederung von Techniken, sondern vielmehr um eine Reduktion der Komplexität nach elementaren Sinneinheiten, aus denen sich die jeweilige Funktion ergibt (vgl. Scherer 2011).
- Differenzen ermöglichen
  Viele traditionelle Lernansätze sind auf eng gefasste, personenunabhängige, korrekte Idealbewegungen ausgerichtet. Abweichungen werden als Fehler interpretiert, die es zu vermeiden gilt. Der Ansatz des differenziellen Lernens von Schöllhorn geht davon aus, dass die Wahrscheinlichkeit von zwei identischen Bewegungen auch bei Weltklasseathleten verschwindend gering wenn nicht gar unmöglich ist und er versteht Variabilität als Konsequenz von individuellem und situativem Handeln. Schwankungen in der Bewegungsausführung werden bewusst verstärkt, um den Lernprozess zu verstärken. Durch Vergleichen erfolgt ein Abtasten des Lösungsrahmens für eine motorische Aufgabe im Rahmen des Regelwerks mit dem Ziel, eine individuell beste Bewegung zu finden.
  Der Lehrer sollte also bei der Vermittlung der Schwimmtechniken die Variabilität einer Bewegung als didaktisches Prinzip des Lehrens und Lernens anerkennen und Übungen nicht als Wiederholung derselben Bewegung verstehen und diese ständig korrigieren, sondern stattdessen variabel und kontrastreich üben. Statt um das „Einschleifen“ vermeintlich richtiger Bewegungen geht es eher um die Wahrnehmung von Unterschieden im Vergleich eigener Bewegungen.
- Am Effekt orientieren
  Meist werden Schüler beim Bewegungslernen mit Anweisungen oder Korrekturen konfrontiert, die ihren Körper betreffen, also „der Ellbogen ist höher als die Hand“ oder „das Kinn liegt auf der Brust“. Hier geht man davon aus, dass Schüler mithilfe von sprachlichen oder visuellen Instruktionen den Körper des Lernenden lenken und über die kognitive Kontrolle des Körpers

die Bewegungsausführung steuern können. Mit dieser kognitiven Kontrolle ist der Schüler häufig überfordert. Wulf (2009) kommt zu dem Ergebnis, dass es effektiver ist, sich auf den Bewegungseffekt zu konzentrieren als auf die Bewegung selbst. So ein externer Fokus auf etwas außerhalb des Körpers, z. B. auf den Wasserwiderstand, ermöglicht eine bessere Automatisierung, weil die Aufmerksamkeitskapazität verringert wird. Der Lehrer sollte also den Effekt einer Bewegung, beispielsweise Vortrieb zu erzeugen, in den Vordergrund der Aufmerksamkeit rücken.
- Bewegungsvorstellungen bilden
  Bevor eine Bewegung ausgeführt werden kann, brauchen Lernende eine Vorstellung von der Lösung dieser Aufgabe. Für den Unterricht bedeutet dies, mit Metaphern und Bildern zu arbeiten und Zeit zur Vorstellungsbildung zu geben.
- Erfahrungen ermöglichen
  Instruktionen, die das Lernen sportlicher Bewegungen anleiten und unterstützen, können notwendige Erfahrungen nicht ersetzen. Wer bei der Wassergewöhnung vielfältige Erfahrungen gesammelt hat, wird die einzelnen Techniken schneller und besser lernen.

Der Kompetenzerwerb der Schüler vollzieht sich vor allem in der Auseinandersetzung mit konkreten problemorientierten Aufgaben. Dies bedeutet eine zum Teil stärkere Schülerorientierung in der methodischen Vorgehensweise. Man sollte Handlungsspielräume schaffen, die die Schüler nicht zu sehr einschränken, sie aber auch nicht durch eine zu große Offenheit verunsichern. Geschlossene und offene Konzepte wechseln sich idealerweise ab. Bei geschlossenen Konzepten erfolgt eine Lenkung durch den Lehrer und die Vermittlungsprozesse sind stärker auf die Aneignung vorgegebener Lehrstoffe ausgerichtet. Der Lehrer sorgt dafür, dass die Schüler über optimale Lernwege schnell und effektiv das angestrebte Ergebnis erzielen. Bei offenen Konzepten wird der Unterricht so gestaltet, dass die Schüler sich auf die eigenständige und kreative Auseinandersetzung mit den anstehenden Problemen einlassen. Der Lehrer berät und unterstützt dabei. Bewegungsaufgaben formulieren ein Bewegungsproblem, das selbständig durch Ausprobieren gelöst werden muss, z. B. mit möglichst wenigen Armbewegungen eine Strecke bewältigen. Der Lehrer sollte nicht nur die von außen beobachtbare Bewegung hervorheben, sondern auch die subjektiv unterschiedlichen und individuellen Wahrnehmungen beim eigenen Bewegen und den Zusammenhang von Wahrnehmung und Bewegen zur Grundlage des Vermittlungsprozesses machen. Wenn der Sportunterricht den Doppelauftrag ernst nehmen will, dann ist eine Verbindung beider Unterrichtskonzeptionen unverzichtbar.

Übersicht

Induktives Verfahren
- Selbständigkeit und Selbsttätigkeit stehen im Vordergrund
- Vermitteln von Erfahrungen, Anbahnen von Lernprozessen und spielerisches Lernen haben Vorrang gegenüber dem Erreichen genau bezeichneter motorischer Lernziele

Freie Bewegungsaufgaben:
- Finden von Anwendungs- und Lösungsmöglichkeiten ohne Vorgaben
- Sammeln von Bewegungserfahrungen

Gebundene Bewegungsaufgaben:
- eingeschränkter Freiraum
- präzise Aufgabenstellung
- systematisches Sammeln von Bewegungserfahrungen.

Weg: Erproben - Herausstellen - Lösung - Korrektur - Üben

Deduktives Verfahren
- Vorgegebene Zielformen engen den Entscheidungsspielraum der Schüler ein.
- Es ist dort bedeutend, wo schnell gewisse unverzichtbare Fertigkeiten erarbeitet werden sollen.
- Es widerspricht nicht der kindgemäßen Lehrweise bei richtiger Anwendung am richtigen Ort.

Beispiel für ein deduktives Vorgehen:

Geschlossene Bewegungsaufgaben
- Vorzeigen und nachmachen
- Beschreiben und erklären
- Bewegungsanweisung - Bewegungsausführung
- Bewegungshilfen
- Bewegungskorrektur

Methodische Reihen:
- methodische Maßnahmen, die den Schüler zielgerichtet an Zielübungen heranführt
- methodische Übungsreihen: Nach methodischen Grundsätzen geordnete Übungsfolgen, die zur Erlernung einer bestimmten motorischen Fertigkeit führen sollen

Gegenüberstellung des deduktiven und induktiven Vorgehens

Deduktive Verfahren	Induktive Verfahren
Erprobte Lehrwege zur Vermittlung bestimmter technischer und taktischer Fertigkeiten (Methodische Übungsreihen)	Die von den Schülern eingeschlagenen Lernwege und -strategien sind ergebnisoffen: „Der Weg ist das Ziel“
Planbarkeit	begrenzte Planbarkeit
effektiv und effizient	zeitaufwändig
Lernende als Objekte	Lernende als Subjekte
Wahl alternativer bzw. neuer Lösungen für motorische Problemstellung ist eingeschränkt	Individuelle und kreative Lösungen motorischer Probleme sind möglich
Das, was von einem „guten Sportlehrer“ erwartet wird.	„Der weiß wohl selbst nicht, wie es geht.“

Übungen sind Aufgaben, die eine genaue Verfahrensvorschrift anwenden. Schülern werden damit Entscheidungen abgenommen, indem zum Beispiel in methodischen Übungsreihen der Ablauf konkret vorgegeben oder Teilbewegungen in ihren funktionalen Bereichen separat voneinander geübt werden. Diese Zergliederung zum Beispiel in Armbewegung und Beinbewegung ist beim Erlernen neuer Techniken sinnvoll, weil eine Konfrontation mit der kompletten Technik eine Überforderung darstellt. Bewegungsanweisungen des Lehrers geben in diesen geschlossenen Aufgabenformaten vor, was zu tun ist. Der Spielraum an kreativen Lösungsvarianten ist gering, weil beispielsweise die Wettkampfbestimmungen der einzelnen Schwimmtechniken klare Vorgaben machen oder Varianten zu einem Absinken führen könnten.

Wenn bei den Übungen den Schülern nicht mehr alle Informationen bereitgestellt werden, kommt es zu Problemlösesituationen, bei denen die Schüler durch Ausprobieren, Überprüfen, und Vergleichen für ihre Konstitution geeignete Lösungen zu einer Teilbewegung finden können. Dieses ist beim Schwimmen und Experimentieren mit Paddles bei der Kraularmbewegung gut möglich. Die Schüler setzen sich mit einem fachlichen Inhalt intensiv auseinander und finden produktive Lösungen.

Spielerische Herangehensweise

Betrachtet man Kinder beim Spielen im Wasser, wird schnell deutlich, mit wie viel Spaß sie agieren. Sie springen in unterschiedlichen Varianten ins Wasser, spritzen wild um sich, tauchen ab und an anderer Stelle wieder auf, werfen Bälle hin und her, jagen und tauchen sich gegenseitig unter oder versuchen, schneller als andere an einem vorher vereinbarten Ort zu sein. Im Bann des Spiels erfüllen die Kinder dann, ohne darüber nachzudenken, unterschiedliche Aufgabe: Sie atmen ins Wasser aus, springen hinein, toben und bewegen sich auf ihre Art über und unter Wasser fort. Spiele und Wettbewerbe festigen nicht nur die Bewegungsabläufe und lockern den Unterricht auf, sondern motivieren in hohem Maße. In den Stundenbildern findet man deshalb zahlreiche eher unbekannte Spiele wie Schatzwächter, Yeti oder Krakenfangen.

Besonderheiten beim Spielen im Wasser:
Man stellt immer wieder fest, dass Spiele vom Land nicht immer einfach auf das Wasser zu übertragen sind. Orientierungsschwierigkeiten im Wasser, räumliche Bedingungen, der Wasserwiderstand, die Wassertiefe und auch konditionelle Probleme sorgen dafür, dass der Reiz eines Spiels schnell verloren gehen kann. Am Beispiel der Fangspiele lassen sich einige Besonderheiten gut darstellen:

- Durch den Wasserwiderstand, der ein schnelles Ausweichen, Fintieren und Reagieren unmöglich macht, haben die Fänger einen sehr großen Vorteil im Wasser. Deshalb sollten entweder die Fänger langsamer gemacht werden (Paare mit Handfassung) oder die Gejagten schneller (Flossen). Das Verhältnis Fänger – Gejagte muss immer wieder neu überdacht werden
- Fänger sind im Wasser nicht zu erkennen und sollten deshalb unbedingt mit Bademützen, Schwimmbrillen, Tauchringen, ggf. auch T-Shirts o. ä. gekennzeichnet werden
- Fangspiele mit längerem Ausscheiden verbieten sich von selbst, weil Kinder im Wasser schnell frieren

In den vorliegenden Stundenbildern wird vor allem in der Unter- und Mittelstufe überall dort, wo es der thematische Bezug erlaubt, ein spielerischer und experimenteller Zugang zum Wasser vorgeschlagen.

Feedback

Auch wenn es sich bei den Schwimmtechniken um geschlossene zyklische Bewegungsfolgen handelt, die unter immer gleichen Umgebungsbedingungen ausgeführt werden, dauert es häufig sehr lange, bis sie konstanter werden und weniger Kraft kosten. Die Schüler brauchen Rückmeldungen, aber die Lehrkräfte müssen sich immer wieder neu Gedanken zur Form machen.
Fehler werden häufig von Schülern und Lehrern als etwas Negatives erlebt. Es besteht eine starke Tendenz, Fehler möglichst zu vermeiden oder sogar auszumerzen. Dabei

ist es schwer möglich zu lernen, ohne Fehler zu begehen. Vielmehr ist das Ziehen von Konsequenzen aus einem gemachten Fehler für den Lernfortschritt von entscheidender Bedeutung. In diesem Verständnis stellt der Fehler eine Rückmeldung dar, die für das individuelle Lernen oft eine größere Aussagekraft hat als eine richtige Bewegungsausführung. Diese unterschiedlichen Betrachtungsweisen in der Fehlerdefinition lassen sich in den beiden nachfolgend aufgeführten Lehr- und Lernstrategien wiederfinden (vgl. Winterboer, M., oJ).

Fertigkeitsorientierte Fehlerdefinition
Eine fertigkeitsorientierte Methodik vermittelt einzelne Schwimmtechniken, indem sie eine möglichst sollwertnahe Bewegungsausführung beim Schüler anstrebt. Ein Fehler liegt vor, sobald die Ist-Technik (die tatsächlich ausgeführte Technik) von der Soll-Technik (die vollkommen bzw. optimal ausgeführte Technik) abweicht. Fehlerursachen werden in erster Linie im Bereich der Bewegungsausführung gesucht

Handlungsorientierte Fehlerdefinition
Eine handlungsorientierte Methodik geht davon aus, dass sportartspezifische Techniken funktionalen Charakter haben, d. h. sie dienen der Erreichung eines Handlungszieles (schnell starten, effizient wenden, den Wasserwiderstand minimieren). Ein Fehler liegt vor, sobald das Resultat der Technikausführung dem Handlungsziel nicht entspricht. Fehlerursachen sind entscheidende Voraussetzung für die Fehlerkorrektur und werden im gesamten Handlungsprozess gesucht, z. B. im Bereich der Bewegungsausführung und der eigenen Wahrnehmung.

Eine stärkere Orientierung an einer handlungsorientierten Lehr- und Lernstrategie ist im Schwimmunterricht sinnvoll, ohne allerdings zu übersehen, dass in bestimmten Lernsituationen durchaus ein fertigkeitsorientiertes Vorgehen zu favorisieren ist.
Gute Lehrer zeichnen sich in der Fehlerkorrektur durch ihr kommunikatives und psychologisches Können aus. Ein Fehler bei der Bewegungsausführung darf nie als Kritik an der Person verstanden werden, sondern muss positiv angesprochen werden. Vor dem Hintergrund, dass Korrekturen von Bewegungsfehlern nur dann erfolgreich verlaufen, wenn der Lehrer oder Trainer über ein entsprechendes pädagogisches und psychologisches Gespür verfügt, sollen noch einige wichtige Korrekturgrundsätze genannt werden:

- Korrekturen sollten für den Schüler immer einsichtig sein. Die Einsicht wird dadurch erhöht, dass Ursachen- und Wirkungszusammenhänge aufgezeigt werden.
- Einen Schüler in keinem Fall bloßstellen oder beleidigen.
- Keine Überkorrektur: Es sollte möglichst nur ein Fehler korrigiert werden und dem Schüler genügend Zeit zum Üben gegeben werden. Es hat sich gezeigt, dass ständiges Korrigieren zu schlechteren Lernergebnissen führt.
- Korrekturen werden eher akzeptiert, wenn zuvor eine positive Verstärkung erfolgt.

Im Wasser erfolgt die Korrektur entweder visuell, verbal oder durch Hilfsmittel:

Verbale Korrektur: Der Lehrer hebt wesentliche Bewegungsfehler anschaulich, altersgemäß und in prägnanter Form hervor. Doch gerade diese verbale Methode birgt erhebliche Nachteile, da der Lernende einige wesentliche Voraussetzungen mitbringen muss, z. B. Abstraktionsfähigkeit, die Fähigkeit zur Selbstbeobachtung sowie die Umsetzung von Sprache in Bewegung.

Visuelle Korrektur: Um eine klare Bewegungsvorstellung zu schaffen, bieten sich visuelle Lernhilfen wie Videos, Demonstration oder Phasenbilder an.

Korrektur mit Hilfsmitteln: Für eine erfolgreiche Technikschulung ist der Einsatz von Hilfsmitteln (Paddles zur Technikkorrektur oder eine Poolnudel zur Korrektur der Brustarmbewegung) von besonderer Bedeutung.

II Stundenbilder

Weil die wenigsten Schulen über ein eigenes Schwimmbad verfügen, sind häufig längere Busfahrten oder Fußmärsche nötig, um ein öffentliches Bad zu erreichen. Da auch das Umziehen länger dauert als im „normalen" Sportunterricht und auch ausreichend Zeit für das Föhnen eingeplant werden muss, ergibt sich bei einer Doppelstunde häufig nur eine Wasserzeit von 30 bis maximal 60 Minuten. Deshalb kann es sein, dass die dargestellten 45-minütigen Einheiten im Einzelfall gekürzt werden müssen.

Alle in diesem Buch vorgestellten Spiel- und Übungsformen gehen vom Vorhandensein eines Nichtschwimmerteils mit stehtiefen Wasser sowie mindestens einem Lehrschwimmbecken mit 16 2/3m und drei Startblöcken aus. Mit kleinen Modifikationen lassen sich die Einheiten genauso im 25-m- oder 50-m-Becken durchführen.
Die Doppelstunden folgen einer einheitlichen Struktur. Sie sind für 45 Minuten Wasserzeit geplant. Zu Beginn erfolgt ein fünfminütiges spielerisches Warming-up, daran schließt sich der meist 30-minütige Hauptteil zu schwimmsportlichen Themen an, bevor zum Abschluss gespielt wird. Für eine Entspannung ist das Wasser zu kalt. Die dargestellten 35 Stunden sind für jede der drei Stufen nach dem Baustein-Prinzip aufgebaut. Das bedeutet, dass jede Stunde als unabhängige Einheit durchgeführt werden kann. Die Reihenfolge der Stunden erfolgt also nicht nach dem Prinzip vom Leichten zum Schweren. Lediglich die Einheiten zur Wassergewöhnung sollten am Anfang stehen. Teile davon können auch zu Beginn der Mittel- oder sogar Oberstufe wiederholt werden.

Ich wünsche mir durch die Stundenbilder viele begeisterte Schüler und eventuell auch einen neuen Schwung für viele Lehrkräfte.

Die alleinige Benutzung der männlichen Form (in diesen Stundenbildern) hat rein schreibtechnische Gründe.

Unterstufe

Fachliche Hinweise: Wassergewöhnung und Wasserbewältigung

Unter Wassergewöhnung und Wasserbewältigung versteht man zunächst einmal ein allgemeines, vielfältiges und freudvolles Bewegen im Wasser, das noch nichts mit den Schwimmtechniken Kraul, Rücken, Brust oder Delfin zu tun hat. Dazu zählen Bewegungsformen, die auch an Land möglich sind, das Springen im und ins Wasser, das Tauchen und die Augen unter Wasser öffnen können, das Atmen im und ins Wasser sowie das Gleiten und den Auftrieb erleben. Bei einigen Spiel- und Übungsformen lassen sich diese Elemente nicht immer eindeutig voneinander trennen, sondern vermischen sich.

Die Wassergewöhnung ist eine Art Vorkurs, bei dem jüngere Kinder Wasservertrautheit und Wassersicherheit gewinnen. Nach dieser Wassergewöhnung sollen sie sich im Wasser fast genauso bewegen können wie an Land. Sie sammeln vielfältige Bewegungserfahrungen und lernen Fertigkeiten, die eine wichtige Grundlage für das spätere Erlernen der Schwimmtechniken darstellen und Voraussetzungen dafür sind, ein Leben lang Spaß am und im Wasser zu haben. Es sollte ein vielseitiges Bewegungslernen stattfinden, das erlebnisorientiert ist und eine individuelle Sinnes- und Wahrnehmungsschulung ermöglicht. So sähe der Idealfall aus. Beobachtet man jedoch Kinder im Schwimmunterricht an weiterführenden Schulen, so stellt man immer häufiger fest, dass Elemente der Wassergewöhnung wie Tauchen, Springen, Atmen oder Gleiten nicht oder nur unzureichend beherrscht werden. Sobald Wasser in die Augen zu kommen droht, werden diese zugekniffen, beim Springen ins Wasser oder Rollen im Wasser hält man sich die Nase zu oder Kraulschwimmen beschränkt sich nur auf einige wenige Züge - dieses aber nicht, weil die Technik nicht bekannt ist oder die Muskeln ermüden, sondern weil die Schüler nicht in der Lage sind, ins Wasser auszuatmen. Von Wassergewöhnung kann hier nicht die Rede sein. Eine Ursache dieser mangelhaften Wassergewöhnung ist die Tatsache, dass Eltern, die ihre Kinder in (kommerziellen) Schwimmkursen anmelden, nur ein Ziel haben: Ihre Kinder sollen möglichst schnell das Seepferdchen-Abzeichen erwerben und damit in ihren Augen die Schwimmfähigkeit erlangen. Dass jedoch dieses schnell erworbene Abzeichen gar nichts über die Wassersicherheit eines Menschen aussagt, dass es eher eine trügerische Sicherheit bietet und Störfaktoren wie kleinste Wellen im Meer oft auch „Seepferdchen-Kinder“ in große Gefahr bringen können, ist den Eltern oft gar nicht bewusst.

Ein gründlich durchgeführter Vorkurs Wassergewöhnung

- erleichtert dem Lehrer später die Arbeit auf dem Weg zu den einzelnen Schwimmtechniken, bei denen auch wesentlich weniger Fehler auftreten und
- vermittelt den Schülern ein Erfolgsgefühl, das eine Motivation für weitere Betätigungen im Wasser ist.

Bewegungsformen aus der Leichtathletik oder dem Turnen vom Land auf das Wasser übertragen: Zunächst bietet es sich an, die Situation Wasser mit bekannten Bewegungen zu erfahren. Bei den leichtathletischen Fortbewegungsarten wird deutlich, dass man im Wasser viel langsamer und mühseliger vorwärts kommt als an Land, weil der Widerstand des Wassers durch die höhere Dichte größer ist als der der Luft. Auch an den Handflächen wird dieser bremsende Wasserwiderstand deutlich, wenn man beispielsweise unter Wasser in die Hände klatscht. Die außerhalb des Wassers gemachten Bewegungserfahrungen sind mit denen im Wasser nicht identisch. Einerseits ist der Wasserwiderstand beim Schwimmen leistungsbegrenzend, andererseits aber leistungsbestimmend. Es gilt, beim späteren Schwimmen diesen Widerstand als Abdruckfläche für Hände und Füße zu erfühlen und optimal zu nutzen. Turnerische Elemente mit Drehungen um Körperlängs- und -querachsen sind wichtig für die Orientierung im und unter Wasser. Einzelne turnerische Elemente wie zum Beispiel der Flick-Flack oder ein Salto sind sogar im Wasser eher möglich als an Land, weil man weniger Angst hat. Man taucht dabei mit dem Kopf unter Wasser, ohne großartig darüber nachzudenken. Vermutlich wird auch Wasser in die Nase kommen, was unangenehm ist. Hier kann direkt das bewusste Ausatmen von Luft unter Wasser durch die Nase thematisiert werden.

Auftrieb erfahren: Das erste Mal im oder unter Wasser zu schweben, ohne die Füße auf den Boden zu setzen, ist ein besonderes Erlebnis. Auftrieb bezeichnet die Kraft, die von unten gegen einen ins Wasser getauchten Körper wirkt. Sind das Körpergewicht und das Gewicht der verdrängten Wassermenge gleich groß, schwebt der Körper im Wasser. Atmet der Mensch ein, schwimmt er an der Wasseroberfläche, weil sein spezifisches Gewicht durch das jetzt größere Körpervolumen kleiner ist als das des Wassers. Nur im ausgeatmeten Zustand sinkt man. Im schultertiefen Wasser beträgt das Körpergewicht nur etwa 10 % des eigentlichen Gewichts. So können Bewegungen, welche an Land vielleicht nicht möglich sind, leichter ausgeführt werden. Durch den Auftrieb kommt es allerdings zu einem Verlust an Balance. Die Füße wollen nicht am Boden bleiben. Kinder müssen lernen, wie sie mit ihren Füßen den Kontakt zum Boden erhalten können und wie sie nach Verlust des Bodenkontakts die Füße wieder auf den Boden bekommen.

Durch das Wirken des statischen Auftriebs am eigenen Körper sollen Kinder erleben und erfahren, dass bestimmte Körperpositionen besser geeignet sind für ein bewegungsloses Liegen an der Wasseroberfläche als andere. Die statische Auftriebskraft wirkt auf den Volumenmittelpunkt des Körpers, der etwas oberhalb des Bauchnabels liegt, und ist vertikal nach oben gerichtet. Die Schwerkraft wirkt auf den etwas mehr fußwärts liegenden Körperschwerpunkt und ist vertikal nach unten gerichtet. Je weiter beide Punkte auseinander liegen, desto schneller sinken beim „Toten Mann" die Beine ab, weil ein Drehmoment entsteht. Fallen beide Punkte zusammen, bleibt der Körper waagerecht im Wasser liegen. Sinken die Beine schneller ab, bedeutet dieses beispielsweise für das Kraul- oder Rückenschwimmen, dass die Beinbewegung zunächst genutzt werden muss, um eine gute Wasserlage herzustellen.

Wegen der nach oben wirkenden Auftriebskraft ist es nicht einfach, im schultertiefen Wasser auf zwei oder drei Schwimmbrettern zu balancieren und einen Ball oder ein Schwimmbrett zum Beckenboden zu transportieren.

Gewöhnung an den Kältereiz und Frieren: Kinder frieren im Vergleich zu Erwachsenen schneller, weil sie ein ungünstigeres Oberflächen-Volumen-Verhältnis haben. Die Wärmeleitfähigkeit des Wassers ist 25-mal höher als die der Luft, es entsteht eine Verdunstungskälte, die zum schnellen Auskühlen führen kann. Eine hohe Bewegungsintensität und häufig wechselnde Aufgaben helfen, den Kältereiz zu vergessen. Die Schüler sollten nach Möglichkeit bis zur Schulter im Wasser sein, damit sich Zug- oder Verdunstungskälte nicht auswirken können.

Didaktisch-methodische Überlegungen

Spielen: Der spielerisch-gestaltende Umgang mit Wasser ist besonders wichtig für den Erwerb von Wassersicherheit und Handlungsfähigkeit im Wasser sowie ein Garant dafür, später die Schwimmtechniken sicher und schnell zu erwerben. Gespielt werden sollte nicht nur zur Belohnung am Stundenende, sondern immer wieder zentraler Inhalt einzelner Stunden sein.

Probieren/Bewegungsexperimente: Hier werden keine Lösungen vorgegeben. Die Schüler erkunden die eigenen Möglichkeiten im fremden Element.

Ziele:

Motorisch: Die Schüler **erleben und erfahren**, dass sie sich im Wasser auf viele verschiedene Arten fortbewegen können, dass diese Fortbewegung sich grundsätzlich von der Fortbewegung an Land unterscheidet und dass sich die Atmung beim Laufen im Wasser verändert. Sie nehmen den Wasserwiderstand wahr, erkennen geeignete und weniger geeignete Fortbewegungsmöglichkeiten.

Die Schüler **erleben und erfahren**
- dass sie vom Wasser getragen werden,
- dass sie ohne Hilfsmittel sinken und wieder auftreiben können,
- dass das Untergehen schwerer ist als das „auf dem Wasser liegen".

Kognitiv: Die Schüler begreifen, dass der menschliche Körper im Wasser schwebt und nicht untergeht und lernen das Wasser als ungewohntes Element mit seinen physikalischen Eigenschaften kennen.
Sie gewinnen Selbstvertrauen im Wasser durch das erfolgreiche Lösen von Bewegungsaufgaben, haben Erfolgserlebnisse, Spaß und Freude, müssen Vorschriften beachten, Spielregeln erfassen und einhalten und können miteinander spielen.

Hinweise zur Vorbereitung: Die Lehrkraft sollte vor Stundenbeginn Schwimmbretter bereitlegen, für jeden Schüler eins. Der Unterricht findet entweder im Nichtschwimmerteil oder in einem Lehrschwimmbecken mit schulter- oder brusttiefen Wasser statt. Bei einem Hubboden muss man sich beim Einstellen der Wassertiefe an dem kleinsten Schüler orientieren.

Stundenbild 1: Wassergewöhnung - Wasserwiderstand und Auftrieb

Auf einen Blick

Phasen	Organisation, Material
Einstieg (10 Minuten)	
Spiel **„High Five“**: Alle Spieler bewegen sich beliebig durch das Wasser. Begegnen sie einem anderen Spieler, springen beide voreinander hoch und klatschen beide Hände gegeneinander. Variationen: Beim Klatschen den eigenen oder den Namen des anderen nennen, andere Begrüßungsrituale ausprobieren wie Handschlag, die Handflächen aneinanderlegen, vor den Körper halten und sich leicht verbeugen oder den Kopf über die rechte Schulter des Partners legen und drei Schläge auf den Rücken machen. Der Lehrer sollte nach Begrüßungsritualen in anderen Ländern fragen	Frei im Wasser
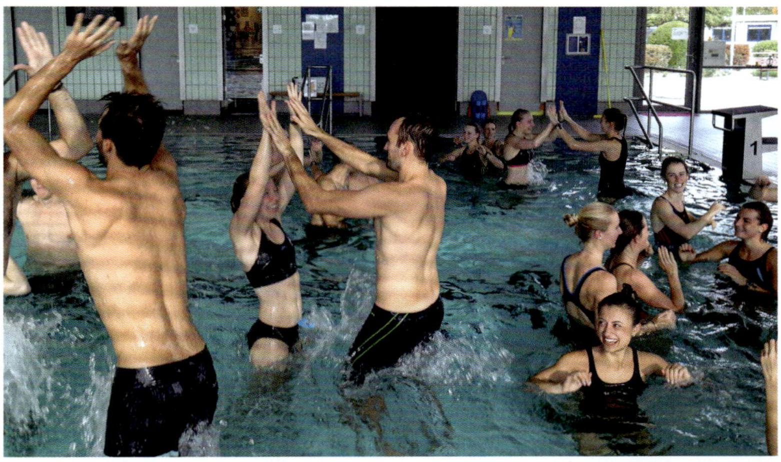	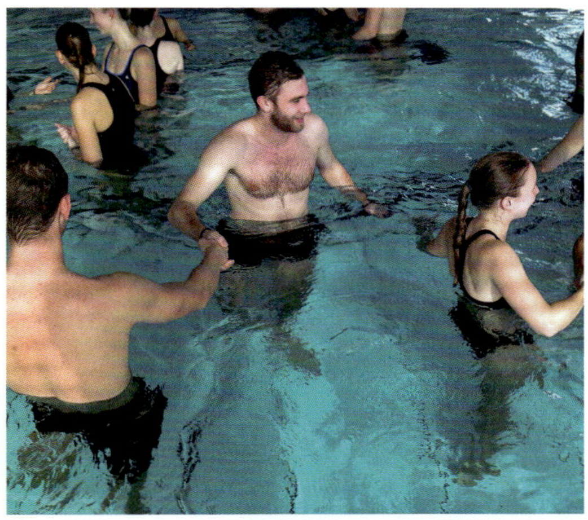
Hauptteil (30 min): Kleine Bewegungsexperimente	
Leichtathletische Bewegungen auf das Wasser übertragen (1): Die Schüler rennen so schnell wie möglich auf die andere Beckenseite.	In Wellen hintereinander
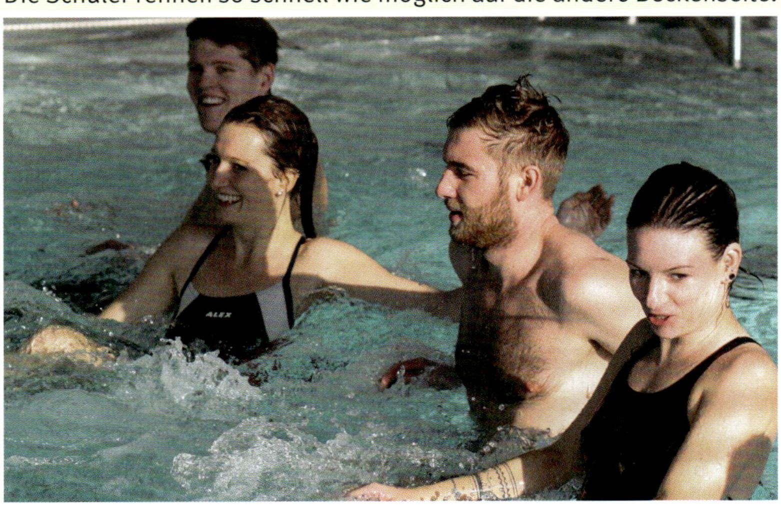	

Variationen:
- mit und ohne Armbewegung
- auf Zeichen des Lehrers erfolgt ein ständiger Wechsel zwischen vorwärts und rückwärts laufen

Frage: Was ist anders als an Land? (Widerstand, rutschiger Untergrund)

In Wellen hintereinander

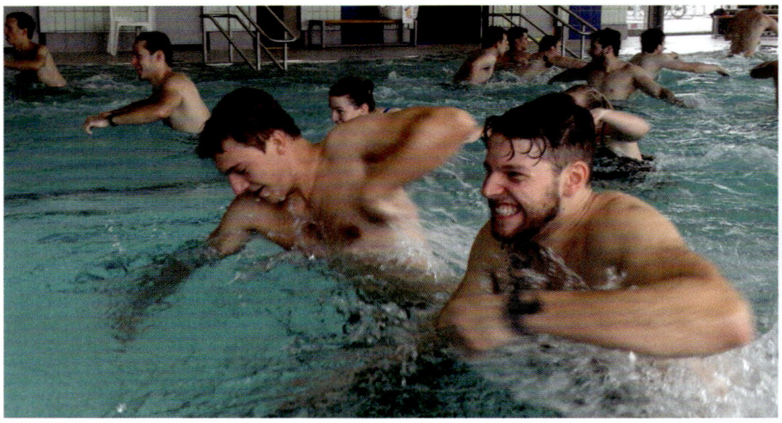

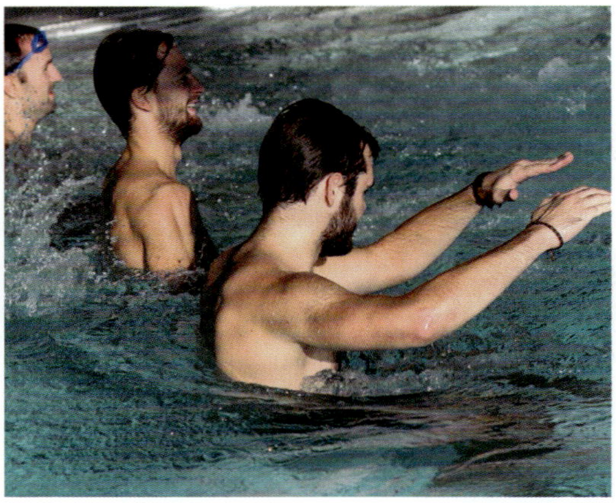

Spiel **„Platzwechsel“**: Zwei Mannschaften sitzen sich an zwei Beckenrändern gegenüber. Nach dem Startkommando gilt es, mit allen Spielern eher als der Gegner am gegenüberliegenden Rand zu sitzen.

Gespielt werden mehrere Durchgänge, damit die Teams Strategien entwickeln können.

Variation: Es darf mit Körperkontakt gespielt werden, d. h. Spieler dürfen festgehalten oder auf die eigene Seite gezogen werden. Die Teams überlegen sich Strategien, wie sie am besten vorgehen.

Von Rand zu Rand

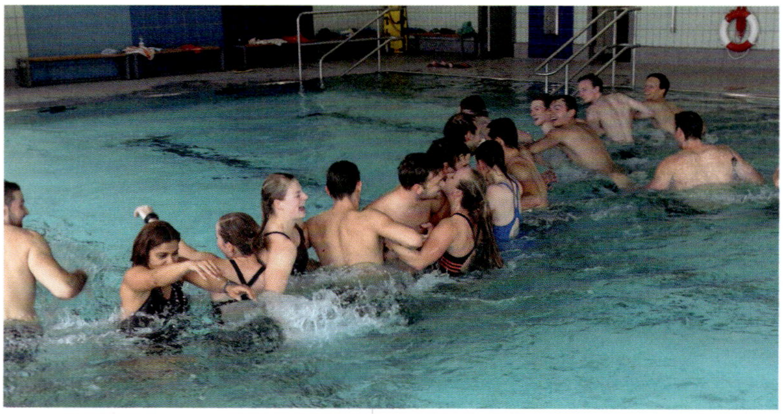

Leichtathletische Bewegungen (2):
Schlusssprünge vorwärts, rückwärts und mit Drehungen

Hopserlauf

Von Rand zu Rand

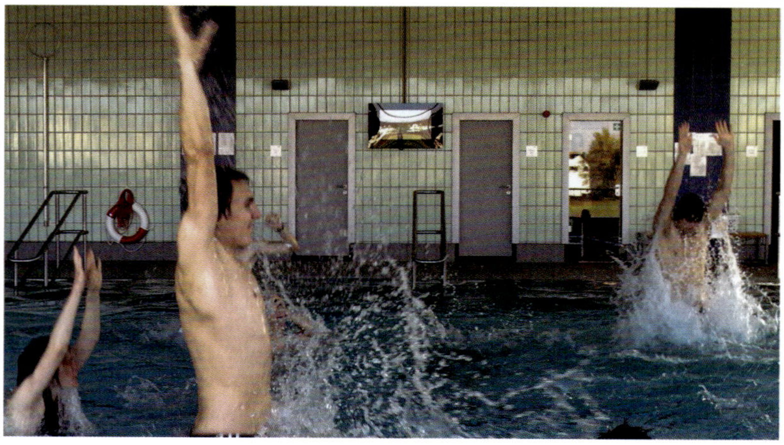

Variationen:
- gleichzeitig in die Hände klatschen oder die Arme kreisen, wer schafft es, dass die Knie aus dem Wasser kommen?
- auf einem Bein hüpfen
- Hock-/Strecksprünge: beide Hände berühren beim Absprung den Boden
- Seitgalopp (auch mit Kreuzen)
- anfersen und Kniehebelauf
- Hürdenlauf

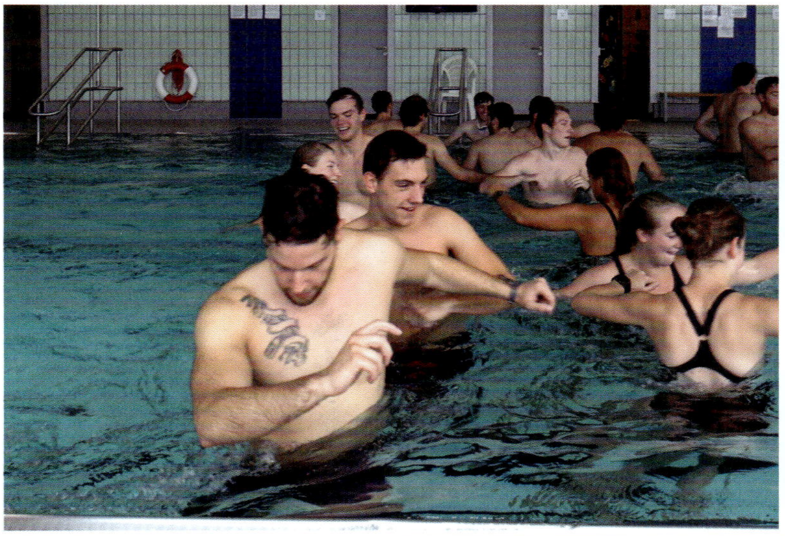

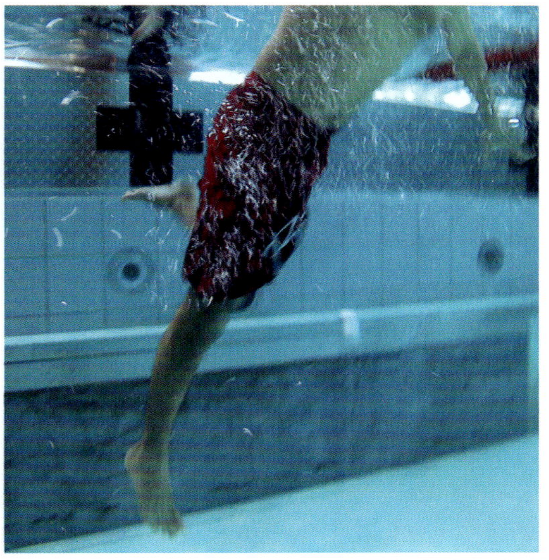

Hinweis: Es können beliebige Elemente aus dem Lauf-ABC ausprobiert oder eigene Fortbewegungsarten von den Schülern erfunden werden.

Auftrieb erfahren:

Karussell: Alle Schüler bilden in der Beckenmitte einen Kreis, die Hände fassen die Schultern des Vordermanns. Der Kreis beginnt, sich im Uhrzeigersinn zu drehen, zuerst langsam, dann immer schneller. Auf ein lautes Signal des Lehrers gehen alle in die Hockschwebe (Qualle oder Päckchen) und verharren so ca. 20 Sekunden. Was passiert?
Die Schüler treiben in der erzeugten Strömung.

Kreisaufstellung mittig

Hinweis: Bevor die Kreisform nicht mehr beibehalten werden kann, sollte das Signal erfolgen.

Sicherheitsaspekt: Die Schüler können unter der Absperrleine ins tiefe Wasser treiben. Deshalb muss der Lehrer das Geschehen aufmerksam beobachten.

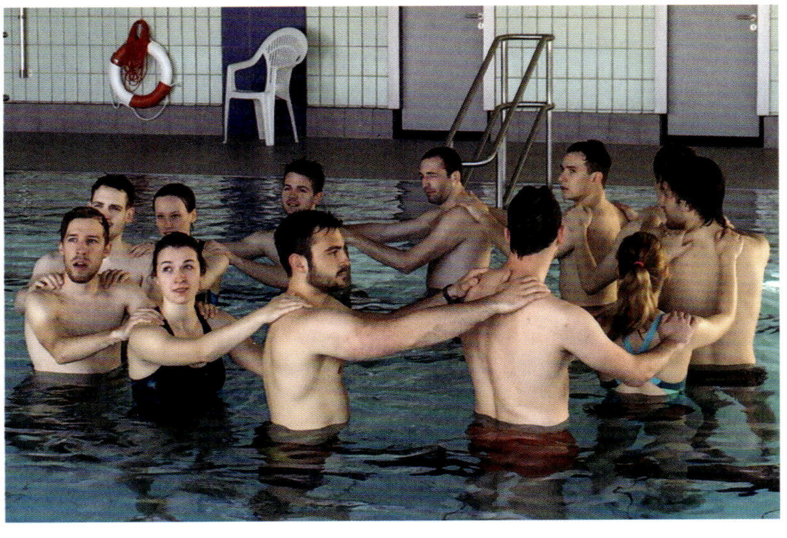

Bewegungsexperiment: Wie kann ich an der Wasseroberfläche am besten schweben?
Toter Mann in Bauch- und Rückenlage probieren, mit gegrätschten oder angezogenen Beinen, eingeatmet, mit und ohne Körperspannung, in der Hockschwebe

Freie Aufstellung im Becken

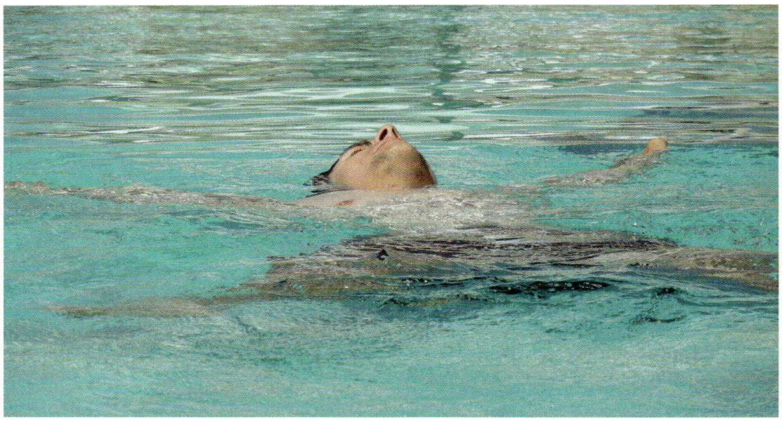

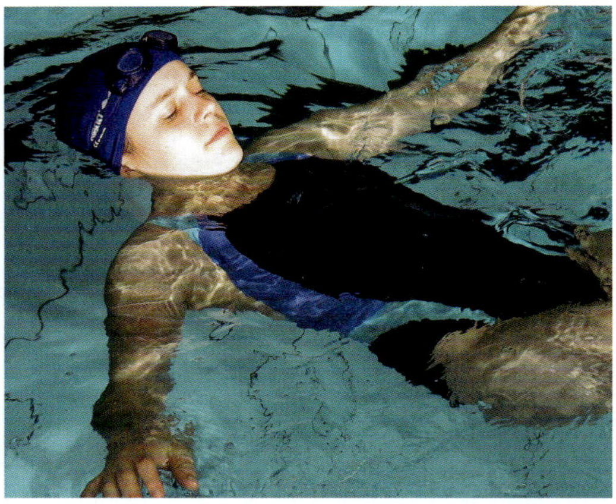

Was passiert beim Toten Mann? Ggf. entsteht ein Drehmoment und die Beine sinken ab.

Hinweis: Den Kopf entspannt ins Wasser legen (loslassen und vom Wasser tragen lassen), der Kopf ist in Verlängerung der Wirbelsäule, und die Arme weit nach vorne strecken. So kann man die untere Körperhälfte wie bei einer Wippe ausbalancieren.

Qualle (Hockschwebe): Abspringen vom Boden, die Beine anhocken und umfassen, absinken und in dieser Position langsam wieder auftreiben.

Partneraufgabe

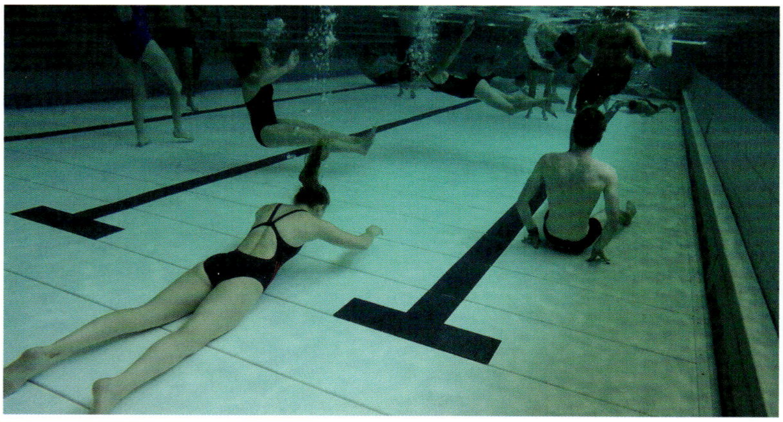

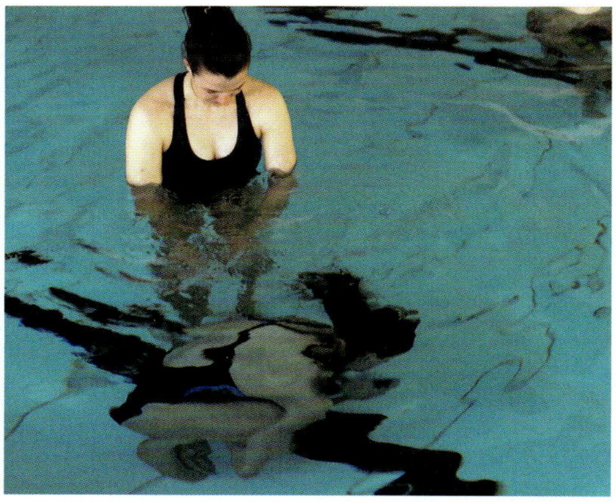

Den Partner in der Quallenposition dreimal nacheinander hinunterdrücken und wieder auftreiben lassen (rechtes Foto).

Frei im Wasser

Was empfindet die „Qualle"?

Wer kann am Ort von der Bauch- in die Rückenlage wechseln und wieder zurück?

Lösungen: Der Wechsel erfolgt entweder durch eine Drehung um die Körperquerachse (Anziehen und Strecken der Beine) oder eine Drehung um die Körperlängsachse.

Eine Bahn laufen und dabei versuchen, ein Schwimmbrett oder einen Ball an drei verschiedenen Stellen auf den Beckenboden zu transportieren, sodass das Brett oder der Ball den Boden berührt. Ist das möglich? Wenn ja, wie?

Für jeden Schüler 1 Schwimmbrett

Hinweis: Beim Transport muss die nach oben wirkende statische Auftriebskraft überwunden werden. Dies ist schwieriger als gedacht.

Auf einem, zwei, drei oder mehr Brettern stehen. Worin liegt die Schwierigkeit?

Viele Bretter oder die Schüler gehen paarweise zusammen und wechseln sich ab

Hinweis: Wegen der Auftriebskraft ist es schwer, die Balance zu halten.

Turnerische Bewegungen auf das Wasser übertragen:

In Wellen hintereinander

Immer eine Bahn laufen, hüpfen o. Ä. und dabei an drei verschiedenen Orten
- eine Rolle vorwärts/rückwärts machen
- einen Handstand machen und ggf. im Handstand so weit wie möglich laufen

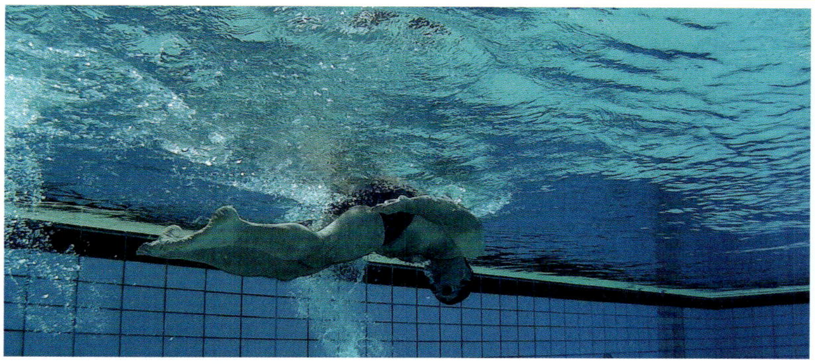

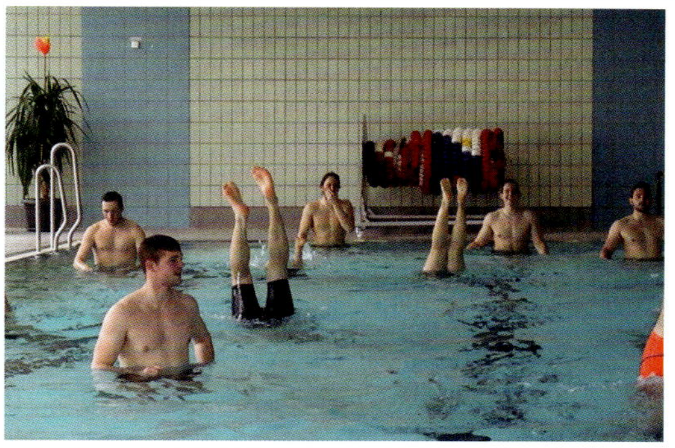

Hinweis: Auf genügend Abstand achten!
- einen Handstützüberschlag, ein Rad, eine Radwende, eine Flugrolle, einen Salto oder Flick-Flack probieren.

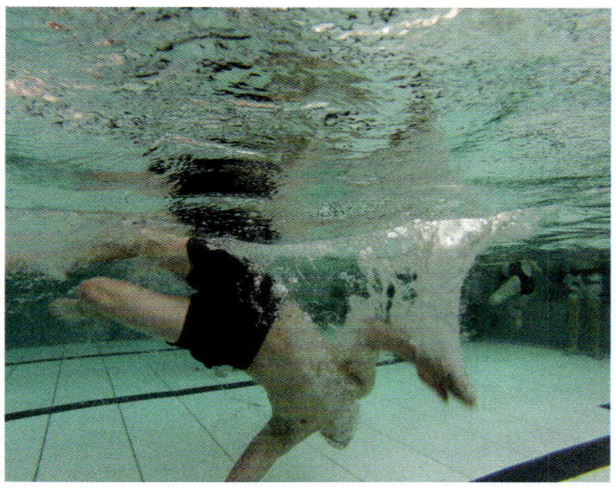

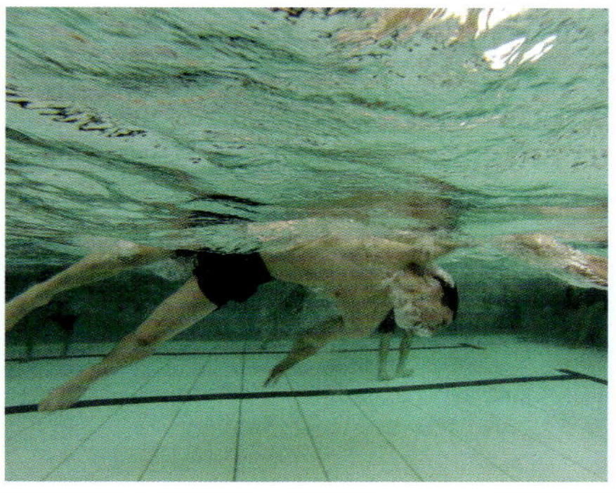

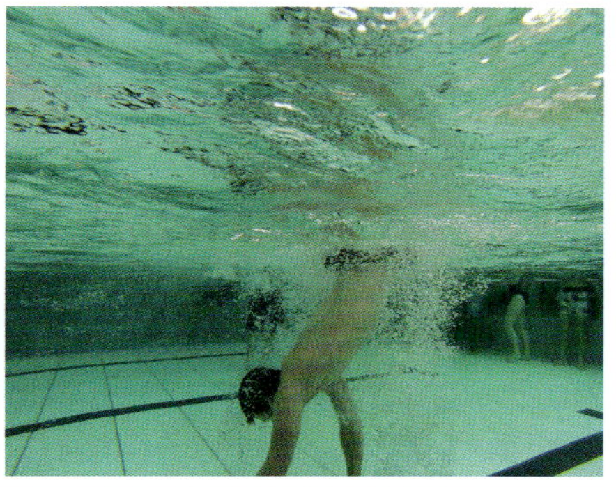

Was ist leichter oder schwieriger als an Land? Warum?

Partneraufgabe

Eine Bahn Bockspringen mit einem Partner. Nach dem Sprung für den Partner einen neuen Bock stellen.

Hinweis: Der Bock sollte sich nicht zu klein machen.

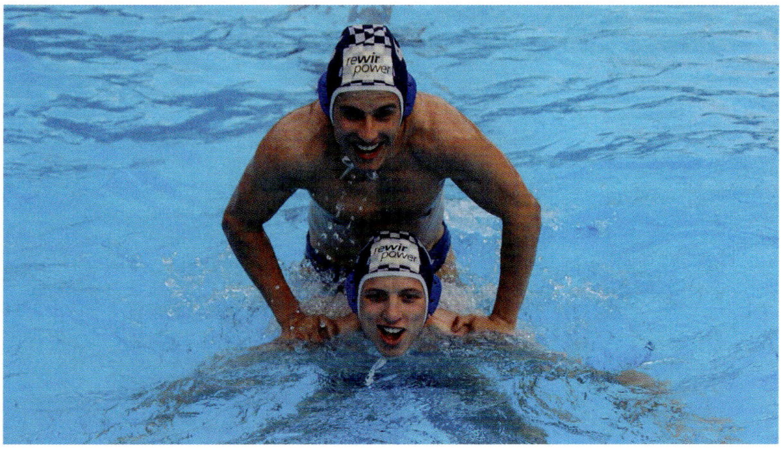

Ausklang (10 Minuten)	
„Pyramiden bauen": Zwei oder drei Gruppen bilden: Welche Gruppe bildet die höchste oder schönste Pyramide? Alle Schüler der Gruppe müssen an der Pyramide beteiligt sein. Hinweise: Auf ausreichend Abstand zum Rand achten und ggf. passive Schüler als Jury einsetzen.	2-3 Gruppen verteilt im Becken

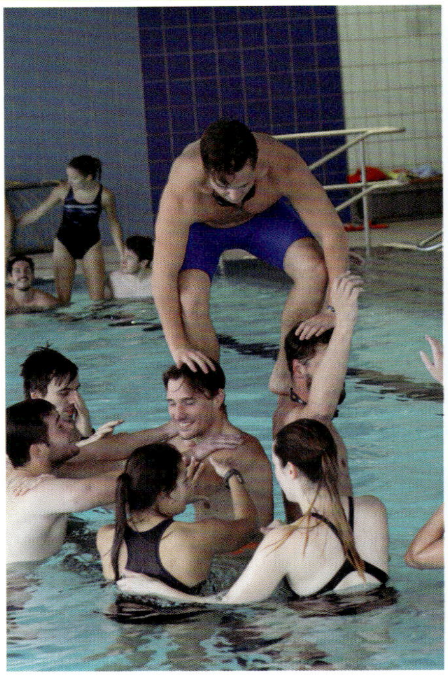

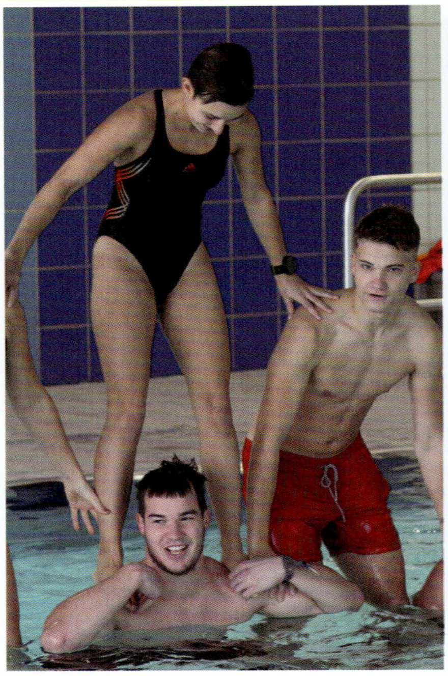

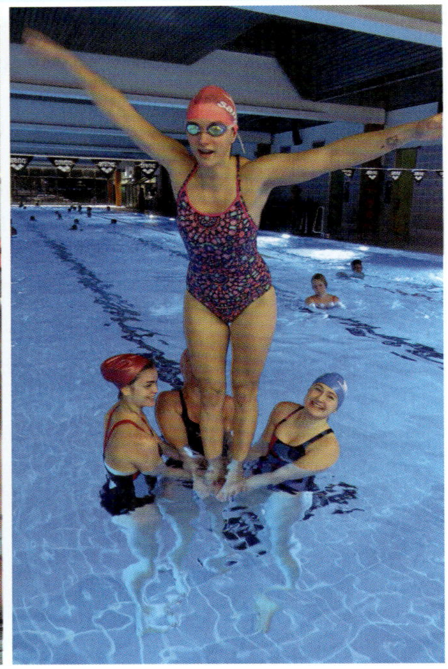

Stundenbild 2: Wassergewöhnung - Atmen, Tauchen, Sehen und Hören

Atmen im und ins Wasser: Bei einem Kleinkind verhindert bis zum sechsten Lebensmonat der Atemschutzreflex ein Einatmen unter Wasser. Im Verlauf der weiteren Entwicklung verschwindet dieser Reflex und die Kontrolle der Atmung unter Wasser muss neu gelernt werden. Das Ausatmen ins Wasser ist durch den hydrostatischen Druck etwas erschwert und geschieht vielfach nur unvollständig. Die sonst fast selbstständig ausströmende Atemluft muss im dichteren Medium Wasser aktiv ausgestoßen werden. Häufig wird dadurch der Ausatemprozess während des Schwimmens gestört und man ermüdet schneller. Dieser hydrostatische Druck, manchmal auch Schweredruck genannt, beschreibt den Druck, den das Wasser auf den Körper ausübt. Er steigt proportional zur Wassertiefe und beträgt bei 1,20 m Wassertiefe 11,722 Pascal.

P(h)= p x g x h

Dichte (p)=1000 kg/m^3, g=9,81 N/kg, h=1,20 m

Unangenehm ist dieser Wasserdruck auch, weil er ein Einströmen des Wassers in die Nase bewirkt, vor allem beim Gleiten in Rückenlage oder bei Drehungen um die Querachse. Nur eine kontinuierliche Ausatmung durch die Nase verhindert dieses Einströmen. Deshalb sollte das Ausatmen durch Mund und Nase geübt werden. Die Einatmung erfolgt im schultertiefen Wasser gegen den Wasserdruck sowie gegen den Wasserwiderstand und ist gegenüber der Einatmung an Land erschwert.

Hyperventilation/Schwimmbad-Blackout: Unter Hyperventilation versteht man ein schnelles und tiefes Ein- und Ausatmen. Es wird häufig praktiziert, um die Luftanhaltezeit zu verlängern, damit man möglichst weit, lange oder tief tauchen kann. Allerdings füllt man auf diese Art und Weise die Lunge nicht mit mehr Sauerstoff, sondern atmet lediglich CO_2 über die Lunge ab. Es entsteht der Eindruck, man hätte höhere Sauerstoffreserven, weil durch den niedrigen CO_2-Gehalt im Blut der Atemreiz später einsetzt. Dieser Atemreiz wird durch einen steigenden CO_2-Spiegel ausgelöst. Es kann also passieren, dass dem Körper immer weniger Sauerstoff zur Verfügung steht und er ohnmächtig wird, weil durch das Abatmen von CO_2 kein Atemreflex eingesetzt hat. Bleibt der Schwimmbad-Blackout unbemerkt, stirbt man.

Tauchen: Tauchen bedeutet, sich willkürlich unter die Wasseroberfläche zu begeben, sich unter Wasser zu orientieren und fortzubewegen. Beim Untertauchen des gesamten Körpers in unterschiedliche Wassertiefen wirken ungewohnte physikalische Eigenschaften des Wassers, die die Orientierungs- und Atemfähigkeit behindern. Der Mensch besitzt einen Reflex, den „Kopf-nach-oben-Reflex", der eine senkrechte Körperposition verursacht und zu einer Herausnahme des Kopfes aus dem Wasser führt, weil man sich so besser orientieren und natürlich auch besser atmen kann. Diesen muss man durch interessante Aufgaben überwinden. In der Wassergewöhnung und -bewältigung sollte das Tauchen zunächst ohne Schwimmbrillen erfolgen, damit die Kinder lernen, den Lidschlussreflex zu überwinden und so die Augen zur Orientierung und damit auch zur Sicherheit unter Wasser aufhalten zu können. Während des Tauchens kommt es zu einer Unterdruckbildung im Mittelohr, die je nach Wassertiefe individuell unterschiedlich schmerzhaft wird. Oft reicht ein kräftiges Schlucken oder ein Vorschieben des Unterkiefers zum Druckausgleich aus. Wenn nicht, versucht man mit zugehaltenen Nasenlöchern durch diese auszuatmen, ohne zu pressen (Valsalva-Methode), oder man erzeugt bei zugehaltener Nase einen „K-Laut" (Frenzel-Methode). Bei stärkerem Schnupfen oder Infekten sollte vorsichtshalber nicht getaucht werden. Die Lehrkraft sollte im Sinne des Schwimmerlasses am Beckenrand stehen und während des Tauchens alle Schüler beobachten.

Sehen: Der direkte Kontakt des Auges mit dem Wasser löst den Lidschlussreflex aus. Dabei wirkt das Wasser wie ein Fremdkörper und man schließt zum Schutz das Auge. Durch entsprechende Aufgaben lernt man, diesen Reflex zu überwinden. Unter Wasser kann man ohne Schwimmbrille nur verschwommen sehen. Das liegt daran, dass

Wasser einen anderen Brechungsindex hat als Luft, sodass unter Wasser die Brechkraft des Auges aufgehoben ist und die Lichtwellen erst hinter der Netzhaut zusammenfallen. Die Folge ist eine starke Weitsichtigkeit, die ca. 50 Dioptrien entspricht. Um ein annähernd normales Sehen unter Wasser zu ermöglichen, ist es daher erforderlich, zwischen Hornhaut und Wasser eine Luftschicht zu legen, die von einer Scheibe begrenzt wird. Dieses erreicht man durch eine Schwimm- oder Taucherbrille. Durch die Lichtbrechung an der ebenen Maskenscheibe erscheinen die Objekte ein Viertel näher und ein Drittel größer.

Hören: Schall breitet sich im Wasser mehr als viermal so schnell aus wie an der Luft. Eine Folge davon ist, dass es nahezu unmöglich ist, eine Richtung zu orten, aus der ein Geräusch kommt. An Land ist ein Richtungshören möglich, weil der Schall minimal eher z. B. auf das linke Trommelfell trifft als auf das rechte und das menschliche Gehirn diese Differenz erkennen kann. Unter Wasser ist dieser zeitliche Unterschied für das Gehirn zu klein.

Hinweise zur Vorbereitung
Schon zu Beginn der Stunde sollten beim Treffen auf der Wärmebank zwei Mannschaften eingeteilt und mit Kappen gekennzeichnet werden. Die Schüler können diese Kappen bis zum Abschlussspiel tragen. Folgendes Material sollte die Lehrkraft bereitstellen:

Für jeden Schüler einen Tischtennisball (gegebenenfalls auch noch einen Strohhalm), ein Schwimmbrett und drei Luftballons, mehrere PET-Flaschen, zwei Plastikeimer und ausreichend Pokerchips (ca. 5 pro Spieler).

Der Unterricht findet entweder im Nichtschwimmerteil oder in einem Lehrschwimmbecken mit brusttiefen Wasser statt.

Ziele: Erleben und Verstehen der physikalischen Eigenschaften des Wassers, sehen, hören, atmen und tauchen, Überwinden des Lidschluss- und Nackenstellreflexes, sich auf Neues einlassen und neugierig sein, Freude im Wasser entwickeln, Spielregeln verstehen und sich daran halten

Auf einen Blick

Phasen	Organisation, Material
Einstieg (10 Minuten)	
Staffel **„Eckenrennen“**: Zwei durch Kappen gekennzeichnete Teams spielen gegeneinander. Alle vier Ecken des Spielfelds werden gleichmäßig von beiden Teams besetzt. Der Startspieler von Team A startet in einer Ecke, der von B diagonal gegenüber. Beide Spieler laufen zur nächsten Ecke und schlagen dort einen Mitspieler ab, der weiter zur nächsten Ecke läuft und einen weiteren Mitspieler abschlägt. Das Spiel dauert entweder so lange, bis ein Team eingeholt wurde oder, falls dieses zu lange dauert, bis ein Signal ertönt. In diesem Fall gewinnt das Team, das weiter gelaufen ist. Variationen: Andere Fortbewegungsarten vorgeben oder eine Rundenanzahl festlegen.	Kappen für mindestens ein Team 2 Teams
Fangspiel **„Haie“**: Ein bis zwei Haie hüpfen im Wasser am Beckenrand auf und ab. In ungefähr zwei Metern Entfernung davor hüpfen die übrigen Spieler, die Piraten. Ertönt der Ruf „Haie“, versuchen die Piraten, so schnell wie möglich zum gegenüberliegenden Beckenrand zu rennen, ohne von den ebenfalls startenden Haien berührt zu werden. Wer berührt wird, übernimmt beim nächsten Durchgang die Rolle des Hais. Variation: Wer gefangen wurde, wird ein zusätzlicher Hai.	Falls die Bahn zu lang ist, mit Badeschlappen o. Ä. am Rand das Feldende markieren. 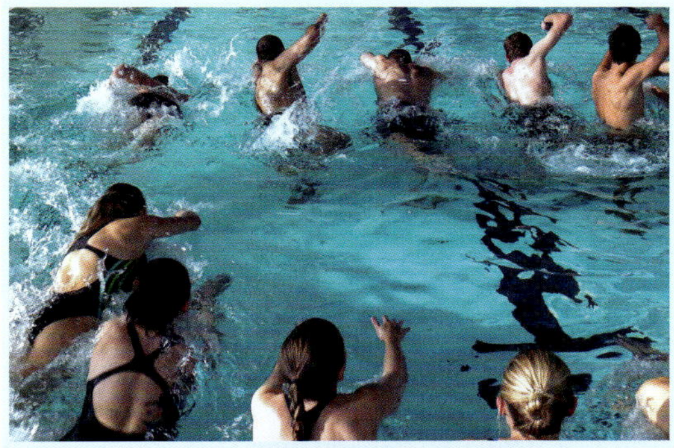
Hauptteil (25 min): Bewegungsexperimente	
Atmen: – laut ins Wasser blubbern – unter Wasser schreien oder singen – unter Wasser abwechselnd durch die Nase und den Mund blubbern – abtauchen und langsam durch die Nase ausatmen, anschließend versuchen, den Kopf in den Nacken zu nehmen und weiter durch die Nase auszuatmen	Frei im Becken

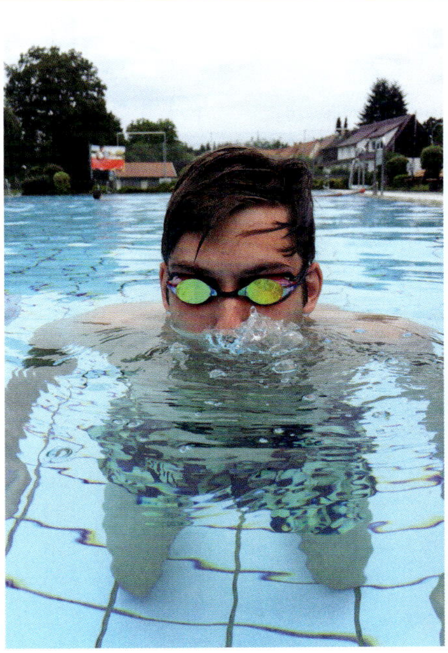

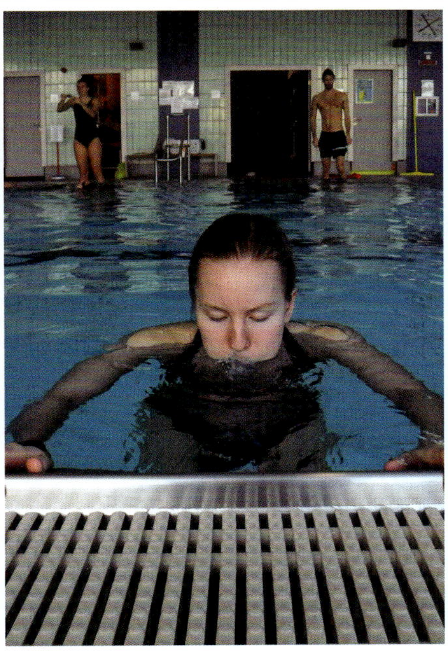

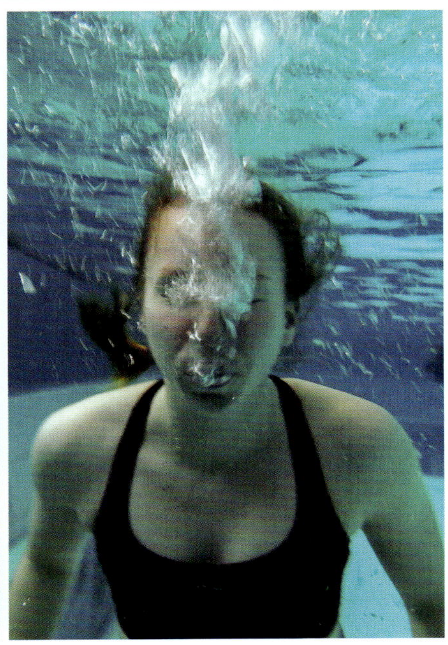

Wie kann ich auf den Boden absinken und dort bleiben?

Querbahn, 1 Tischtennisball (ggf. Strohhalm) für jeden Spieler

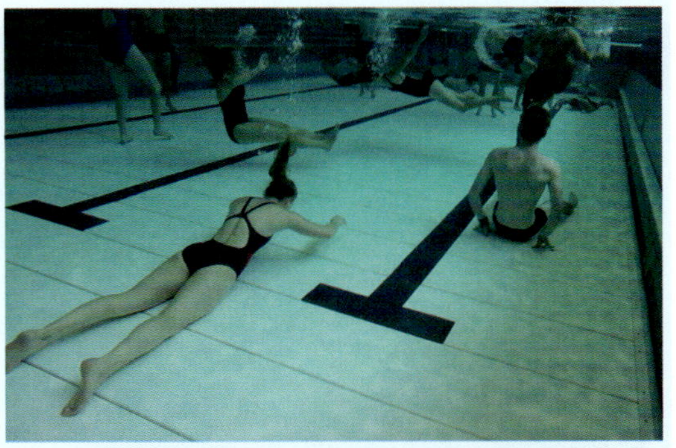

- dreimal langsam durch Ausatmen sinken und am Boden in Bauch- oder Rückenlage „kleben" bleiben, einmal davon aus der Quallenposition
- einen Tischtennisball über Wasser vor sich her pusten

Variation: mit einem Strohhalm

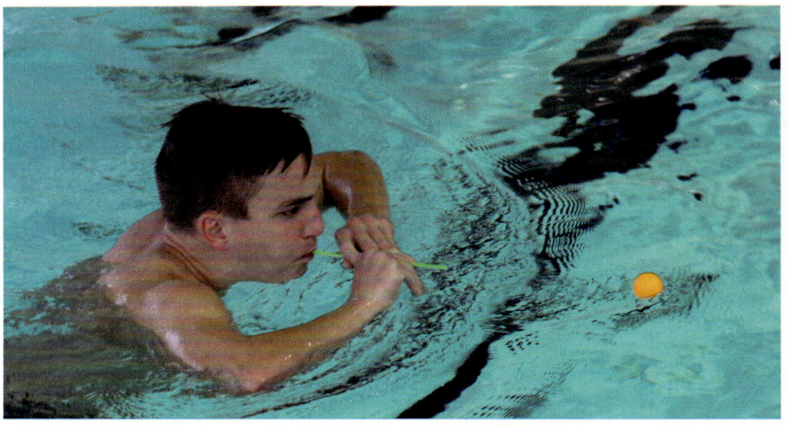

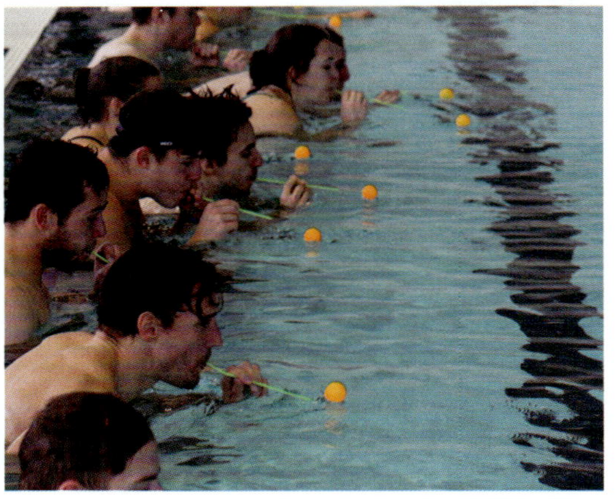

Wettkampf in kleineren Gruppen oder alle nebeneinander: Wer pustet seinen Tischtennisball zuerst auf die andere Seite?

Spiel **„Treibball"** mit Partner: Zwischen zwei Spielern liegt der Tischtennisball. Ziel ist es, durch Pusten den Ball auf die gegnerische Seite zu treiben.

Paare in Gassenaufstellung, pro Paar ein Tischtennisball

Den Mund mit Wasser füllen und damit Tischtennisbälle, die am Rand auf Plastikflaschen liegen, herunter „spucken".

Viele PET-Flaschen ohne Deckel, Tischtennisbälle

Variationen:
- mit einem Strohhalm einen möglichst hohen oder weiten Wasserstrahl erzeugen
- mit einem Strohhalm die Tischtennisbälle von den Flaschen pusten oder „spucken"
- einen Luftballon unter Wasser gegen den Wasserdruck aufpusten

Für jeden Spieler einen Luftballon

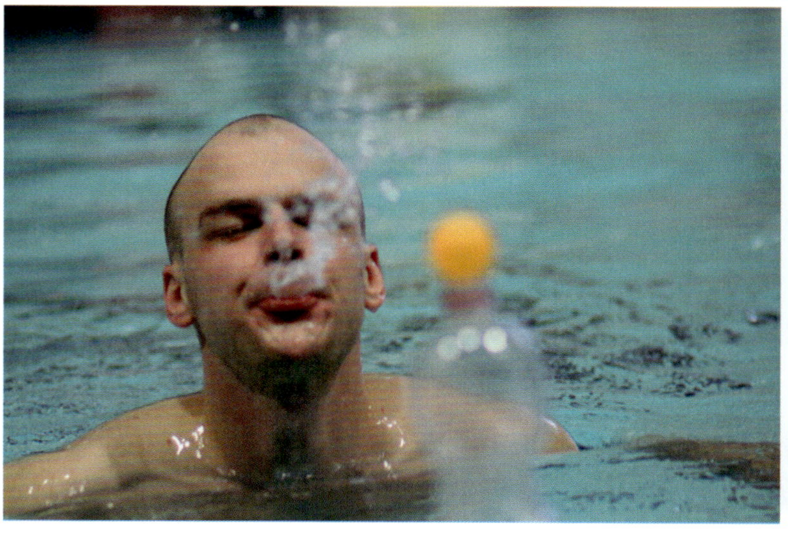

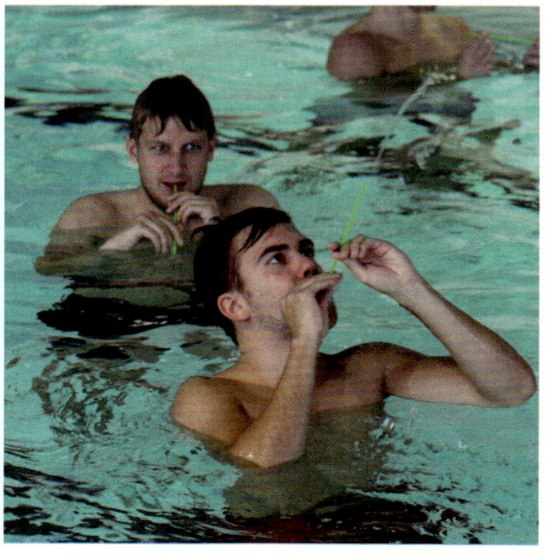

Sehen:

Paarweise ohne Schwimmbrille abtauchen: Wie viele Finger zeigt der Partner?

Variationen: Eine Rechenaufgabe mit den Fingern stellen, ein Wort mit Zeichensprache schreiben oder Schnick-Schnack-Schnuck spielen.

Wie sieht man unter Wasser im Vergleich zum Land?

Paarweise frei im Becken

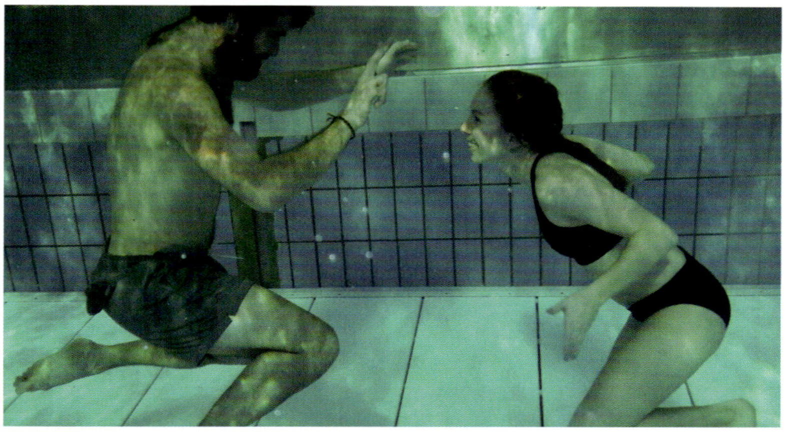

Hören:

Paarweise abtauchen und dem Partner laut den Namen eines Tiers ins Ohr rufen – jeder hat drei Versuche.

Was kann man hören?

Paarweise frei im Becken

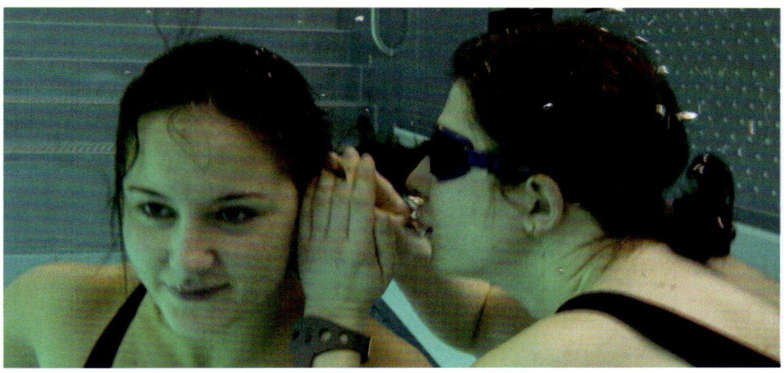

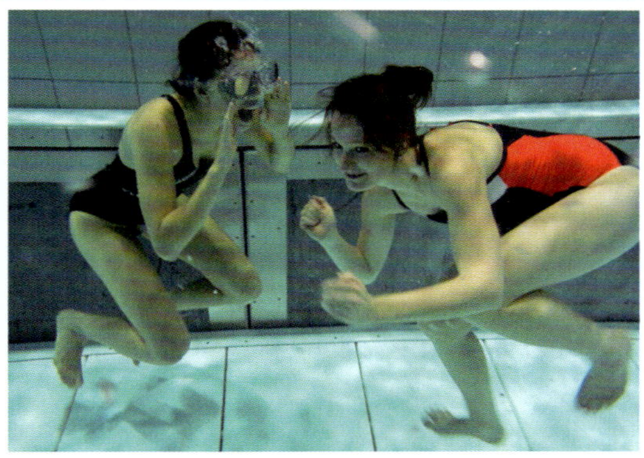

Spiel Songcontest: Zwei Teams spielen gegeneinander. Beide bekommen zwei Minuten Zeit, sich geheim eine bekannte Melodie auszusuchen und diese unter Wasser gemeinsam als Chor einzustudieren. Anschließend wird das Lied der gegnerischen Mannschaft präsentiert. Wird das Lied erraten, wechseln die Aufgaben. Wird es nicht erraten, singt die Gruppe erneut.

2 Teams zunächst weit auseinander zum Üben, anschließend treffen sich die Gruppen zur Präsentation in der Beckenmitte

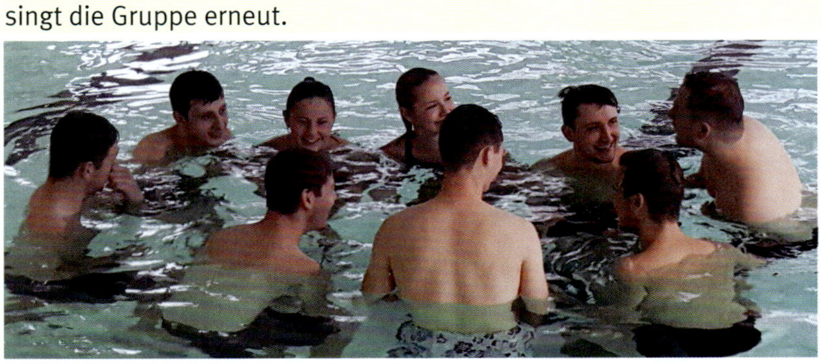

Hinweise: Die Gruppen brauchen einen „Dirigenten“, der das Kommando zum Abtauchen und ggf. zum Beginn des Singens gibt. Die Gruppen sollten sich beim Singen in einem Halbkreis formieren. Die Spieler der anderen Gruppe tauchen nah an die Sänger heran.

Tauchen:

Spiel **„Der verlorene Schatz“**: Der Lehrer verteilt viele Pokerchips im Wasser. Zwei Teams spielen gegeneinander. Jeder Spieler darf immer einen Chip herauf tauchen und muss ihn dann erst zu seinem Rand bringen, bevor er einen neuen suchen darf. Wer hat am Ende die höchste Punktzahl?

Mindestens 5 Pokerchips pro Spieler, ganzes Feld
2 Teams

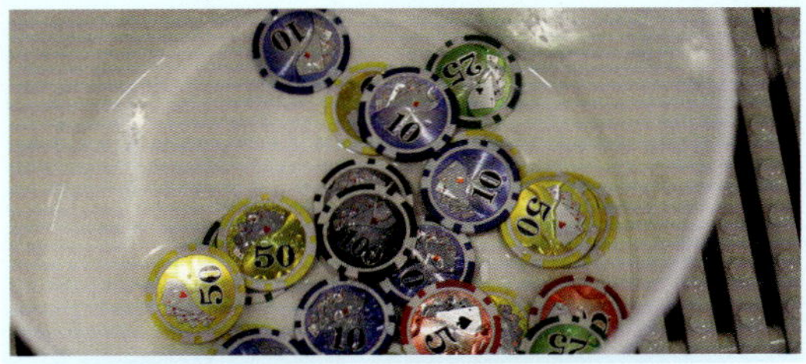

Spiel **„Perlentauchen“**: Der Lehrer verteilt Pokerchips im Wasser, zwei weniger als die Anzahl der Spieler. Diese sitzen an den Beckenrändern verteilt am Rand. Auf ein Kommando versucht jeder Spieler, einen Chip zu finden und ihn hochzuhalten. Dafür gibt es pro Durchgang einen Punkt. Wer hat am Ende die meisten Punkte?

Variation: Für rote Pokerchips gibt es zwei Punkte.

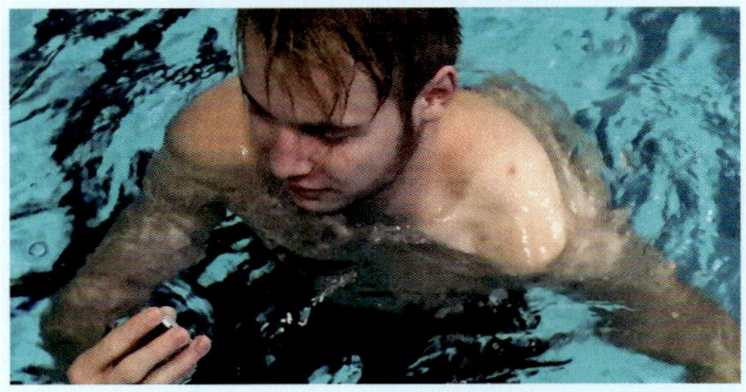

Pokerchips, 2 weniger als Spieler, ganzes Feld

Ausklang (10 Minuten)

Spiel **„Wasserschlacht“:** Zwei oder mehr Teams spielen gegeneinander. In der Mitte jeder Mannschaft steht ein Spieler im Wasser, der einen Plastikeimer über seinen Kopf hält. Alle anderen Spieler versuchen, mit einem Schwimmbrett oder den Händen so viel Wasser wie möglich in den Eimer zu spritzen. Welcher Eimer ist zuerst voll?

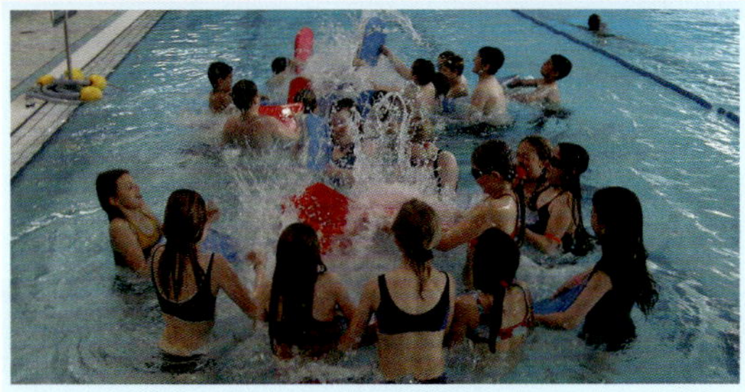

1 Plastikeimer für jedes Team,
1 Schwimmbrett für jeden Spieler, verteilt im Feld
2 Teams

Spiel **„Luftballonrettung“**: Die gleichen Teams wie vorher spielen gegeneinander. Jedes Team bekommt drei Luftballons und pustet diese auf. Nach dem Startsignal versuchen die Spieler gemeinsam, alle drei Ballons so lange wie möglich in der Luft zu halten. Sobald ein Ballon die Wasseroberfläche berührt, ist ein Durchgang vorbei.

Variationen:
- Es ist nicht erlaubt, einen Ballon zweimal hintereinander zu berühren.
- Die Anzahl um weitere Ballons erhöhen.

Pro Team 3 gleichfarbige Luftballons,

2 Teams

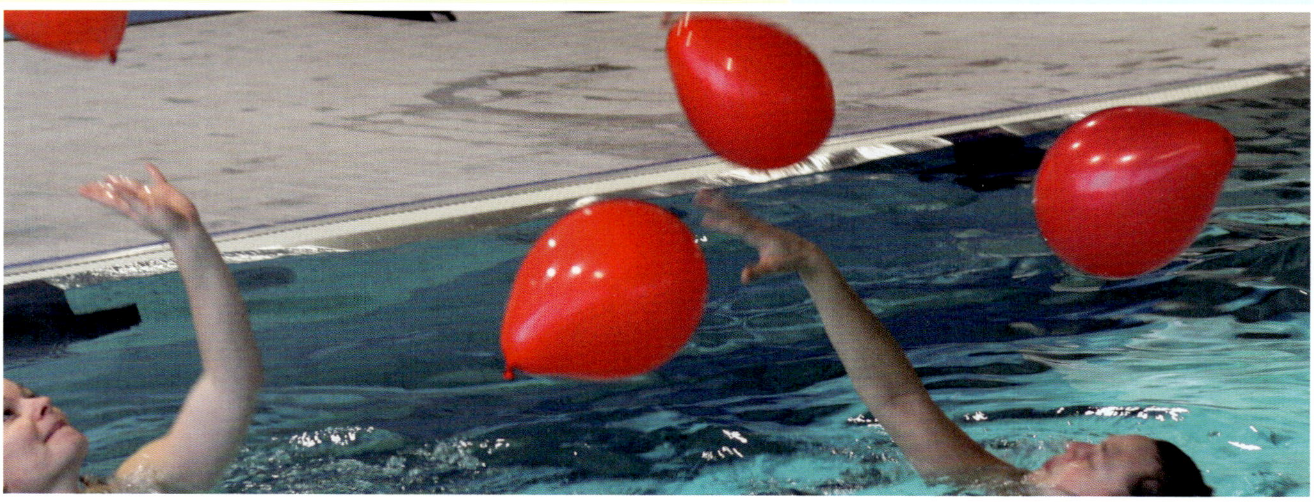

Stundenbild 3: Wassergewöhnung - Gleiten und sich antreiben

Gleiten: Eine wesentliche Voraussetzung für ökonomisches und schnelles Schwimmen ist das mit gestrecktem Körper unter der Wasseroberfläche widerstandsarme Gleiten. Zunächst erfolgt ein einmaliger Kraftimpuls, entweder durch einen Partner, den Abstoß vom Beckenboden oder der Beckenwand, durch einen Absprung vom Rand oder der Treppe. Dieser Impuls soll anschließend möglichst lange aufrecht erhalten bleiben. Gleiten sollte vielseitig vermittelt werden, schon zu Beginn sollten Bauch- und Rückenlage möglichst parallel erfahren werden. In Verbindung mit Drehungen fördert es auch die Orientierungsfähigkeit. Ziel ist es, den Gleitwiderstand zu erfahren und beeinflussen zu können. Die optimale Gleitposition sieht wie folgt aus: Die Handflächen liegen aufeinander, die Arme sind völlig gestreckt und die Schultern weit nach vorne geschoben, der Kopf ist zwischen den Oberarmen eingeklemmt, der Körper ist komplett angespannt und die Füße liegen gestreckt nebeneinander. Der Körper gleitet wie eine Speerspitze, ein Pfeil oder ein Torpedo durch das Wasser.

Antrieb erzeugen: Beim Fortbewegen an Land kann man sich vom festen Boden abdrücken. Bei Bewegungen im Wasser müssen sich vor allem die Hände und Füße den Abdruck, der möglichst parallel zur Wasseroberfläche, mit zunehmender Geschwindigkeit und nah an der Körperlängsachse erfolgen sollte, immer wieder neu suchen. Gute Schwimmer zeichnen sich dadurch aus, dass sie einen „Stütz" aufbauen können. Über den kinästhetischen Sinn, der Rückmeldungen über die Lage gibt, kann die Antriebswirkung erfahrbar gemacht werden. Ungünstige Luftwirbel an der Hand oder ungünstige Positionen können wahrgenommen werden. Zunächst laufen diese Wahrnehmungen noch unbewusst ab, mit zunehmender Erfahrung können sie aber für die Technikoptimierung genutzt werden.

Der Stirn- und Frontalwiderstand, also die Fläche, die bei der Vorwärtsbewegung dem Wasser entgegengestellt wird, und die Geschwindigkeit, mit der ein Schwimmer sich bewegt, bestimmen die Bremswirkung. Gegen die Schwimmrichtung bewegte Flächen müssen deshalb möglichst klein bleiben und die Flächen, mit denen man sich abdrückt, groß.

Hinweise zur Vorbereitung: Die für die Staffel benötigten vier Teams ergeben sich am schnellsten aus der letzten Aufgabe des Spiels Vier-Länder-Eck. Ein wasserfestes Kartenspiel, Duplosteine in zwei Farben, Schwimmbretter, zwei bis drei Bälle und ggf. ebenso viele Poolnudeln bereitlegen.

Der Unterricht findet entweder im Nichtschwimmerteil oder in einem Lehrschwimmbecken mit brusttiefen Wasser statt.

Ziele:

- Die Schüler erleben und erfahren, wann das Wasser eine bremsende Wirkung haben kann. Sie nehmen den Zusammenhang von Wasserlage, Körperstreckung und -spannung wahr. Sie erleben und erfahren die unterschiedlichen Antriebsbewegungen als wirksam bzw. weniger wirksam.
- Die Schüler kennen Merkmale einer effektiven Gleitposition und können sie benennen.
- Gleiten und sich antreiben können

Auf einen Blick

Phasen	Organisation, Material
Einstieg (10 Minuten)	
Spiel **„Vier-Länder-Eck“**: Jeder Beckenrand stellt ein Land dar, z. B. Deutschland, England, Italien und Spanien. Alle Spieler bewegen sich frei durch das Feld. Wenn der Spielleiter ein Land ruft, müssen alle Spieler so schnell wie möglich den entsprechenden Beckenrand berühren. Wer ihn als Letzter erreicht, bekommt einen Minuspunkt. Spieler mit den meisten Minuspunkten am Schluss machen z. B. drei Hampelmänner im Wasser. Variationen: – Die Fortbewegungsarten verändern oder Zusatzaufgaben wie Rollen verlangen. – Für die Länder typische Eigenschaften, Städte oder Vokabeln verwenden. – Die Ränder zusätzlich mit Farben, Himmelsrichtungen und/oder Zahlen versehen, sodass England z. B. auch blau, Süden und 4 ist.	Frei im Feld
Staffel **„Spielkartenlauf“**: Ein komplettes Kartenspiel ohne Asse liegt verdeckt und gemischt am gegenüberliegenden Rand. Vier Mannschaften spielen gegeneinander und ziehen zu Beginn ein Ass, das die zu suchende Kartenfarbe festlegt. Die vier Startspieler rennen zur anderen Seite und drehen eine Karte um. Ist es die Mannschaftsfarbe, nimmt der Spieler die Karte mit. Ist es eine andere Farbe, muss er sie wieder umdecken. Anschließend werden die nächsten Spieler abgeschlagen. Gewonnen hat das Team, das zuerst alle Karten seiner Farbe gefunden hat. Variationen: – Paarweise mit Handfassung laufen, jeder Spieler darf eine Karte umdrehen – andere Fortbewegungsmöglichkeiten und Zusatzaufgaben	Wasserfestes Kartenspiel 4 Teams
Hauptteil (25 min):	
Bewegungsexperimente	Wellen
Gleiten:	
– Hechtschießen: Die Schüler stoßen sich mit beiden Beinen vom Boden in Bauch- und Rückenlage ab und gleiten anschließend wie ein Hecht möglichst weit an der Wasseroberfläche: hinstellen-gleiten-hinstellen-gleiten – Abstoß von der Wand mit anschließendem Gleiten in Bauch-, Rücken- und Seitlage: Wie ein Torpedo oder Speer schiebt sich der Körper durch eine möglichst kleine Öffnung im Wasser.	Nebeneinander, Querbahnen

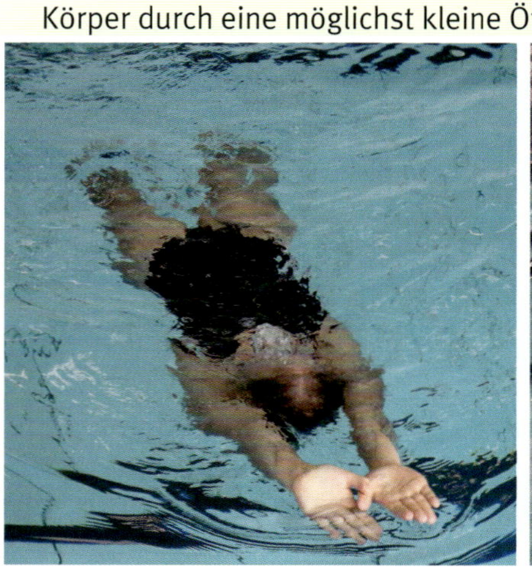

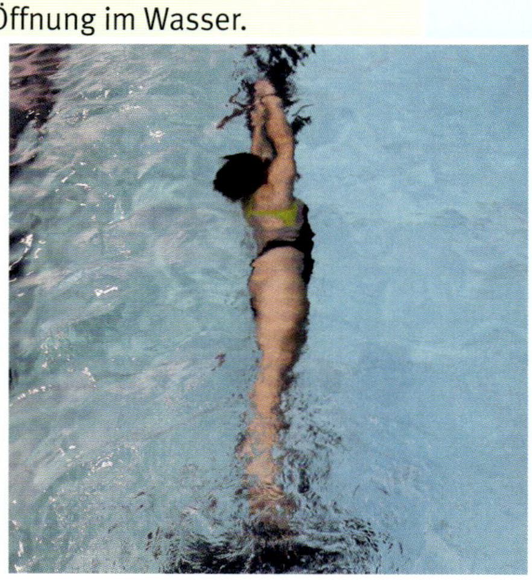

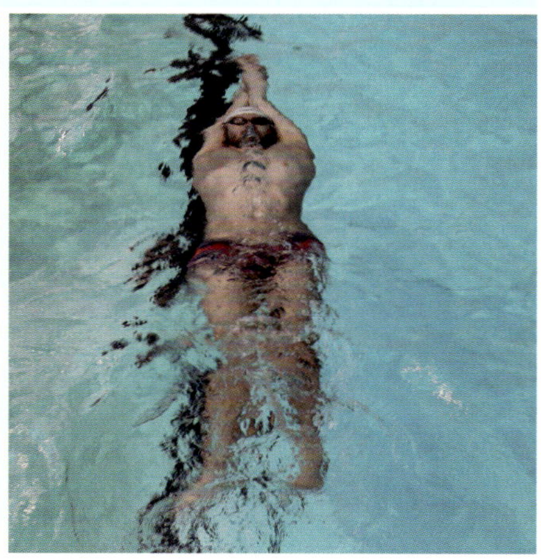

Variation: an der Wasseroberfläche oder unter Wasser

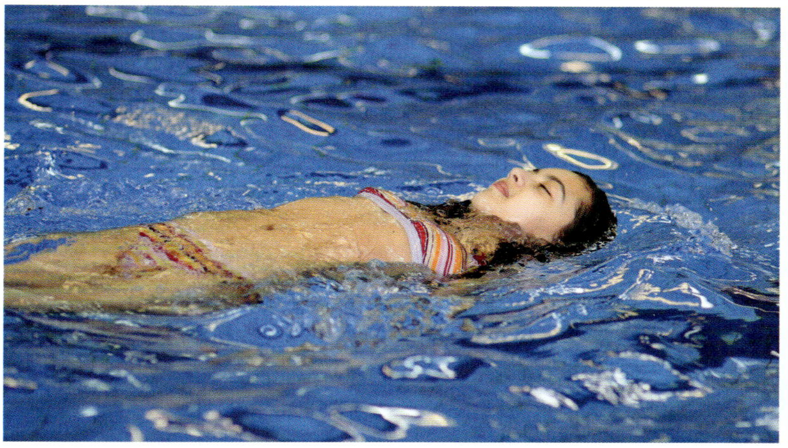

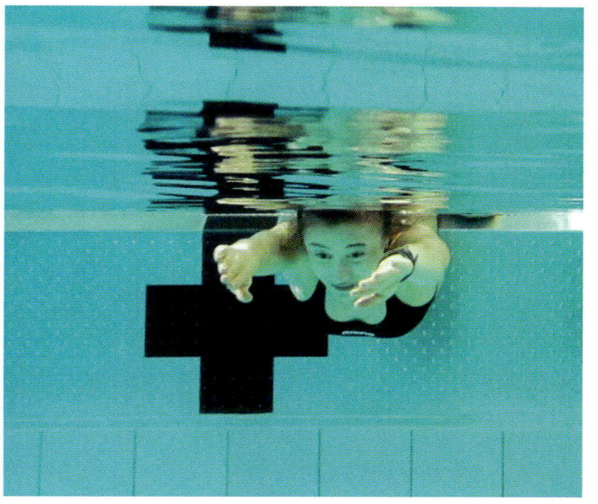

Kontrastübungen:

- „nasser Sack" – „Torpedo"
- die Füße anziehen – die Füße strecken
- die Unterschenkel beugen – die Unterschenkel strecken
- die Beine grätschen – die Beine schließen

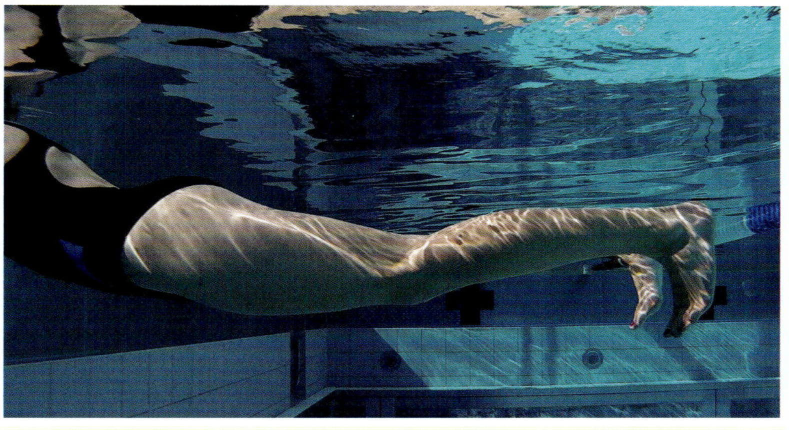

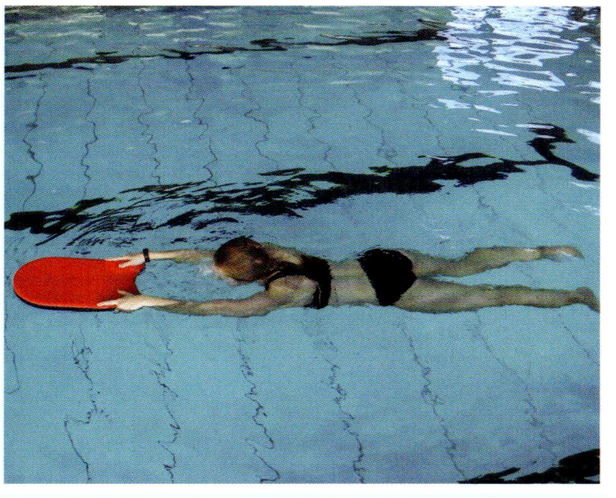

- mit gebeugten Armen – mit gestreckten Armen
- die Arme bilden ein V – die Arme liegen nebeneinander und die Handflächen aufeinander
- ein Arm liegt vorne, der andere neben dem Oberschenkel – beide Arme liegen vorne
- der Blick ist nach vorn gerichtet – der Blick geht nach unten

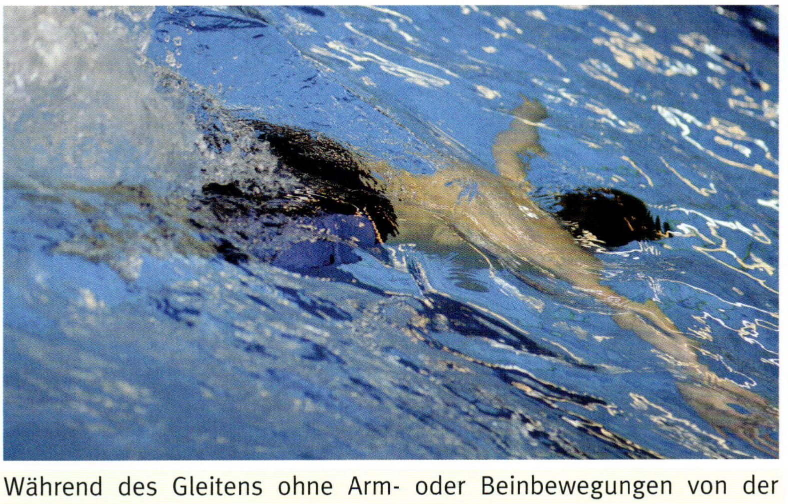

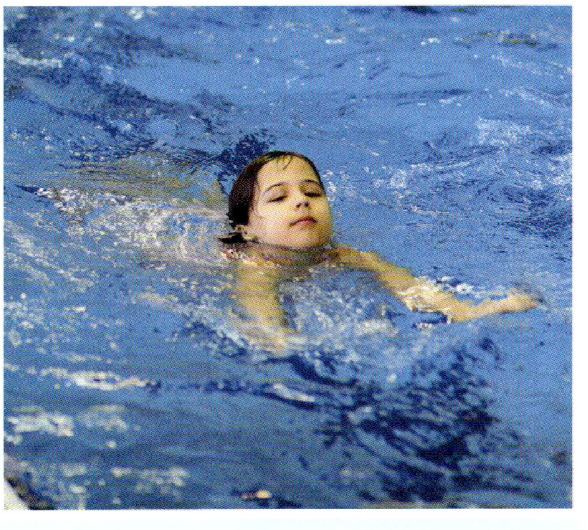

Während des Gleitens ohne Arm- oder Beinbewegungen von der Bauch- in die Rückenlage drehen und umgekehrt.

Wie sieht die beste Gleitposition aus? Wie gleite ich am weitesten?

Wettkampf: Wer kann am weitesten gleiten?

Antriebsexperimente mit Schwimmbrett:

Bötchen fahren: Auf einem Schwimmbrett sitzen und durch Hand-/ Armbewegungen vorwärts und rückwärts fahren.

Frei im Feld,
1 Schwimmbrett pro Schüler

Variationen:
- Drehungen einbauen
- Auf dem Schwimmbrett knien oder „surfen“

Hinweis: Beim Surfen etwas die Knie beugen, damit das Brett den Beckenboden verlässt.

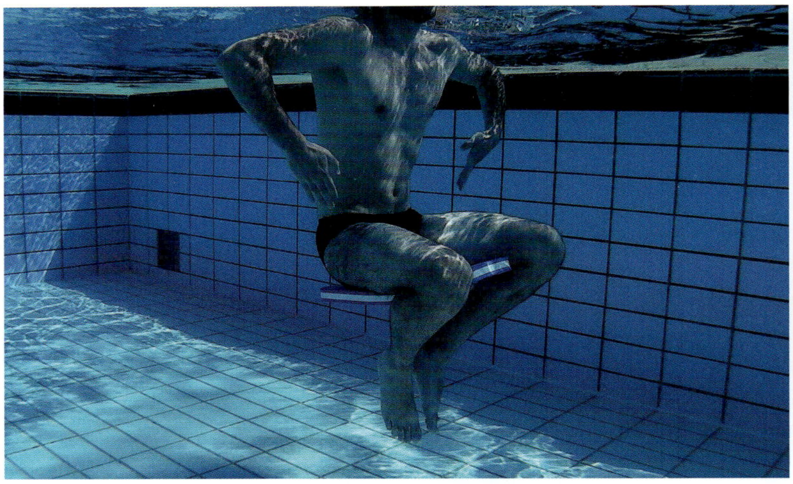

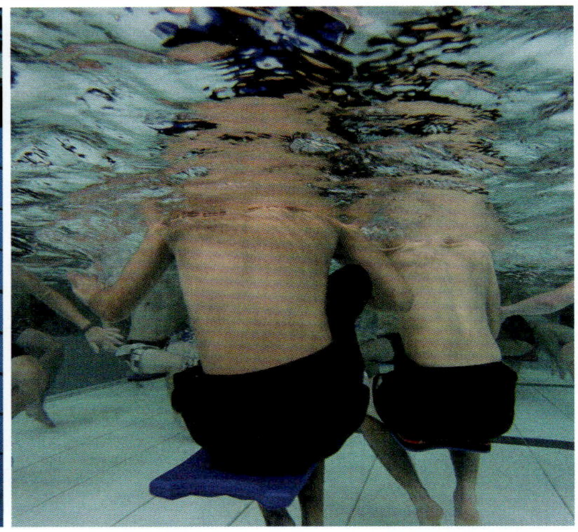

Spiel **„Kentern“**: Alle Spieler sitzen auf einem Schwimmbrett und versuchen, in einem kleinen Spielfeld so viele andere Boote wie möglich zum Kentern zu bringen. Wer gekentert ist, steigt wieder auf sein Boot und spielt weiter.

Kleines Spielfeld

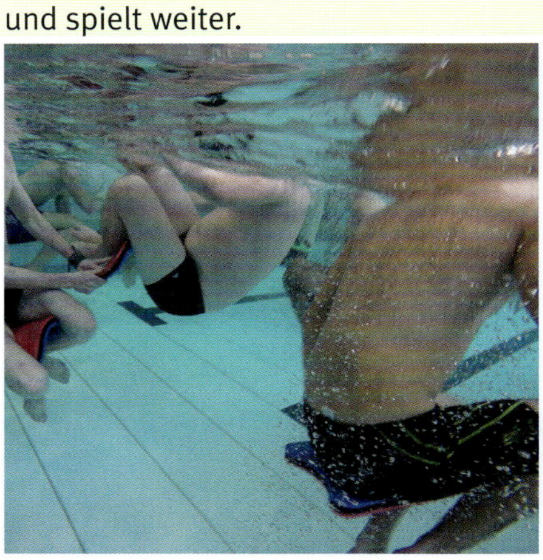

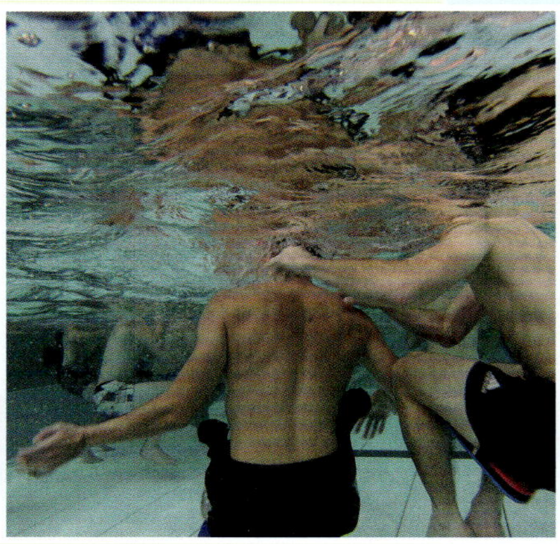

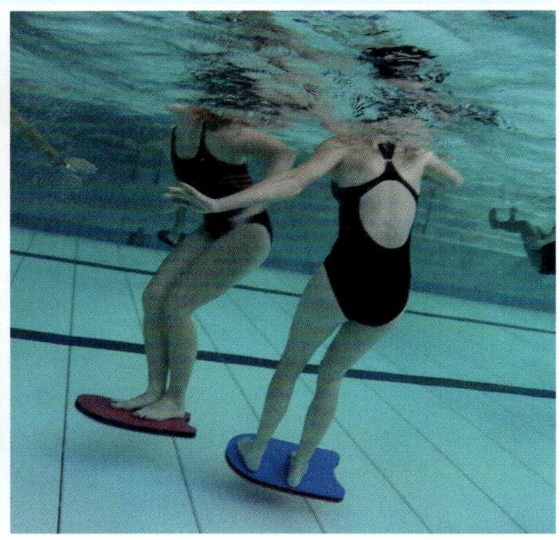

Hinweis: Kentern bedeutet entweder, den Gegner unterzutauchen oder ihn vom Brett zu befördern.

Antriebsexperimente ohne Hilfsmittel:

Querbahnen, nebeneinander

- In der Rückenlage fußwärts paddeln, die Hände befinden sich neben der Hüfte.
- In Rückenlage kopfwärts paddeln, die Hände befinden sich neben der Hüfte.
- In der Rückenlage kopfwärts paddeln, die Hände befinden sich über dem Kopf (auch kopfwärts)
- In Bauchlage vorwärts paddeln, die Hände befinden sich neben der Hüfte.
- In Bauchlage Vortrieb erzeugen, indem die Unterarme vor dem Kopf schnell umeinander rollen.
- Scheibenwischer: Vortrieb erzeugen, indem die Hände vor dem Kopf parallel zur Wasseroberfläche hin und her wischen.

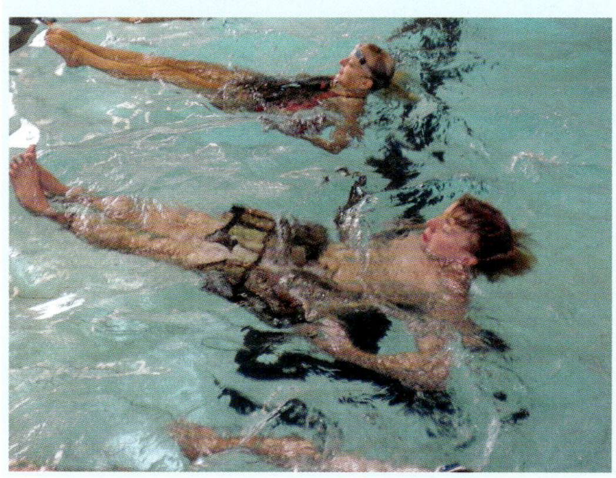

Erklärung: Man kann auf diese Weise Vortrieb erzeugen, weil Bewegungen, die quer zur Schwimmrichtung ausgeführt werden, bei korrekter Anstellung der Hände antriebswirksam sind.

- Raddampfer: Vortrieb erzeugen durch Armkeisen vorwärts.

Spiel **„Fußsohlenkampf“**: Paarweise die Fußsohlen gegeneinander legen. Jedes Paar gibt sich ein Startsignal. Dann versuchen die Partner, einander durch Paddelbewegungen der Hände wegzuschieben. Es gibt immer zwei Kämpfe, bevor ein Partnerwechsel stattfindet.

Gassenaufstellung, jeweils 2 Schüler gegenüber im Abstand ihrer Beinlängen

Hinweise: Die Spieler einer Seite rücken beim Wechsel eine Position weiter. Die Beine bleiben gestreckt, nicht treten!

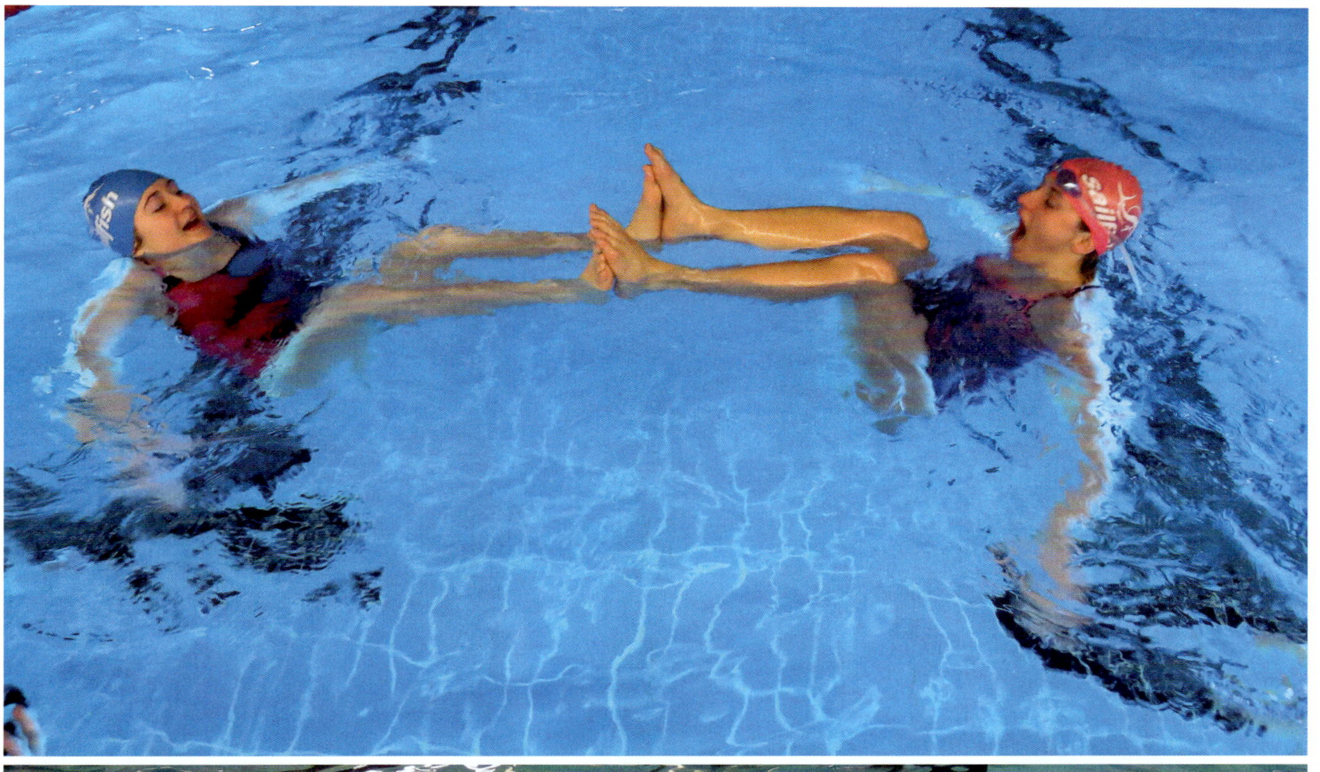

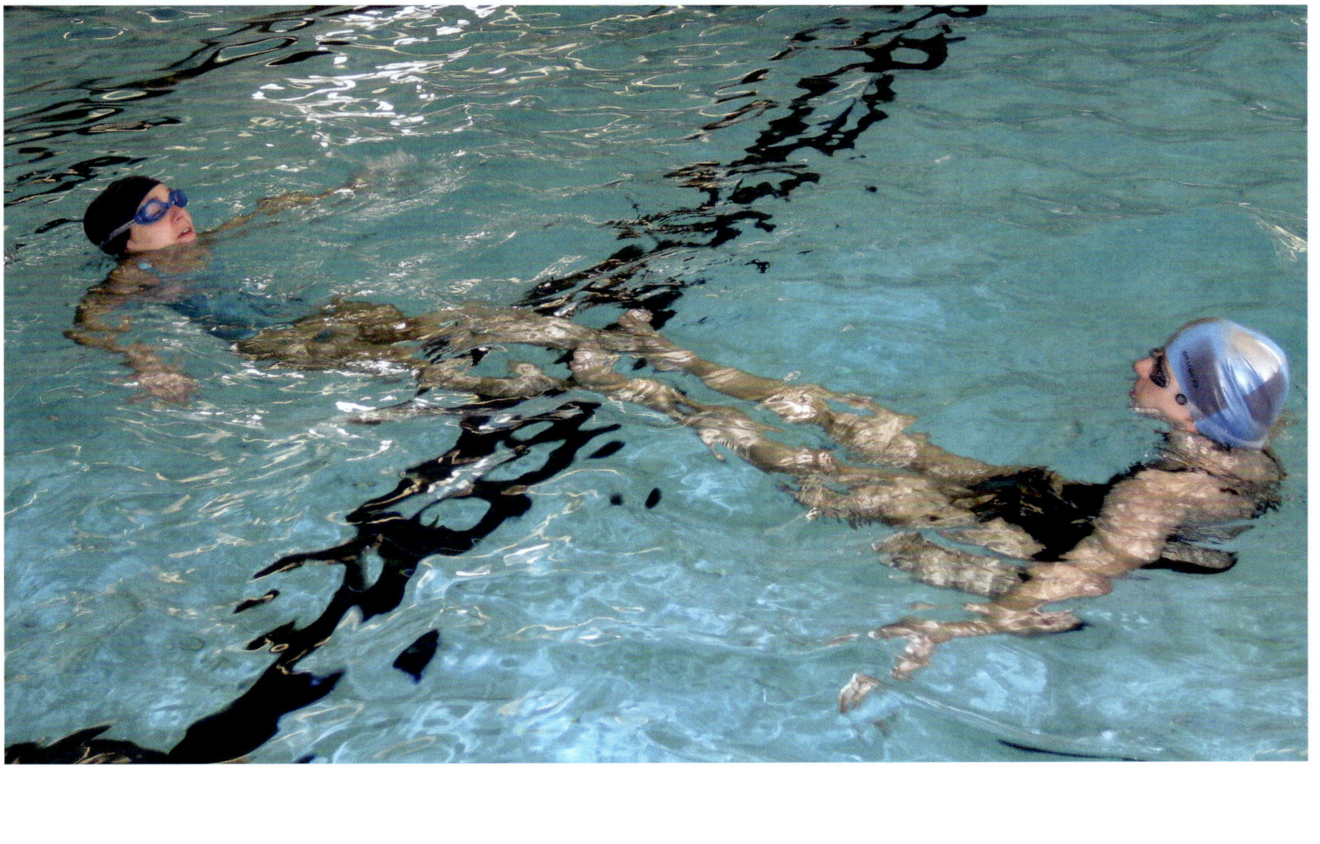

Ausklang (10 Minuten)

Spiel **„Wilde See“**: Zwei Teams stehen sich gegenüber. Jeder Spieler bekommt ein Schwimmbrett (Boot) mit einem Duplostein (Passagier). Team A hat z. B. rote Steine, Team B gelbe. Nach dem Startkommando ist es das Ziel, mit Armen, Beinen oder dem Körper so starke Wellen zu erzeugen, dass das Boot mit dem Passagier eine vorgegebene Markierung erreicht. Gelingt dieses, bekommt das Team für jedes erfolgreiche Boot einen Punkt und ein neuer Durchgang startet.	2 Teams gegenüber an 2 Beckenrändern, 1 Schwimmbrett und einen Duplostein für jeden Spieler, 2 Schwimmbretter als Zielmarkierungen

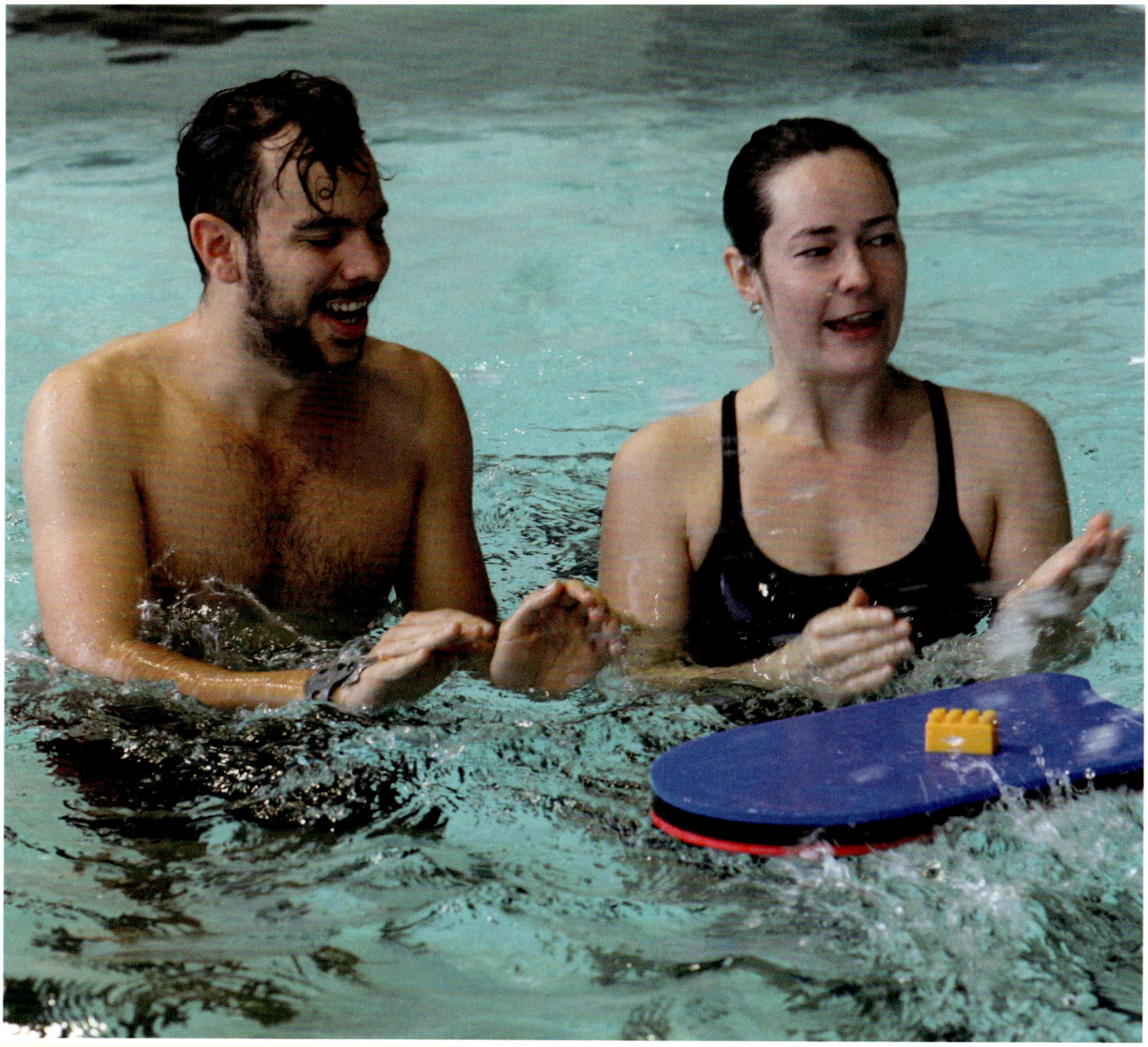

Spiel **„Schweinchen in der Mitte“**: Je nach Gruppengröße können zum Beispiel sechs Spieler den Kreis bilden und zwei in der Mitte sein oder sieben Spieler außen und drei in der Mitte. Die Kreisspieler passen sich den Ball zu, die Spieler in der Mitte versuchen, diesen zu berühren. Wer am längsten im Kreis war, tauscht mit dem Spieler, der den Fehler macht. Variationen: – Die Spieler in der Mitte bekommen eine Poolnudel, mit der sie den Ball berühren müssen. – Die Kreisspieler spielen sich einen aufblasbaren Ball oder Plastikball mit Schwimmbrettern zu.	1 Ball pro Kreis, für die Variation auch Poolnudeln für die Spieler in der Mitte

Stundenbild 4: Wasserbewältigung - Piratenabenteuer auf hoher See

Springen im und ins Wasser: Springen ins Wasser besitzt einen hohen Aufforderungscharakter und hat einen großen Erlebniswert, der im Flugerlebnis und den kreativen Gestaltungsmöglichkeiten liegt. Gleichzeitig schult Wasserspringen auch die Orientierungs- und Gleichgewichtsfähigkeit, das Selbstvertrauen und die motorische Entwicklung wird verbessert: Der Körper muss im Flug kontrolliert werden, der ganze Mensch taucht ins Wasser ein und muss wieder an die Wasseroberfläche zurückkehren. Springen ins Wasser kann allerdings auch schon vom Beckenrand erhebliche Gefahrensituationen beinhalten, wenn unorganisiert gesprungen wird. Die Vorbereitung und Durchführung des Springens stellt deshalb hohe Anforderungen an alle Beteiligten, will man Unfälle und Verletzungen vermeiden. Ordnung und Disziplin aber sind nur aufrechtzuerhalten, wenn die Gruppe viel in Bewegung ist und nicht in einer langen Schlange frierend ansteht. Die Übungsintensität kann durch die Nutzung vieler Absprungstellen, z. B. vom Rand, gesteigert werden. Dieses sollte man im Vorfeld mit den Schwimmmeistern absprechen.

Folgende verbindliche Regeln sollten aufgestellt werden:

- Erst springen, wenn der Eintauchbereich frei ist
- Immer in Laufrichtung springen – nicht zum Beckenrand
- Nach dem Sprung das Becken zügig in die vorgegebene Richtung verlassen
- „Seemannsköpper“, also Kopfsprünge mit angelegten Armen, sind nicht gestattet
- Keine Sprünge mit Anlauf vom Rand
- Bei Kopfsprüngen auf eine ausreichende Wassertiefe achten
- Die Zehen sollten die Kante vom Rand oder Startblock umkrallen, um ein Wegrutschen nach hinten zu vermeiden
- Keiner darf gezwungen werden, einen Sprung auszuführen. Angst muss akzeptiert werden. Häufig ist zu beobachten, dass sich die Schüler gegenseitig anspornen. So kann Angst bewältigt und das Selbstbewusstsein Einzelner in hohem Maße gesteigert werden.

Hinweise zur Vorbereitung

Im Vorfeld sollte die Lehrkraft für eine Station Wasserpistolen aus PET-Flaschen präparieren. Dazu muss in den Deckel ein Loch gestochen werden. Außerdem muss auf einen Pokerchip mit einem wasserfesten Stift ein Kreuz gemalt werden und mit Duplosteinen ein Musterbauwerk auf einer Platte errichtet werden. Zu Beginn der Stunde müssen Kleingruppen gebildet und die 6 Stationen wie folgt vorbereitet werden:

Station 1: ca. 10 Schwimmbretter

Station 2: ein bis zwei abgeklebte Schwimmbrillen oder Augenbinden

Station 3: Plastikflaschen, Tischtennisbälle, für jeden Schüler an dieser Station eine präparierte Wasserpistole

Station 4: ca. 50 Pokerchips, einer davon mit einem Kreuz markiert

Station 5: eine mit einem Stein o. Ä. beschwerte Duplo-Bauplatte unter Wasser, Duplosteine, ein Musterbauwerk auf einer Platte an Land

Station 6: für jeden Schüler ein Schwimmbrett

Um den Stationswechsel anzukündigen, braucht man eine Uhr und eine Pfeife.

Die Teams für das Abschlussspiel Piratenschlacht ergeben sich sehr schnell aus den Stationen. Für dieses Spiel benötigt man Badekappen für die beiden Mannschaften, für jeden Spieler eine Wäscheklammer und ca. 40 Pokerchips in zwei verschiedenen Farben.

Ziele:

Erleben von Spaß und Freude im Wasser, Erfolgserlebnisse, Stärkung des Selbstwertgefühls, Erhöhen der Bewegungssicherheit, Verbesserung der Wahrnehmung, gemeinsames Lösen von Aufgaben, gemeinsame Erfolge in der Gruppe, erkennbare Risiken einschätzen und kalkulierte Entscheidungen treffen, Sammeln vielfältiger Bewegungserfahrungen, springen, Auftrieb erfahren, tauchen, Kreativität, Kooperation, Spielen und Gestalten im Wasser

Auf einen Blick

Phasen	Organisation, Material
Einstieg (5 Minuten)	
Spiel **„Schiffsuntergang“**: Alle Spieler befinden sich auf einem Segelschiff (am Beckenrand). Dort hocken oder sitzen sie nah am Wasser und halten sich an den Händen in der Hoffnung, so einem wilden Sturm trotzen zu können. Das Schiff kentert jedoch und alle Piraten fallen als lange Kette, die nicht reißen darf, ins Meer. Von dort aus müssen sie gemeinsam das nächste Ufer erreichen, d. h., sie dürfen die Hände nicht loslassen.	Bei einer sehr großen Gruppe mehrere Piratengruppen bilden

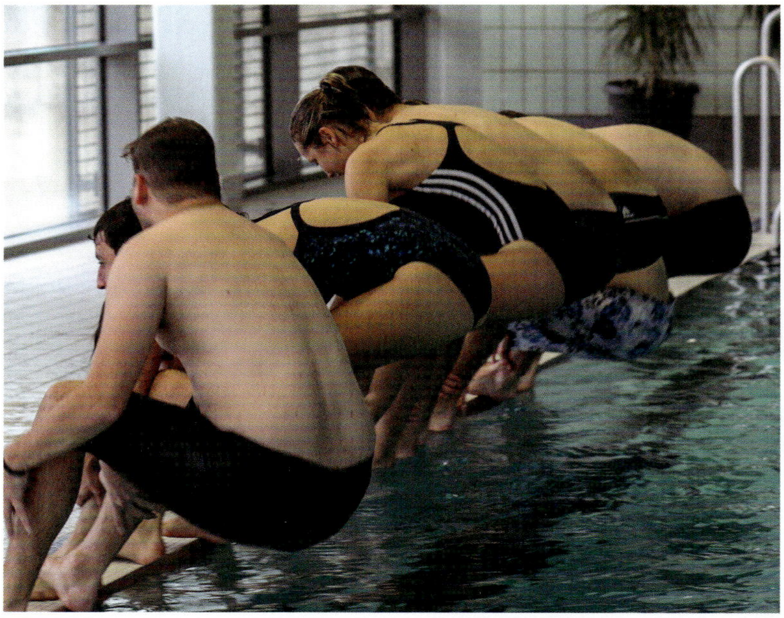

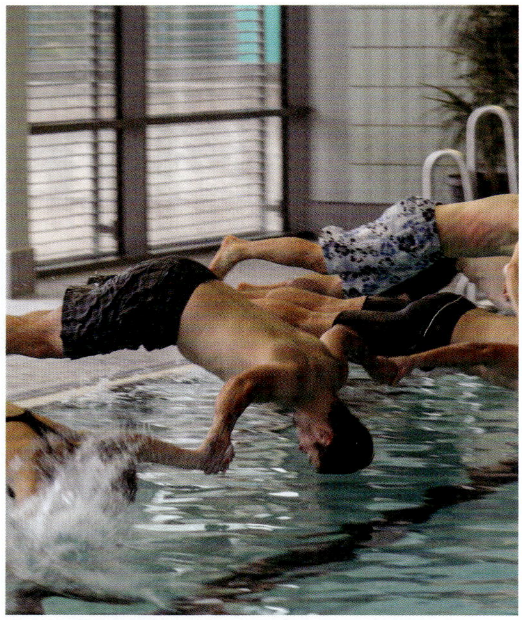

Phasen	Organisation, Material
Hauptteil (25 min): Bewegungsexperimente	
Die Piraten sitzen auf einer einsamen Insel ohne Wasser und Brot fest. Sie können erst entkommen, wenn sie verschiedene Prüfungen bewältigt haben. Diese könnten so aussehen:	6 Kleingruppen, 6 Stationen, je 5 min Die Stationen werden auch gewechselt, wenn die Aufgaben erfolgreich gelöst werden.
1. **Bergbesteigung:** Die Crew soll einen „Berg“ aus Schwimmbrettern errichten. Ein Pirat erklimmt diesen Berg und bleibt dort ohne fremde Hilfe einen Moment stehen. Wie viele Bretter sind möglich?	Viele Schwimmbretter

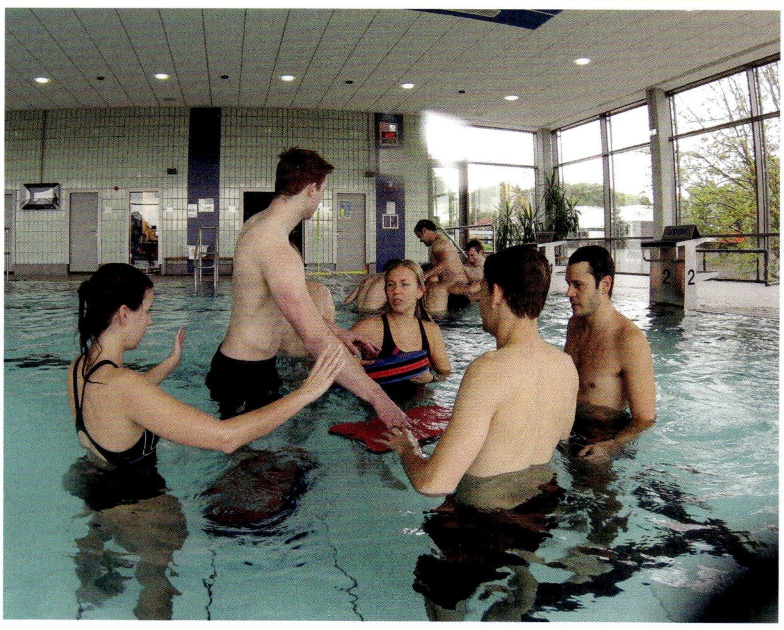

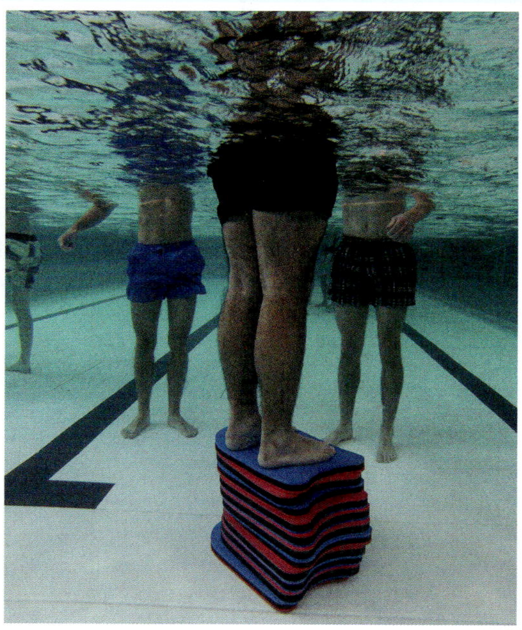

2. **Dunkle Höhle:** Jeder Pirat muss blind durch eine dunkle Höhle (zum anderen Beckenrand) schwimmen. Dazu wird entweder die Schwimmbrille abgeklebt oder eine Augenbinde getragen. Die Crew darf durch Zurufe lenken.

Abgeklebte Schwimmbrille oder Augenbinde

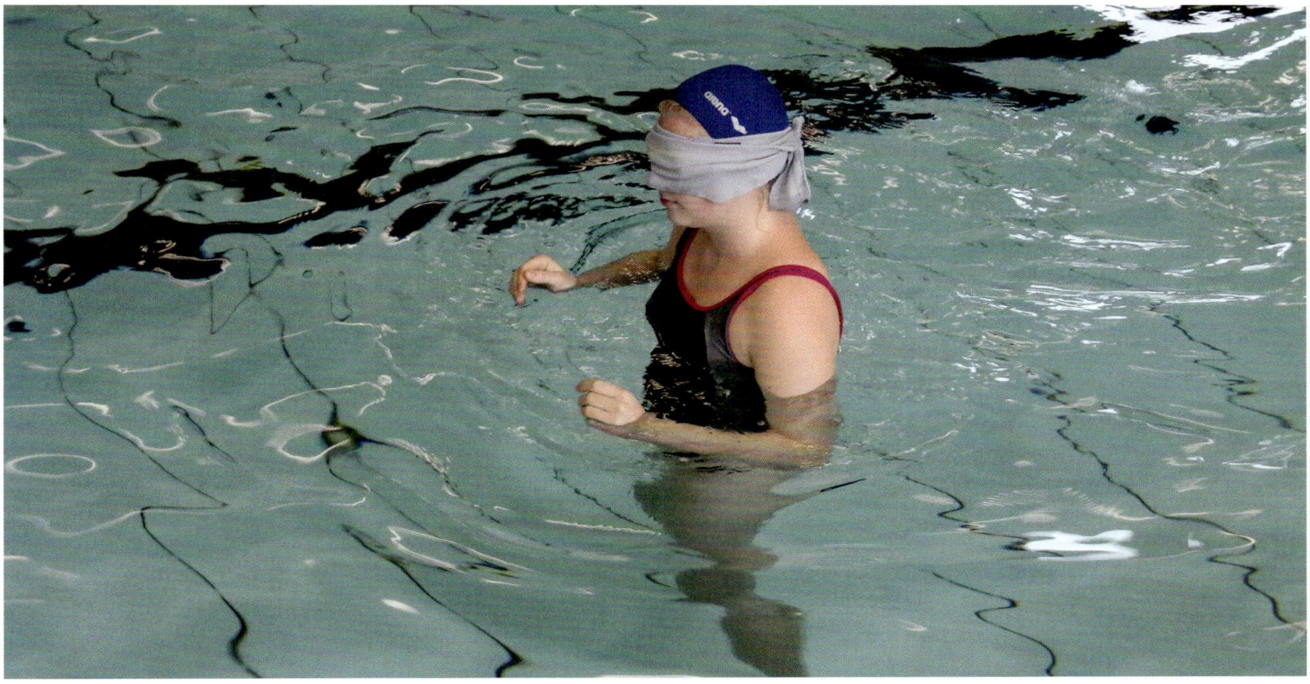

3. **Schießen:** Am Rand stehen Plastikflaschen ohne Deckel mit einem Tischtennisball darauf. Diese gilt es, mit Wasserpistolen oder PET-Flaschen mit einem Loch im Deckel herunterzuschießen.

Plastikflaschen, Tischtennisbälle, Wasserpistolen oder PET-Flaschen mit Loch im Deckel

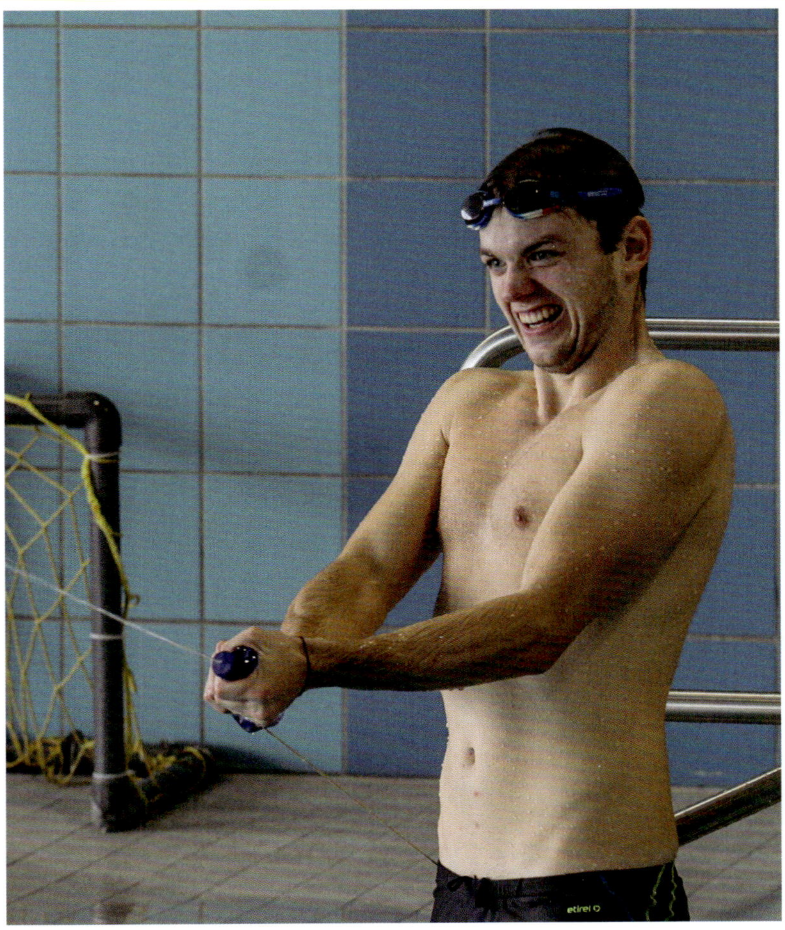

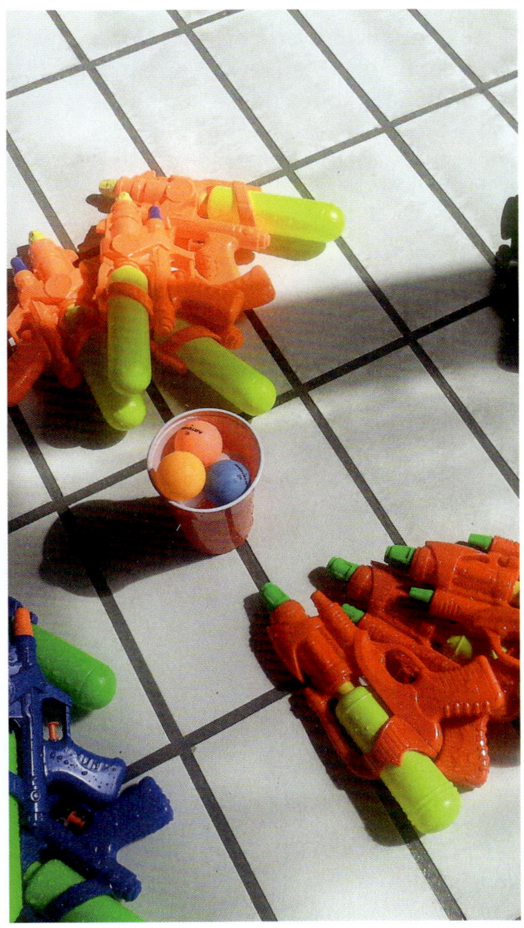

4. **Bombenentschärfung:** In mehreren Eimern am Beckenboden befinden sich viele Pokerchips. Einer ist mit einem Kreuz markiert. Sobald er gefunden wurde, gilt die Bombe als entschärft.

3-4 Eimer, viele Pokerchips

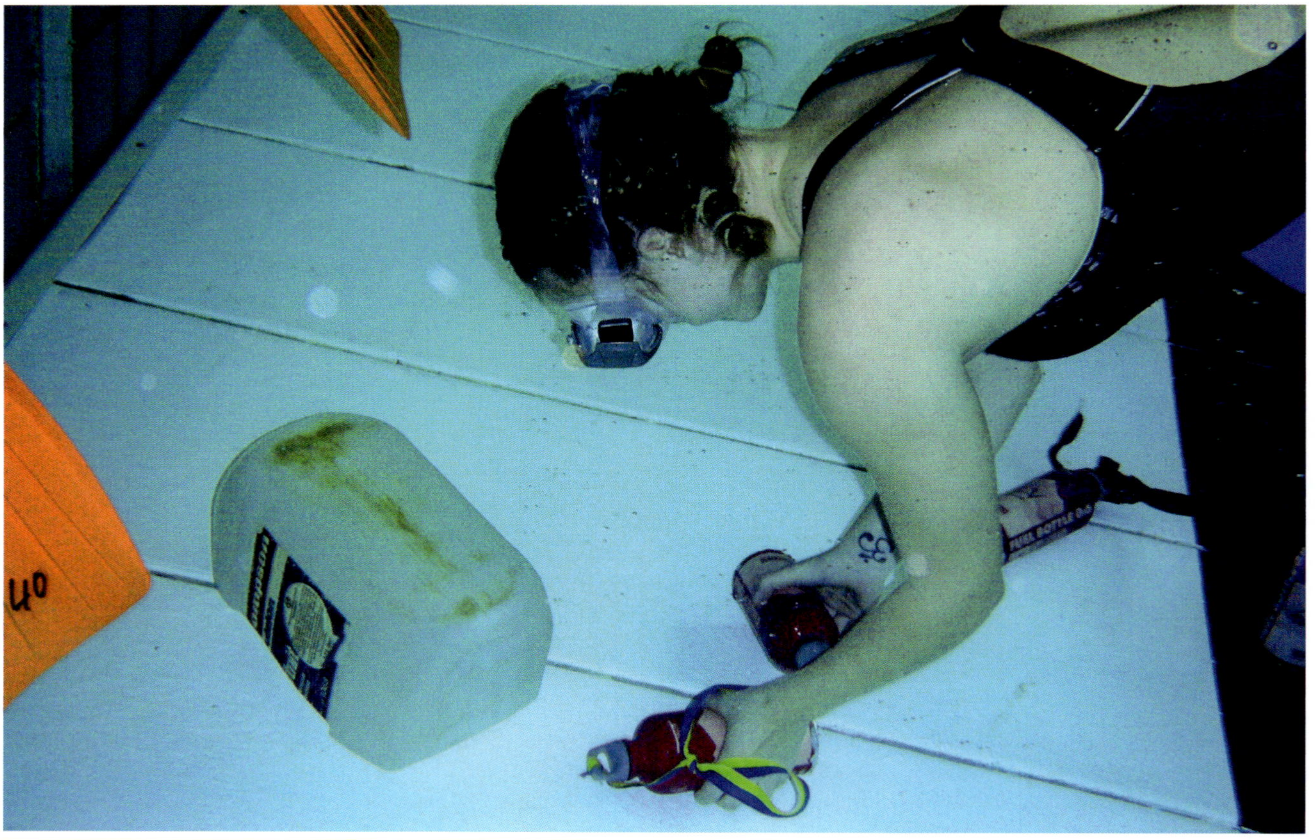

5. **Ein Bauwerk errichten:** Eine beschwerte Duplo-Bauplatte liegt am Boden. Die Crew muss ein Musterbauwerk, das sich an Land befindet, unter Wasser nachbauen.

1 beschwerte Bauplatte, Duplosteine, Musterbauwerk

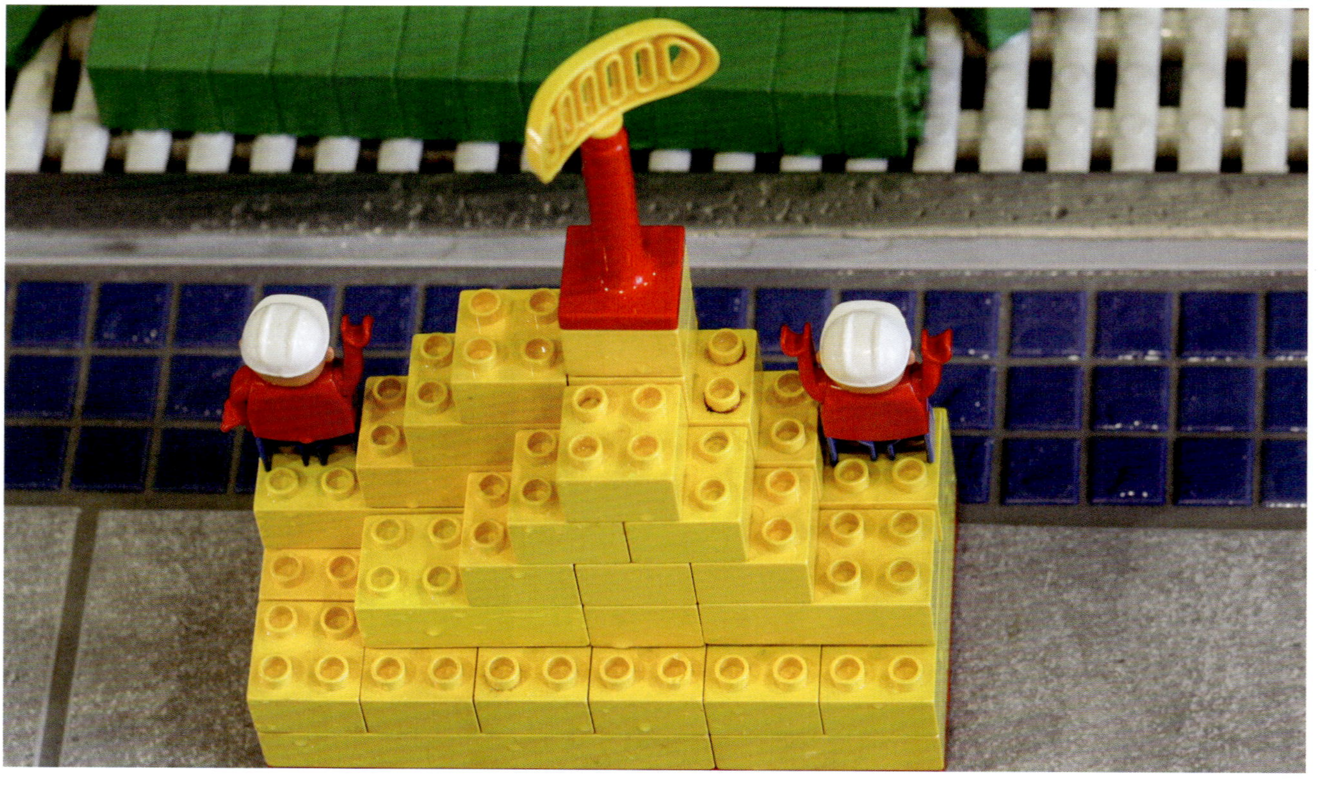

6. Duelle (hier gegen das Schwimmbrett):

- Die Spieler sitzen auf einem Schwimmbrett, klemmen dieses mit den Beinen ein und versuchen, eine Rolle vorwärts und eine Eskimorolle zu machen
- Die Spieler tauchen ein Brett auf den Grund.
- Sie stellen sich auf ein Brett, sodass es auf dem Boden liegt, und tauschen dieses mit dem Partner, ohne dabei die Hände zu benutzen.

Variation: Durch Beugen der Beine verliert das Brett den Bodenkontakt. Kann man es auch jetzt noch tauschen?

1 Schwimmbrett für jeden

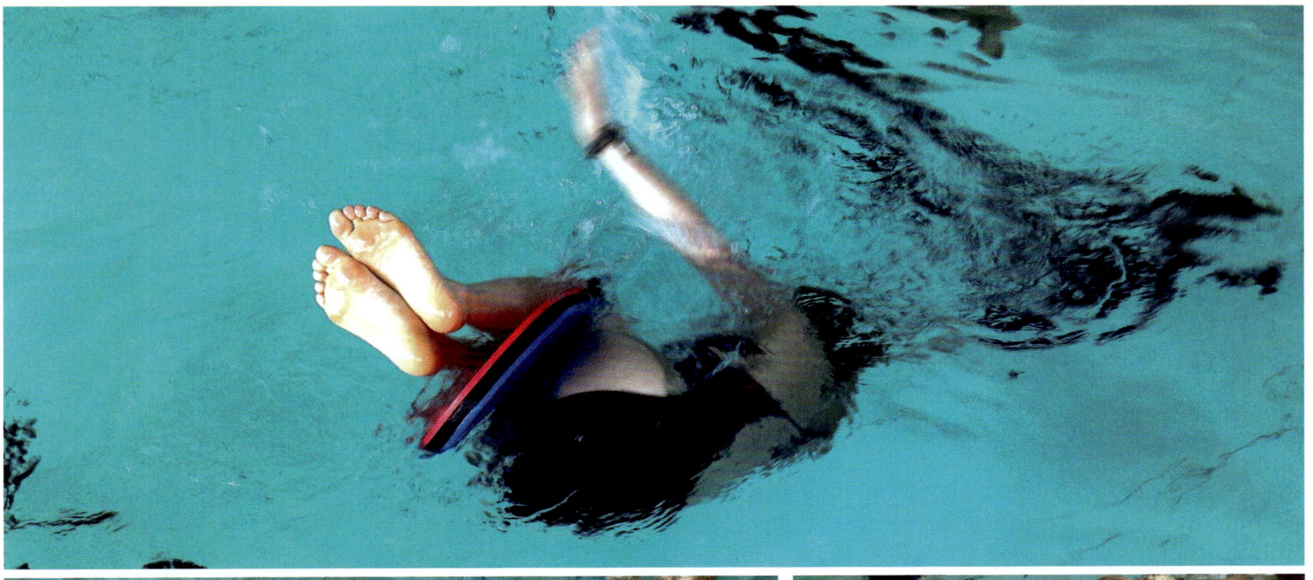

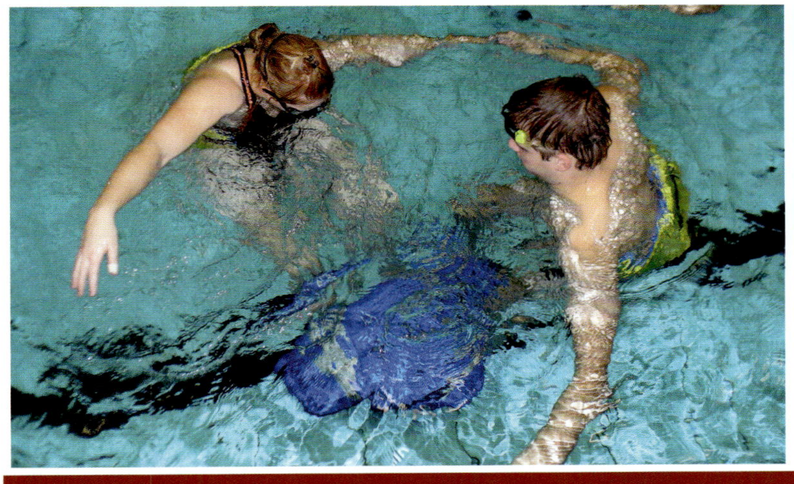

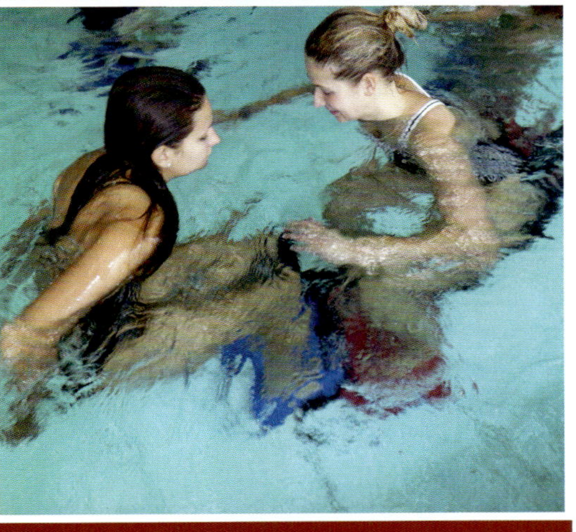

Ausklang (10 Minuten)

Spiel **„Piratenschlacht"**: Zwei verfeindete Piratencrews werden mit Kappen gekennzeichnet, an denen je eine Wäscheklammer befestigt wird, und sie verteilen sich gegenüber an den Beckenrändern. Crew A ist im Besitz der roten Pokerchips am Beckenrand, Crew B im Besitz der schwarzen. Ziel ist es, so viele gegnerische Chips wie möglich zu erbeuten und zum eigenen Rand zu bringen. In der eigenen Spielfeldhälfte sind alle Piraten Jäger, die versuchen, allen Eindringlingen die Wäscheklammer abzuziehen. Gelingt dieses, erhält der Feind die Klammer zurück, muss aber direkt wieder in die eigene Hälfte zurück. Bleibt ein Pirat im Besitz seiner Klammer und erbeutet einen Chip, hält er diesen in die Luft und darf so unbehelligt zurück in sein Lager. Gespielt wird auf Zeit. Die Crew, die die meisten gegnerischen Chips erbeuten konnte, gewinnt.

Badekappe und Klammer für jeden Spieler, Pokerchips in 2 Farben

Stundenbilder 5-6: Wasserbewältigung - Schatzsuche im Wasser

Fachliche Hinweise

Bei der Wasserbewältigung wird auch gezielt auf die Entwicklung des Wassergefühls hingearbeitet. Nach Rudolph ist das Wassergefühl eine „komplexe koordinative Fähigkeit, die als Folge von Veranlagung und Erfahrung im Umgang mit dem Wasser auftritt". Vortrieb und geringer Widerstand sind daher wesentliche Kenngrößen des Wassergefühls. Erfahren wird das Wassergefühl sowohl durch taktile, visuelle, vestibuläre und vor allem kinästhetische Sinne. Eine ausführliche Wasserbewältigung ist also in jedem Fall lohnend für die schwimmerische Entwicklung, weil sporttreibende Kinder mit gut ausgeprägten koordinativen Fähigkeiten schneller und effektiver lernen, da sie auf ein größeres Bewegungsrepertoire zurückgreifen können. Das Prinzip der Vielseitigkeit und Variation sollte im Vordergrund stehen. Erfolgserlebnisse steigern die Motivation und das Selbstvertrauen.

Abenteuer sind unbekannte, neue Situationen, bieten Risiko und Gefahren und stellen eine Herausforderung dar. Mit dem Thema Schatzsuche verbinden Kinder Herausforderungen und Spannung. Diesen Motivationsschub sollte sich der Schwimmunterricht zunutze machen. Der vermeintliche Individualsport Schwimmen eignet sich trotz vielleicht anderer Erwartungen doch sehr gut auch für Gruppenerlebnisse. Kooperative Spiele stellen erhebliche Ansprüche an die Spieler: Sich absprechen, Ideen der anderen berücksichtigen, eigene Interessen einbringen und mit denen anderer abwägen, gegenseitiges Bestätigen, Kritik annehmbar formulieren und trotzdem Spaß haben. Kinder erfahren, dass kooperatives Handeln durchaus spannend, aufregend, abenteuerlich und risikoreich sein kann, allerdings für alle Spieler gemeinsam und gleichmäßig verteilt.

Kreative und darstellende Spiele sind eine wichtige und vielseitige Ergänzung zu den „klassischen" Spielen, die vor allem auch Schüler ansprechen können, die sonst im Sportunterricht eher zurückhaltend oder nicht so sportlich sind. Im Vordergrund stehen das Ausprobieren und Erfinden von eigenen Bewegungs-, Spiel- und Ausdrucksmöglichkeiten. Es gibt keine stark einschränkenden Spielregeln und selten Sieger oder Verlierer. Kreative Spiele fördern die Fantasie, die Geschicklichkeit und das Ausdrucksvermögen von Kindern. Kreative Spiele sind auch immer eine willkommene Abwechslung nach einem anstrengenden Spiel, oder wenn die Kinder langsam zur Ruhe kommen sollen.

Praktische Tipps

Der Spielleiter muss alle Spiele kurz, aber präzise erklären. Dauert die Erklärung zu lange, frieren die Schüler im Wasser. Vergisst er wesentliche Regeln, ist es im Wasser schwer, diese nachträglich hinzuzufügen. Für die Kennzeichnung der Mannschaften oder Fänger bietet es sich an, preisgünstige Bademützen anzuschaffen. Die Mannschaftsbildung sollte schnell erfolgen, um einem Auskühlen vorzubeugen. Material, das man für das Spiel benötigt, lässt sich häufig gut für die Mannschaftsbildung nutzen, so zum Beispiel auch Pokerchips in unterschiedlichen Farben, die man für das anschließende Tauchspiel benötigt. Treppengeländer, Bahnmarkierungen, Schwimmleinen oder Zauberschnüre können, wenn nötig, als Spielfeldmarkierungen genutzt werden. Die meisten Spiele können sowohl im flachen als auch im tiefen Wasser gespielt werden. Spiele, die an Land gut funktionieren, lassen sich nicht immer ins Wasser übertragen. Auf keinen Fall sollte es im Wasser Spiele mit Ausscheiden geben. Gerade für das Wasser schreitet die Entwicklung der Spielgeräte und Materialien schnell voran. Es gibt Tauchpuzzles, wassertaugliche Geldscheine oder Metallteile, die unter Wasser zusammen geschraubt werden. Wenn der finanzielle Etat jedoch nicht groß genug ist, lassen sich mit etwas Phantasie mit Muscheln, Kronkorken, Pokerchips, Duplosteine, Tischtennisbälle oder anderem Material spannende Spiele entwickeln.

Vielen Menschen ist gar nicht bewusst, wie schwer Kleidung im Wasser werden kann. Schwimmt man mit einem T-Shirt, so stellt man schnell fest, dass sich das Kleidungsstück voll Wasser saugt und mit steigender Schwimmdauer eine Last wird, die aber auch zur Konditionssteigerung beiträgt.

Hinweise zur Vorbereitung

Für diese Schatzsuche ist viel Material nötig, das schon vorher bereitliegen sollte, um keine Zeit zu verlieren. Im Vorfeld müssen zwei Schatzkarten erstellt, laminiert und zerschnitten werden. Man braucht so viele Teile, wie Spieler in einem Team sind. Im Einzelnen braucht man:

Zwei aufblasbare Schwimmringe oder ggf. auch LKW-Schläuche, die in einigen Bädern vorhanden sind, zwei zerschnittene Schatzkarten, zwei Plastikbecher, zwei Schwimmbretter, zwei Eimer, einen Tischtennisball für jeden Spieler, vier große T-Shirts, eine Wasserbombe für jeden Spieler (zwei verschiedene Farben), einen großen aufblasbaren Ball und zwei Bettbezüge.

Für die abschließende Aufgabe, ein Floß zu bauen, bietet es sich an, zwei Bettbezüge mit Luftballons zu füllen, weil das Material nicht schwer ist und man die Sachen deshalb leicht transportieren kann. Aufwändiger zu organisieren, aber auch spannend, sind beispielsweise Wasserkisten, Seile und Schwimmbretter. Anstelle von Wasserbomben kann man bei dem Spiel „Schiffe verteidigen“ auch Pokerchips fangen, wenn man den Aufwand, Wasserbomben vorzubereiten, scheut. Allerdings besitzen Wasserbomben immer einen hohen Aufforderungscharakter.

Die Bildung der Teams erfolgt z. B. durch Karten, rot spielt gegen schwarz, und anschließend werden die Spieler durch verschiedenfarbige Badekappen gekennzeichnet. Die Schüler bekommen nach der Spielerklärung kurz (!) Zeit, sich eine Strategie zu überlegen. Auf einem Plakat oder, wenn vorhanden, auf einer Tafel kann der jeweilige Spielstand deutlich angezeigt werden.

Ziele

- Erleben von Spaß und Freude im Wasser, Erfolgserlebnisse, Stärkung des Selbstwertgefühls, Erhöhen der Bewegungssicherheit, Verbesserung der Wahrnehmung
- Gemeinsames Lösen von Aufgaben, gemeinsame Erfolge in der Gruppe, erkennbare Risiken einschätzen und kalkulierte Entscheidungen treffen
- Sammeln von vielfältigen Bewegungs- und Körpererfahrungen im Wasser, kreativ sein, kooperieren, orientieren über und unter Wasser, Spaß und Erfolgserlebnisse

Auf einen Blick

Phasen	Organisation, Material
Einstieg (10 Minuten)	
Vor langer Zeit soll der legendäre Korsar Kidd vor einer Insel bei Kanada seine Beute im Meer versenkt haben. Schatzsucher waren bislang erfolglos. Zwei neue Teams machen sich auf den Weg, um den Schatz zuerst zu bergen.	Karten zur Mannschaftsbildung, rot gegen schwarz
Spiel **„Bergung der Schatzkarte“**: Im Laufe der Jahre ist die Schatzkarte in Einzelteile zerfallen und muss mühselig wieder zusammengesetzt werden. Zunächst müssen die Ersatzteile jedoch trocken über einen reißenden Fluss gebracht werden.	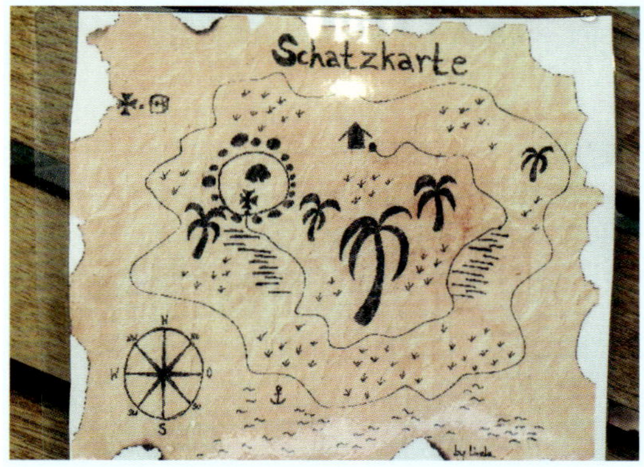
Jedes Team bekommt einen großen aufblasbaren Schwimmring und die Einzelteile der Schatzkarte. Beim Ertönen des Startsignals werden zuerst, wenn nötig, die Reifen aufgepustet. Anschließend dürfen so viele Spieler wie möglich, jeweils mit einem Teil der Karte in der Hand, auf dem Reifen das Wasser überqueren. Fällt ein Spieler ins Wasser, ist sein Teil der Schatzkarte verloren. Wer zuerst die Schatzkarte auf der anderen Seite zusammengesetzt hat, bekommt einen Punkt. Variation: Ein Spieler mit einem Teil der Schatzkarte befindet sich auf dem Reifen, alle Mitspieler müssen ihn auf die andere Seite schieben oder ziehen.	2 aufblasbare große Schwimmringe, 2 zerschnittene Schatzkarten (so viele Teile wie Spieler in einem Team) Längsbahn 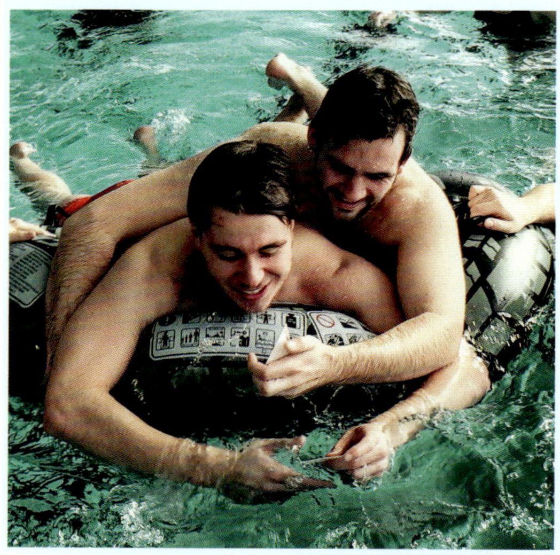
Spiel **„Trinkwasservorrat anlegen“**: Für die lange Reise brauchen die Teams ausreichend Trinkwasser. Da sie aber nicht wissen, ob sie auf ihrem weiten Weg Süßwasser finden, sammeln sie zur Sicherheit Wasser. Jedes Team bekommt einen Plastikbecher und ein Schwimmbrett. Am gegenüberliegenden Rand, der das Schiff darstellt, befindet sich ein Eimer mit einem Tischtennisball darin. Der Becher darf nur im Startbereich mit Wasser gefüllt und muss auf dem Schwimmbrett zum Eimer transportiert werden. Wer zuerst den Eimer so mit Wasser befüllt, dass der Tischtennisball herausfällt, gewinnt einen Punkt. Gespielt wird auf Zeit.	2 Plastikbecher, 2 Schwimmbretter, 2 Eimer, 2 Tischtennisbälle, Längsbahn (max. 25 m) 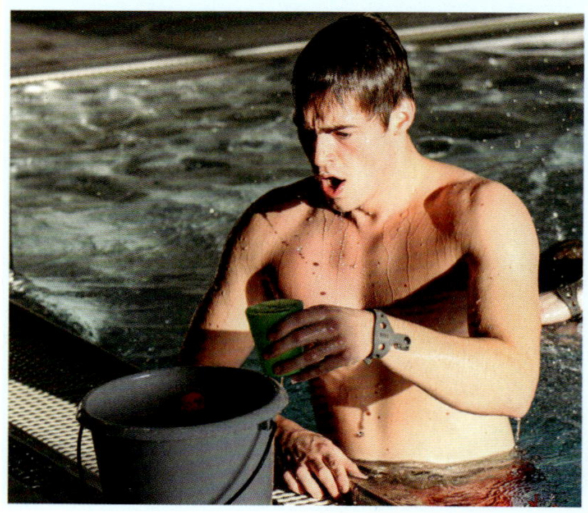

Hauptteil (20 min)

Spiel **„Versuchtes Wasser“** (fortbewegen): Die Schatztaucher müssen ein mit Feuerquallen übersätes Gewässer überqueren. Da ist man nur durch einen Schutzanzug in Form eines T-Shirts geschützt. Zusätzlich muss zu Forschungszwecken eine große Wasserprobe genommen werden.

4 T-Shirts, 2 Eimer, Längsbahn (max. 25 m)

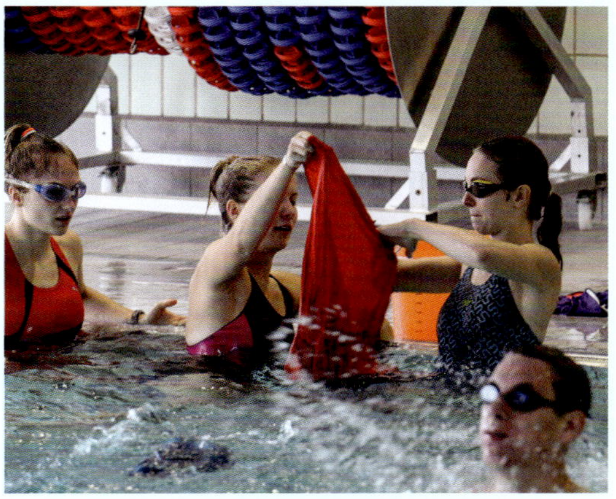

Vom Festland, dem einen Rand, versuchen immer zwei Spieler, das andere Ufer zu erreichen. Dazu ziehen sie sich ein T-Shirt an, schwimmen auf die andere Seite, pressen das Wasser aus den Shirts in den Eimer, ziehen dieses wieder an und kehren zum Festland zurück. Dort übergeben sie die Shirts an die nächsten beiden Starter. Sobald jeder Spieler einmal mit dem Shirt geschwommen ist, bekommt das Team mit der größeren Wassermenge im Eimer einen Punkt.

Spiel **„Kanonenkugeln fangen“** (springen): In der Ferne sieht man Piratenschiffe, die keinen friedlichen Eindruck machen. Doch die Schatzsucher sind vorbereitet und feuern mit Kanonen auf die gegnerischen Schiffe.

1 Tischtennisball für jeden Spieler, 2 Eimer, 2 Startblöcke

Jeder Spieler bekommt einen Tischtennisball als Kanonenkugel. Beide Teams stellen sich hintereinander an einem Startblock auf. Ein Spieler jedes Teams begibt sich mit einem Eimer, der das feindliche Schiff symbolisiert, ins Wasser, ca. 5 m vom Block entfernt. Jeder Spieler springt einmal vom Block ins Wasser und versucht, in der Luft seinen Tischtennisball in den Eimer zu werfen, um so einen Treffer zu landen. Der Spieler im Wasser darf aktiv den Ball mit dem Eimer fangen. Wer nach einem Durchgang die meisten Bälle im Eimer hat, bekommt einen Punkt

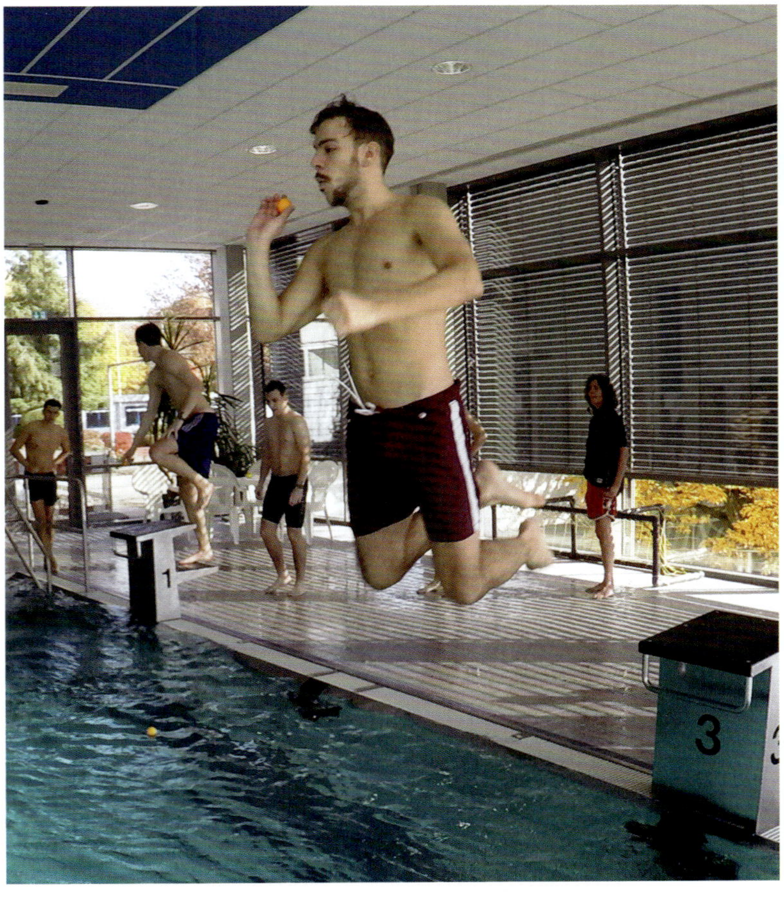

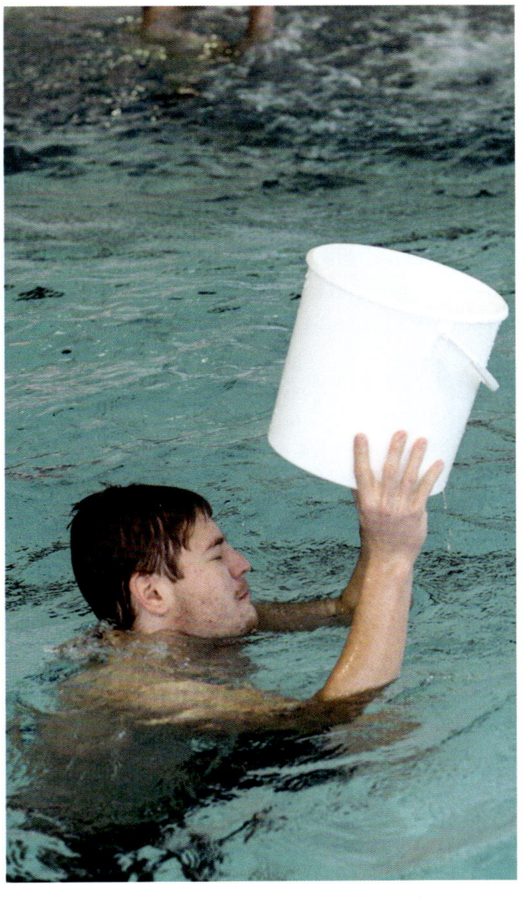

Spiel **„Schiffe verteidigen“** (springen): Die feindlichen Schiffe feuern Kugeln auf euer Schiff. Um es zu verteidigen, müsst ihr so viele wie möglich davon abfangen.

1 Wasserbombe für jeden Spieler, 2 verschiedene Farben
2 Startblöcke

Jedes Team bestimmt einen Spieler, der seiner Crew Wasserbomben vom Rand zuwirft. Team A hat rote Bomben, Team B gelbe. Nacheinander versuchen die Spieler, die Bomben nach einem Sprung vom Block in der Luft zu fangen. Nach einem Durchgang werden die nicht gefangenen Bomben gemeinsam an den Rand gebracht und gezählt. Das Team, das weniger hat, bekommt einen Punkt.

Hinweis: Passive Schüler kontrollieren, ob die Bomben in der Luft gefangen werden.

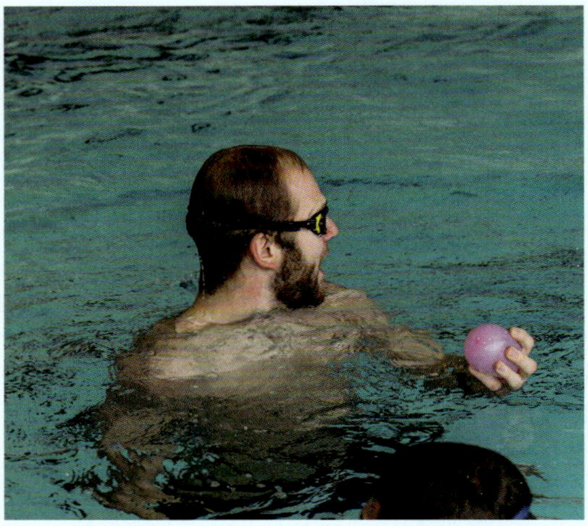

Spiel **„Sturm“** (Widerstand): Der Wind wird immer stärker und die Wellen türmen sich höher und höher.

Querbahn
1 großer aufblasbarer Ball

Beide Teams befinden sich gegenüber am Rand. In der Mitte liegt ein großer aufblasbarer Ball auf dem Wasser. Ziel ist es, 30 Sekunden lang so starke Wellen wie möglich zu erzeugen, um damit den Ball zur gegnerischen Seite zu treiben.

Variationen: Wellen durch Schwimmbretter erzeugen

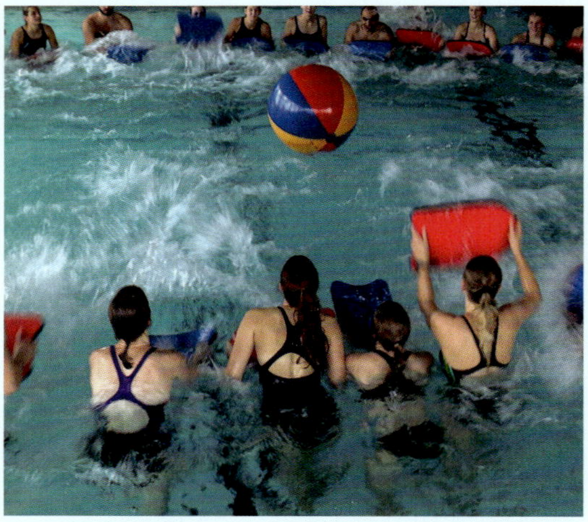

Ausklang (15 Minuten)

Spiel **„Floßbau“** (Kreativität): Der Sturm hat das Schiff seeuntüchtig gemacht und die Mannschaften über Bord gespült. Glücklicherweise konnten sie nahezu unversehrt den Strand einer einsamen Insel erreichen. Jetzt müssen sie ein Floß bauen.

Längsbahn
2 Bettbezüge und Luftballons
oder
Wasserkisten, Schwimmbretter und Seile

Die gewonnenen Punkte aus den Spielen zuvor werden addiert und in Material umgerechnet, das zum Floßbau zur Verfügung gestellt wird. Beispielsweise gibt es für jeden gewonnenen Punkt zwei Luftballons. Auf dem Floß muss das gesamte Team den gegenüberliegenden Rand erreichen. Welches Team erreicht in der vorgegebenen Zeit komplett auf dem Floß das Festland?

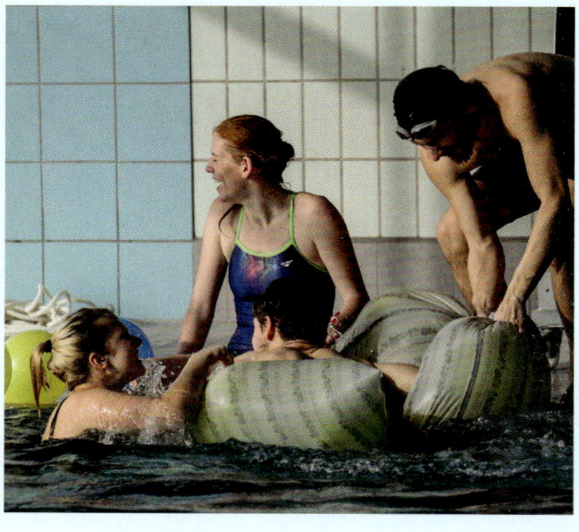

Stundenbild 6: Wasserbewältigung - Schatzsuche im Wasser

Fachliche Hinweise

Fangspiele sind beliebt, brauchen wenig oder kein Material und werden häufig zu Beginn einer Stunde eingesetzt. Aufgrund des Wasserwiderstands lassen sich die Spiele allerdings nicht automatisch auf das Wasser übertragen. An Land retten sich die Gejagten durch Körperfinten. Im Wasser gibt es so gut wie keine Chance des Entrinnens, sobald man vom Fänger als Opfer ausgesucht wurde. Deshalb muss man im Wasser entweder die Fänger langsamer machen oder die Gejagten schneller. Gefangene Spieler dürfen nicht ausscheiden, weil sie sonst schnell auskühlen, sondern müssen entweder von Mitspielern befreit werden oder sich selbst durch eine Zusatzaufgabe befreien können. Fänger sollten z. B. durch Bademützen gekennzeichnet werden.

Toben, Raufen und Kämpfen bereitet Kindern und Jugendlichen im Wasser besonders viel Freude. Häufig verbinden Lehrer Spiele zum Raufen und Kämpfen mit Risiken und es kommen immer wieder Fragen auf wie z. B.:

- Fördern die Kampf- und Raufspiele die Gewaltbereitschaft bei den Schülern? Nein, sie bieten die Möglichkeit, Aggressionen und einen Überschuss an Kraft in geregelten Spielformen abzubauen.
- Kommt es häufig zu Verletzungen? Bei Ball- und Fangspielen sind die Verletzungsrisiken größer beispielsweise durch unkontrollierte Zusammenstöße.
- Sind diese Art von Spielen nicht eher für Jungen geeignet und werden die Interessen der Mädchen hierbei nicht in den Hintergrund gerückt? Gerade Mädchen haben großen Spaß daran, weil es für sie eine völlig neue Erfahrung ist.

Um Verletzungen zu vermeiden, sind Regeln und Rituale sehr wichtig. Sie fördern den respektvollen Umgang miteinander und schulen regelgerechtes Verhalten. Folgende Grundregeln sollten aufgestellt werden:

Es darf niemandem Schmerz zugefügt werden, d. h.
- nicht schlagen oder treten
- nicht kratzen, beißen oder kneifen
- keine Tiefgriffe
- keine Griffe oder Schläge im Kopfbereich
- keine geballte Faust

Der Partner und der Kampf müssen ernst genommen werden, d. h.
- sich entschuldigen bei einer Regelüberschreitung
- Respekt vor dem Gegner haben
- ein Stoppsignal vereinbaren – erfolgt das Stopp-Signal, sofort jede Aktion einstellen

Sämtlicher Schmuck muss wie im allgemeinen Schulsport auch abgelegt oder mit Tape abgeklebt werden. Die Schüler sollten die Gelegenheit bekommen, über ihre Erfahrungen zu berichten und Tipps und Ratschläge zu geben.

Hinweise zur Organisation

Zu Beginn der Stunde werden schon auf der Wärmebank zwei Teams gebildet und gekennzeichnet. Die Vorbereitung ist etwas aufwändiger, wird aber belohnt:

Mit zwei wasserfesten Stiften (in zwei Farben) auf ungefähr 20 CDs bekannte/aktuelle Liedanfänge schreiben und dazu zwei laminierte Playlists erstellen, auf denen die entsprechenden Interpreten stehen. Bis zu 40 maximal faustgroße Steine müssen mit positiven und negativen Zahlen versehen und in Alufolie eingewickelt werden. Außerdem braucht man etwa 40 Pokerchips in zwei Farben, von denen jeweils drei mit einer Ziffer beschrieben werden, die zu einer Zahlenschlosskombination gehört.

Für die Stunde braucht man zusätzlich einen großen Schwimmring, zwei Eimer, zwei Plastikbehälter als Schatztruhe versehen mit jeweils einem Zahlenschloss, zwei schwimmende Matten, eine Poolnudel und ein Markierungshütchen für jeden Spieler sowie Kappen zum Markieren der Teams.

Ziele
- Erleben von Spaß und Freude im Wasser, Erfolgserlebnisse vermitteln, Stärkung des Selbstwertgefühls, Erhöhen der Bewegungssicherheit
- Verbesserung der Wahrnehmung, gemeinsames Lösen von Aufgaben, gemeinsame Erfolge in der Gruppe
- Erkennbare Risiken einschätzen und kalkulierte Entscheidungen treffen, vielfältige Bewegungs- und Körpererfahrungen im Wasser sammeln, tauchen und toben

Auf einen Blick

Phasen	Organisation, Material

Einstieg (5 Minuten)

Spiel **„Krakenfangen“**: In unserem Gewässer sind mehrere blaugeringelte Kraken gesehen worden, deren Biss sehr giftig ist.

1 Schwimmring
Frei im Feld

Zwei bis drei Fänger halten sich mit einer Hand an einem Schwimmring fest und stellen einen Kraken dar. Alle Schatztaucher bewegen sich frei im Spielfeld. Wird ein Spieler von einem Arm des Kraken berührt, fasst er auch den Reifen an und wird ein weiterer Fangarm. Wer am Ende übrig bleibt, erhält einen Punkt für sein Team.

Variation: Ein gefangener Spieler fasst den freien Arm eines Kraken an. Nur die äußeren Hände dürfen abschlagen.

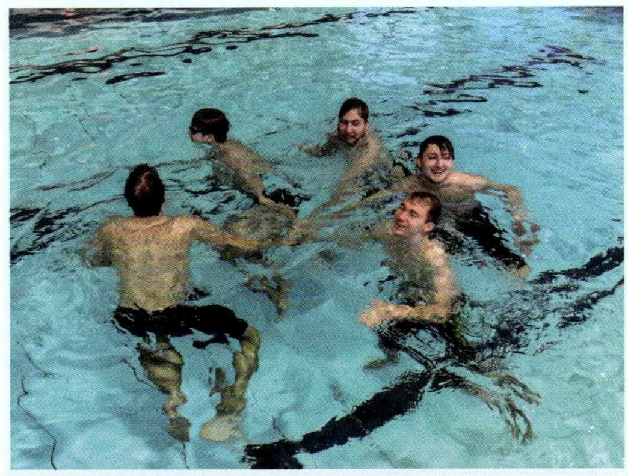

Hauptteil (25 min)

Spiel **„Besänftigung des Stachelrochens“**
(Tauchen): Kurz vor dem rettenden Ufer schwimmt ein sehr großer Stachelrochen. Der giftige Stich des Stachels ruft einen sofort eintretenden heftigen Schmerz hervor. Dieser Rochen liebt die Musik. Doch er ist verzweifelt, weil er die Liedtexte vergessen hat. Wer kann helfen?

Mehrere in zwei Farben beschriftete CDs werden auf dem Beckenboden verteilt. Jedes Team bekommt eine Playlist mit Titeln sowie Interpreten und legt diese an ihren Beckenrand. Nach dem Startkommando tauchen immer zwei Spieler jeder Mannschaft und suchen eine CD, die farblich zu ihrer Playlist passt. Anschließend ordnen sie die CD dem Interpreten auf der Playlist am Beckenrand zu. Wer die Liste zuerst richtig vervollständigt hat, bekommt einen Punkt.
Variation: Statt Liedanfängen findet man Titel, die Interpreten zugeordnet werden müssen.

CDs mit Liedanfängen in 2 Farben, 2 laminierte Playlists

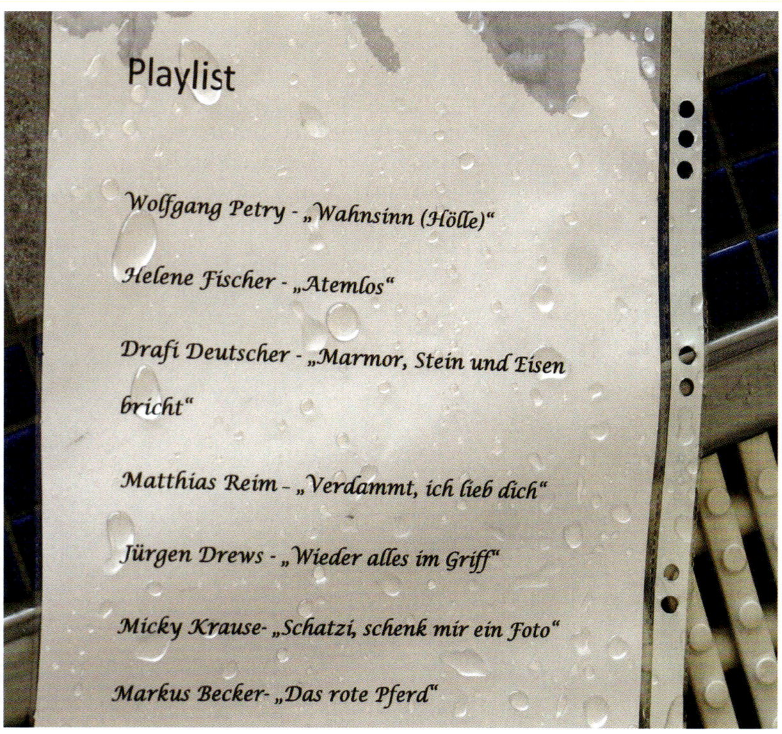

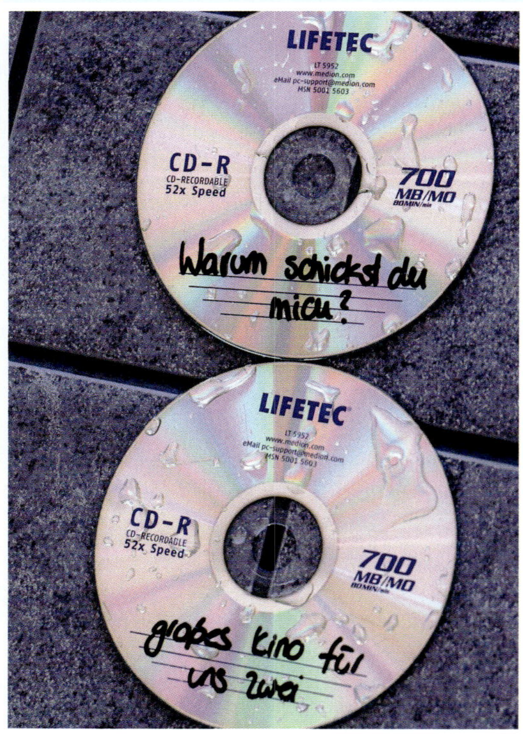

Spiel **„Wertvoller Schatz?“** (Tauchen): Auf der Schatzkarte ist für jedes Team ein Punkt im Wasser markiert, wo der Schatz liegen soll.

2 Eimer, viele mit positiven und negativen Zahlen beschriftete und in Alufolie eingewickelte Steine

An den markierten Punkten wird jeweils ein Eimer mit Steinen versenkt, die in Alufolie verpackt sind. Auf diesen Steinen stehen positive und negative Zahlenwerte. Jeweils zwei Spieler eines Teams schwimmen und tauchen nach dem Startsignal zu einem der Eimer, holen jeder einen Schatz und schlagen den nächsten Spieler ab. Wenn die Eimer leer sind, werden die Steine am Rand ausgewickelt. Jedes Team zählt die erbeuteten Punkte. Wer die höchste Summe erreicht, bekommt einen Punkt.

Spiel **„Codeknacker“** (Tauchen): Die Schatztaucher müssen kurz vor dem Ziel feststellen, dass es sich bei dem vermeintlichen Schatz nur um wertlose Steine handelt. Da sehen sie plötzliche eine Kiste, Doch diese ist mit einem Zahlenschloss versehen. Doch wie lautet die richtige Kombination?

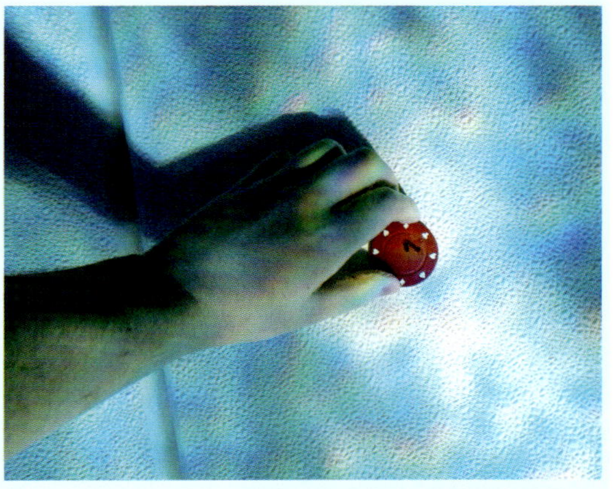

Pokerchips in zwei Farben werden im Wasser versenkt. Auf drei dieser Chips befindet sich eine mit einem wasserfesten Stift geschriebene Ziffer. Haben die Teams diese drei gefunden, müssen sie nur noch die richtige Kombination für das Zahlenschloss herausfinden. Dann können sie die Schatztruhe öffnen und den Schatz heben.

Viele Pokerchips in 2 Farben, je 3 davon mit einer Ziffer versehen, 2 Schatztruhen mit einem Zahlenschloss

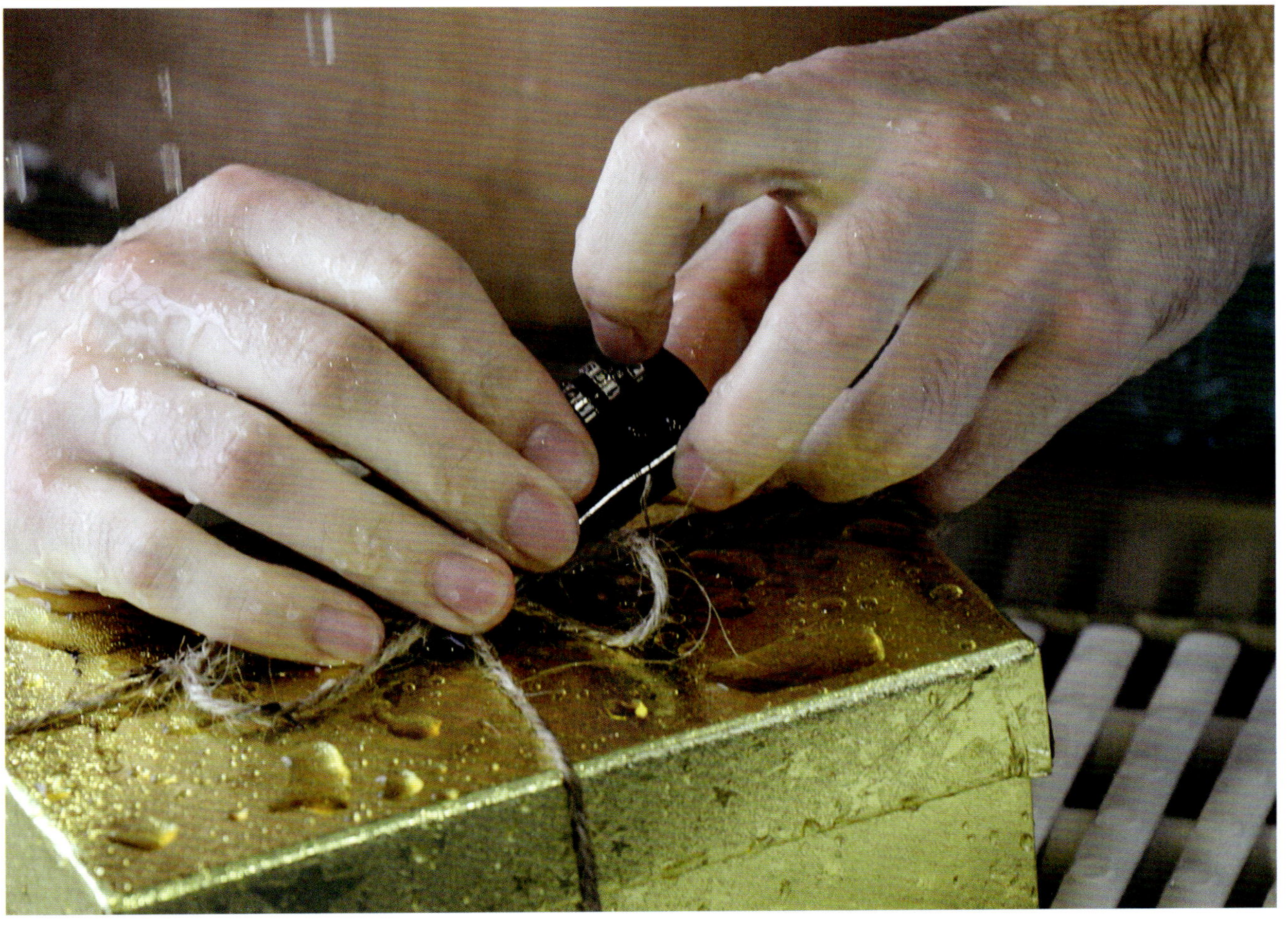

Ausklang (15 Minuten)

Spiel **„Die große Seeschlacht“** (Toben): Unter lautem Triumphgeheul möchte das erfolgreiche Team der Schatztaucher ihren Schatz nach Hause bringen. Doch so einfach wollen die Gegner nicht aufgeben. Es kommt zu einer großen Seeschlacht.

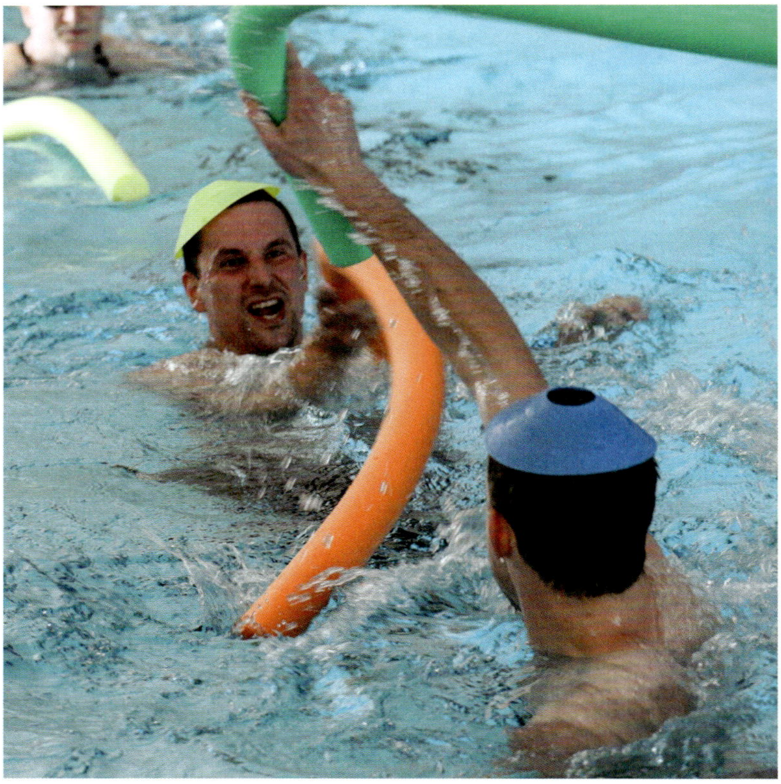

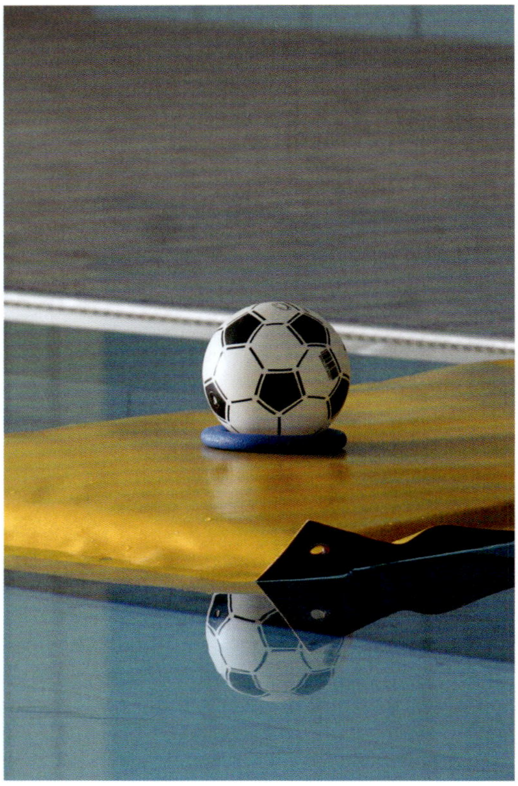

Zwei gekennzeichnete Mannschaften spielen gegeneinander. Ziel ist es, den Ball (Schatz) der anderen Mannschaft zu klauen und zum eigenen Team auf die eigene Matte zurückzubringen. Dieser Schatz liegt auf einer Matte am jeweils anderen Ende des Spielfelds. Jeder Spieler hat ein Markierungshütchen auf dem Kopf und darf nur aktiv am Spiel teilnehmen, solange er dieses Hütchen auf hat. Die Spieler dürfen das Hütchen mit einer Poolnudel vom Kopf schlagen, Körperkontakt ist aber verboten. Erbeutete Hütchen dürfen an Mitspieler weitergegeben werden. Jedes Team bekommt so viele Reservehütchen, wie es in den Spielen vorher Punkte gesammelt hat. Es gewinnt die Mannschaft, bei der zwei Bälle gleichzeitig auf der Matte liegen.

Nach einem erfolgreichen Versuch gehen die Teams wieder in die Ausgangsstellung und ein neuer Angriff wird gestartet. Welches Team hat nach Ablauf der Zeit mehr Bälle erobert?

Hinweis: Der Ball liegt auf einem Tauchring auf der Matte, damit er nicht wegrollt.

2 Matten, 1 Poolnudel und 1 Hütchen für jeden Spieler, 2 Bälle, Kappen zum Markieren der Teams

Stundenbild 7: Erlernen des Kraulschwimmens in Grobform

Nach Abschluss der Wassergewöhnung stellt sich die Frage nach der optimalen ersten Schwimmtechnik. Es gibt aber nicht die eine „Erstschwimmart“, mit der man beginnen muss. In Mitteleuropa wird als erste Schwimmtechnik überwiegend Brust gelehrt, in Amerika und Australien Kraul. Seltener wird das Rückenschwimmen als Anfangsschwimmart gewählt und das Delfinschwimmen kommt nicht infrage, weil die Koordination der Teilbewegungen kompliziert ist und die Armarbeit viel Kraft erfordert. Auch die Literatur gibt keine eindeutigen Hinweise. So muss jeder Lehrer eine eigene Entscheidung treffen, die sowohl von seinen eigenen praktischen Fähigkeiten als auch von seinen Vorstellungen vom Schwimmen und der zur Verfügung stehenden Zeit abhängt. Kraul, Rücken, Brust und auch Kombinationen haben jeweils eigene, unbestreitbare Vorteile aber auch Nachteile für den Schwimmlernprozess.

Kraul: Als schnellste Technik übt das Kraulschwimmen eine besonders motivierende Wirkung aus. Kinder bevorzugen alternierende Beinbewegungen und alternierende, meist ganz im Wasser stattfindende Armbewegungen (Hundepaddeln). Deshalb darf das Kraulen als eine natürliche Bewegungsform angesehen werden. Die Bewegungen können später problemlos zu Kraulschwimmen verfeinert werden und Bewegungsverwandtschaften mit dem Rücken- und Delfinschwimmen erleichtern die Einführung dieser Techniken. Kraulschwimmen lässt sich jedoch nur sinnvoll erlernen mit dem Gesicht im Wasser und einer Ausatmung ins Wasser. Hierfür ist aber eine entsprechende vielseitige Wassergewöhnung eine wichtige Voraussetzung. Zu Beginn sind nur kurze Strecken möglich.

Brustschwimmen kann im Gegensatz dazu mit dem Kopf über Wasser geschwommen werden. Der Schüler kann leicht atmen, sich orientieren, längere Strecken schwimmen und mit anderen sprechen. Dieses ist jedoch nicht die Wettkampftechnik. Viele Sportlehrer greifen auf die eigene Biografie zurück, bei der sie mit Brustschwimmen als erster Technik konfrontiert wurden. Brustschwimmen ist allerdings die langsamste und von den Wettkampfregeln am meisten eingeschränkte Wettkampftechnik mit einer eher unnatürlichen Beinbewegung, die in dieser Form nirgendwo sonst vorkommt und keinerlei Bewegungsverwandtschaften zu anderen Techniken aufweist.

Sich im Wasser auf den Rücken zu legen, bringt zum Ausdruck, dass Vertrauen zum Wasser da ist. Wassergewöhnte Kinder haben wenig Mühe, sich in Rückenlage fortzubewegen. Beim **Rückenschwimmen** bleibt allerdings das Gesicht keineswegs frei von Wasser (der austauchende Arm nimmt viel Wasser mit, das auf das Gesicht läuft) und die Orientierung in Schwimmrichtung fehlt. Das kann vor allem bei stark frequentierter Wasserfläche zu Problemen führen.

Eine Kombination der beiden einfachsten Teilbewegungen, der Brustarmbewegung mit Kraulbeinschlag, führt dazu, dass die Schüler schnell Erfolgserlebnisse haben und längere Distanzen zurücklegen können.

Übersicht: Vor- und Nachteile der einzelnen Techniken als Anfangsschwimmart

Brustschwimmen

\+ gute Orientierungsmöglichkeiten beim Brustschwimmen, da Augen und Ohren frei von Wasser sein können
\+ gute Kommunikation
\+ eigene Kontrolle der Armarbeit möglich
\+ es besteht ein ausgeglichenes Vortriebsverhältnis von Armarbeit zu Beinarbeit (etwa 1:1)
\+ unbehinderte Atmung
\+ stellt geringe Anforderungen an Kraft und Ausdauer; Versuche ergaben, dass Schüler, die mit dem Brustschwimmen anfingen, nach gleich langer Lernzeit durchschnittlich sechsmal so weit schwimmen konnten wie Kraulschwimmanfänger.
\+ großer Auftrieb
\+ wird für das Weit- und Tieftauchen ohne Flossen benötigt

\- belastend für die Halswirbelsäule und Knie
\- koordinativ sehr anspruchsvolle Gesamtbewegung von Armen und Beinen, die eine hohe Konzentration von den Kindern verlangt
\- geringer Lerntransfer auf die anderen Schwimmarten
\- langsame Schwimmart: Betrachtet man den Energieverbrauch im Verhältnis zur Vortriebsgeschwindigkeit, ist es eine ineffiziente Bewegungstechnik.
\- Das Erlernen der Schwunggrätsche ist schwierig und dauert oft sehr lange.
\- Die Fußstellung für den Antrieb ist schwierig.
\- Langjährige Brustschwimmer erlernen andere Schwimmarten schwer.

Rückenkraul

\+ Mund und Nase bleiben überwiegend frei von Wasser.
\+ Der Körper hat in flacher Rückenlage einen guten Auftrieb.
\+ rückenkräftigend
\+ wirbelsäulenmobilisierend
\+ schultergürtelmobilisierend
\+ Wechselseitige Bewegungen sind den Kindern geläufiger (krabbeln, gehen) und es kann an bereits erworbene Bewegungsformen angeknüpft werden.

+ Der vom Wasser getragene Kopf sorgt für eine Entlastung der Muskeln im Hals- und Rückenbereich und der Wirbelsäule.

- keine Sicht in Schwimmrichtung: Gefahr von Zusammenstößen und die Kinder können beim Schwimmen mit dem Kopf gegen den Beckenrand stoßen.
- Dem Anfänger bereitet die Einnahme der gestreckten Rückenlage Schwierigkeiten; er neigt zum „Sich-Setzen", wodurch er absinkt. Diese Reaktion wird unterstützt durch das leichte Überspülen des Gesichts bei Bewegungen.
- für Langstrecken ungeeignet

Kraulschwimmen

+ fördert die Beweglichkeit der Wirbelsäule und stärkt die Rückenmuskulatur
+ schnellste Schwimmart
+ langfristig die ideale Ausdauerschwimmart
+ guter Lerntransfer auf andere Schwimmarten
+ einfache Koordination bis auf die Atmung
+ Wechselseitige Bewegungen sind den Kindern geläufiger (krabbeln, gehen) und es kann an bereits erworbene Bewegungsformen angeknüpft werden.
+ Das Erlernen der Grobform des Kraulschwimmens über das „Hundepaddeln" mit erhobenem Kopf geht relativ schnell.

- schwierige Atmung
- schwierige Kommunikation
- eingeschränkte Orientierung
- Das Antriebsverhältnis von Arm- zu Beinarbeit ist sehr unausgeglichen (9:1; bei Kindern hat die Beinarbeit kaum Vortriebswirkung).
- stellt hohe Anforderungen an Kraft und Ausdauer.

(Vgl. Wilke, Kurt: Schwimmen lernen für Kinder und Erwachsene. Aachen, Meyer und Meyer 2007, S. 60ff.)

Fachliche Hinweise

Kraulschwimmen ist die schnellste der vier Schwimmtechniken. Die Motivation, Kraulschwimmen zu lernen, sollte also bei entsprechender Präsentation des Themas hoch sein. Die Teilbewegungen sind nicht besonders schwierig oder komplex, sodass die Grobform durch Nachahmung auf Anhieb gelernt werden kann. Die Einstiegsmerkmale der Grobform lassen sich wie folgt zusammenfassen:

– Das Gesicht liegt bis zum Haaransatz im Wasser
– Die Beine bewegen sich gegengleich auf und ab
– Die wechselseitige Armbewegung besteht aus Eintauchen, Armbewegung unter Wasser, Austauchen und Vorschwingen über Wasser

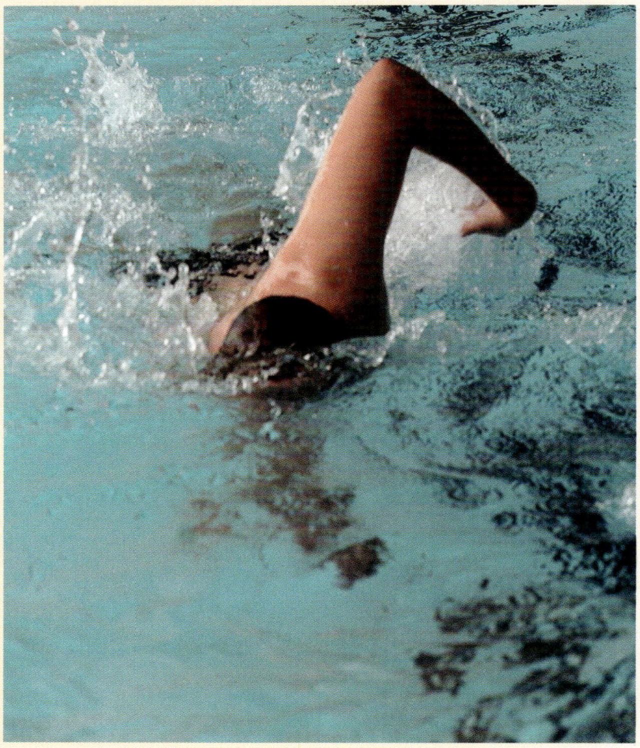

Hauptmerkmale einer effektiven Beinbewegung sind:

- Die Auf- und Abbewegung kommt aus dem Oberschenkel, sie entspricht dem Bewegungsmuster beim Spannstoß im Fußball
- Knie- und Fußgelenk sind locker
- Die Füße werden als Flossen benutzt

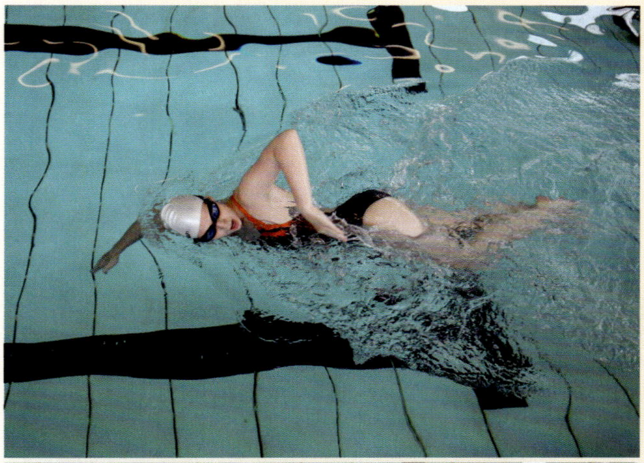

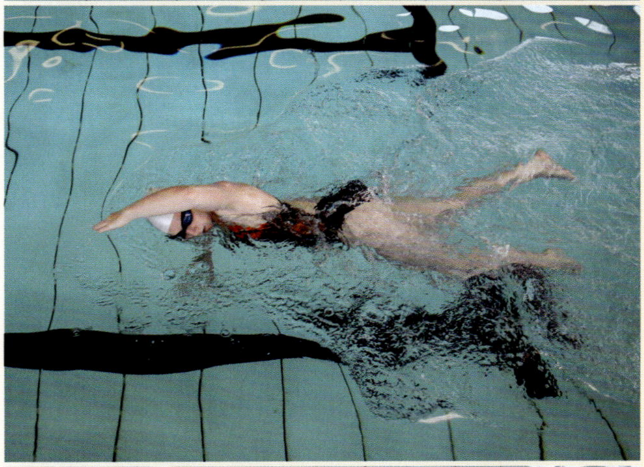

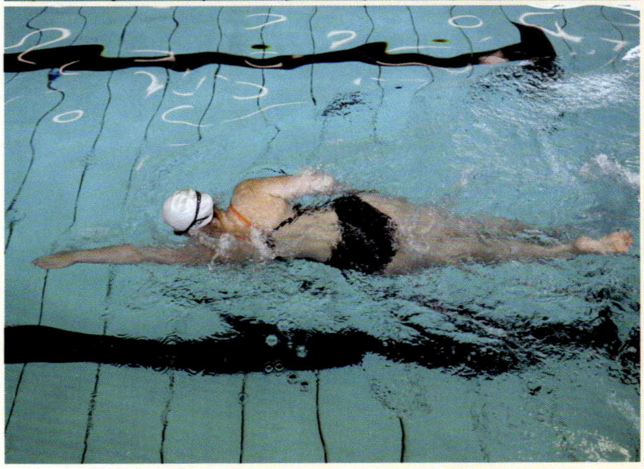

Der Hauptfehler dabei ist ein festes Fußgelenk, das einen effektiven Antrieb verhindert. Zu erkennen sind die Schüler daran, dass sie sich sehr anstrengen, aber trotzdem kaum oder nur sehr langsam vorankommen. Häufig fällt es diesen Schülern sehr schwer, schon an Land das Fußgelenk locker zu lassen. Nur so kann jedoch der Wasserwiderstand den Fuß in eine optimale Abdruckposition bringen: gestreckt beim Abwärtsschlag und gebeugt bei der Aufwärtsbewegung. Willentlich lässt sich dieser schnelle Wechsel zwischen Beugen und Strecken nicht steuern. Weitere Fehler sind ein Anziehen und Strecken des Oberschenkels wie beim Radfahren sowie eine Bewegung nur aus dem Unterschenkel. Nur mit Kraul-Beinbewegungen zu schwimmen ist für Schüler sehr anstrengend und sollte deshalb nicht zu lange und nur über kurze Strecken isoliert geübt werden. Beim Erlernen der Armbewegung geht es zunächst darum, sich auf die Armbewegung als Hauptantriebsquelle zu konzentrieren und diese zu stabilisieren. Deshalb darf die Atmung nicht im Vordergrund stehen.

Hinweise zur Vorbereitung
Schwimmbretter müssen bereitliegen ebenso wie mindestens 60 Pokerchips mit verschiedenen Wertigkeiten und zwei bis vier Kappen zum Markieren der Zöllner im ersten Spiel.

Ziele
- Erste Merkmale des Kraulschwimmens kennen und benennen können, Erlernen des Kraulschwimmens in Grobform, Antriebsmöglichkeiten ausprobieren, Sammeln vielfältiger Bewegungserfahrungen, Wahrnehmungsfähigkeit verbessern

Auf einen Blick

Phasen	Organisation, Material
Einstieg (10 Minuten)	
Kooperatives Spiel **„Schmuggeln“**: Je nach Breite des Spielfelds spielen viele Schmuggler gegen zwei bis vier Zöllner. Die Schmuggler versuchen, ihr wertvolles Gut (z. B. 20 Pokerchips) über die Grenze nach Kanada zu schmuggeln, ohne von den tüchtigen Zöllnern (markiert mit einer Kappe) gefasst zu werden. Die Schmuggler besprechen ihre Taktik (Wie teilen wir die Pokerchips geschickt auf? Wie gelangen wir auf die andere Seite?). Schmuggler, die auf dem Weg nach Kanada von einem Zöllner berührt werden, müssen ihre Ware zeigen und – wenn sie welche besitzen – diese abgeben. Die Schmuggler gewinnen, wenn sie nach Ablauf der Zeit von z. B. drei Minuten mehr Ware schmuggeln konnten, als die Zöllner erbeuten.	20 Pokerchips, Kappen für die Zöllner
Hauptteil (25 min)	
Kraulbeinbewegung in Bauch-, Rücken und Seitlage mit einem Schwimmbrett ausprobieren. Wie komme ich am besten voran? Durch eine Auf- und Abbewegung der Beine	Für jeden Schüler 1 Schwimmbrett In Wellen, ggf. Querbahnen

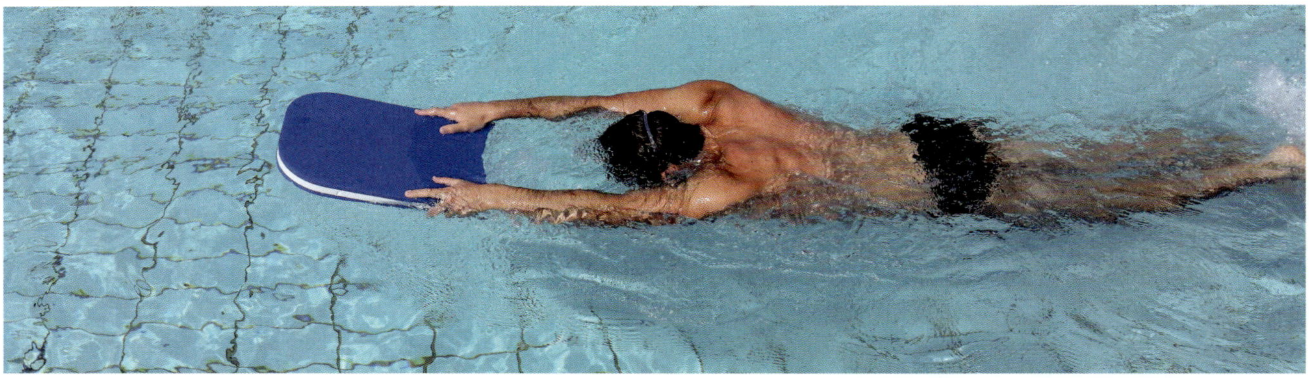

Kraulbeinbewegung in Bauchlage mit dem Schwimmbrett, die Arme liegen gestreckt auf dem Brett: Variieren zwischen einem Beinschlag mit angezogenen Füßen, gestreckten Füßen und lockeren Füßen. Wie kommt man am besten vorwärts?	Für jeden Schüler 1 Schwimmbrett In Wellen, ggf. Querbahnen
Kraulbeinbewegung in Bauchlage mit dem Schwimmbrett: Vergleich zwischen diesen beiden Variationen: die Füße kommen hoch aus dem Wasser – die Füße bleiben unter der Wasseroberfläche Ist es effektiv, wenn die Füße hoch aus dem Wasser kommen? Warum nicht? Durch Bewegungen über Wasser aller Art kann kein Vortrieb erzeugt werden, weil es keinen Widerstand gibt.	s. o.
Kraulbeinbewegung in Rückenlage mit einem Schwimmbrett: Ziel ist es, einen imaginären Niveaball gegen die Decke zu schießen. Das Schwimmbrett liegt unter dem Kopf. Beide Hände halten es fest. Tipp: Das Schwimmbrett etwas nach oben zur Wasseroberfläche kanten, damit man nicht zum Grund steuert.	s. o.

Kraularmbewegung: Das Schwimmbrett wird zwischen die Beine geklemmt: wie kann ich durch die Arme Vortrieb erzeugen? Beispielsweise durch Hundepaddeln	s. o.
Das Schwimmbrett wird zwischen die Beine eingeklemmt: Die Arme imitieren einen Raddampfer (Armkreisen vorwärts), das Gesicht liegt im Wasser. Warum ist der Raddampfer nicht optimal? Die Hände bewegen den Körper nicht optimal nach vorne in Schwimmrichtung.	s. o. die Strecke sollte so gewählt werden, dass man nicht atmen muss
Das Schwimmbrett wird zwischen die Beine geklemmt: Die Armbewegung erfolgt mit der Vorstellung, sich mit den Händen an einem imaginären Seil, das sich unter Wasser befindet, vorwärtszuziehen und wegzudrücken. Die Arme werden anschließend über Wasser nach vorne gebracht. Hinweis: Wer atmen muss, stellt sich kurz hin und schwimmt dann weiter.	s. o.
Kraulbeinbewegung und „Seil" miteinander verbinden. Hinweis: Zum Atmen wieder hinstellen.	s. o.
Kraulbeinbewegung und „Seil" miteinander verbinden und dabei zum Ausatmen laut ins Wasser blubbern	s. o.

Ausklang (10 Minuten)

Raufspiel **„Reiterkampf"**: Es werden Paare gebildet. Ein Spieler schlüpft in die Rolles des Pferdes, der andere in die des Reiters. Das Pferd nimmt den Reiter huckepack. Nun Beginnt ein Kampf jeder gegen jeden, bei dem es gilt, entweder den Reiter vom Pferd zu befördern oder sogar Pferde umzustoßen. Variationen: Der Reiter sitzt auf den Schultern seines Pferdes. Der Kampf erfolgt in Form eines Kaiserturniers, bei dem die Verlierer absteigen und die Gewinner auf. Hinweis: Auf einen ausreichenden Abstand zum Beckenrand achten.	Stehtiefes Wasser, kleines Spielfeld 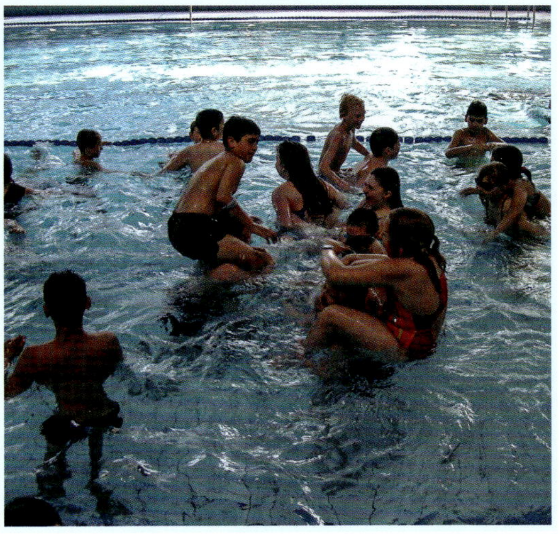
Raufspiel **„Ausbruch der Hechte"**: Zwei Teams spielen gegeneinander. Die Spieler der einen, zahlenmäßig größeren, Mannschaft bilden einen engen Kreis und stellen das Fischernetz dar. Die Spieler des anderen Teams sind die Fische im Netz, die versuchen, in die Freiheit zu gelangen. Wie viele Fische haben es nach Ablauf der Zeit von ca. 30 Sekunden geschafft? Anschließend gibt es neue Fische. Variation **„Wasserburg"**: Die Spieler von Team A bilden die Burg, die die Spieler von Team B erstürmen müssen. Gelingt es einem Spieler, in die Burg einzudringen, kann er von dort seinen Mitspielern helfen. Wie lange dauert es, bis alle Spieler die Burg erstürmt haben?	Stehtiefes Wasser 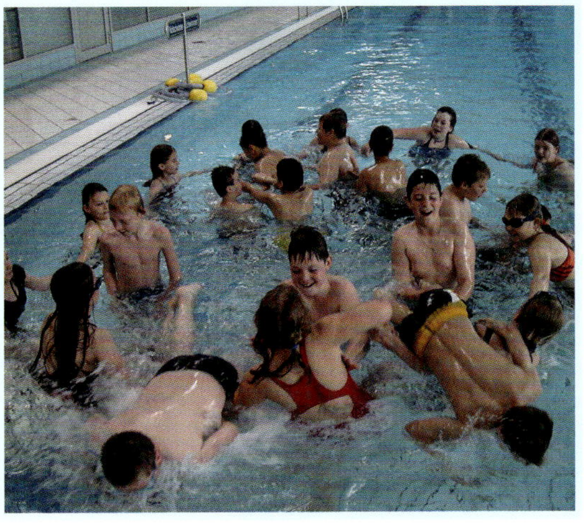

Stundenbild 8: Erlernen des Rückenwimmens in Grobform

Fachliche Hinweise

Das Rückenschwimmen mit alternierenden Arm- und Beinbewegungen ist die effektivste Bewegungsform, um in Rückenlage schnell zu schwimmen. Nach Kraul- und Delfinschwimmen ist Rücken die drittschnellste Technik. Der Transfer von der Grundtechnik Kraulschwimmen ist leicht möglich, weil beide Techniken die Gemeinsamkeiten alternierende Arm- und Beinbewegungen aufweisen. Die Einstiegsmerkmale der Grobform lassen sich folgendermaßen zusammenfassen:

Wasserlage:
- Die Hüfte befindet sich nah an der Wasseroberfläche.
- Der Kopf wird vom Wasser getragen.

Armbewegung:
- Nach dem Eintauchen vor dem Kopf erfolgt eine Kreisbewegung unter Wasser. Anschließend wird der Arm über Wasser in die Ausgangsposition gebracht.

Beinbewegung:
- Die Beine bewegen sich abwechselnd auf und ab.

Hauptmerkmale einer effektiven Beinbewegung beim Rückenschwimmen sind:

- Die Auf- und Abbewegung kommt aus dem Oberschenkel, sie entspricht dem Bewegungsmuster beim Spannstoß im Fußball
- Knie- und Fußgelenk sind locker
- Die Füße werden als Flossen benutzt

Der Hauptfehler dabei ist ein festes Fußgelenk, das einen effektiven Antrieb verhindert. Zu erkennen sind die Schüler daran, dass sie sich sehr anstrengen, aber trotzdem kaum oder nur sehr langsam vorankommen. Häufig fällt es diesen Schülern sehr schwer, schon an Land das Fußgelenk locker zu lassen. Nur so kann jedoch der Wasserwiderstand den Fuß in eine optimale Abdruckposition bringen: gebeugt beim Abwärtsschlag und gestreckt bei der Aufwärtsbewegung. Willentlich lässt sich dieser schnelle Wechsel zwischen Beugen und Strecken nicht steuern. Weitere Fehler sind ein Anziehen und Strecken des Oberschenkels wie beim Radfahren sowie eine Bewegung nur aus dem Unterschenkel.

Weitere Einstiegsfehler bei der Wasserlage sind

- Das Sitzen im Wasser und
- eine starke Vorneigung des Kopfes.

Hinweise zur Vorbereitung

Zu Beginn der Stunde müssen zwei Teams eingeteilt und mit entsprechenden Kappen in zwei Farben gekennzeichnet werden, die die Spieler bis zum Ende auflassen. Die Lehrkraft braucht eine Pfeife zum Starten der jeweiligen Rennen. Für das erste Spiel benötigt man eine Poolnudel für jeden Schüler und für das Abschlussspiel ein Schwimmbrett für jeden, einen aufblasbaren Ball und eventuell zwei Tore. Sind keine Tore vorhanden, nimmt man den Beckenrand als Ziel.

Ziele

- Erste Merkmale des Rückenschwimmens kennen und benennen können, Erweiterung der Bewegungsvielfalt, im Wasser mit einem Partner kooperieren und experimentieren.
- Die eigenen Fähigkeiten einschätzen, Erlernen des Rückenschwimmens in Grobform, Antriebsmöglichkeiten ausprobieren, Sammeln vielfältiger Bewegungserfahrungen, die Wahrnehmungsfähigkeit verbessern.

Auf einen Blick

Phasen	Organisation, Material
Einstieg (10 Minuten)	
Spiel **„Ritterschlacht"**: Zwei mit Kappen gekennzeichnete Teams spielen gegeneinander. Jeder Spieler bekommt eine Poolnudel als Schwert. Ziel ist es, mit diesem so viele Gegner wie möglich durch eine Berührung am Rücken außer Gefecht zu setzen. Wer getroffen wurde, erstarrt auf der Stelle und hebt die Hände. Er kann von einem Mitspieler durch einen Bocksprung wieder zum Leben erweckt werden. Welches Team schafft es, alle Gegner zu verwunden? Variation: Zum Befreien durch die Beine tauchen	Für jeden 1 Poolnudel, Kappen Ganzes Feld, stehtiefes Wasser

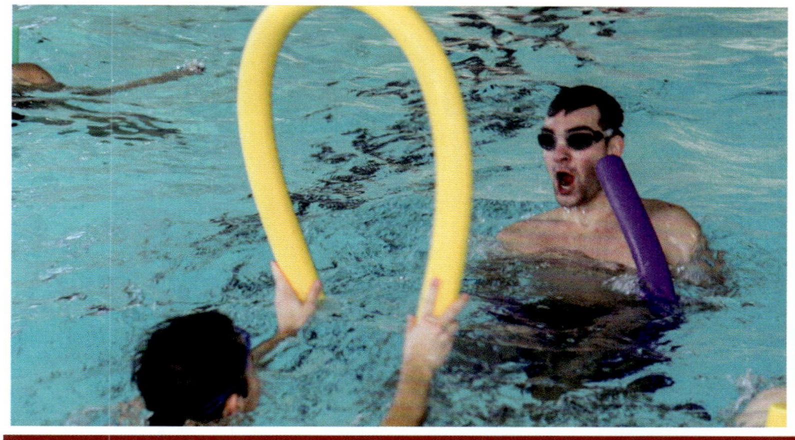

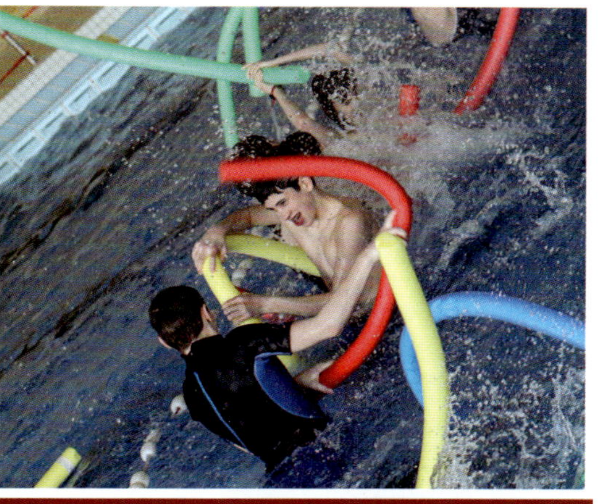

Hauptteil (25 min)	
Indianerschwimmen: Es erfolgt ein ständiger Wechsel zwischen Kraul- und Rückenschwimmen: Man beginnt mit dem Kraulschwimmen, dreht sich nach sechs Armbewegungen um die Körperlängsachse auf den Rücken, schwimmt in Rückenlage weiter und atmet dabei. Nach sechs Armbewegungen in Rückenlage erfolgt eine Drehung um die Körperlängsachse in Bauchlage. Jetzt wird wieder sechs Armbewegungen lang gekrault.	In Wellen

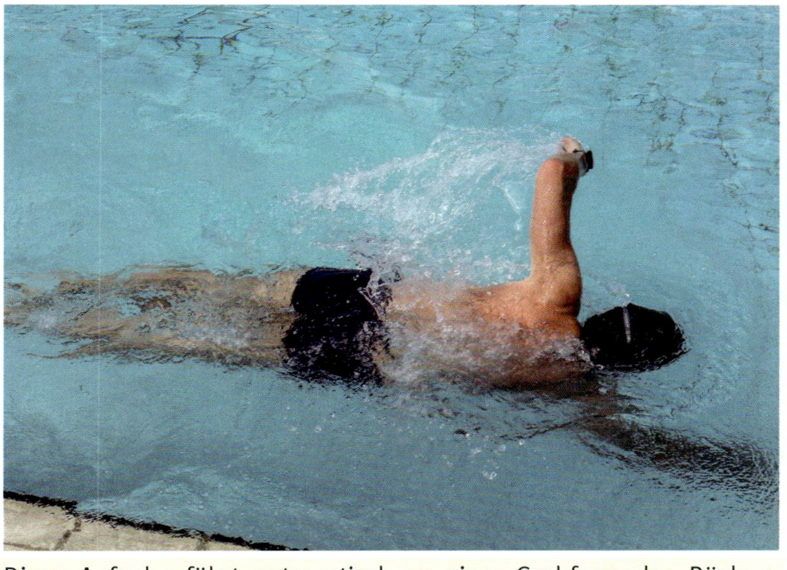

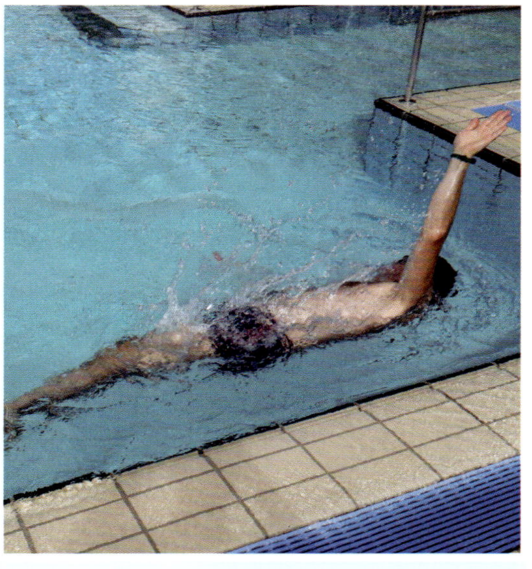

Diese Aufgabe führt automatisch zu einer Grobform des Rückenschwimmens.

Hinweis: Um nicht schwindelig zu werden, sollten die Schüler sich in die Rückenlage drehen und wieder zurück in die Bauchlage, anstatt immer weiter zu drehen.

Nach einem kräftigen Abstoß vom Rand schwimmen die Schüler mit der **Rückenbeinbewegung ohne Brett:** – beide Hände liegen neben der Hüfte – ein Arm liegt neben der Hüfte, der andere wird weit vor den Kopf gestreckt Wer schafft es, dass beide Hände weit vor dem Kopf liegen? Wie liegt man widerstandsarm im Wasser?	In Wellen, ggf. Querbahnen

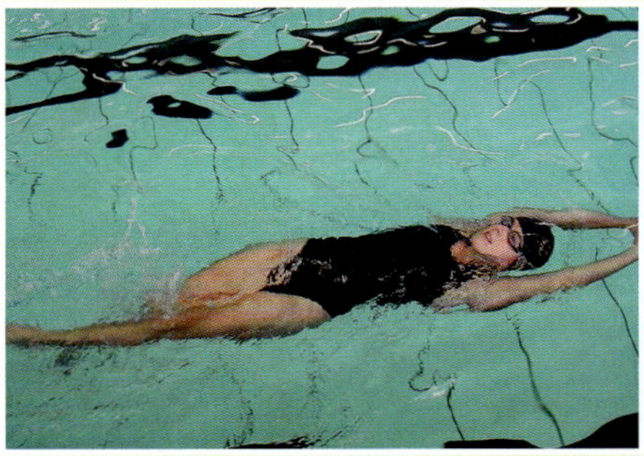
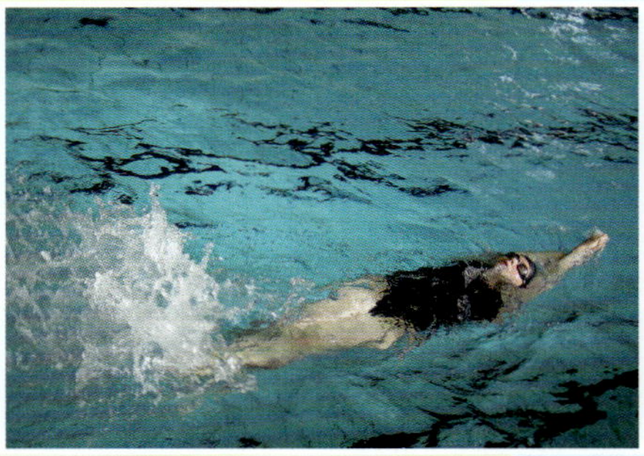
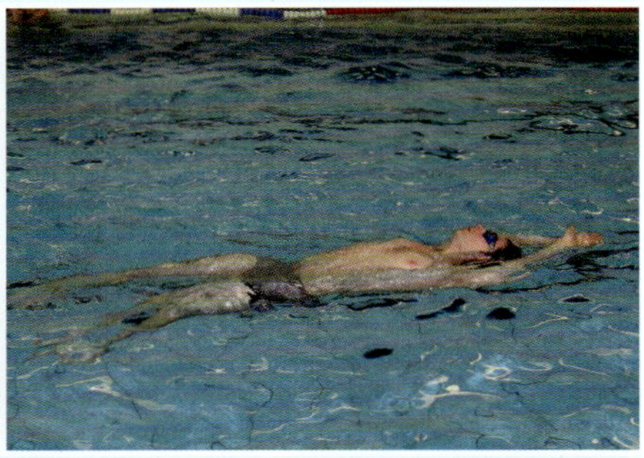

Rückenbeinbewegung und Raddampfer (Armkreisen)	Ggf. Querbahnen
Rückenbeinbewegung und Raddampfer, dabei singen oder sprechen	
Rückenbeinbewegung und Raddampfer mit beiden Armen gleichzeitig	

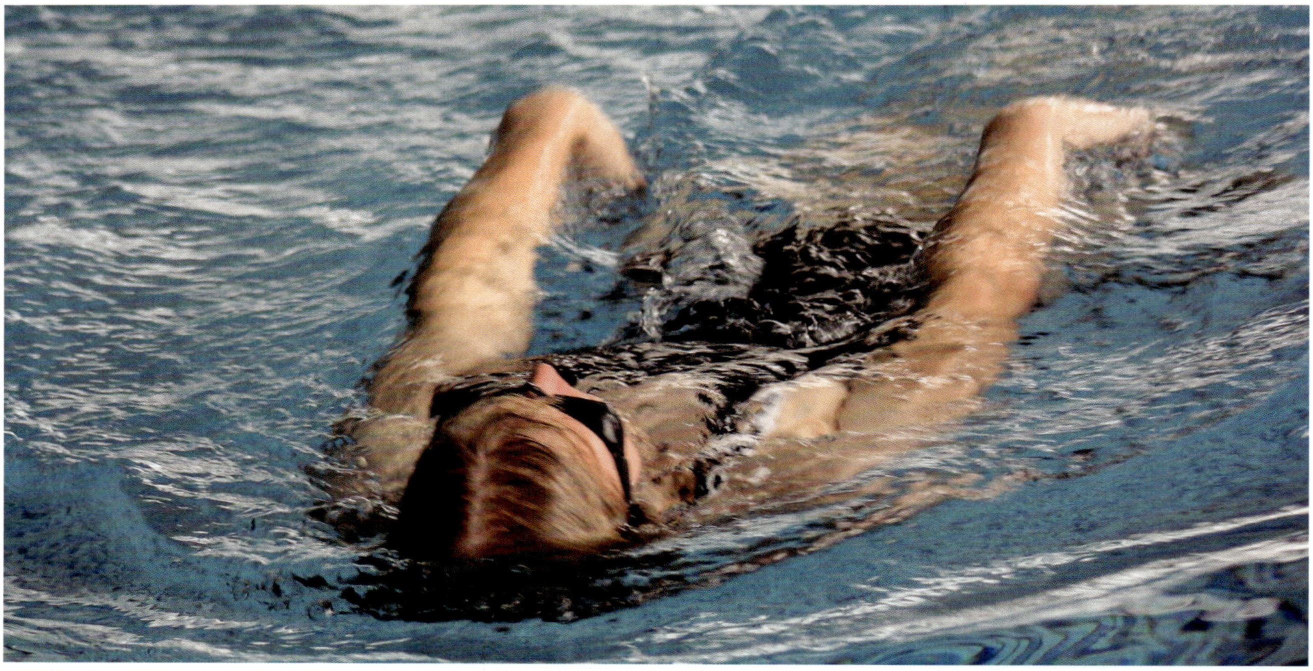

Rückenbeinbewegung und Raddampfer: – Vergleich zwischen schnellen und langsamen Armbewegungen Hinweis: Schnellere Armbewegungen wirken subjektiv sehr schnell, wirbeln aber nur viel Wasser auf, langsame Armbewegungen bringen mehr Vortrieb und sind entspannter.	
Experiment: Zwei Schwimmer bilden einen „großen“ Schwimmer: Der Vordermann macht die Armbewegung, der Hintermann fasst den Partner an den Füßen und macht die Beinbewegung. Nach einer Bahn wechseln die Aufgaben. Zunächst Rückenschwimmen, dann Kraul. Wie kommt man am besten vorwärts? Ist der große Schwimmer schneller? Warum nicht?	Ggf. Querbahnen In Wellen nacheinander

Experiment: Zwei Schüler schwimmen paarweise nebeneinander zunächst Rücken und dann Kraul, die inneren Hände fassen sich dabei locker an.	s. o.
Wettkämpfe: Wettschwimmen nach Abstoß vom Rand auf ein Startkommando zunächst in Rücken-, dann in Kraullage. 4-5 Schüler schwimmen gegeneinander. Variation: 3-4 Gruppen treten gegeneinander an, für jeden Sieg in einem Einzelrennen gibt es einen Punkt für die Gruppe. Welches Team erreicht nach einem Durchgang die meisten Punkte?	Passive Schüler als Starter und Zielrichter Max. 15 m

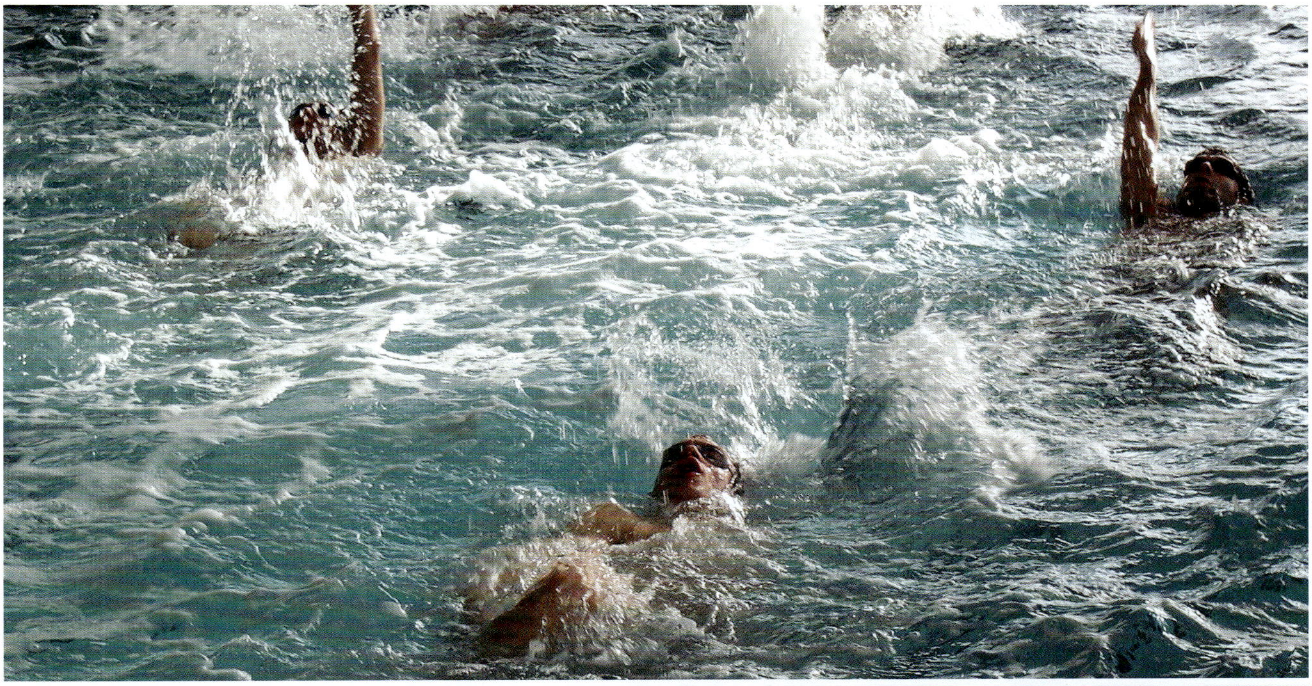

Ausklang (10 Minuten)

Spiel **„Wassertennis/Wasserhockey“**: Zwei mit Kappen markierte Teams spielen gegeneinander. Jeder Spieler erhält ein Schwimmbrett. Gespielt wird mit einem aufblasbaren Niveaball. Ziel ist es, den Ball mit dem Brett entweder in ein Tor zu spielen oder gegen den gegnerischen Beckenrand zu drücken.	1 Schwimmbrett für jeden Spieler, Kappen zur Kennzeichnung der Teams, 1 aufblasbarer Ball, ggf. 2 Tore

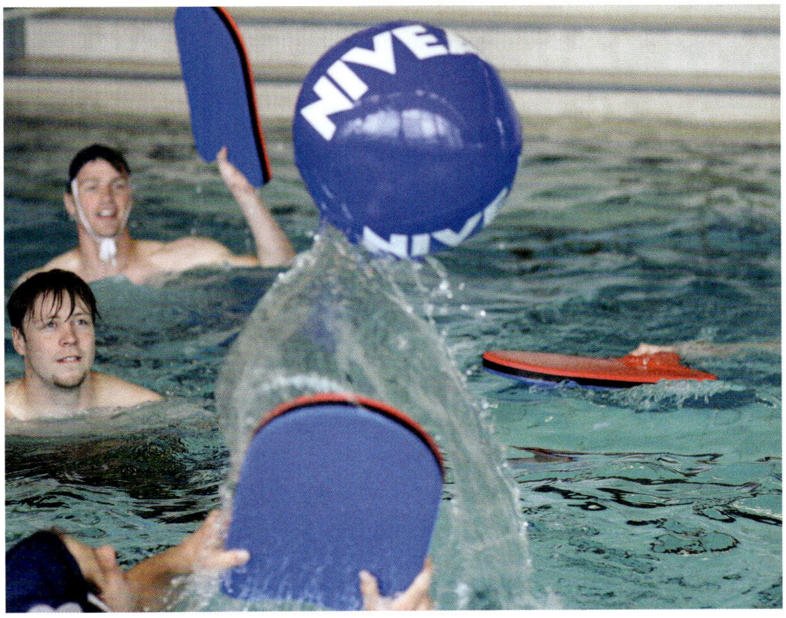

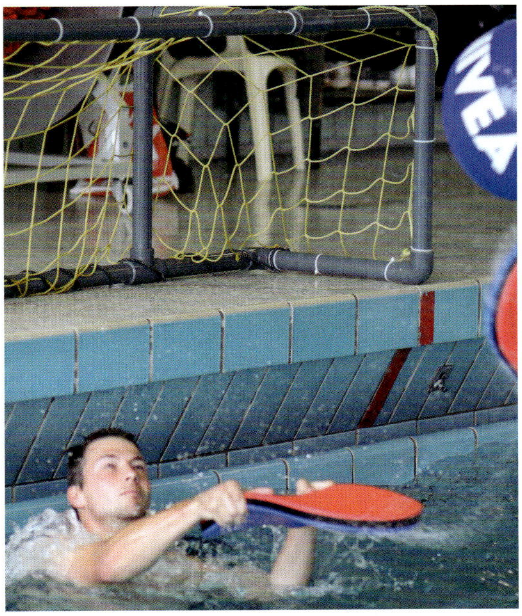

Stundenbild 9: Einführung Wasserball

Fachliche Hinweise

Wasserball ist eine faszinierende Sportart. Es ist das einzige große Sportspiel, das im Wasser gespielt wird, und zählt zu den Tor-, Mal- und Korbspielen. Es vereinigt die Härte des Rugbys mit der Schnelligkeit des Handballs. Ziel ist es, gegen eine gegnerische Abwehr den Raum zu überwinden, um eine gute Ausgangsposition zum entscheidenden Torschuss zu erzielen.

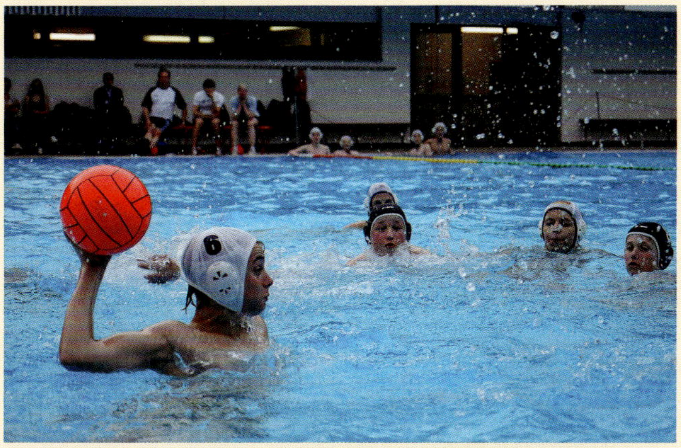

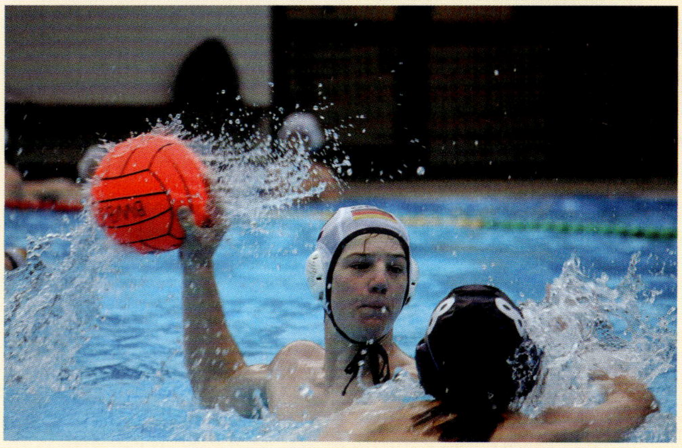

Beobachtet man in Schwimmbädern, an Seen oder am Meer den Badebetrieb, so stellt man immer wieder fest, dass Kinder sich spontan zu Ballspielen im Wasser zusammenfinden. Mannschaften werden gebildet, Tore oder Male gekennzeichnet und einfachste Regeln festgelegt. Spielgeräte sind Bälle, Bademützen oder auch Schwimmflügel. Wasserball kann eine gute Verbindung herstellen zwischen dem herausforderndem Spiel und dem Schwimmen, das auch durch Hinzunahme eines Balls verbessert werden kann. Beim Wasserball lernen Kinder spielerisch, sich in jeder Lage, auch in Bedrängnis, im Wasser behaupten zu können. Es besteht durch die Bremskraft des Wassers so gut wie keine Verletzungsgefahr und bietet durch die relativ geringe Spielgeschwindigkeit gute Möglichkeiten zur Taktikschulung.

Wasserball bietet gegenüber anderen Sportspielen einige Vorteile:

- Mithilfe von Ballspielen kann das Element Wasser erschlossen werden. Viele neue Bewegungserfahrungen erhöhen die Wassersicherheit.
- Die schnelle Ermüdung des Anfängers beseitigt schnell den Drang nach Einzelaktionen. Die Spieler erkennen im Wasser eher als an Land, dass das Passen gegenüber Alleingängen eine sinnvolle Option ist. Zunächst genügt auch ein Pass in die ungefähre Nähe des Mitspielers, weil der Ball nicht ins Seitenaus rollt, sondern auf der Wasseroberfläche liegenbleibt und somit weiter im Spiel ist.
- Die Differenz von Ballgeschwindigkeit zu Spielerbeweglichkeit ist größer als bei anderen Ballspielen. Pässe sind immer schneller als Dribblings und die Schüler erkennen schnell die Bedeutung des Satzes „der Ball ist der schnellste Spieler".
- Bei Sportspielen an Land beherrschen oft einzelne Vereinsspieler das Spielgeschehen. Beim Wasserball fangen meistens alle Schüler bei Null an. Spieler, die an Land dominieren, aber schlecht schwimmen können, erleben das Spiel plötzlich in einer anderen Rolle. Sonst in Ballspielen eher zurückhaltende Mädchen, die gut schwimmen können, kommen im Wasser häufig in Ballbesitz. Auch übergewichtige Schüler können ihre Masse beim Wasserball erfolgreich einsetzen.
- Die im Wasser langsameren Bewegungen bringen lerntaktische Vorteile, weil das Spiel überschaubar bleibt. Ein „freistehender" Spieler bleibt im Wasser etwas länger frei, bis der Gegenspieler bei ihm ist. Der Zeit-, Raum- und Gegnerdruck ist niedriger.
- Fairness muss gelernt werden. Ein zu langes Untertauchen, Festhalten oder Umklammern eines Gegenspielers im tiefen Wasser kann zu einer akuten Gefährdung führen. So entwickelt sich ein Verantwortungsgefühl für den Gegenspieler.

Organisation und Vermittlung

Wasserball in seiner offiziellen Wettkampfform ist gekennzeichnet durch einen hohen Platz- und Geräteaufwand. 14 Spieler spielen im tiefen Wasser auf einem bis zu 30 m x 20 m großen Feld mit zwei schwimmenden Toren von 0,9 m x 3 m. Es ist sehr unwahrscheinlich, dass Schulen ein komplettes Schwimmbecken zur Verfügung steht. Deshalb braucht man etwas Improvisationsvermögen und Kreativität, um Wasserball spielen zu können.
Stehen keine Tore zur Verfügung, können Überlaufrinnen, Hütchen, Schwimmbretter oder Badeschlappen genutzt werden.

Folgende Spielfeldnutzung ist in einem Lehrschwimmbecken möglich:

- 3 kurze Spielfelder nebeneinander mit jeweils einem Tor (Torschuss, 1:1, 2:1, 2:2)
- 2 Querspielfelder nebeneinander mit jeweils einem oder auch 2 Toren (3:3, 4:2)
- 2 Längsspielfelder nebeneinander mit jeweils 2 Toren (3:3, 4:4)

Stehen nur eine oder zwei Bahnen zur Verfügung und findet gleichzeitig öffentlicher Badebetrieb statt, gibt es folgende Möglichkeiten:

- 2-3 kurze Spielfelder nebeneinander quer, gespielt wird auf jeweils ein Tor am Beckenrand
- 2 Längsspielfelder bei zwei Bahnen und jeweils einem Tor an den Kopfseiten

Bälle: Wünschenswert ist, dass für jeden Schüler ein Ball vorhanden ist. Falls es keine Wasserbälle gibt, kann auch mit Gymnastikbällen oder billigen Plastikfußbällen gespielt werden.

Kappen: Mannschafften sollte man immer gut voneinander unterscheiden können, besonders im Wasser. Somit empfiehlt es sich, einen einfachen Satz Kappen anzuschaffen.

Die offizielle, wettkampfmäßige Form des Wasserballspiels stellt zu hohe Anforderungen an Anfänger. Sie müssen schwimmen können, dürfen den Ball nur mit einer Hand fangen sowie werfen und brauchen das Wassertreten, um werfen und passen zu können. Spielanfänger wollen und sollen jedoch sofort mit dem Spiel beginnen, ohne dass es zu Überforderungen kommt. Deshalb müssen die Anforderungen zunächst vereinfacht werden. Dabei sollte jedoch die Struktur des Spiels erhalten bleiben, vor allem auch, weil Kinder und Jugendliche das konkrete Wasserballspiel nachspielen wollen. Trotzdem sollen alle aktiv mitspielen können. Also muss die Komplexität des Spiels durch Vereinfachung der Regeln reduziert und technisch-taktische Elemente müssen vereinfacht werden. Nur so ist es möglich, Spielsituationen gleichzeitig wahrzunehmen und motorisch lösen zu können. Deshalb wird zunächst Raufball im stehtiefen Wasser (entweder im Nichtschwimmerbeckereich oder im Kinderbecken) gespielt. Zu den Veränderungen der Spielregeln als methodische Vereinfachung zählt, dass die kleineren Kinder- oder Damenbälle genutzt werden, die mit beiden Händen gefangen und geworfen werden dürfen. Durch die geringe Wassertiefe und die einfache Form der Ballannahme und Ballabgabe können Anfänger mit einfachen technischen Mitteln direkt spielen. Lediglich ein bewusstes Untertauchen des Balles, um ihn zu verstecken, sollte unterbunden werden ebenso wie ein absichtliches Kratzen und Treten des Gegenspielers. Der Spieler mit Ball darf so lange angegriffen werden, bis er den Ball abgibt. Im weiteren Verlauf kann das Spiel mit einer Hand belohnt werden, indem beispielsweise Tore doppelt zählen, bei denen der Schütze den Ball vorher auch nur mit einer Hand gefangen hat. Man kann mit vier Mannschaften 5:5, 6:6 oder 7:7 inklusive Torwart spielen, immer fünf Minuten, dann werden die Teams gewechselt. Die dadurch entstehende Pause für zwei Mannschaften wird dankbar als Erholung angenommen. Bei mehr als 24 Spielern werden die Teams vergrößert und es wird fliegend gewechselt.

Regeln für Anfänger:

- Der Ball darf mit beiden Händen gespielt werden.
- Es gibt keine 30-Sekunden-Regel.
- Es gibt kein Abseits.
- Der Torwart darf, wenn es das Spielfeld zulässt, stehen oder sich am Rand festhalten.
- Der Ball darf unter Wasser getaucht werden.
- Es ist erlaubt, den Spieler, der den Ball hält, anzugreifen und unterzutauchen.
- Treten, Schlagen, Abstoßen vom Gegner und absichtliches Spritzen sind nicht erlaubt.

In den spielgemäßen Vermittlungskonzepten hat auch das Üben der Grundelemente seinen festen Platz. Die Spieler erkennen selber im Spiel, dass sie bestimmte Aufgaben nicht gut lösen können, weil sie bestimmte Fertigkeiten nicht gut beherrschen.

Hinweise zur Organisation

Zwei Teams müssen zu Beginn der Stunde eingeteilt und mit Kappen markiert werden, für jeden Spieler gibt es einen aufgepumpten Ball. Bei dem Spiel „Haltet das Feld frei" sollte eine Zauberschnur das Spielfeld in zwei Hälften teilen. Diese kann entweder von zwei nicht teilnehmenden Schülern gehalten werden, oder man hat gegebenenfalls die Möglichkeit, sie an zwei Pfosten der Beckenumrandung zu befestigen. In 50-m-Becken bietet es sich an, die dort vorhandene Rückenleine als Abtrennung zu nutzen. Ist eine Mannschaft im Auftaktspiel zu dominant, sollte die Lehrkraft dieses beim Abschlussspiel korrigieren und gegebenenfalls zwei bis drei Spieler tauschen.

Ziele

- Erschließen des Bewegungsraums Wasser durch Ballspiele, Kennenlernen einer olympischen Sportart, aufgeschlossen gegenüber Neuem sein
- Regeln einhalten, Entwicklung von Freude am Spiel

Auf einen Blick

Phasen	Organisation, Material
Einstieg (10 Minuten)	
Spiel **„Wasserraufball“**: Zwei mit Badekappen gekennzeichnete Teams spielen gegeneinander mit dem Ziel, einen Wasserball am gegnerischen Beckenrand mit beiden Händen abzulegen. Zu Beginn des Spiels befinden sich die beiden Teams an ihrem jeweiligen Beckenrand und berühren diesen. Der Spielleiter wirft den Ball in die Mitte und eröffnet so das Spiel. Hinweis: Körperkontakt ist erlaubt.	Kappen für beide Teams, 1 Wasserball Ganzes Feld, stehtiefes Wasser

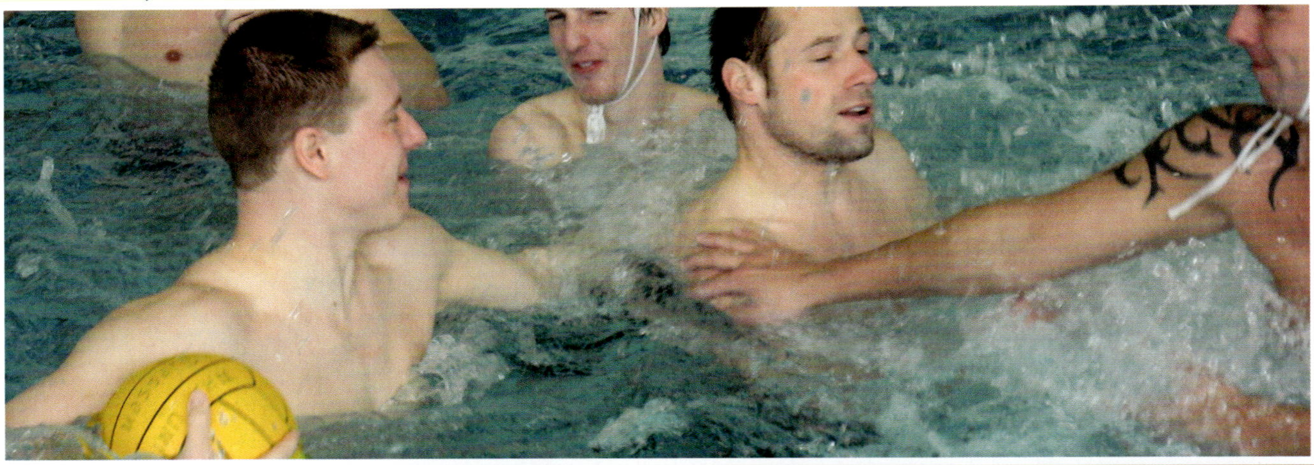

Phasen	Organisation, Material
Hauptteil (25 min)	
Fang- und Passspiel **„Balljagd“**: Die Teams A und B stellen sich so in einem Kreis auf, dass ein Spieler von A immer neben einem von B steht. Ziel ist es, sich einen Wasserball innerhalb der eigenen Mannschaft von Spieler zu Spieler im Kreis möglichst schnell zuzupassen und den gegnerischen Ball einzuholen. Beide Bälle sind bei Spielbeginn maximal weit voneinander entfernt. Die Mannschaft, die den gegnerischen Ball einholt, gewinnt. Variation: Auf ein Kommando ändert sich die Passrichtung.	Kappen für beide Teams, 2 Bälle Stehtiefes Wasser
Wurfspiel **„Haltet das Feld frei“**: Zwei Teams, die durch eine an der Mittellinie gespannte oder gehaltene Zauberschnur voneinander getrennt sind, spielen gegeneinander. Zu Beginn des Spiels bekommt jeder Spieler einen Wasserball. Ziel ist es, so viele Bälle wie möglich in die gegnerische Hälfte zu werfen. Wer nach Abpfiff eines Durchgangs (2-3 Minuten) weniger Bälle auf seiner Spielfeldseite hat, ist Sieger. Die Bälle dürfen nicht gehortet werden. Wirft ein Spieler nach dem Abpfiff, verliert sein Team automatisch. Variation: Es kann auf beiden Seiten mit Badeschlappen oder Hütchen eine Abwurflinie markiert werden.	1 Zauberschnur, 1 Wasserball für jeden Spieler Stehtiefes Wasser

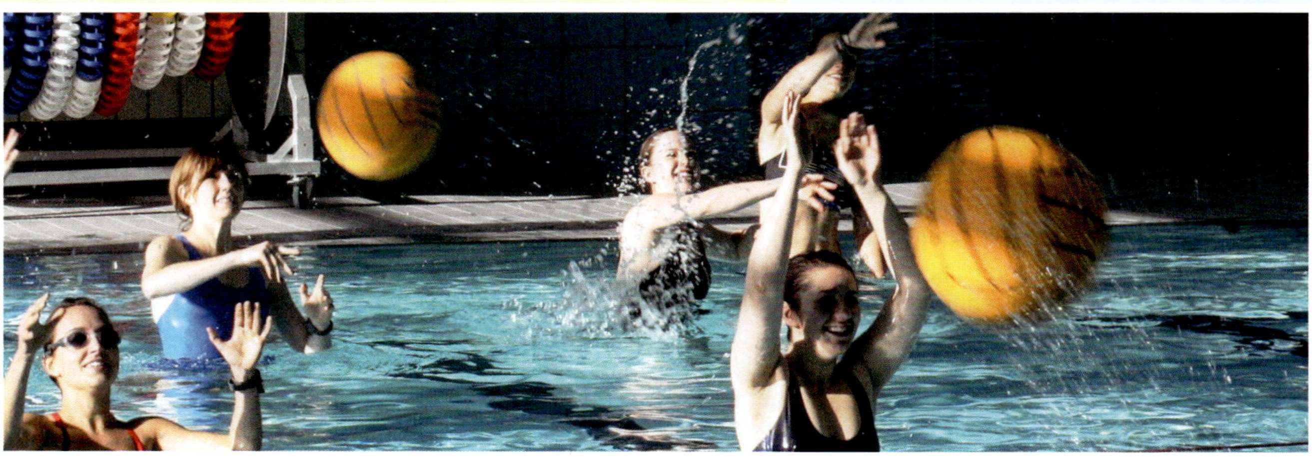

Jeder Schüler schwimmt mit einem Ball in einer Hand: Verschiedene Möglichkeiten ausprobieren, z. B. in Rücken, Bauch- oder Seitlage.

1 Wasserball für jeden Spieler

Wie kann ich den Ball **„dribbeln“**?

1 Wasserball für jeden Spieler
Stehtiefes Wasser

Beim Dribbling soll sich der Spieler möglichst schnell vorwärts bewegen, gleichzeitig den mitgeführten Ball unter Kontrolle haben und ihn vor Gegenspielern schützen.

Geschwommen wird mit der Kraultechnik, wobei der Kopf so hoch angehoben wird, dass der Ball mit der Nasenspitze und der sich bildenden Bugwelle vor dem Kopf und zwischen den Armen vorwärts geschoben werden kann. Diese Bugwelle bildet sich allerdings erst ab einer gewissen Geschwindigkeit. Die Arme sollen den Ball nur berühren, wenn er die gewünschte Richtung zu verlassen droht. Man taucht mit angewinkelten Armen und einem dadurch hohen Ellbogen nicht weit vom Kopf entfernt ein, um den Ball zu schützen.

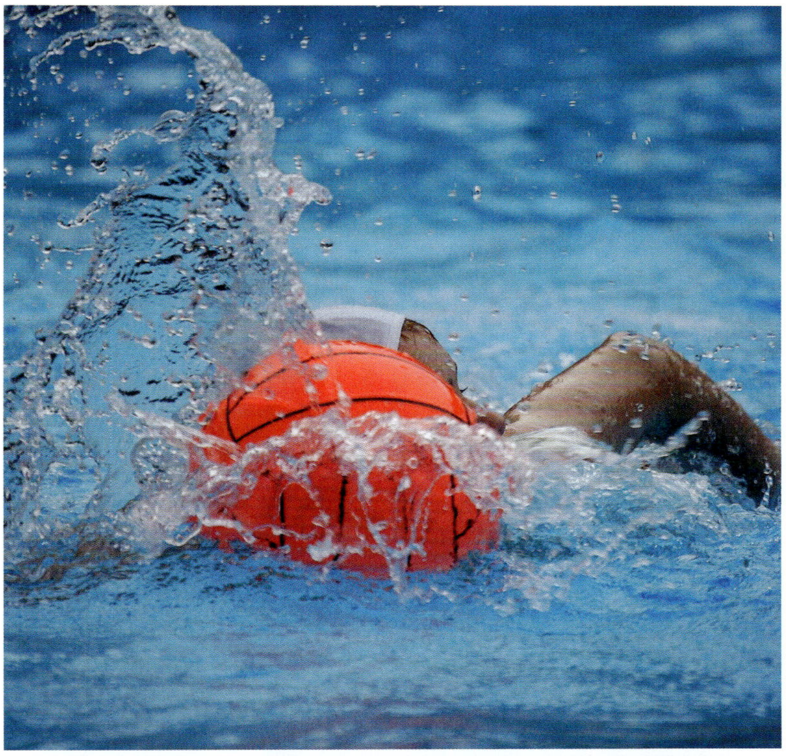

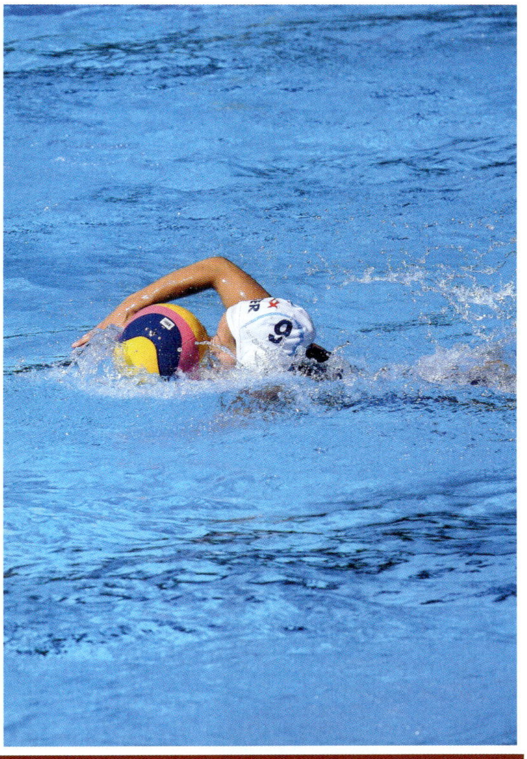

Ausklang (10 Minuten)

Spiel **Wasserball** auf zwei Tore

Stehtiefes Wasser, Kappen, 2 Teams spielen gegeneinander

Vor Spielbeginn befinden sich die Spieler beider Mannschaften an ihrem jeweiligen Beckenrand und berühren diesen. Der Spielleiter wirft dann den Ball ins Wasser, in die Mitte des Spielfeldes, und eröffnet so das Spiel.

Folgende Regeln gelten:

- Der Ball darf mit beiden Händen gespielt werden.
- Es gibt keine 30-Sekunden-Regel.
- Es gibt kein Abseits.
- Der Torwart darf, wenn es das Spielfeld zulässt, stehen oder sich am Rand festhalten.
- Der Ball darf unter Wasser getaucht werden.
- Es ist erlaubt, den Spieler, der den Ball hält, anzugreifen und unterzutauchen.
- Treten, Schlagen, Abstoßen vom Gegner und absichtliches Spritzen sind nicht erlaubt.

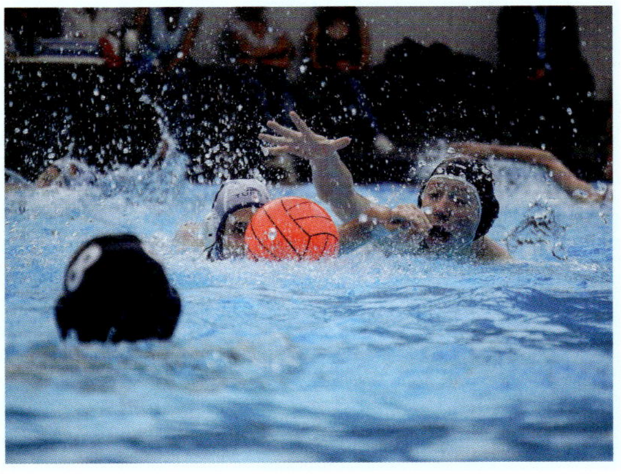

Stundenbild 10: Einführung in das volkstümliche Wasserspringen

Fachliche Hinweise

Kindern und Jugendlichen macht es großen Spaß, ins Wasser zu springen. Bomben und Fantasiesprünge aller Art sind in Freibädern an der Tagesordnung, der Sprung vom 10-m-Brett findet immer eine Schar von Bewunderern, die staunend und applaudierend am Rand sitzen. Die Kinder lauern darauf, dass der Schwimmmeister endlich die Sprungbretter oder Sprungtürme öffnet. Leider nimmt das Wasserspringen im Schwimmunterricht nur einen bescheidenen Raum ein, obwohl in den Lehrplänen das Wasserspringen als fester Bestandteil des Schwimmunterrichts aufgeführt wird. Die Ausbildung wird vielfach nur mit dem Startsprung abgeschlossen. Der Sprung vom 1- oder 3-m-Brett wird nur einmal als Mutprobe gefordert oder um das Bronze-/Silberabzeichen zu erlangen. Über die vielfältigen Möglichkeiten, die Wasserspringen darüber hinaus bietet, den Schwimmunterricht attraktiver zu gestalten, sind sich die Lehrkräfte oft gar nicht bewusst. Springen ins Wasser besitzt einen hohen Aufforderungscharakter. Dieser liegt im Flugerlebnis, den kreativen Möglichkeiten sowie der Lust, Unbekanntes auszuprobieren und sich an neue Situationen mit kalkulierbarem Risiko zu wagen. Wasserspringen dient der allgemeinen Bewegungsschulung und fördert Gewandtheit, Konzentration und Entschlusskraft.

Die Schüler müssen wissen,

- von wo sie springen dürfen
- wann sie springen können
- was sie nach dem Auftauchen tun sollen

Bei fußwärts eingetauchten Sprüngen hängt die Wassertiefe auch von der Körpergröße und dem Körpergewicht ab. Sie sollten immer richtig abgefedert werden. Kopfwärts eingetauchte Sprünge, egal ob aus dem Stand oder dem Sitzen, benötigen eine Wassertiefe von mindestens 1,80 m.

Die Sportart Wasserspringen beinhaltet viele Möglichkeiten zum Kennenlernen neuer Bewegungserfahrungen, zur Schulung aller Sinne sowie zur Entwicklung von Sozialkompetenz, zum Beispiel bei der Übernahme von Verantwortung für den Mitschüler durch den Einsatz von Bewegungshilfen und -korrekturen und die Beachtung von Sicherheitsmaßnahmen. Die Angst ist eine der Hauptemotionen beim Wasserspringen. Diese gilt es, zu respektieren und ernst zu nehmen, anstatt Selbstüberwindung zu fordern. Die Verhaltensmerkmale von Schülern, die Angst haben, lassen sich in zwei Gruppen unterteilen. Einerseits wird die Angst nicht oder kaum verborgen, die Schüler verhalten sich passiv, zögern und verweigern neue Bewegungsaufgaben. Die andere Gruppe versucht, die Angst durch provokatives oder aggressives Verhalten zu überspielen. Man kann davon ausgehen, dass der wesentliche angstauslösende Faktor die Angst vor dem schmerzhaften Aufprall ist. Deshalb ist es wichtig, dass die Lehrkraft mit didaktisch-methodischen Vorgehensweisen bei der Einführung vertraut ist. Vor allem kann dieses durch Tauch- und Eintauchübungen (schmerzfreies Eintauchen durch Aufrechthaltung der Körperspannung) und Orientierungsübungen unter Wasser erreicht werden. Dieses allein reicht aber nicht aus, auch die Interaktion zwischen Lehrer und Schüler ist wichtig, d. h.

- den Schüler nicht überfordern,
- dem Schüler ein Sicherheitsgefühl vermitteln,
- klar die Aufgabe formulieren,
- die Angst durch rationale Argumente und/oder gutes Zureden abbauen. Unverarbeitete Angst wirkt sich hemmend auf das Bewegungsverhalten aus und ist dann so gut wie unüberwindbar.
- Stresssituationen und Leistungs-/Notendruck vermeiden,
- Kleingruppenbildung und Partnerhilfe fördern,
- Situationen schaffen, in denen man Dinge selbstständig ausprobieren kann.

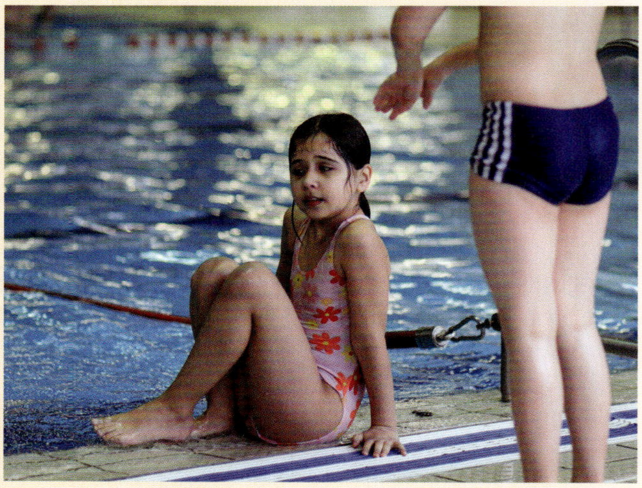

Das volkstümliche Wasserspringen wird nicht wettkampfmäßig betrieben und ist an keine Haltungsvorschriften gebunden. Es kann vom Rand, Startblock, 1- oder 3-m-Brett gesprungen werden. Im Schwimmunterricht der Schule sollte man volkstümliches Wasserspringen und Kunstspringen nicht strikt voneinander trennen. Es bietet sich vielmehr methodisch an, zunächst vom Beckenrand und Startblock zu beginnen und so eine Basis zu schaffen.

Entpuppt sich die Mehrheit der Schüler als begeisterte Wasserspringer, sollte man diese Begeisterung aufgreifen und diese Gruppe weiter vom 1- und 3-m-Brett schulen. Ängstliche Schüler springen weiter vom Rand oder Block. In Absprache mit den Schwimmmeistern ist es gut möglich, für das spielerische Springen ins Wasser die Längsseite des Beckens zu nutzen. Eine vorhandene Absperrung lässt sich einfach entfernen. So können mindestens 6-8 Kinder nebeneinander springen. Die übrigen stellen sich in weiteren Reihen dahinter an.

Sprünge vom Beckenrand und 1-m-Brett sind ungefährlich, deshalb sollte ein Sprung erst bei sicherer Beherrschung vom „Einer" von größeren Höhen gesprungen werden. Das Tragen eines T-Shirts dient als einfacher aber wirksamer Schutz vor einem schmerzhaften Aufkommen auf die Wasseroberfläche und steigert den Mut zum Ausprobieren neuer Sprünge.

Hinweise zur Organisation
Für das Spiel Buchstabensuchen braucht man für jedes Team alle Buchstaben des Alphabets, am besten laminiert.

Ziele
- Förderung von Kreativität, Wagnis und Abenteuer, Spaß, Koordinative Fähigkeiten erweitern, Bewegungsvielfalt erleben, neugierig sein.
- Angst überwinden, Selbstbewusstsein steigern und Erfolgserlebnisse haben, mit einem Partner kooperieren.

Auf einen Blick

Phasen	Organisation, Material
Einstieg (5 Minuten)	
Spiel **„Buchstaben suchen“**: Vier oder mehr Teams spielen gegeneinander. Auf der gegenüberliegenden Seite liegen für jedes Team alle Buchstaben des Alphabets. Der Spielleiter gibt eine Kategorie vor, z. B. Land in Europa, und die Teams haben zwei Minuten Zeit, die entsprechenden Buchstaben zu suchen und das Wort am eigenen Beckenrand zu bilden. Die Spieler schwimmen nacheinander und sollten sich vorher überlegen, welche Wörter gebildet werden können, weil jeder Buchstabe nur einmal vorhanden ist. Anschließend wechselt die Kategorie.	Für jedes Team alle Buchstaben des Alphabets, Stoppuhr für den Spielleiter
Hauptteil (25 min)	
Offene Angebote vom Rand oder Block: Die Zehen umkrallen bei allen Sprüngen die Absprungkante. Wer kann am lautesten/leisesten eintauchen? Wer kann am weitesten springen? Wer kann am meisten/wenigsten spritzen? Wer kann besonders lustig/elegant springen? Wer kann wie ein Tier springen?	Rand oder Startblöcke Tiefes Wasser Ggf. quer 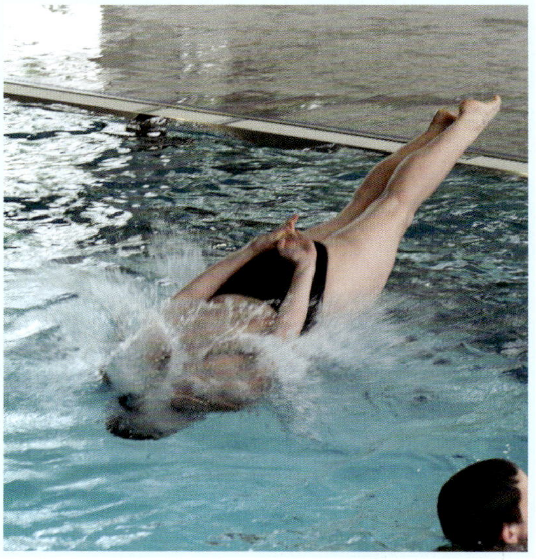

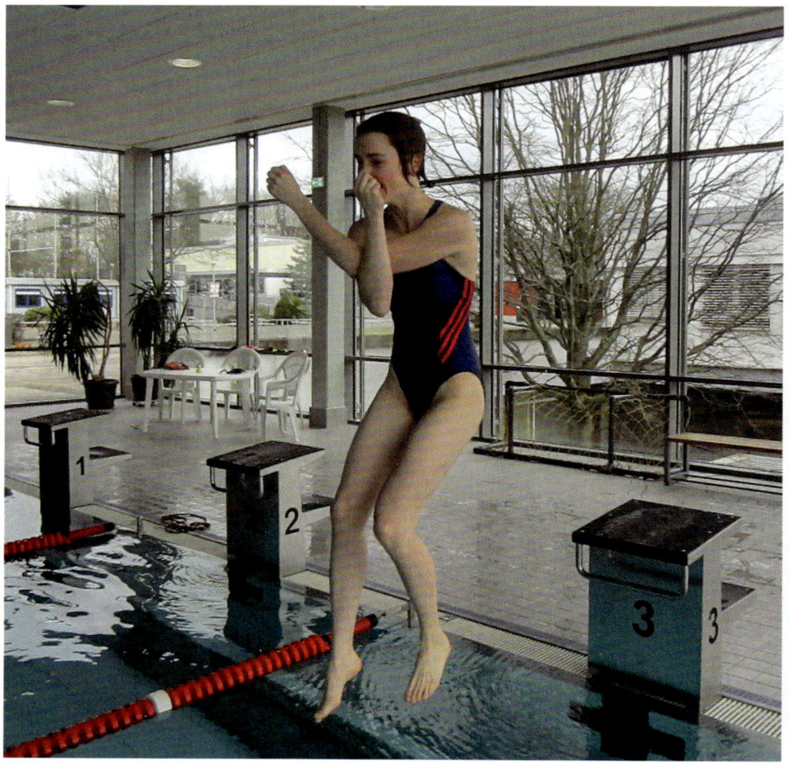

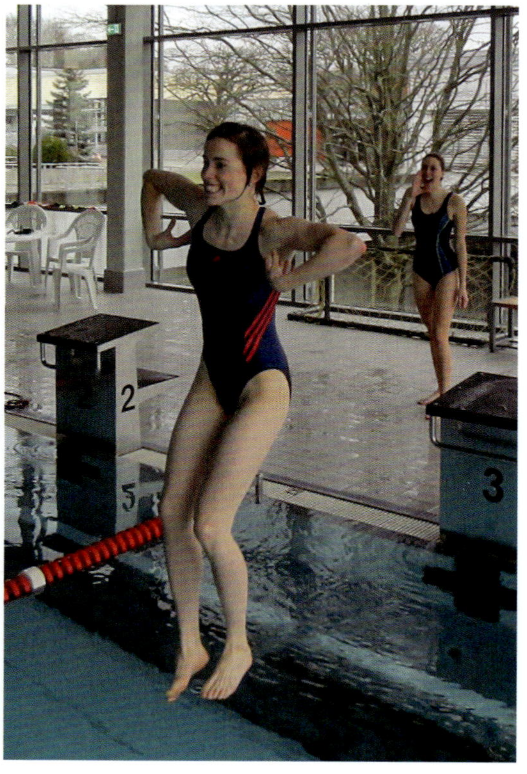

Wer kann springen, ohne dass die Haare nass werden oder der Reifen vom Kopf fällt?

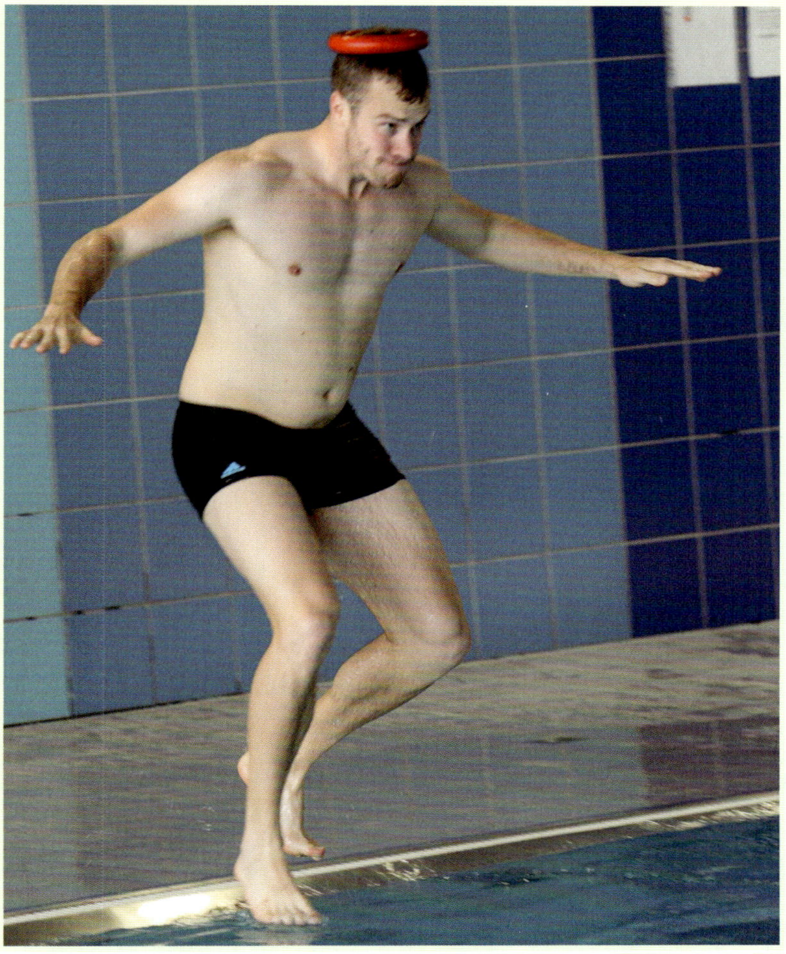

Wer kann zuerst mit dem rechten Fuß und der linken Hand eintauchen?

Wer kann in der Luft die Arme kreisen/winken?

Wer kann in der Luft Arme und Beine bewegen?
Wer kann in der Luft in die Hände klatschen, wie oft?

Wer kann in der Luft Rechenaufgaben lösen oder sein Geburtsdatum rufen (auch in einzelnen Ziffern)?

Wer kann im Sprung eine Drehung machen?

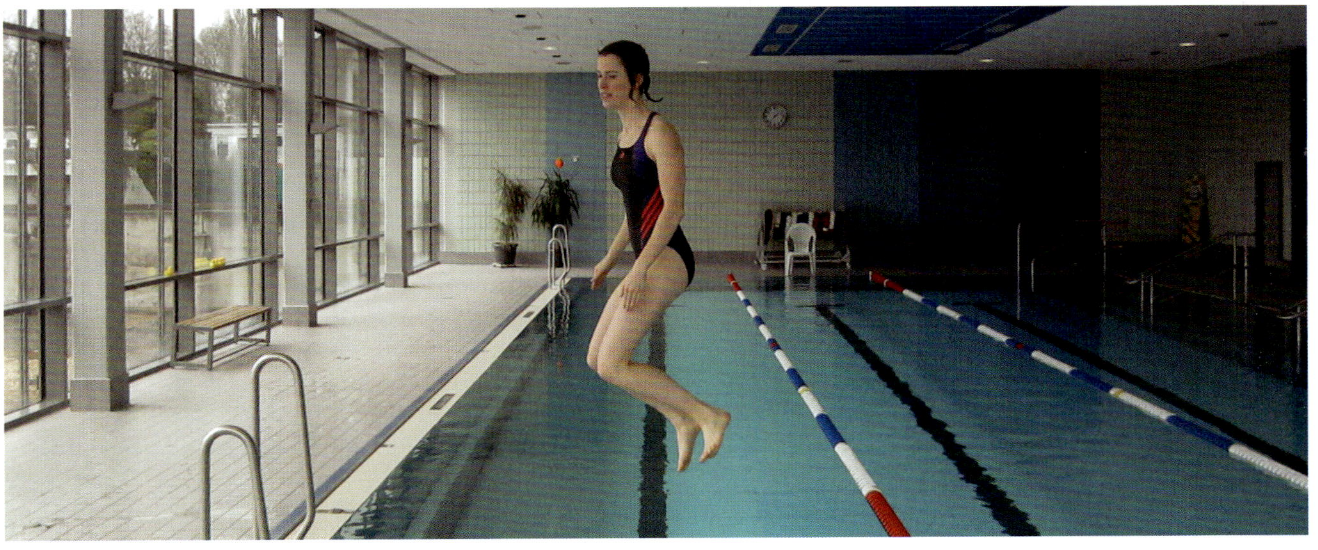

Wer kann mit geschlossenen Augen springen?

Wer kann rückwärts springen?

Wer kann auf ein Schwimmbrett springen? Das Brett liegt auf der Wasseroberfläche oder das Brett wird beim Absprung der Hand gehalten.

Wer kann in einen Reifen springen?

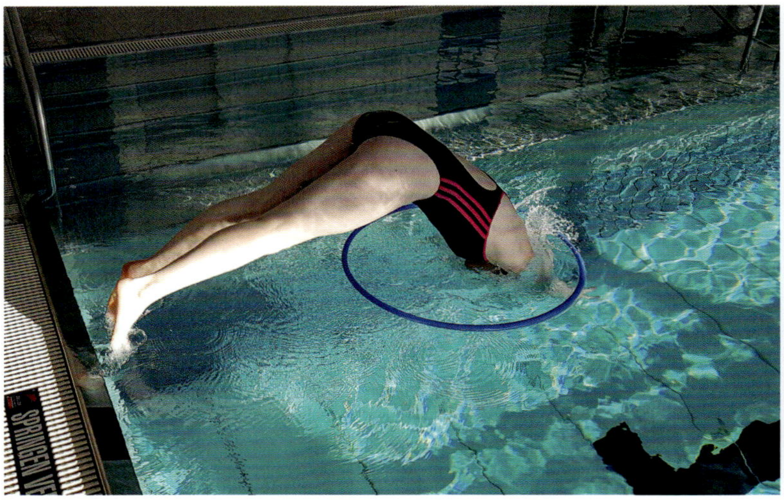

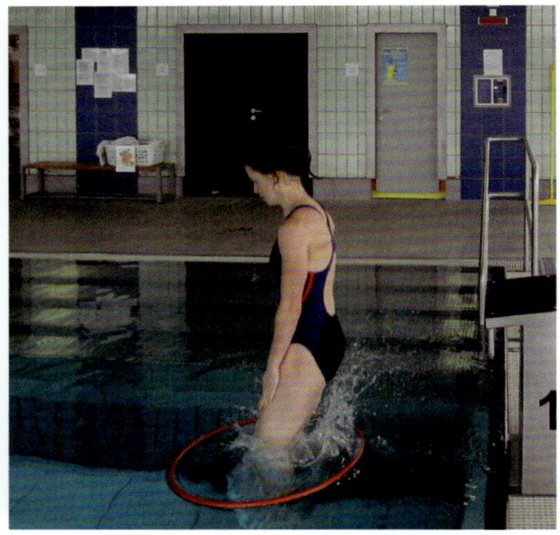

Wer kann über eine Poolnudel springen?

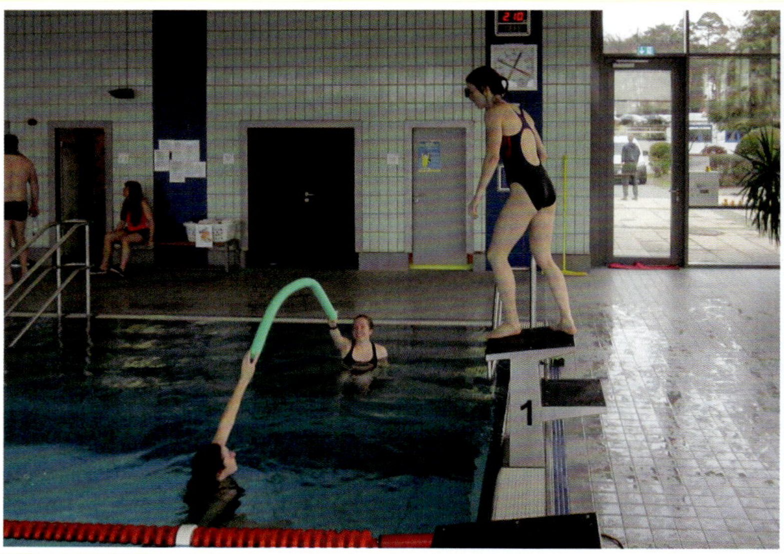

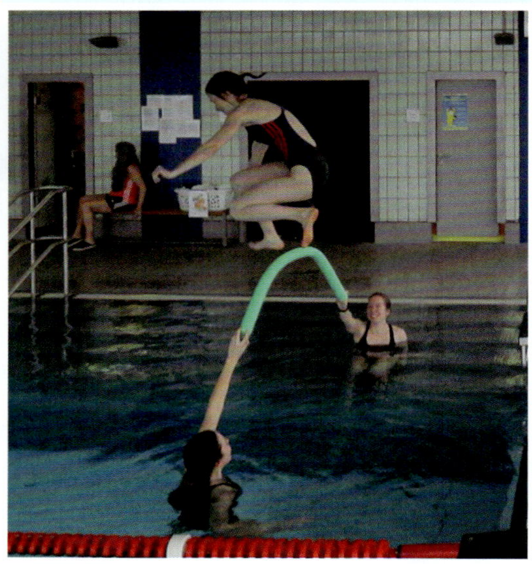

Fußsprünge:

Gestreckt, gehockt, gegrätscht, gebückt

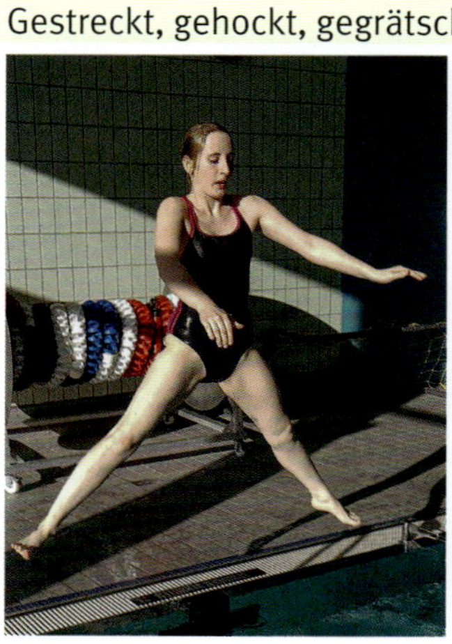

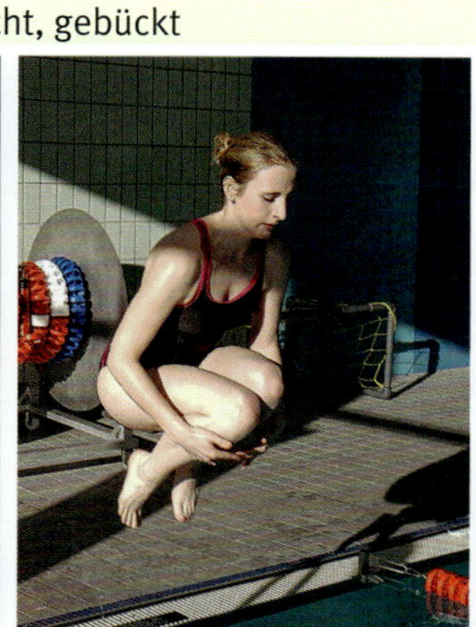

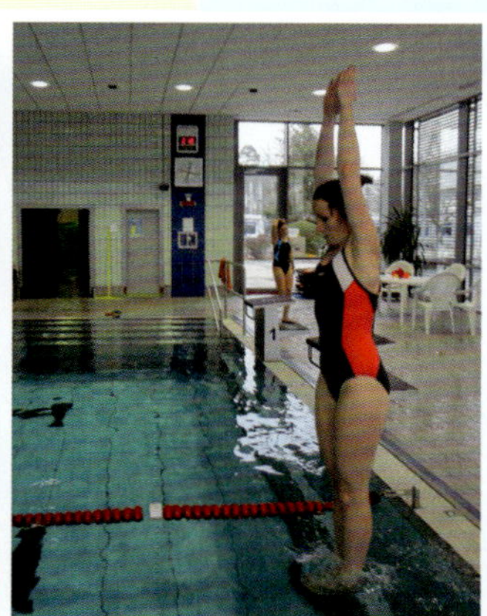

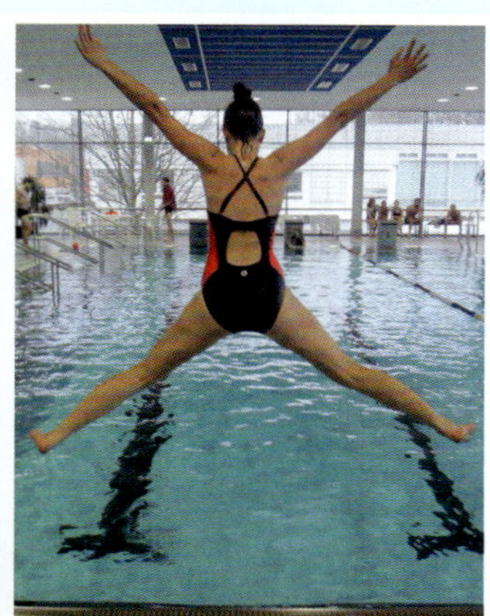

Schrauben:
links und rechts herum drehen,
vorwärts und rückwärts abspringen

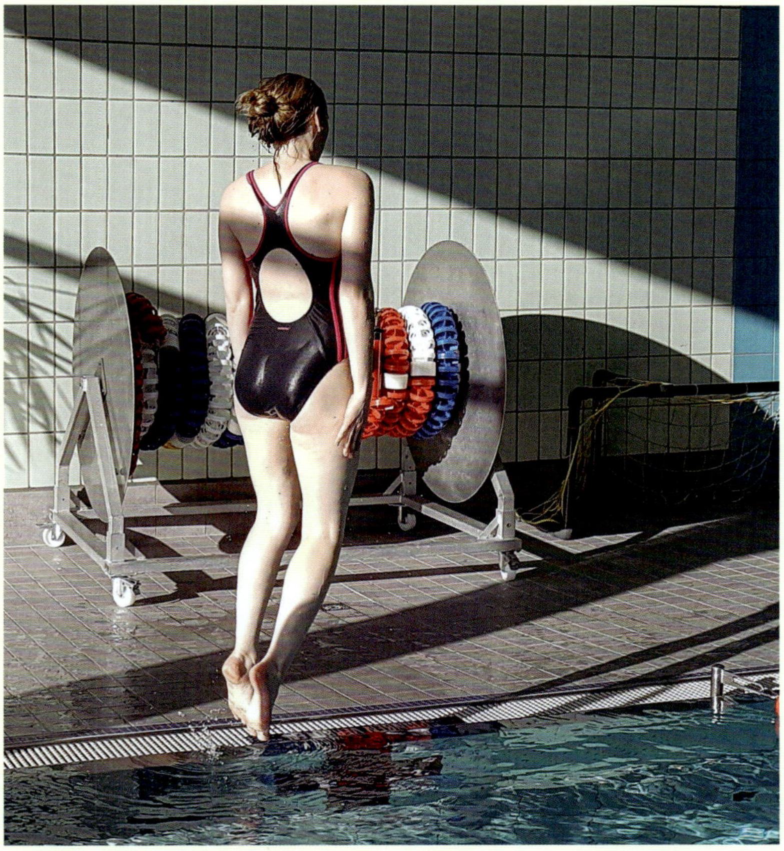

Springen nach Bällen:
Sich selbst einen Ball anwerfen und ihn in der Luft fangen.

Für je 2 Schüler 1 Tennis-, Tischtennis-, Gymnastik- oder Wasserball

Ein Partner wirft den Ball seitlich vom Beckenrand zu: Den Ball wie ein Torwart fangen. Auch andere Arten, den Ball zu spielen, ausprobieren, z. B. köpfen, pritschen, baggern oder fausten.

Zwei Partner springen gleichzeitig und passen sich den Ball in der Luft zu.

Sich selbst einen Ball anwerfen, ein halbe Drehung in der Luft machen und den Ball zum Partner am Beckenrand passen.

Abspringen mit einem Ball in den Händen, der nicht nass werden darf. Abspringen mit drei Bällen, die man nicht verlieren darf.

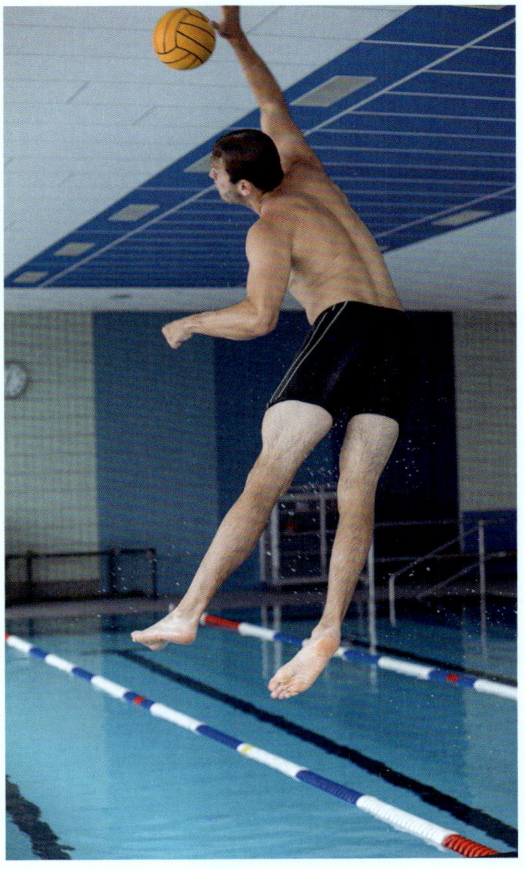

Ausklang (15 Minuten)

Sprünge nach Wahl

Gruppensprünge:
La Ola: Alle Schüler machen nacheinander einen Abfaller vorwärts aus der Hocke oder dem Stand ins Wasser.

Nebeneinander vom Rand

Quer

Kippbombe rückwärts alleine: Die Schüler umfassen ihre Knöchel und lassen sich aus dieser Position rückwärts ins Wasser fallen.

Kippbombe rückwärts als Kette: Jeder fasst die Knöchel seiner jeweiligen Nebenleute an. Anschließend lässt sich ein Schüler ins Wasser fallen.

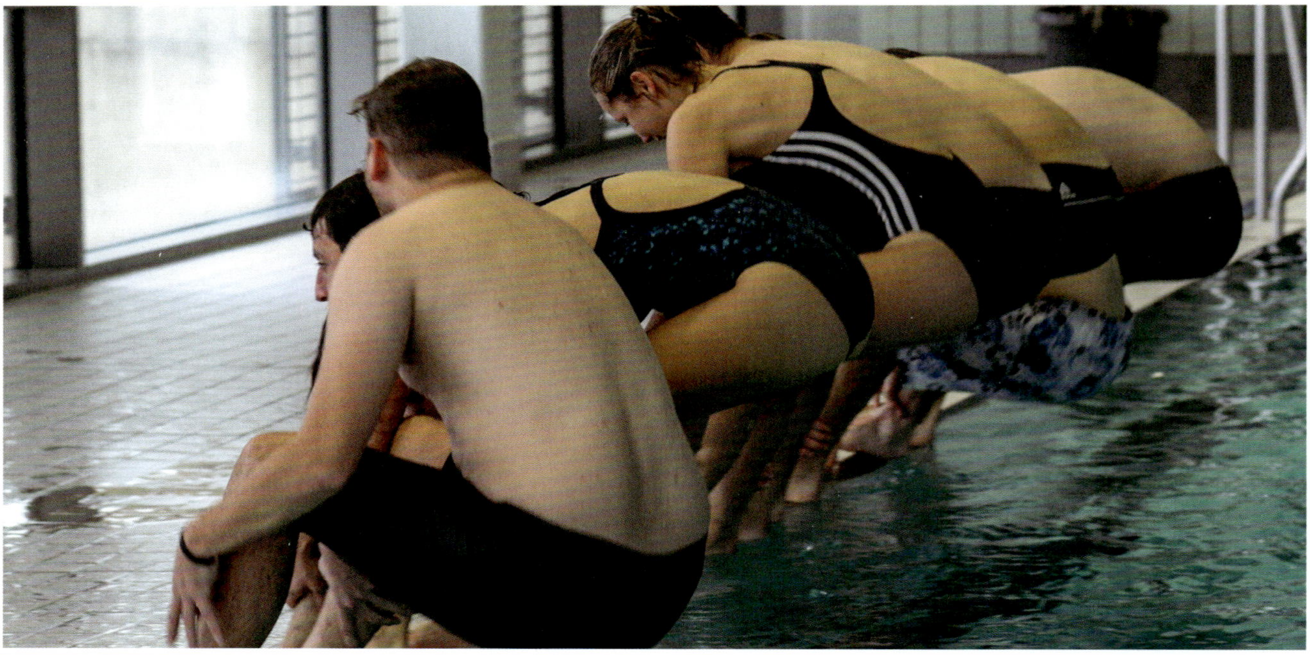

Bobfahren: Die Schüler sitzen seitlich zum Wasser an der Beckenkante, halten die Hüfte oder Schultern des Vordermanns fest und kippen nach ein paar Links- und Rechtskurven gemeinsam seitlich ins Wasser. Der Pilot sitzt vorne und gibt laute Kommandos.

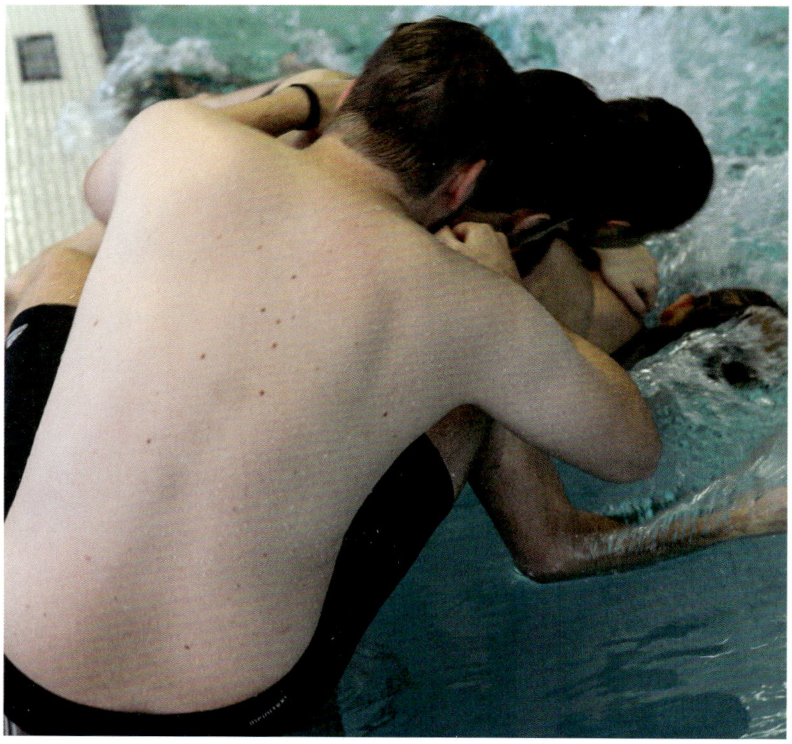

Stundenbild 11: Einführung Brustschwimmen

Einst diente der Frosch als Anschauungsobjekt für eine geeignete Schwimmtechnik. Beim sogenannten Froschstoß zog der Schwimmer Arme und Beine gleichzeitig an, sodass er aussah wie ein verschnürtes Paket, und stieß sie dann weit von sich. Daraus entwickelte sich im Laufe der Zeit das Brustschwimmen. Dies ist die langsamste der vier Schwimmtechniken, allerdings bei vielen Schülern schon durch den Schwimmlernkurs bekannt. Brustschwimmen kann im Gegensatz zum Kraulschwimmen zunächst mit dem Kopf über Wasser geschwommen werden. Die Armbewegung ist nicht besonders schwierig oder komplex und kann durch Nachahmung auf Anhieb gelernt werden. Die Beinbewegung ist eine unnatürliche Bewegung, die so an Land nie auftaucht. Die Gesamtbewegung von Armen und Beinen ist koordinativ sehr anspruchsvoll und verlangt von den Schülern eine hohe Konzentration. Die Einstiegsmerkmale der Grobform lassen sich wie folgt zusammenfassen:

Armbewegung:
- Aus der Vorhalte erfolgt eine kreisförmige Armbewegung mit anschließendem Strecken der Arme wieder in die Vorhalte.
- Es gibt keine Pause vor der Streckung der Arme.
- Die Hände bewegen sich bis zur maximal doppelten Schulterbreite nach außen.
- Die Bewegung der Hände endet auf Schulterhöhe.

Beinbewegung:
- Die Bewegung beginnt mit einem Anfersen der Füße. Dann erfolgt eine Kreisbewegung der Fersen mit angewinkelten Fußgelenken. Anschließend werden die Beine und Füße gestreckt und geschlossen.

Folgende Fehler können auftreten:
- Es erfolgt keine Kreisbewegung, sondern eine Schlagbewegung von einem oder beiden Füßen.

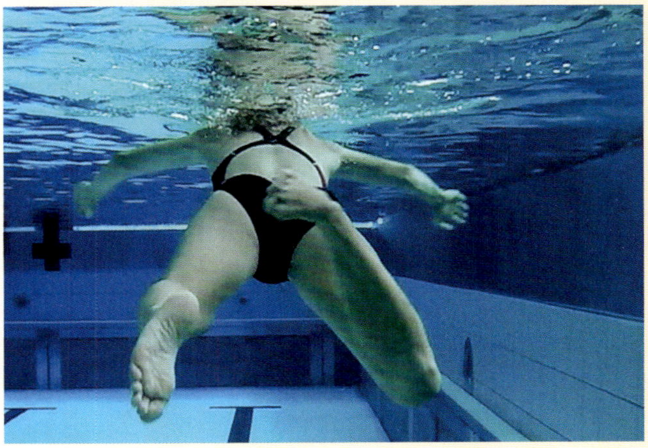

- Die Hände werden bis zu den Oberschenkeln gezogen oder viel zu weit nach außen bewegt.

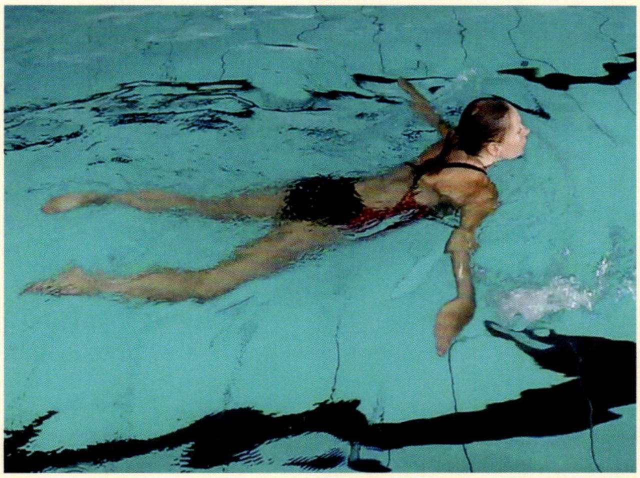

Am Anfang sollten die Beine im Wasser in horizontaler Lage am Beckenrand geführt werden. Anschließend kann die Bewegung sowohl in Bauch- als auch in Rückenlage geschehen. Hinweise zur Bewegungsführung in Rückenlage: Die Unterschenkel werden fußnah gefasst und solange abwärts bewegt (Beugung im Knie), bis sie die Senkrechte erreicht haben. Dabei werden die Oberschenkel geöffnet. In einer kreisförmigen Bewegung werden die Beine über außen zur Streckung gebracht und geschlossen. Mit Beginn der kreisförmigen Bewegung werden die Fußspitzen zu den Schienbeinen gezogen und nach außen gedreht. Nach dem Schließen erfolgt zu Beginn eine lange Gleitphase. Durch die Poolnudel unter den Achseln kann die Armbewegung nach hinten begrenzt werden.

Hinweise zur Organisation
Für die Stunde braucht man ein wasserfestes Uno-Kartenspiel (als Uno H_2O erhältlich) sowie ein Schwimmbrett und eine Poolnudel für jeden Schüler. Für das Abschlussspiel bietet es sich an, die Teams mit Hilfe der Unokarten einzuteilen.

Ziele
- Erste Merkmale des Brustschwimmens kennen und benennen können, Erlernen des Brustschwimmens in Grobform, Antriebsmöglichkeiten ausprobieren
- Vielfältige Bewegungserfahrungen, Wahrnehmungsfähigkeit verbessern

Auf einen Blick

Phasen	Organisation, Material
Einstieg (5 Minuten)	
Spiel **„Feuer, Wasser, Blitz"** mit Unokarten: Jeder Spieler bekommt eine Uno-Karte, die er beim Schwimmen in der Hand hält. Alle Spieler bewegen sich durcheinander im Spielfeld. Der Spielleiter stellt unterschiedliche Aufgaben, die so schnell wie möglich erfüllt werden müssen: „Alle Spieler einer Farbe treffen sich in einer Ecke." „In jeder Ecke muss jede Farbe mindestens einmal vertreten sein." „Die Gesamtzahl jeder Gruppe in einer Ecke beträgt z. B. 27." „Alle Spieler mit der gleichen Farbe treffen sich in aufsteigender Reihenfolge am Rand." „Alle ungeraden Zahlen sind am linken, alle geraden am rechten Beckenrand." Variation: Die Bewegungsart in Abhängigkeit von der zur Verfügung stehenden Wassertiefe vorgeben, z. B. nur Rückenbeinbewegung oder rückwärts laufen.	Ein wasserfestes Uno-Kartenspiel Nichtschwimmer- oder Schwimmerbecken
Hauptteil (30 min)	
Demonstration der Brustbeinbewegung durch den Lehrer an Land. **Brustbeinbewegung der Schüler an Land:** Sie sitzen zunächst am Beckenrand mit den Füßen im Wasser und führen so die Brustbeinbewegung aus. Der Lehrer korrigiert.	Verteilt am Beckenrand

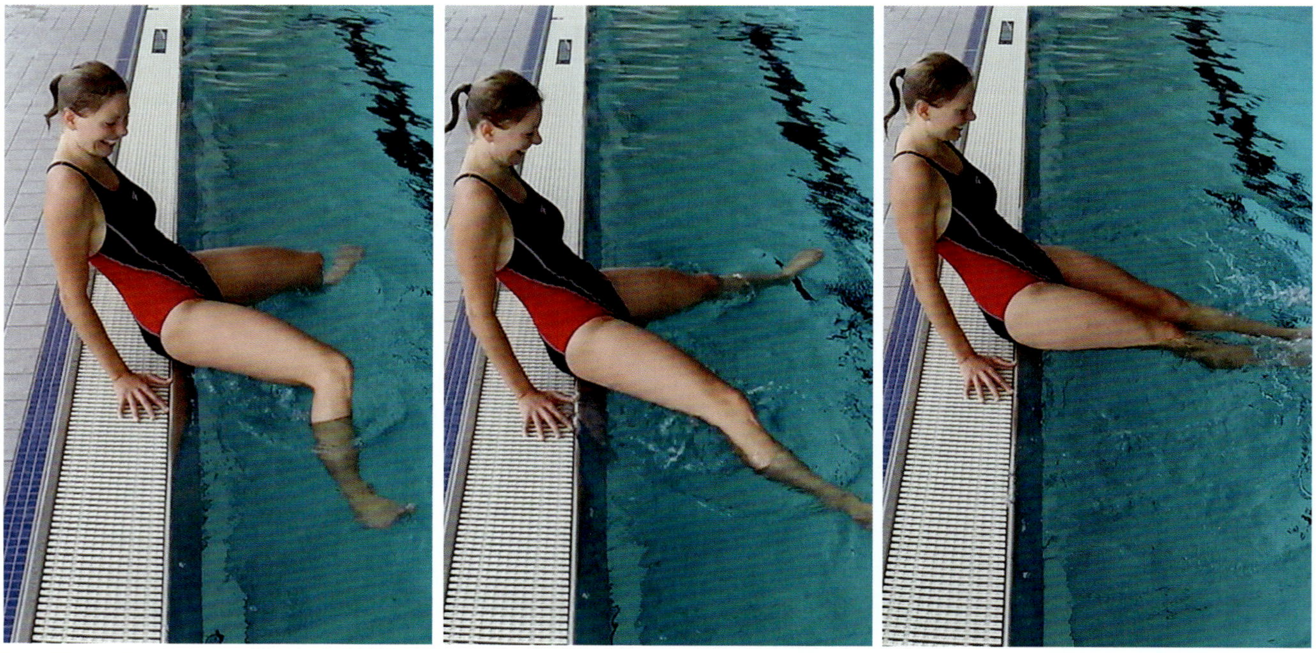

Anschließend führt der Partner die Füße. Die Schüler halten sich am Beckenrand fest und liegen mit gestreckten Armen in Bauchlage im Wasser.	Paare

Brustbeinbewegung mit einem Schwimmbrett und gestreckten Armen. | Schwimmbrett für jeden Schüler, in Wellen nebeneinander

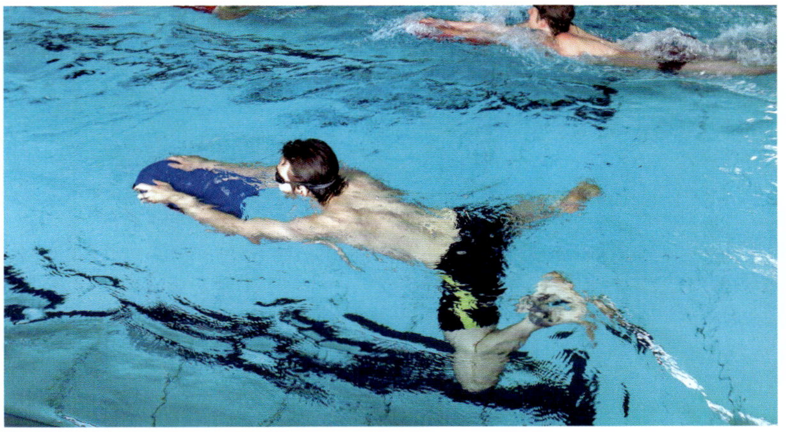

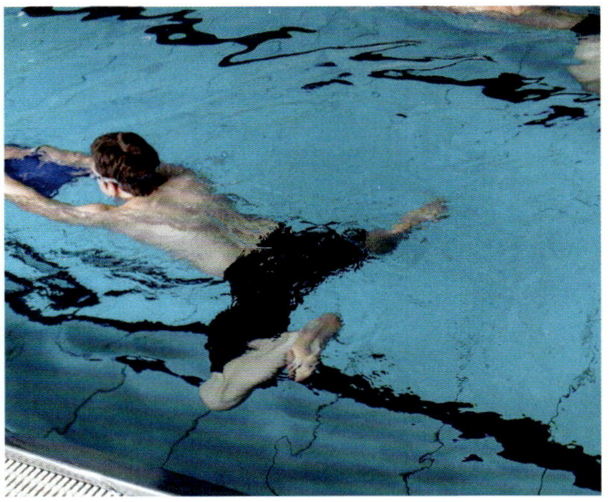

Brustbeinbewegungen mit einem Schwimmbrett:
Wie viele Beinbewegungen brauche ich für eine Bahn?

Gelingen mir weniger Beinbewegungen, wie?

Schwimmbrett für jeden Schüler, in Wellen nebeneinander

Der Lehrer demonstriert die **Armbewegung** mit vorgebeugtem Oberkörper an Land, die Schüler imitieren diese ebenfalls an Land. Der Lehrer korrigiert.

Beckenrand

Armbewegung im Wasser: Die Schüler gehen im Wasser mit nach vorne gebeugtem Oberkörper und führen die Brustarmbewegung aus.

Stehtiefes Wasser

Die Schüler schwimmen nur mit der Brustarmbewegung. Dabei haben sie eine Poolnudel unter den Achseln.

1 Poolnudel für jeden Schüler

Arme und Beine kombinieren:

In Wellen nebeneinander

Zuerst machen die Schüler eine Armbewegung. Beim Vorstrecken der Arme erfolgt die Beinbewegung, anschließend bewusst gleiten.

Die Schüler probieren mehrere Bahnen aus, der Lehrer korrigiert.

Ausklang (10 Minuten)

Spielvariation von **„Uno“**: Der Spielleiter verteilt alle wasserfesten UNO-Karten umgedreht ringsum am Beckenrand. Vier Teams spielen gegeneinander, jedes Team startet von einer Ecke des Spielfeldes. Ziel ist es, so schnell wie möglich alle Karten der eigenen Farbe zum Ausgangspunkt zu bringen. Jede Karte, die nicht der eigenen Farbe entspricht, wird wieder an derselben Stelle umgedreht. Jede schwarze Karte bedeutet, dass der Spieler eine diagonale Strafbahn schwimmen muss, bevor eine neue Karte umgedreht werden darf. Jede „richtige“ Karte muss zunächst in die eigene Ecke gebracht werden, bevor weitere Karten umgedreht werden dürfen.

1 wasserfestes Uno-Kartenspiel, 4 Teams spielen gegeneinander

Variation **„Seemanns-Uno“**: Vier oder mehr Teams spielen gegeneinander. Ziel ist es, zuerst alle Karten gemäß den Unoregeln auf seinem Kartenstapel am gegenüberliegenden Beckenrand abzulegen. Jeder Spieler bekommt zu Beginn 3-5 Karten, jedes Team einen eigenen Kartenstapel am gegenüberliegenden Beckenrand mit einer umgedrehten Startkarte. Die Spieler eines Teams schwimmen mit ihren Karten hintereinander im Abstand von ca. zwei Metern auf die andere Seite, legen in dieser Reihenfolge jeweils eine Karte ab oder, wenn sie nicht bedienen können, ziehen sie eine weitere Karte. Anschließend schwimmen sie zurück, berühren den Rand und können sich untereinander absprechen. Hat ein Spieler alle Karten erfolgreich abgelegt, gewinnt sein Team.

Mittelstufe

Stundenbilder 1-2: Verbesserung des Kraulschwimmens

Freistilschwimmen ist die offizielle Wettkampfbezeichnung für die schnellste Disziplin, bei der die Regeln kein Bewegungsmuster vorschreiben, sich aber die Technik des Kraulschwimmens durchgesetzt hat. Es gibt folgende Wettkampfstrecken: 25 m, 50 m, 100 m, 200 m, 400 m, 800 m und 1500 m.

Die Wettkampfbestimmungen legen Folgendes fest **(vgl. § 126 Freistilschwimmen):**

1) Freistil bedeutet, dass der Schwimmer in einem so bezeichneten Wettkampf jede Schwimmart schwimmen darf, mit der Ausnahme, dass in einer Lagenstaffel oder im Lagenschwimmen jede andere Schwimmart außer Brust-, Schmetterling- oder Rückenschwimmen geschwommen werden darf.

2) Beim Wenden bzw. beim Zielanschlag im Freistilschwimmen muss der Schwimmer die Wand mit einem beliebigen Teil seines Körpers berühren.

3) Ein Teil des Körpers muss während des gesamten Wettkampfes die Wasseroberfläche durchbrechen. Es ist dem Schwimmer jedoch erlaubt, während der Wende völlig untergetaucht zu sein sowie nach dem Start und nach jeder Wende eine Strecke von nicht mehr als 15 m völlig untergetaucht zu schwimmen. An diesem Punkt muss der Kopf die Wasseroberfläche durchbrochen haben. Der Schwimmer muss an der Wasseroberfläche bleiben bis zur nächsten Wende oder bis zum Ziel.

Zentrale Knotenpunkte des Kraulschwimmens sind folgende:

Armbewegung: Die Hauptaufgabe der Armbewegung beim Kraulschwimmen ist es, Antrieb zu erzeugen: 90 % des gesamten Vortriebs erfolgt aus den Armen.

- Zug-/Druckphase: Zunächst zieht die Hand den Körper aktiv nach vorne, danach drückt sie ihn nach hinten. Nach dem Wasserfassen zieht die Hand bei zunehmender Beugung im Ellbogen unter das Brustbein. Anschließend drückt sie vom Brustbein bis neben den Oberschenkel. Der Ellbogen wird vollständig gestreckt.

- Überwasserphase: Nachdem die Hand mit der Kleinfingerseite das Wasser verlassen hat, wird der Arm locker und gebeugt nach vorne geschwungen. Mit leicht gebeugtem Arm taucht die Hand vor der Schulter mit der Daumenseite zuerst ein. Arm und Schulter werden parallel zur Wasseroberfläche lang nach vorn gestreckt.

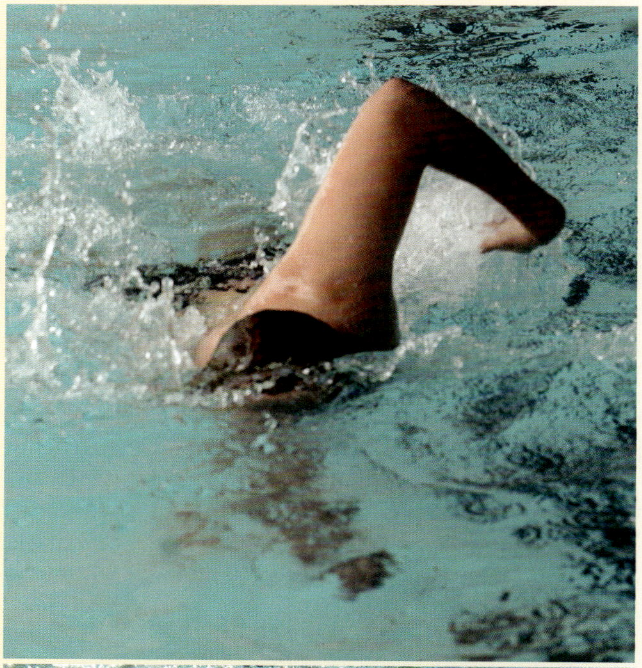

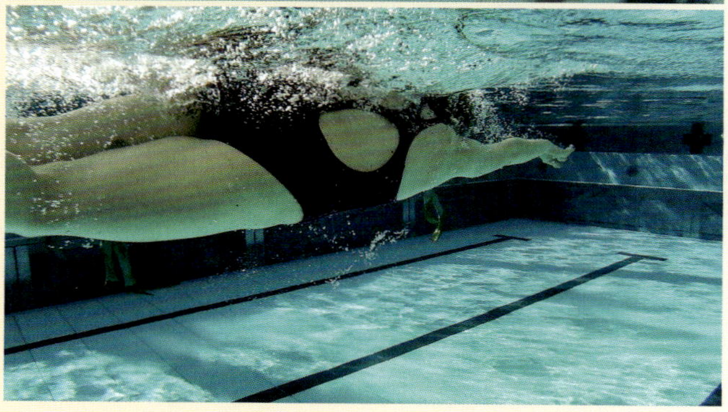

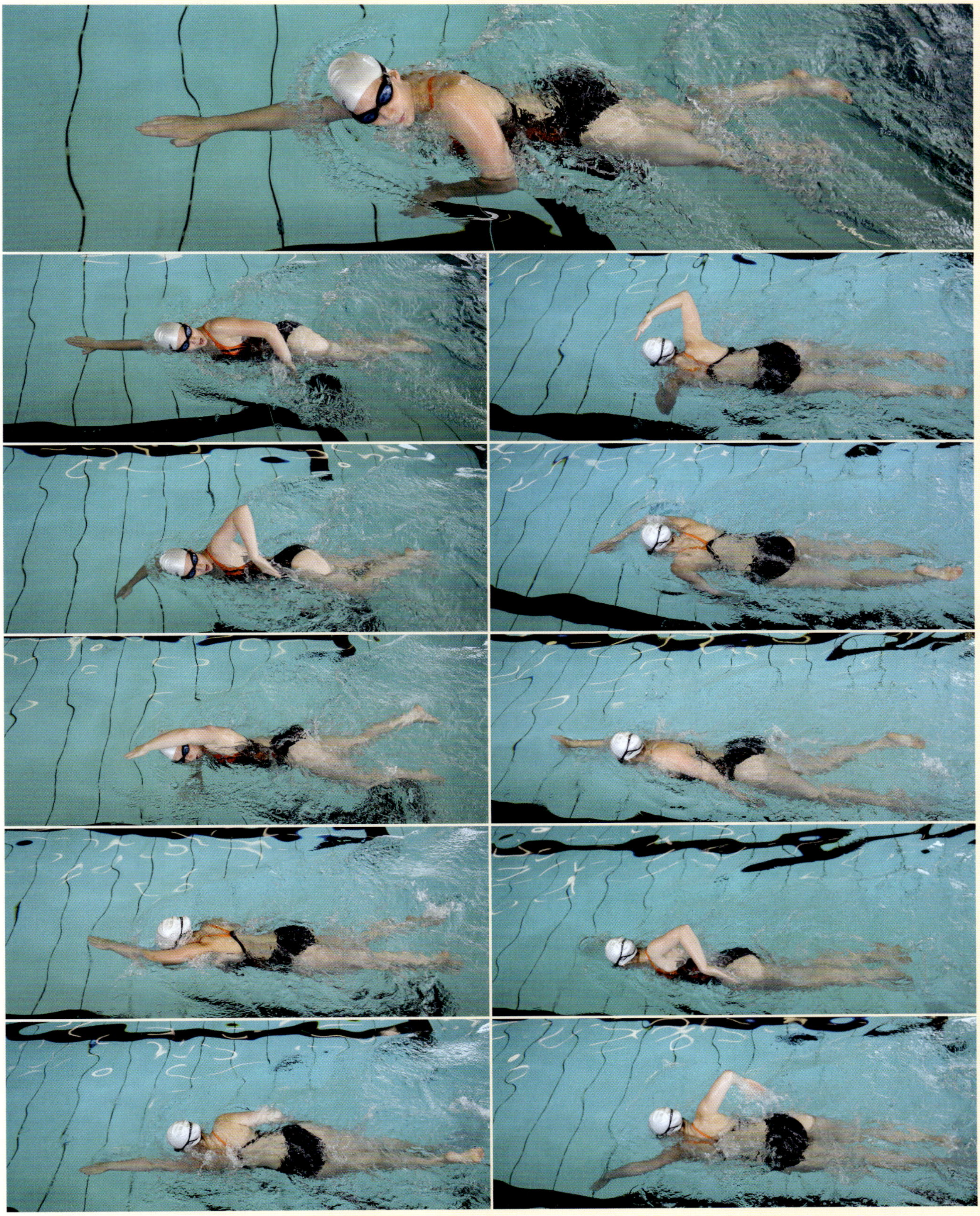

Fehler:
- Der Arm bewegt sich wie beim Armkreisen vorwärts gestreckt durch das Wasser.
- Der Arm taucht deutlich über der Körpermitte auf der Gegenseite ein, es kommt zu geschwindigkeitshemmenden Schlingerbewegungen.

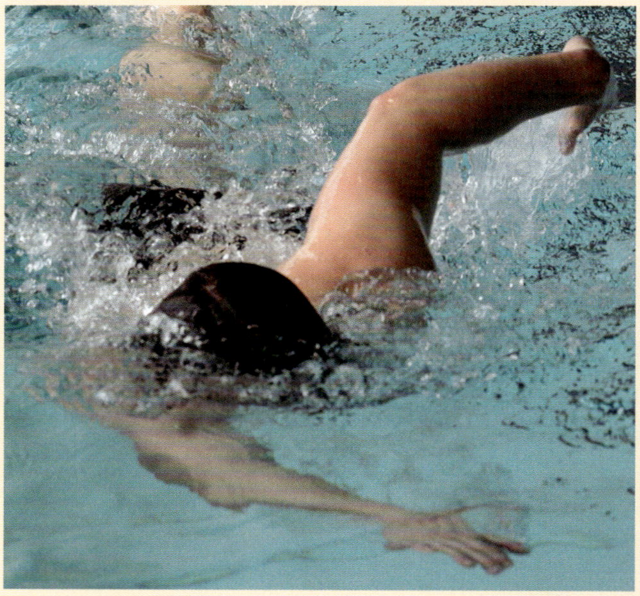

- Schulter und Oberarm tauchen zuerst ein, weil der Ellbogen hängt.
- Die Zugphase beginnt direkt nach dem Eintauchen, es erfolgt keine Armstreckung.

Abschlagschwimmen: Die Arme wechseln sich mit ihren Bewegungen ab.

Beinbewegung: Die Hauptaufgabe der Beinbewegung beim Kraulschwimmen ist es, zunächst eine gute Wasserlage herzustellen und erst dann zum Vortrieb beizutragen.
- Die Beine bewegen sich kontinuierlich abwechselnd auf und ab. Die Abwärtsbewegung wird durch den Oberschenkel eingeleitet, die Unterschenkel schlagen peitschenartig nach.

Fehler:
- Wenn ein Schüler durch die Kraulbeinbewegung nicht vorwärtskommt, liegt das in der Regel an steifen Fußgelenken, mit denen so gut wie kein Antrieb möglich ist.

- Manchmal sieht man auch, dass die Oberschenkel unter den Bauch gezogen und anschließend nach hinten gestreckt werden oder dass die Beinbewegung nur aus den Unterschenkeln erfolgt.

Wasserlage: Der Kopf ist mindestens bis zur Hälfte ins Wasser eingetaucht und der Blick nach unten gerichtet. Die Hüfte liegt etwas tiefer als die Schultern. Es erfolgt eine Rollbewegung um die Körperlängsachse zu beiden Seiten um etwa 45 Grad.

Fehler: Der Kopf bewegt sich mit den Armen hin und her und ist außerhalb des Wassers.

Atmung:
- Geatmet wird mithilfe der Rollbewegung um die Körperlängsachse zur Seite. Die Atmung beginnt während der Druckphase und endet, wenn die Hand über Wasser die Schulter passiert.

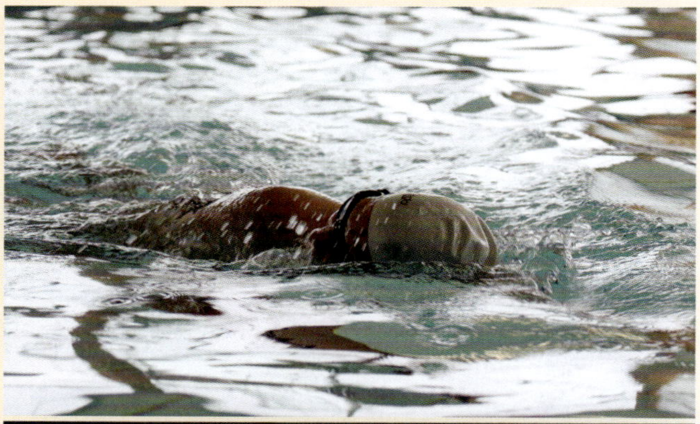

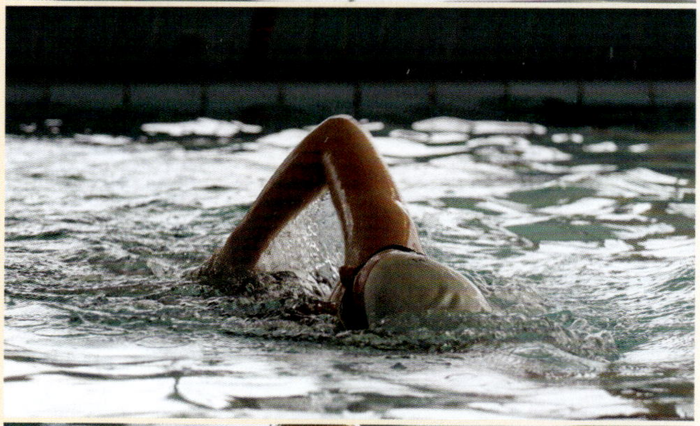

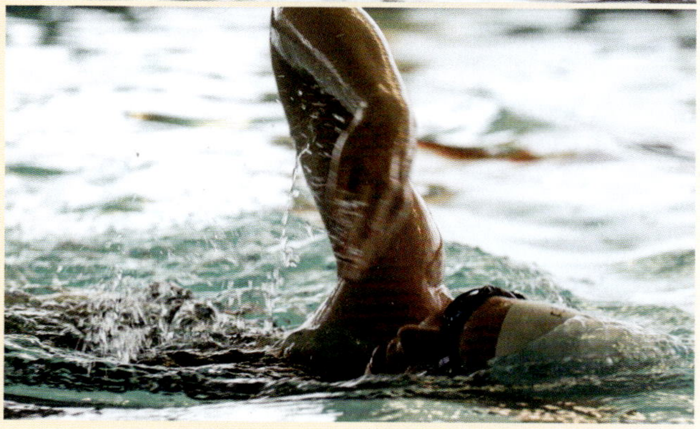

Fehler:
- Der Kopf wird angehoben, das Kinn verlässt das Wasser. Der Wasserwiderstand vergrößert sich durch den daraus resultierenden hohen Anstellwinkel des Körpers und das Vorschwingen des Arms wird behindert.
- Es wird immer nach links und rechts geatmet, sodass sich keine ausreichende Ausatmung, sondern eher ein Hecheln ergibt.
- Der Schwimmer atmet unter Wasser nicht aus.

Das Hauptproblem beim Kraulschwimmen ist die regelmäßige Ein- und Ausatmung. Vielen Schülern ist es nicht möglich, ins Wasser auszuatmen. Sie halten trotz umfangreicher Wassergewöhnung die Luft an und müssen folglich bei jeder Einatemphase erst einmal ausatmen. Das führt dazu, dass durch unvollständiges Ausatmen immer weniger sauerstoffreiche Luft eingeatmet werden kann. Nach kurzer Zeit kommt es zu einem Sauerstoffmangel, der bewirkt, dass der Schwimmer nicht mehr weiter schwimmen kann.

Koordination: Je nach Streckenlänge erfolgen sechs oder zwei Beinschläge (bei Mittel- und Langstrecken) auf einen Armzyklus. Weil die Armbewegung unter Wasser länger dauert als über Wasser, überlappt sich die Armbewegung. Der linke Arm taucht ein, wenn der rechte seine Druckphase beginnt.

Hinweise zur Organisation

Schon zu Stundenbeginn auf der Wärmebank werden zwei Teams gebildet und mit Kappen gekennzeichnet. Für das erste Spiel *Bretter drehen* müssen etwa 21 Schwimmbretter im Wasser verteilt werden und es hat sich als sinnvoll erwiesen, wenn der Spielleiter eine Pfeife für das Schlusssignal hat. Je nach Spielerzahl spielen entweder die beiden Teams des ersten Spiel zum Schluss gegeneinander das Spiel „Leinen los“ oder, damit die Intensität höher ist, werden beide Mannschaften noch einmal geteilt, sodass es vier Teams gibt. In diesem Fall braucht man allerdings auch vier Rettungsleinen. Ideal sind fünf Spieler pro Gruppe.

Ziele

- Kraulschwimmen verbessern, Widerstand verringern, effektiv schwimmen, Entwickeln einer Bewegungsökonomie, Erleben von Erfolgserlebnissen
- Kennen und benennen wesentlicher Merkmale des Kraulschwimmens, Bewegungserfahrungen erweitern, die Wahrnehmung verbessern

Auf einen Blick

Phasen	Organisation, Material
Einstieg (5 Minuten)	
Spiel **„Bretter drehen“**: Zwei Teams spielen gegeneinander, z. B. rote Bretterfarbe gegen blaue. Das Ziel ist es, innerhalb von zwei Minuten so viele Bretter wie möglich auf die Mannschaftsfarbe zu drehen. Die Bretter dürfen weder an den Beckenrand gelegt noch gestapelt werden. Nach dem Schlusspfiff wird gezählt.	21 Bretter im Becken verteilen, 1-2 Minuten pro Durchgang, 2-3 Durchgänge Ganzes Feld
Hauptteil (30 min)	
Komplette Kraulbewegung, der Schwerpunkt liegt auf der Armbewegung:	
Schwerpunkt langer Arm:	In Wellen nebeneinander
Die Schüler stellen sich vor, „hinter ihrer Hand herzufliegen“ oder „von ihrer Hand gezogen zu werden“. Der Schwung der Überwasserphase soll ohne Verzögerung auf das Wasser übertragen werden. Abschließend wird der Arm unter Wasser gestreckt und die Schulter vorgeschoben. Variation: „Etwas greifen wollen, das außerhalb der Reichweite liegt.“	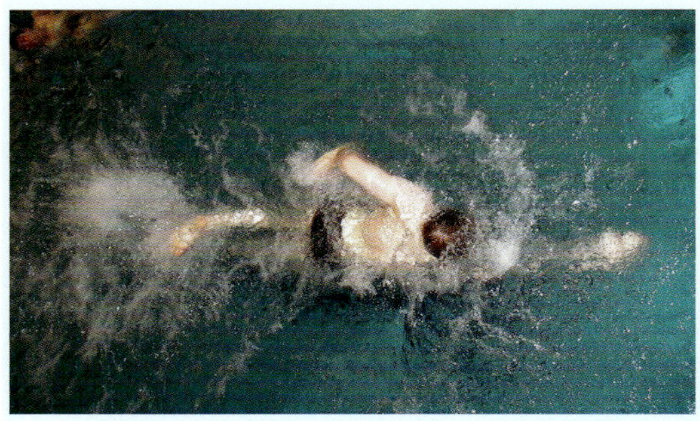
Schwerpunkt Eintauchen:	In Wellen nebeneinander
1. Beobachtungsaufgabe zum Eintauchen: Womit tauche ich zuerst ein? Was ist sinnvoll? Die Finger tauchen zuerst ein, der Ellbogen ist höher als die Hand.	

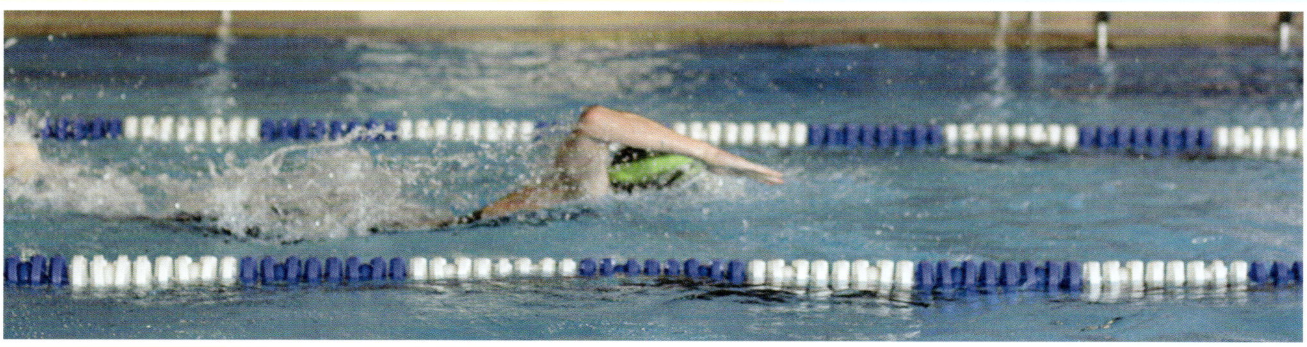

Fehler: Der Oberarm oder Ellbogen taucht zuerst ein. Taktile Kontrolle: Der Handrücken streift über Wasser die Schläfe. Tauche ich ohne Spritzer und Luftblasen so lautlos wie möglich ein? 2. Beobachtungsaufgabe zum Eintauchen: „Bremse ich vor dem Eintauchen ab oder übertrage ich den Schwung direkt auf das Wasser?“ Bildliche Vorstellung entwickeln, „die Wasseroberfläche mit der Hand wie mit einem Speer zu durchstechen“. 3. Beobachtungsaufgabe zum Eintauchen: „Wo tauchen meine Hände ein?“	

Der Bezugspunkt ist eine Uhr, der Schwimmer stellt die Zeiger da, es ist 6:00 Uhr. Das Ziel ist es, die Hände bei 11 Uhr (linke Hand) und 1 Uhr (rechte Hand) einzutauchen.

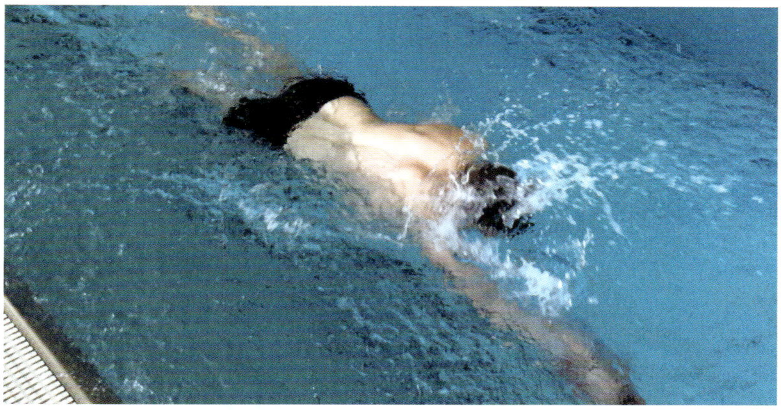

Schwerpunkt Zug und Druck:

In Wellen

1. Beobachtungsaufgabe:
   „Wie bewege ich meine Hand unter Wasser?"
   „Ist das sinnvoll im Hinblick auf meine Schwimmrichtung?"

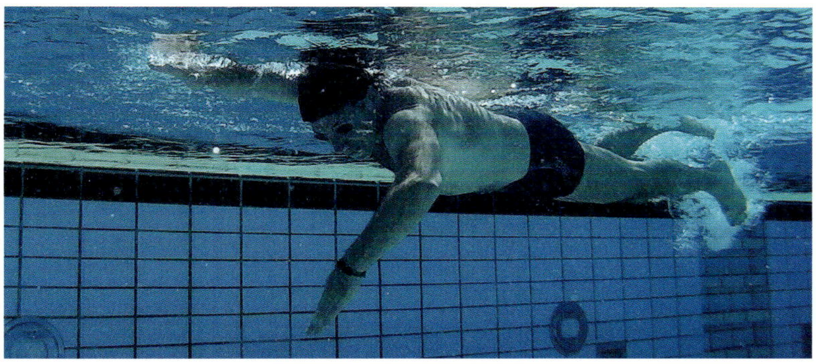

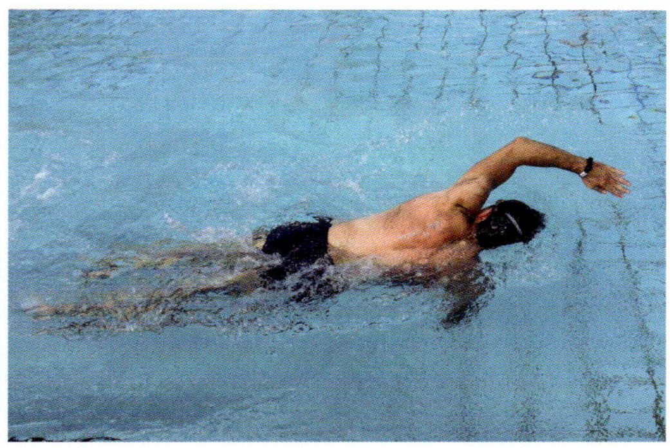

Eine gestreckte Armbewegung führt zu einer deutlichen Auf- und Abbewegung des Körpers. Ziel ist es, den Körper bewusst nach vorne zu ziehen und nach hinten zu drücken.

Bildliche Vorstellung: Unter mir ist eine Leine, an der ich mich vorwärts ziehe.

Beobachtungsaufgabe: Ein Ellbogengelenk unter Wasser beobachten: Verändert es seinen Winkel?

Ausklang (10 Minuten)

Wettkampfspiel **„Leinen los"**: Zwei oder mehr Teams spielen gegeneinander. Die jeweiligen Startspieler springen mit dem Ende eines langen Seils ins Wasser, schwimmen auf die andere Seite und schlagen am Rand an. Anschließend zieht das gesamte Team den Spieler am Seil zum Beckenrand zurück. Das Spiel ist beendet, wenn jeder Spieler einmal gezogen wurde. Welches Team ist zuerst fertig?

1 Rettungsleine (Seil, Zauberschnur) für jedes Team
Max. 5 Spieler pro Team
Für die Variation 1 Schwimmbrett pro Spieler

Variation Wakeboard: Am Ende der Bahn liegt für jeden Spieler ein Schwimmbrett am Beckenrand. Die Startspieler schwimmen mit dem Seil zum gegenüberliegenden Beckenrand, holen ein Brett und stellen sich darauf. Die übrigen Spieler des Teams sind die Wasserskianlage und ziehen den Wakeboarder zurück.

Hinweis: Schwieriger wird es mit zwei Schwimmbrettern als Wasserskifahrer.

Stundenbild 2: Verbesserung des Kraulschwimmens

Fachliche Hinweise

Atmung: Das Rollen zur Einatmung sollte begonnen werden, wenn die Hand der Atemseite die Druckphase beginnt, also noch während der Armbewegung unter Wasser. Häufig beginnen die Schwimmer die Rollbewegung erst, wenn der Arm auftaucht. Dann wird die Zeit zum Atmen aber zu knapp.

Schwimmen mit Paddles: Die Paddles sind eine sehr gute Korrekturhilfe. Ihre Anschaffung lohnt sich auf jeden Fall für den Schwimmunterricht. Die Idee von Paddles ist, durch eine Vergrößerung der Handfläche während der Unterwasserphase das Gefühl für das Wasser zu verbessern. Mit Hilfe der Paddles lässt sich der richtige Anstellwinkel bei den einzelnen Phasen des Armzugs besser spüren. Sie geben dem Schwimmer z. B. durch Verkanten oder Bremsen eine direkte taktile und kinästhetische Rückmeldung über die richtige oder falsche Ausführung der Armbewegung. Sie ermöglichen den Schülern, ihre Technik individuell zu verbessern und zu verfeinern. Paddles leisten - richtig angewendet - einen Beitrag zum neuromuskulären Lernen. Die so erlernten Bewegungen werden mit der Zeit auch ohne Paddles automatisch ausgeführt. Wichtig ist jedoch zu wissen, dass der Schwimmer mehr Kraft einsetzen muss, um die Paddles durch das Wasser zu bewegen, da der Widerstand deutlich erhöht ist. An einer sichtbaren Verschlechterung der Technik oder auch einer falschen Koordination erkennt der Lehrer, dass die Schüler keine Kraft mehr haben. Direkt im Anschluss an das Schwimmen mit Paddles sollte ohne diese geschwommen werden, möglichst mit identischem Krafteinsatz und der Vorstellung, die Paddles noch zu tragen.

Hinweise zur Organisation

Für diese Stunde braucht man ein Schwimmbrett für jeden Schüler und für die Spiele zwei Teams, zwei Eimer und viele Pokerchips.

Ziele

- Kraulschwimmen verbessern, Widerstand verringern, Entwickeln einer Bewegungsökonomie, Erleben von Erfolgserlebnissen
- Kennen und benennen wesentlicher Merkmale des Kraulschwimmens
- Die Schüler lernen, dass sie von anderen Schülern lernen können und sich so gegenseitig unterstützen können
- Bewegungen beobachten und korrigieren können bei sich selbst und anderen. Bewegungserfahrungen erweitern, die Wahrnehmung verbessern

Auf einen Blick

Phasen	Organisation, Material
Einstieg (5 Minuten)	
Spiel **„Schnell und treffsicher“**: Zwei Teams spielen gegeneinander. Das eine Team wird zur Stoppuhr und bestimmt die Spieldauer. Diese ist beendet, wenn jeder Spieler z. B. zwei komplette Bahnen geschwommen ist. In dieser Zeit ist es die Aufgabe der Spieler des anderen Teams, nach Pokerchips zu tauchen und diese in zwei Eimer zu werfen, die 2-3 m vom Beckenrand entfernt stehen. Die Chips im Eimer werden addiert und anschließend werden die Rollen getauscht. Wer erreicht die höhere Summe?	2 Eimer, viele Pokerchips 2 Durchgänge mit Aufgabenwechsel 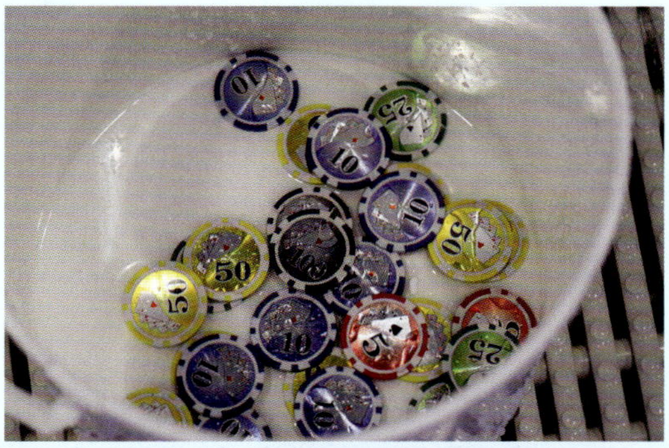
Hauptteil (30 min)	
Schwerpunkt Beinbewegung:	In Wellen 1 Schwimmbrett für jeden Schüler
Kraulbeinschlag gegen den Widerstand des gekanteten Schwimmbretts schwimmen.	
Kraulbeinschlag gegen den Widerstand der seitlich ausgestreckten Hände schwimmen. Durch eine Verkleinerung des Winkels zwischen den Armen kann der Widerstand individuell dosiert werden.	Partnerarbeit
Partnerkorrektur: Der korrigierende Partner begleitet seinen „Schüler“ am Rand und schaut sich die Bewegung von oben an.	
Es gibt zwei konkrete Beobachtungsaufgaben:	
Sind die Knie- und Fußgelenke locker? Erfolgt eine Auf- und Abbewegung des ganzen Beins und kein Beugen und Strecken?	
Der „Schüler“ schwimmt eine Bahn, bekommt die Rückmeldung seines Partners und schwimmt eine Bahn zurück. Dabei versucht er, die Rückmeldung umzusetzen. Anschließend werden die Rollen getauscht.	
Schwerpunkte Rollbewegung und Atmung:	In Wellen
Kraulbeinbewegung, ein Arm liegt gestreckt an der Hüfte, der andere weit vorne. Während des Schwimmens wird laut ins Wasser ausgeatmet (blubbern). Zur Einatmung wird der gesamte Körper um die Längsachse zu der Seite gerollt, wo der Arm an der Hüfte liegt.	
Wie oben – jetzt zur anderen Seite rollen.	
Geschwommen wird Kraul, der Schwerpunkt liegt auf der Atmung:	In Wellen
Beobachtungsaufgaben:	
„Wo befindet sich meine (Atem-)Hand in dem Moment, in dem ich die Rollbewegung beginne?“	
„Halte ich unter Wasser die Luft an oder beginne ich mit dem Ausatmen, wenn das Gesicht ins Wasser kommt?“	

Tipps: Kurz bevor das Gesicht zum Einatmen zur Wasseroberfläche dreht, die verbleibende Luft kräftiger ausblasen. Das Kinn folgt beim Atmen der Schulter. Aufgabe: Das Rollen früher einleiten, schon mit Beginn der Druckphase.	

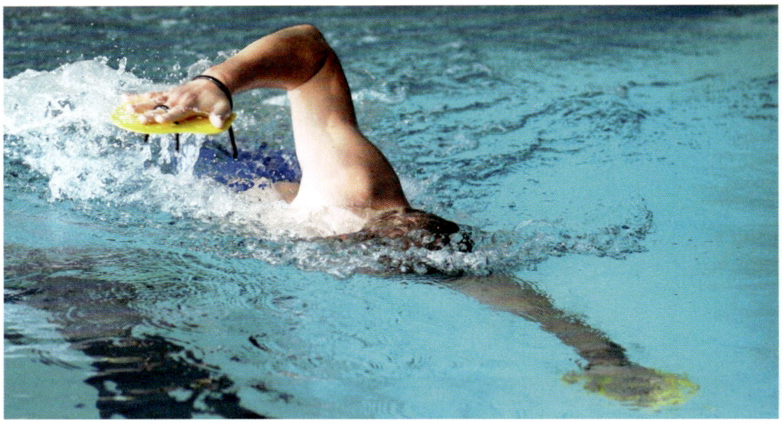

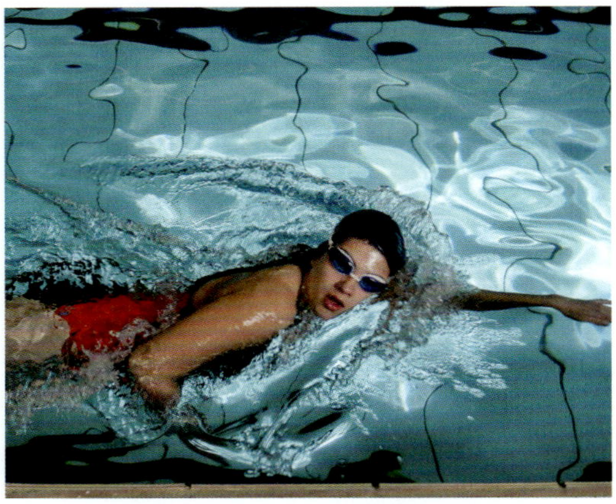

Kraulschwimmen mit Paddles: Aufgaben: Kraft einsetzen (bewusstes Ziehen und Drücken), die „Rückmeldungen" der Paddles wahrnehmen und die Armbewegung individuell korrigieren.	In Wellen, Paddles für jeden Schüler
Kraul ohne Paddles schwimmen, aber dies möglichst mit identischem Krafteinsatz	In Wellen

Ausklang (10 Minuten)

Spiel **„Brennball"**: Zwei Teams spielen nach Brennballregeln gegeneinander. Jeder Werfer nimmt drei Pokerchips und wirft diese ins Wasser. Ziel der Feldmannschaft ist es, diese so schnell wie möglich zu ihrem Brennmeister zu werfen (nicht schwimmen!). Sobald der Brennmeister drei Chips gefangen hat, ruft er laut „verbrannt". In dieser Zeit versuchen der Werfer und ein bis zwei Partner, eine Runde am Beckenrand entlang zu schwimmen. Die Ecken sind die Freimale. Gespielt wird auf Zeit oder eine Anzahl von Würfen wird festgelegt. Anschließend wechseln die Aufgaben.	Pokerchips 2 Teams gegeneinander Wahlweise im tiefen oder stehtiefen Wasser

Übersicht: Häufige Fehler und Korrekturhilfen

Fehler	Korrekturen
Beinbewegung	Hilfen/Tipps
Die Oberschenkel werden wie bei einer Radfahrbewegung angezogen und die Beine anschließend nach hinten gestreckt. Folgen: wenig Vortrieb und eine schlechte Wasserlage	Kraulbeinschlag in Seitlage mit Flossen, die Füße befinden sich im Wechsel vor und hinter der Körperlängsachse.
Das Fußgelenk ist steif. Folge: kein Vortrieb trotz großer Anstrengung	Parallelen zum Gehen aufzeigen Beinbewegung mit Flossen
Armbewegung	Hilfen/Tipps
Die Arme sind unter Wasser gestreckt (wie beim Armkreisen vorwärts), es gibt keine Zug- und Druckphase. Folgen: Auf- und Abbewegungen des Körpers, der Vortrieb erfolgt nicht zur Bewegungsrichtung	„Stell dir vor, du ziehst dich an einem Seil entlang, das knapp unter der Wasseroberfläche ist." Zick-Zack-Muster: Die Hand bewegt sich durch eine Beugung im Ellbogengelenk von ihrer Position vor dem Körper in Verlängerung der Schulter unter das Brustbein („zick") und anschließend durch eine Streckung im Ellbogen vom Brustbein neben den Oberschenkel („zack").
Die Arme werden nach dem Eintauchen nicht nach vorne gestreckt, sondern beginnen sofort ihre Bewegung.	Der Schwung der Überwasserphase muss auf das Wasser übertragen werden. Der Schwimmer „fliegt" hinter seinem Arm her.
Ellbogen und Oberarm tauchen zuerst ein.	Die Hände streifen über Wasser die Schläfe.
Die Hand greift nach dem Eintauchen über die Körpermitte. Folge: Schlangenlinien des Körpers	„Tauche die Arme bei 11 und 1 Uhr ein und strecke sie dann gerade nach vorne." In Verlängerung der Nase nach vorne ist eine „Wand", sodass die Hand nicht über die Mitte greifen kann. Einen imaginären Reißverschluss an der Körperlängsachse zuziehen
Abschlagschwimmen	„Schwimm so schnell wie du kannst."
Rollbewegung des Körpers	Hilfen/Tipps
Keine Rollbewegung um die Körperlängsachse.	Kraulbeinbewegung in Seitlage, ein Arm liegt an der Hüfte, der andere gestreckt vorne. Nach 4 Beinbewegungen immer zur anderen Seite drehen.
Atmung	Hilfen/Tipps
Der Schwimmer hebt zur Atmung das Kinn aus dem Wasser. Der Schwimmer atmet hektisch mit einer Zweieratmung oder sogar zu beiden Seiten. Folge: schlechte Wasserlage	Ein Ohr bleibt immer im Wasser liegen. Auf einer Bahn darf maximal zweimal geatmet werden.
Es findet keine Ausatmung ins Wasser statt. Die Luft wird angehalten. Folgen: Die Einatemphase verkürzt sich, schnelle Erschöpfung.	Laut beim Schwimmen ins Wasser blubbern, sodass man sich selbst ausatmen hört.

Bewertungsbogen Kraul

Beinbewegung

Die Beinbewegung erfolgt mit lockerem Fußgelenk	O ja	O nein
Die Beinbewegung beginnt mit dem Oberschenkel	O ja	O nein
Die Beinbewegung erfolgt kontinuierlich	O ja	O nein

Armbewegung

Die Hand greift beim Eintauchen nicht über die Körpermitte	O ja	O nein
Der Arm wird so weit wie möglich nach vorne gestreckt	O ja	O nein
Unter Wasser erfolgt eine Beugung und Streckung im Ellbogen	O ja	O nein
Kontinuierliche Armbewegung ohne Pause	O ja	O nein

Atmung

Körper und Kopf rollen zum Atmen zur Seite	O ja	O nein
Die Ausatmung erfolgt ins Wasser	O ja	O nein

Wasserlage

Der Kopf liegt im Wasser	O ja	O nein

Stundenbilder 3-4: Einführung in das ABC-Tauchen

Fachliche Hinweise

In der aktiven Urlaubs- und Freizeitgestaltung hat das Tauchen einen hohen Stellenwert. Eine der Ursachen ist, dass man auf diese Weise scheinbar schwerelos faszinierende Unterwasserwelten kennenlernen kann. Außerdem hilft die Tauchartikelindustrie mit erschwinglichen Produkten, den Sport für jedermann zugänglich zu machen. In der Schule lässt die zunehmende Unterrichtsverpflichtung den Schülern immer weniger Zeit, sodass Angebote wie Tauchen im Rahmen der Schulzeit durchaus begrüßt werden. Das Beherrschen der notwendigen Fertigkeiten und die Beachtung der Sicherheitsaspekte eröffnen den Schülern den Zugang in die oberen Bereiche des Meeres oder eines Binnengewässers. Schnorcheltauchen kann bis ins hohe Alter ohne großen Aufwand ausgeübt werden und ist eine Lernvoraussetzung für das Tauchen mit Atemgerät.

Die rechtlichen Voraussetzungen sind in den Rahmenrichtlinien der einzelnen Bundesländer geregelt. So wird in vielen Ländern Schnorcheltauchen ausdrücklich als Bestandteil des schulsportlichen Schwimmunterrichts aufgeführt. Die unterrichtende Lehrkraft sollte ein Rettungsschwimmabzeichen besitzen. Wichtig ist, dass bei akuten Erkältungskrankheiten nicht getaucht werden darf.

Die ABC-Ausrüstung trägt ihren Namen deshalb, weil es die Grundausrüstung ist. Sie besteht aus Flossen, Maske und Schnorchel und ihre Haltbarkeit verlängert sich, wenn man sie nach dem Gebrauch im Schwimmbad mit klarem Wasser abspült.

Flossen: Als Anfänger sollte man darauf achten, dass das Flossenblatt nicht zu hart ist, damit es nicht zu Krämpfen in Fuß und Wade kommt.

Schnorchel: Für Kinder hat der Schnorchel einen Durchmesser von 15-18 mm, für Erwachsene bis 25mm bei einer Länge von höchstens 35 mm, bei Kindern kürzer. Das Rohr darf nicht länger sein, weil es sonst zu einer Pendelatmung kommt, bei der immer wieder verbrauchte Luft eingeatmet wird, die den Schnorchel beim Ausatmen nicht verlässt. Dieses kann zur Bewusstlosigkeit führen. Vielen Tauchanfängern bereitet das Atmen durch den Schnorchel Schwierigkeiten, weil sie normalerweise durch die Nase atmen, jetzt aber gezwungen sind, durch den Mund atmen zu müssen. Durch den Schnorchel besteht außerdem noch ein zusätzlicher Atemwiderstand.

Maske: Die Tauchmaske oder Taucherbrille muss einen Nasenerker besitzen, damit man zum Druckausgleich die Nase zuhalten kann. Die Sichtscheibe muss aus Sicherheitsglas oder -plastik bestehen, der Maskenkörper aus Gummi und der doppelte Dichtrand muss sich mit Hilfe eines zweigeteilten, verstellbaren Kopfbandes an die individuelle Kopfform anpassen lassen. Von Vorteil ist ein kleines Maskenvolumen bei großem Blickwinkel. Vor dem Tauchen spuckt man von innen auf die Gläser, verreibt den Speichel und wäscht die Brille dann aus, um ein Beschlagen unter Wasser zu verhindern. Haare in der Dichtung machen sie undicht.

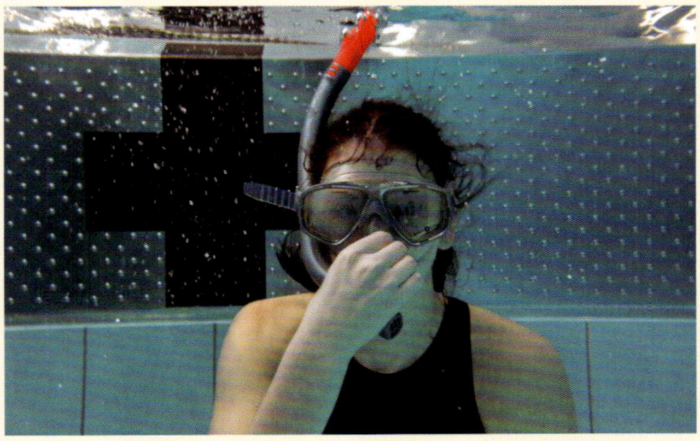

Schnorchel ausblasen: Das in den Schnorchel eingedrungene Wasser wird durch die eigene Ausatemluft kräftig aus dem Schnorchel gepustet. Das Ausblasen fällt leichter, wenn die Ausatmung kurz vor dem Erreichen der Wasseroberfläche einsetzt.

Tauchmaske entleeren: Auch bei der besten und teuersten Maske kann es passieren, das Wasser eindringt, zum Beispiel durch einen Flossenschlag eines Begleiters. Daher ist es wichtig, das Wasser in jeder Situation schnell aus der Maske herauszubekommen, ohne nervös oder panisch zu werden. Das Ausblasen der Maske ist einfacher, als man sich das zunächst vorstellt. Man nimmt den Kopf leicht in den Nacken, hebt den unteren Rand der Maske einen Spalt vom Gesicht ab und atmet dann fest durch die Nase aus. Das Wasser entweicht. Drückt man anschließend die Maske schnell wieder auf das Gesicht, dringt auch kein neues Wasser ein.

Barotrauma

Barotrauma bedeutet eine organ- oder gewebetypische Verletzung von lufthaltigen Körperhöhlen durch eine fehlende oder unzureichende Belüftung. Ausgelöst wird es durch eine Änderung des Umgebungsdrucks und einen dadurch entstehenden Unterschied zwischen Innen- und Außendruck. Alle diese Organe wollen ihr Volumen umgekehrt proportional zum Druck verändern. Wenn dieses verhindert wird, können Barotraumen entstehen.

Barotrauma der Nebenhöhlen
Während die flexiblen Hohlräume ihr Volumen bei Druckveränderung bis zu einem bestimmten Grad verändern können, kann es beispielsweise in den Nebenhöhlen beim Abtauchen zu Problemen kommen, wenn diese bei einer Erkältung verstopft sind und keine Luft einströmen kann. Der Unterdruck nimmt mit zunehmender Tauchtiefe zu und verursacht Schmerzen. Schon bei einer Druckdifferenz von 0,07 bar kann es zu Schädigungen im Gewebe kommen. Wenn der Unterdruck nicht nachlässt oder sogar stärker wird, schwellen die Schleimhäute an und es dringt Wasser oder Blut in den Hohlraum ein, um den Druck zu vermindern.

Barotrauma der Ohren
Das Hörorgan gliedert sich in
- das äußere Ohr mit Ohrmuschel und Trommelfell
- das Mittelohr mit Paukenhöhle und eustachischer Röhre und
- das Innenohr mit Gehörschnecke und Gleichgewichtsorgan.

Der äußere Gehörgang ist normalerweise nicht verschlossen und es kommt zu keinen Schädigungen. Wenn man allerdings Ohrstöpsel trägt, vor denen unbedingt zu warnen ist, beulen diese das Trommelfell bei Druckveränderung aus, sodass es reißen kann.

Im Mittelohr muss man den Druckausgleich manuell durchführen. Zu einem Barotrauma kommt es, wenn man diesen Druckausgleich nicht durchführt oder aber die Schleimhäute der eustachischen Röhre geschwollen sind und keine Luft aus der Paukenhöhle eindringen oder entweichen kann. Beim Abtauchen wölbt sich dann das Trommelfell soweit nach innen, dass es reißt. Auch die Schleimhäute schwellen an. In schweren Fällen kann es sogar zum Austritt von Gewebeflüssigkeit und Blut kommen.

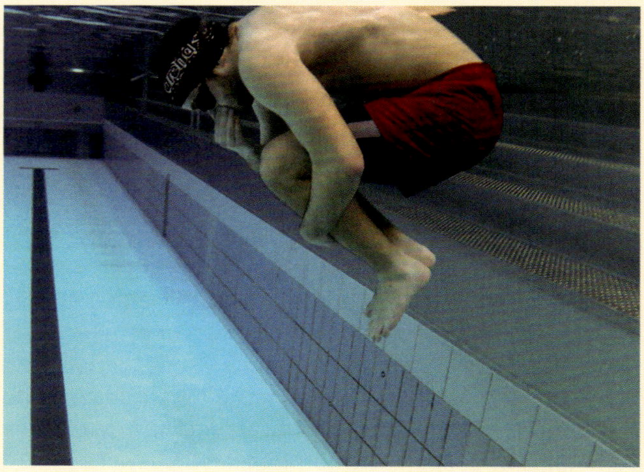

Barotrauma der Augen
Wird der Unterdruck in der Brille zu groß, kann aus dem empfindlichen Gewebe des Auges Blut austreten. Mit einer Bindehautentzündung sollte man nicht tauchen.

Hinweise zur Organisation
Vier Teams müssen zu Beginn der Stunde eingeteilt werden und jeder Schüler braucht ein Paar Flossen, eine Tauchmaske und einen Schnorchel. Jeder Schüler holt sich ein Paar Flossen in seiner Größe. Liegt die Schuhgröße zwischen zwei Flossengrößen, entscheidet man sich für die größere Flosse, damit es nicht zu Krämpfen kommt. Flossen, Masken und Schnorchel werden vor dem Duschen durcheinander an einen Beckenrand gelegt. Ferner nötig sind entweder ca. 20 Schwimmbretter oder Plastikflaschen ohne Deckel, mindestens drei Tischtennisbälle pro Schüler, vier mit einem mindestens 5-kg-Gewicht beschwerte Eimer sowie ein Suppenlöffel für jeden Schüler.

Ziele
- Gewöhnung an die ABC-Ausrüstung, 3-D-Erlebnisse, schnorcheln in eigener Verantwortung, Einschätzung der eigenen Leistungsgrenzen
- Sich auf etwas Neues einlassen, erkennbare Risiken bewusst einschätzen und kalkuliert Entscheidungen treffen, Verantwortung übernehmen, Erleben von Spaß und Freude im Wasser, Erleben von Erfolgserlebnissen
- Erspüren der körperlichen Grenzen, Einschätzen der eigenen körperlichen Grenzen, ruhiges, kontrolliertes Handeln unter Atemnot, Verständnis der Druckwirkungen auf den eigenen Körper

Stundenbild 3: Auf einen Blick

Phasen	Organisation, Material
Einstieg (5 Minuten)	
Spiel **„Ausrüstungsstaffel“**: Am gegenüberliegenden Beckenrand liegen für jeden Spieler zwei Flossen, ein Schnorchel und eine Maske. Vier Teams spielen gegeneinander. Die Startschwimmer der Teams schwimmen auf die gegenüberliegende Seite und holen ein Teil der Ausrüstung. Anschließend schlagen sie den nächsten Spieler ab. Welches Team hat zuerst alle Teile zum eigenen Rand geholt?	Flossen, Schnorchel, Taucherbrille für jeden Spieler Staffel
Hauptteil (30 min)	
Experimentierphase zur Flossengewöhnung: Freies Schwimmen – auf dem Rücken oder auf dem Bauch schwimmen, – mit oder ohne Armtätigkeit, – Drehungen um die Körperlängs- und -querachse ausprobieren, – Doppel- und Wechselbeinschläge	Flossen für jeden

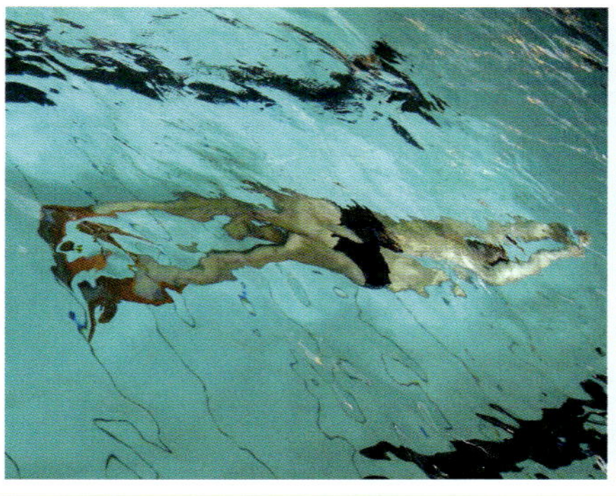
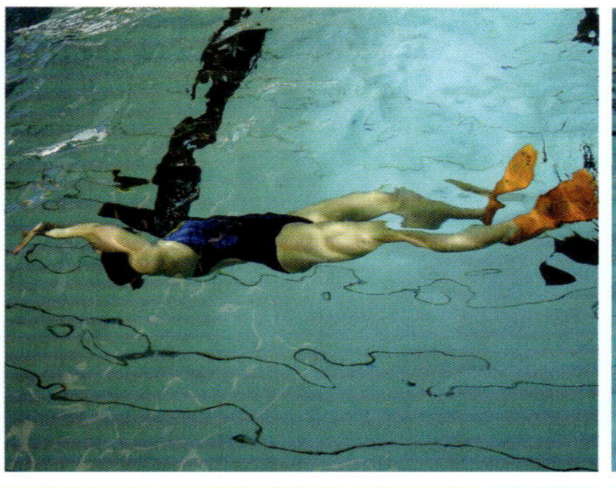
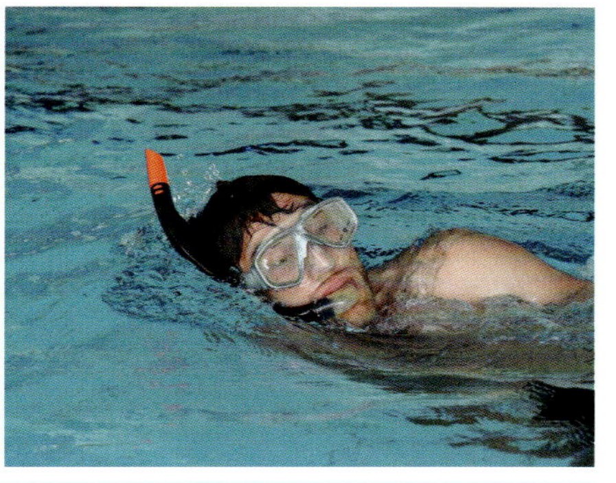

Einführung der Tauchmaske: – mit dem Kopf unter Wasser schwimmen, – Blasen erzeugen und beobachten, – Kacheln zählen.	Flossen und Maske für jeden
Mit einem Partner: – Schnick-Schnack-Schnuck unter Wasser spielen, – eine SMS mit den Fingern schreiben, – mit dem Mund Worte formen und erraten.	Partnerarbeit

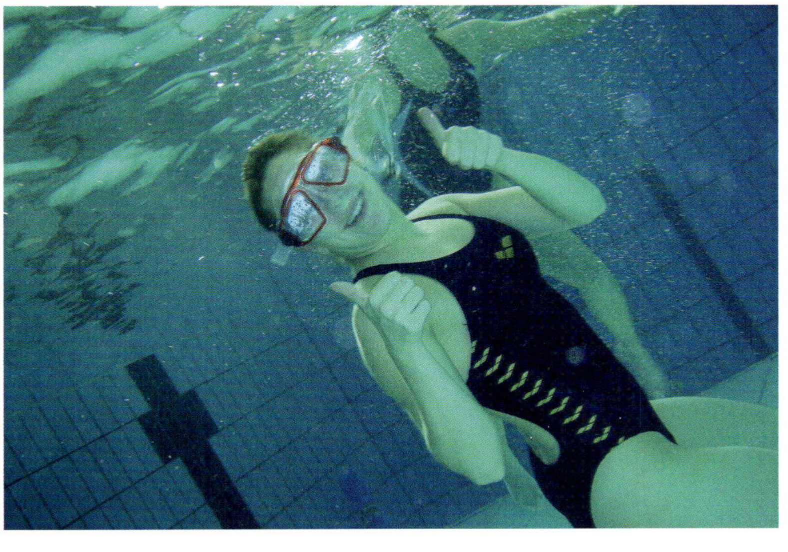

Die Maske ausblasen.

Maskentausch mit einem Partner unter Wasser: Die Maske des Partner aufsetzen und ausblasen

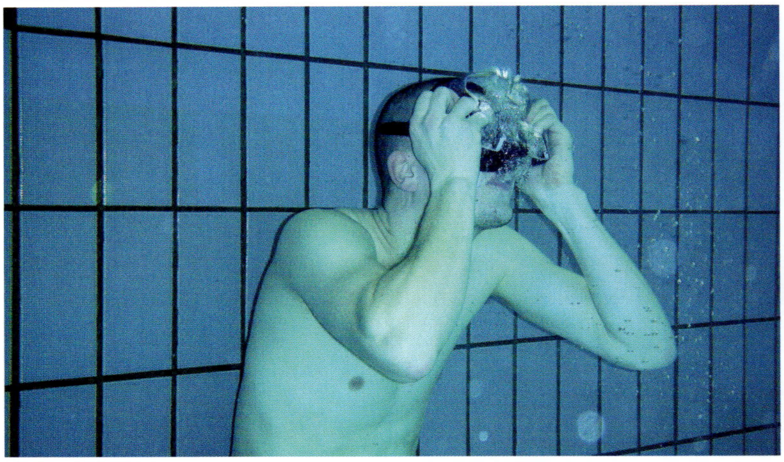

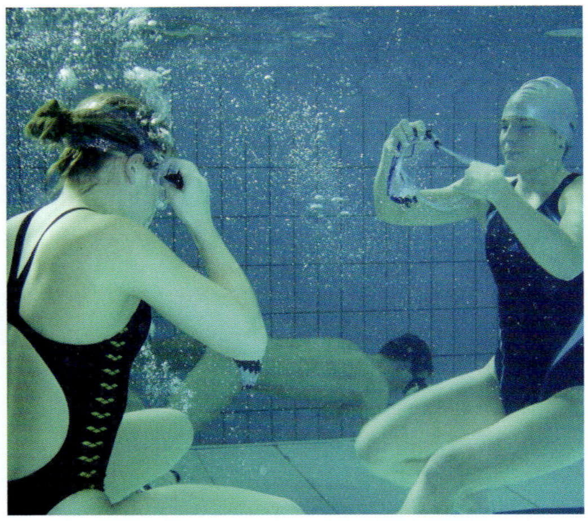

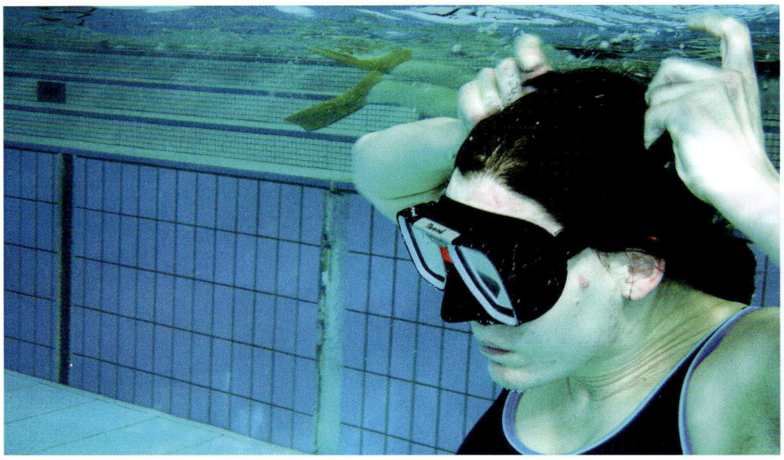

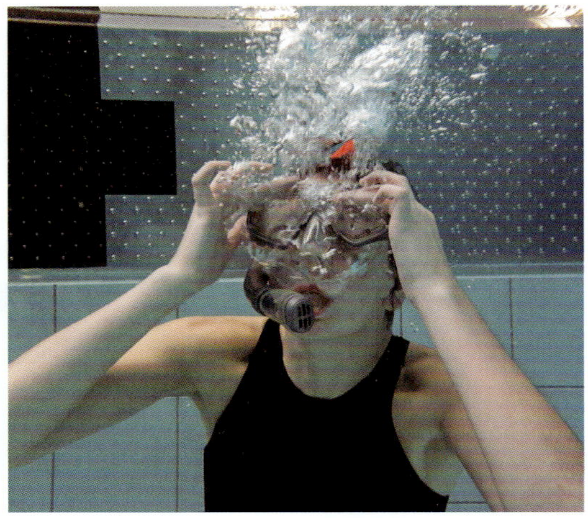

Einführung des Schnorchels:

Die Schüler blasen mit Wasser aus dem Schnorchel Schwimmbretter um, die am Beckenrand gegeneinander aufgestellt werden. Alternativ können auch Tischtennisbälle, die auf am Beckenrand stehenden Plastikflaschen liegen, herunter „geschossen“ werden.

Mehrere Eimer, die mit Gewichten beschwert sind (5- bis 20-kg-Scheiben), werden unter Wasser verteilt. Ziel ist es, diese nur mit Luft aus dem Schnorchel an die Wasseroberfläche zu bringen.

Flossen und Schnorchel für jeden, Schwimmbretter/Plastikflaschen und Tischtennisbälle

Beschwerte Eimer

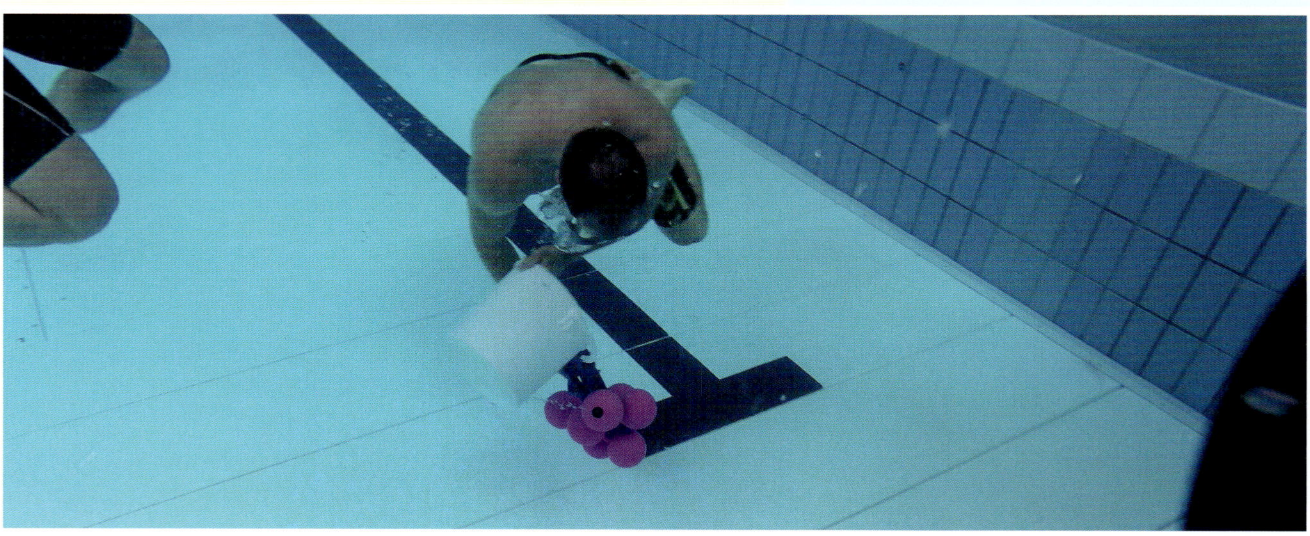

Erprobungsphase mit der kompletten Ausrüstung: Im dreidimensionalen Raum schnorcheln.
- Abtauchen und in den Handstand gehen,
- Abtauchen und Rollen vorwärts und rückwärts machen,
- Loopings und Schrauben ausführen.

Flossen, Maske und Schnorchel für jeden

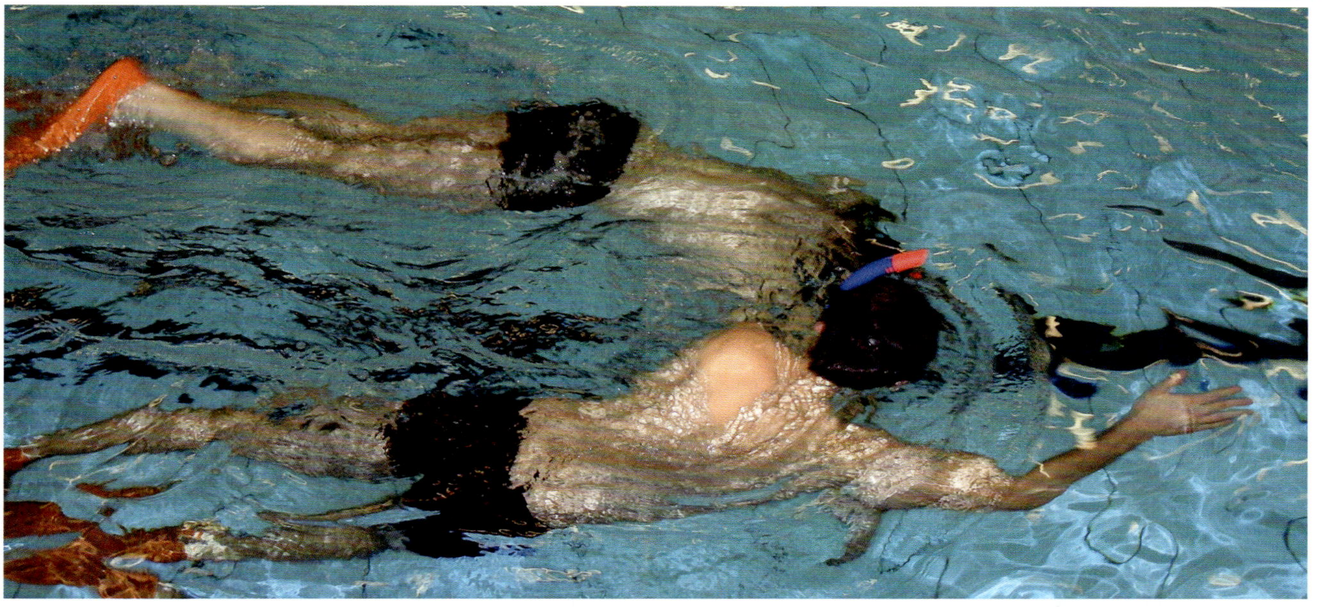

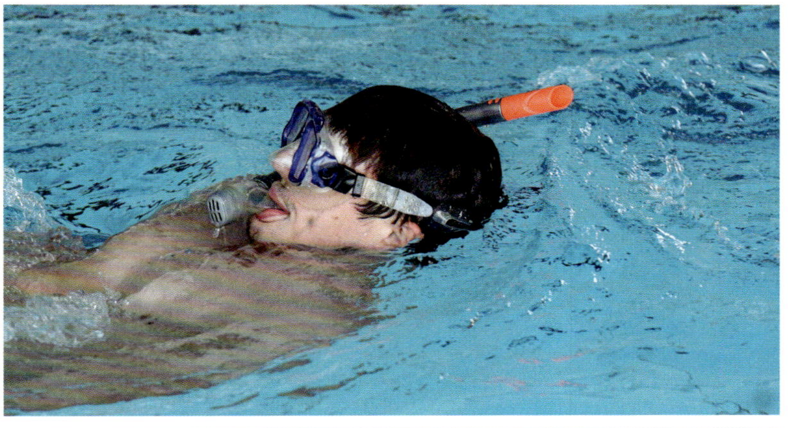

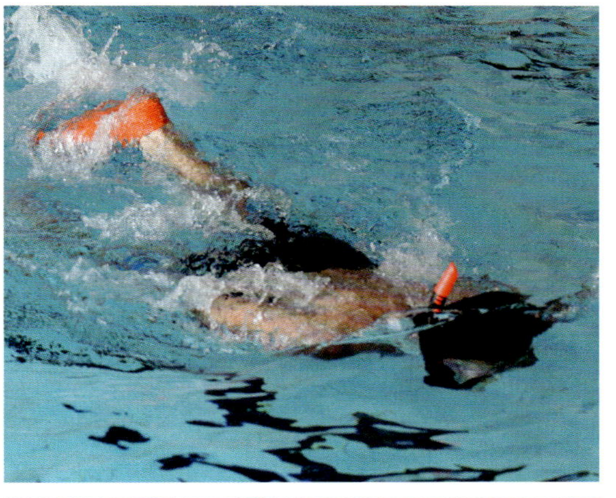

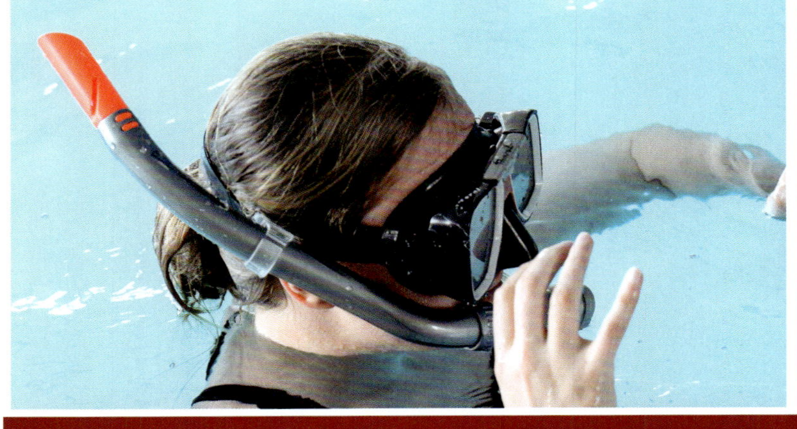

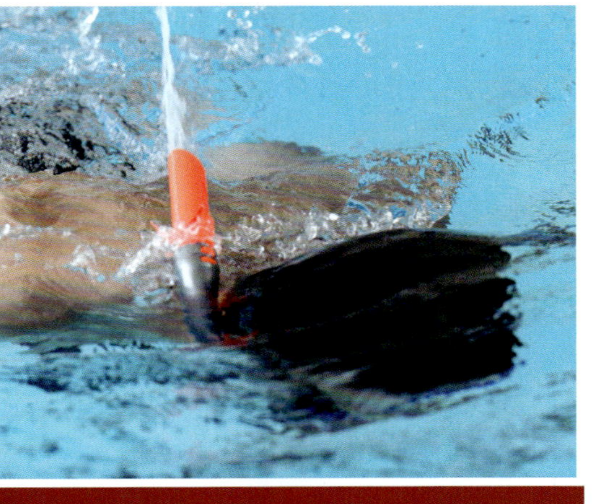

Ausklang (10 Minuten)

Spiel **„Eiertauchen"**: Vier Teams spielen gegeneinander. Jeder Spieler bekommt einen Suppenlöffel. Ziel ist es, in der vorgegebenen Zeit so viele Tischtennisbälle unter Wasser unter einen Eimer zu befördern wie möglich. Welches Team hat nach Ablauf der Zeit die meisten Bälle transportiert oder welcher Eimer treibt zuerst an die Wasseroberfläche?

4 Teams

Suppenlöffel für jeden, 4 beschwerte Eimer, 4 Plastikbehälter mit vielen Tischtennisbällen

ABC-Ausrüstung für jeden Spieler

Stundenbild 4: ABC-Tauchen

Die Idee von Spielketten ist, Spielen, die vordergründig nichts miteinander zu tun haben, einen verbindenden Rahmen zu geben, um so den Reiz jedes einzelnen Spiels zu erhöhen. Spielketten können gut selbst entwickelt werden. Die Geschichte muss auf die Zielgruppe abgestimmt sein und sollte auch in einer jugendspezifischen Sprache präsentiert werden. Der Spielleiter übernimmt eine Rolle und führt durch das Spielgeschehen.

Hinweise zur Vorbereitung
Im Vorfeld muss der Lehrer die Spielkette genau erklären und am besten die einzelnen Aufgaben auf einem Plakat verdeutlichen. Es erfolgt kein weiteres Gespräch während der gesamten Stunde. Anhand von vorbereiteten Karten, jeder Schüler zieht eine, werden im Vorfeld die Mannschaften eingeteilt in Agenten des CIAs, BNDs, Mossads und KGBs. Damit die Stunde ein Erlebnis wird, muss folgendes Material vorbereitet werden:

- Auf einige Duplosteine müssen mit einem wasserfesten Stift Buchstaben geschrieben werden, die ein Lösungswort ergeben.
- Plastikflaschen sammeln, mindestens für jeden Spieler zwei.
- Die Plastikflaschen müssen vor der Stunde mit Wasser gefüllt werden, damit sie untergehen.
- Auf jede Plastikflasche werden mit wasserfesten Stiften in vier Farben Zahlen zwischen 1 und 99 geschrieben.
- In drei oder vier Deckeln stehen die Ziffern für die Kombination der Zahlenschlösser.
- Vier „Schatztruhen“, in denen jeweils ein Schlüsselschloss liegt, werden mit einem Zahlenschloss verschlossen.

Das gesamte Material in Form von fünf beschwerten Duploplatten (eine davon mit einem Bauwerk aus Duplosteinen in vier Farben), ausreichend Duplosteine in vier verschiedenen Farben, mit Wasser gefüllte Plastikflaschen, beschwerter Plastikbehälter mit so vielen Murmeln wie Flaschen, vier mit einem Zahlenschloss verschlossene „Schatztruhen“, in denen jeweils ein Schlüsselschloss liegt, und ein beschwerter Behälter mit Schlüsseln, muss vor Beginn der Stunden am Beckenboden verteilt werden.

Ziele
- Sich auf etwas Neues einlassen, erkennbare Risiken bewusst einschätzen und kalkuliert Entscheidungen treffen, Verantwortung übernehmen
- Erleben von Spaß und Freude im Wasser, Erleben von Erfolgserlebnissen, Erspüren der eigenen körperlichen Grenzen

Stundenbild 4: Auf einen Blick

Phasen	Organisation, Material
Einstieg (5 Minuten)	
Freies Bewegen und Experimentieren mit der ABC-Ausrüstung im Wasser.	Flossen, Schnorchel und Taucherbrille für jeden

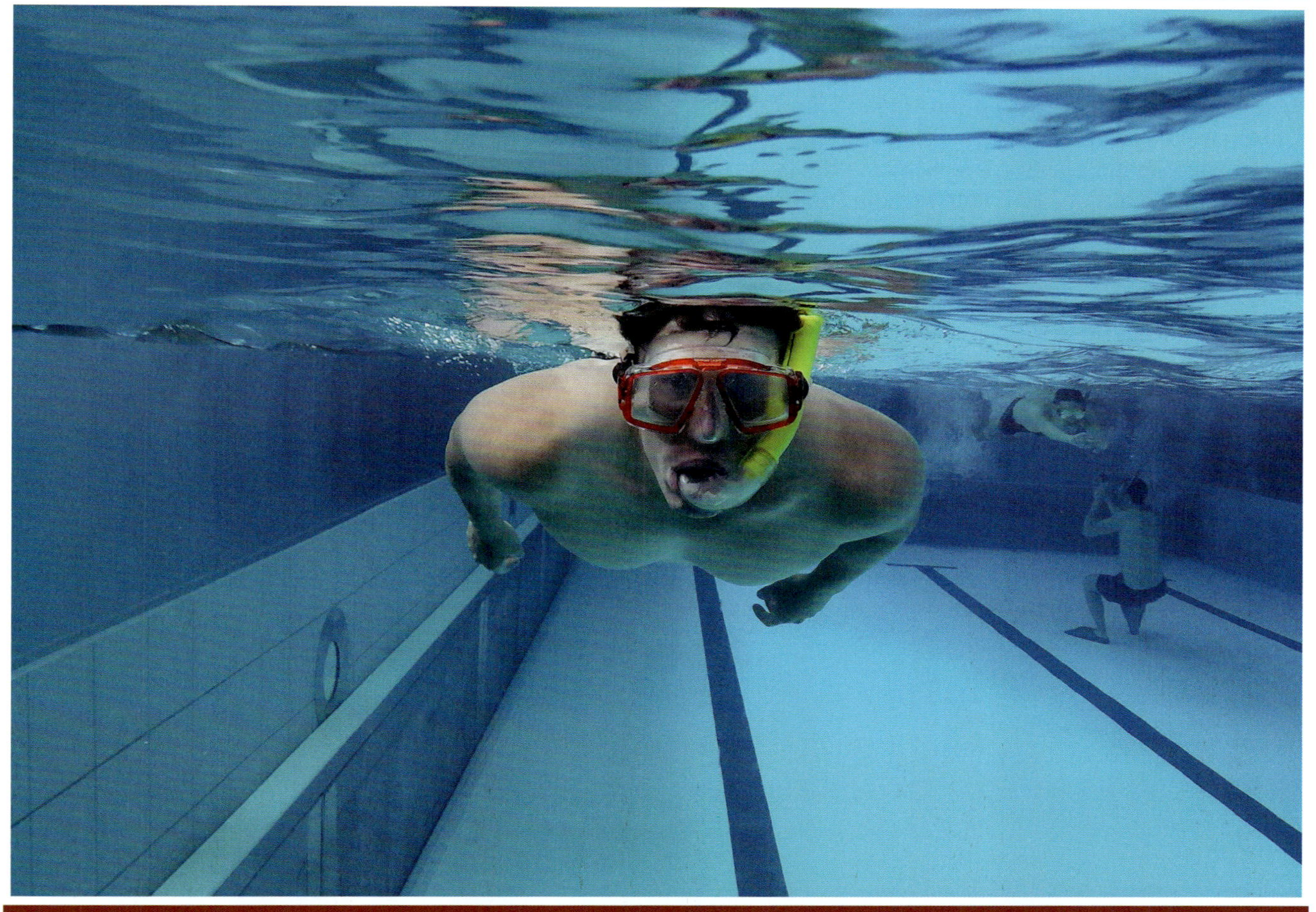

Phasen	Organisation, Material
Hauptteil (35 min)	
Spielkette **„Bombenentschärfung“** unter Wasser: Vier Teams spielen gegeneinander, CIA (blau), BND (grün), Mossad (gelb) und KGB (rot). Ziel ist es, als erstes Team eine Bombe zu entschärfen. Das Spiel läuft komplett unter Wasser ab.	
1. Aufgabe: **„Geheimzentrale bauen“**: Auf dem Grund befinden sich fünf beschwerte Duploplatten. Auf der mittleren Platte ist ein Mustergebäude errichtet worden. Im Wasser befinden sich viele Duplosteine in vier Farben. Jedes Team baut zunächst auf einer beschwerten Platte die vorgegebene Zentrale nach.	5 beschwerte Duploplatten, ausreichend Duplosteine in 4 verschiedenen Farben
2. Aufgabe: **„Lösungswort finden“**: Auf einigen Duplosteinen stehen Buchstaben. Ziel ist es, daraus das Lösungswort zu bilden.	Duplosteine
3. Aufgabe: **„Flaschen präparieren“**: Unter Wasser befinden sich viele mit Wasser gefüllte und farbliche gekennzeichnete Plastikflaschen, mindestens zwei für jeden Spieler. Irgendwo im Becken befindet sich ein beschwerter Eimer mit vielen Murmeln. Ziel ist es, in jede Flasche des eigenen Teams eine Murmel zu stecken und die Flasche wieder zu verschrauben.	Mindestens 3 mit Wasser gefüllte Plastikflaschen für jeden Spieler, 1 beschwerter Eimer mit ebenso vielen Murmeln

4. Aufgabe: **„Flaschen sortieren“**: Auf jeder Flasche steht eine mit einem wasserfesten Stift geschriebene Zahl in der entsprechenden Mannschaftsfarbe. Ziel ist es, alle eigenen Flaschen in der richtigen Reihenfolge in einer liegenden Reihe zu ordnen.	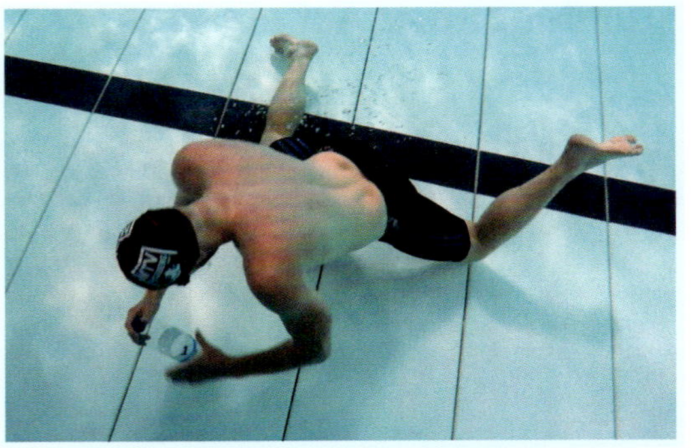
5. Aufgabe: **„Zahlenkombination finden“**: In drei oder vier Deckeln steht jeweils eine Zahl. In jeder Ecke des Beckens befindet sich ein Plastikbehälter mit einem Zahlenschloss. Ziel ist es, die richtige Kombination des Schlosses zu finden und die Truhe zu öffnen.	4 Zahlenschlösser, 4 Plastikbehälter, 4 Schlösser
6. Aufgabe: **„Schloss öffnen und Bombe entschärfen“**: In jedem Plastikbehälter liegt ein Schloss. Irgendwo im Becken befindet sich ein beschwerter Behälter mit verschiedenen Schlüsseln. Ziel ist es, als erstes Team das Schloss zu öffnen und so die Bombe zu entschärfen. Zusätzlich muss das Lösungswort richtig sein. Die Bombe gilt als entschärft, wenn ein Team mit allen Spielern gemeinsam auftaucht (ggf. mit Handfassung im Kreis), das mit dem passenden Schlüssel geöffnete Schloss zeigt und das korrekte Lösungswort nennt.	Beschwerter Behälter, mehrere Schlüssel

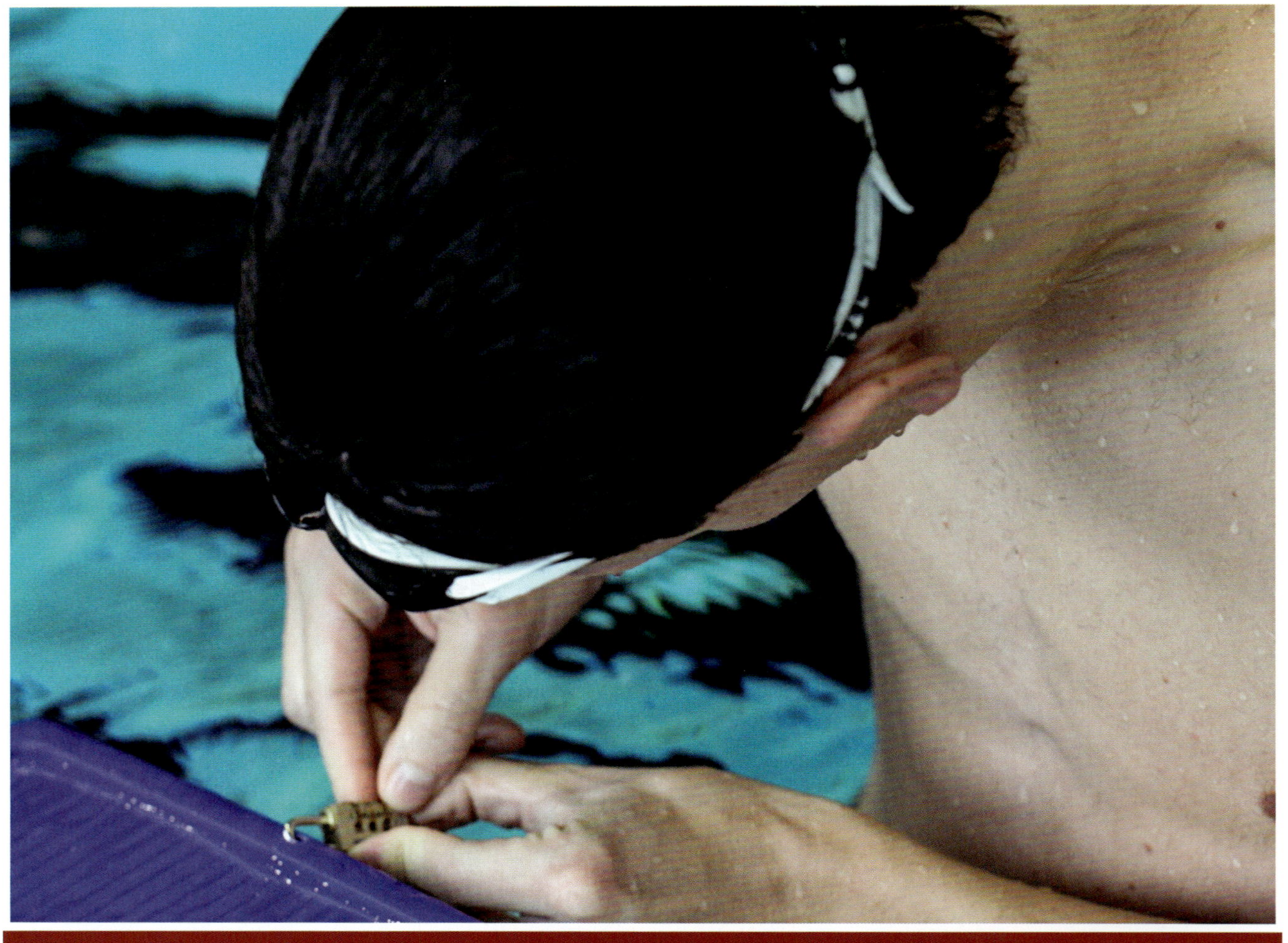

Ausklang (5 Minuten)

Gemeinsame Reflektion des Spiels

Stundenbilder 5-6: Rückenschwimmen – schnell, elegant und ökonomisch

Fachliche Hinweise

Das Rückenkraulschwimmen mit alternierenden Arm- und Beinbewegungen ist die effektivste Technik, um schnell und elegant auf dem Rücken zu schwimmen. Es zeichnet sich durch eine ständig wechselnde Rollbewegung um die Körperlängsachse aus. Ein Nachteil ist allerdings die mangelnde Orientierung in Schwimmrichtung. Bei Wettkämpfen gibt es für Frauen und Männer Streckenlängen von 25 m, 50 m, 100 m und 200 m. In der ursprünglichen Form wurde in der Gleichschlagtechnik auf dem Rücken geschwommen kombiniert mit einer Brustbeinbewegung, auch altdeutsches Rückenschwimmen genannt. Diese Technik war 1904 noch bei den Olympischen Spielen zu sehen.

Die Wettkampfbestimmungen (§ 127 der Wettkampfbestimmungen Schwimmen, Deutscher Schwimmverband e. V., S. 14) legen Folgendes fest:

1) Beim Startsignal und bei jeder Wende muss sich der Schwimmer in Rückenlage abstoßen und während des gesamten Wettkampfes auf dem Rücken schwimmen, außer bei der Wende. Die Rückenlage kann dabei eine Rollbewegung des Körpers um weniger als 90 Grad aus der Rückenlage enthalten.

2) Ein Teil des Körpers muss während des gesamten Wettkampfes die Wasseroberfläche durchbrechen. Es ist dem Schwimmer jedoch erlaubt, während der Wende völlig untergetaucht zu sein sowie nach dem Start und nach jeder Wende eine Strecke von nicht mehr als 15 m völlig untergetaucht zu schwimmen; an diesem Punkt muss der Kopf die Wasseroberfläche durchbrochen haben.

3) Bei der Wende muss der Schwimmer die Wand mit einem beliebigen Teil seines Körpers berühren. Während der Wende dürfen die Schultern über die Senkrechte in die Brustlage gedreht werden, worauf unverzüglich ein kontinuierlicher einfacher Armzug oder Doppelarmzug ausgeführt werden darf, dem die eigentliche Wendenbewegung unverzüglich folgt. Der Schwimmer muss in die Rückenlage zurückgekehrt sein, wenn er die Beckenwand verlässt.

4) Beim Zielanschlag muss sich der Schwimmer in Rückenlage befinden und die Wand der eigenen Bahn mit einem beliebigen Teil seines Körpers berühren.

Zentrale Knotenpunkte des Rückenschwimmens sind folgende:

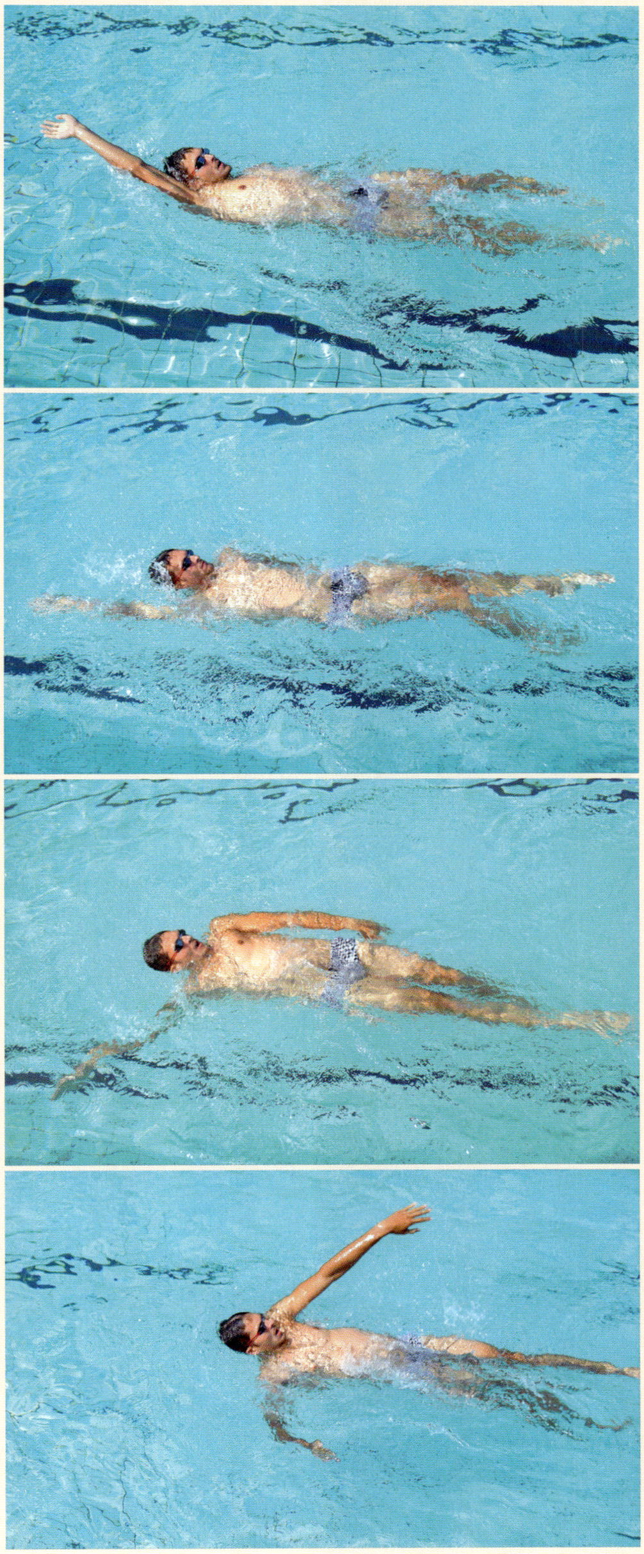

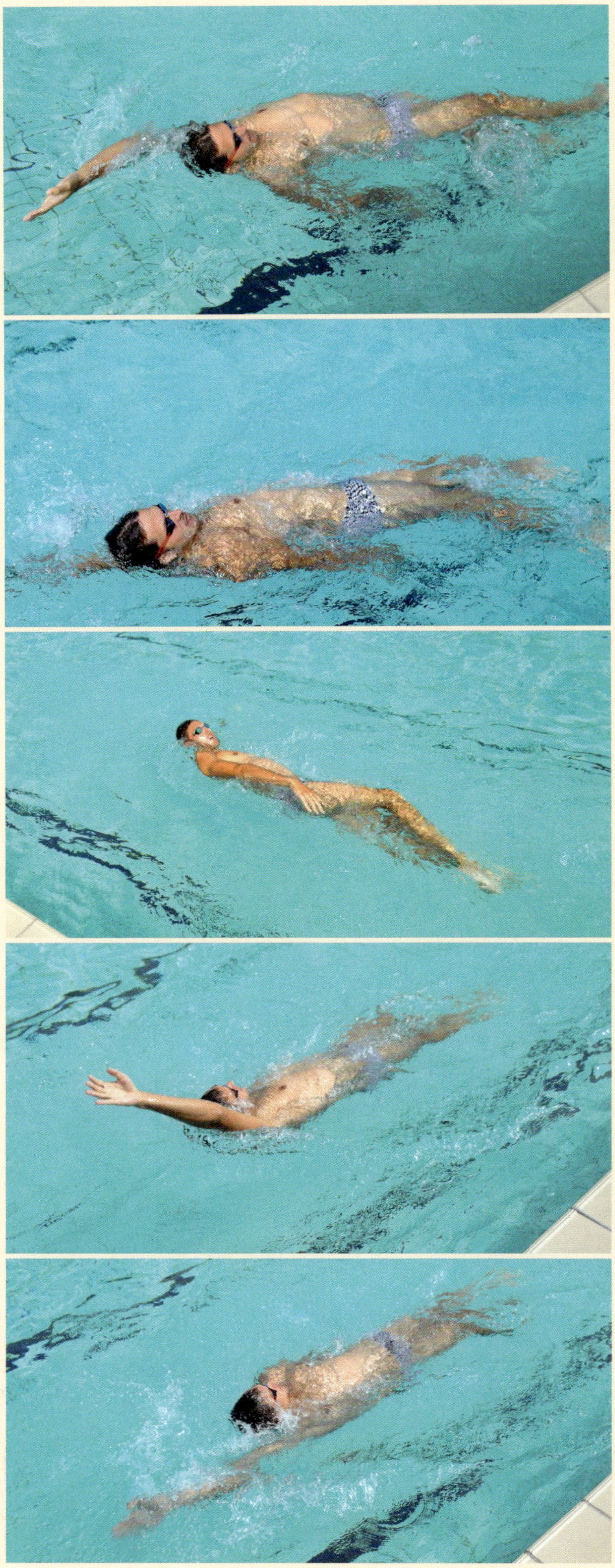

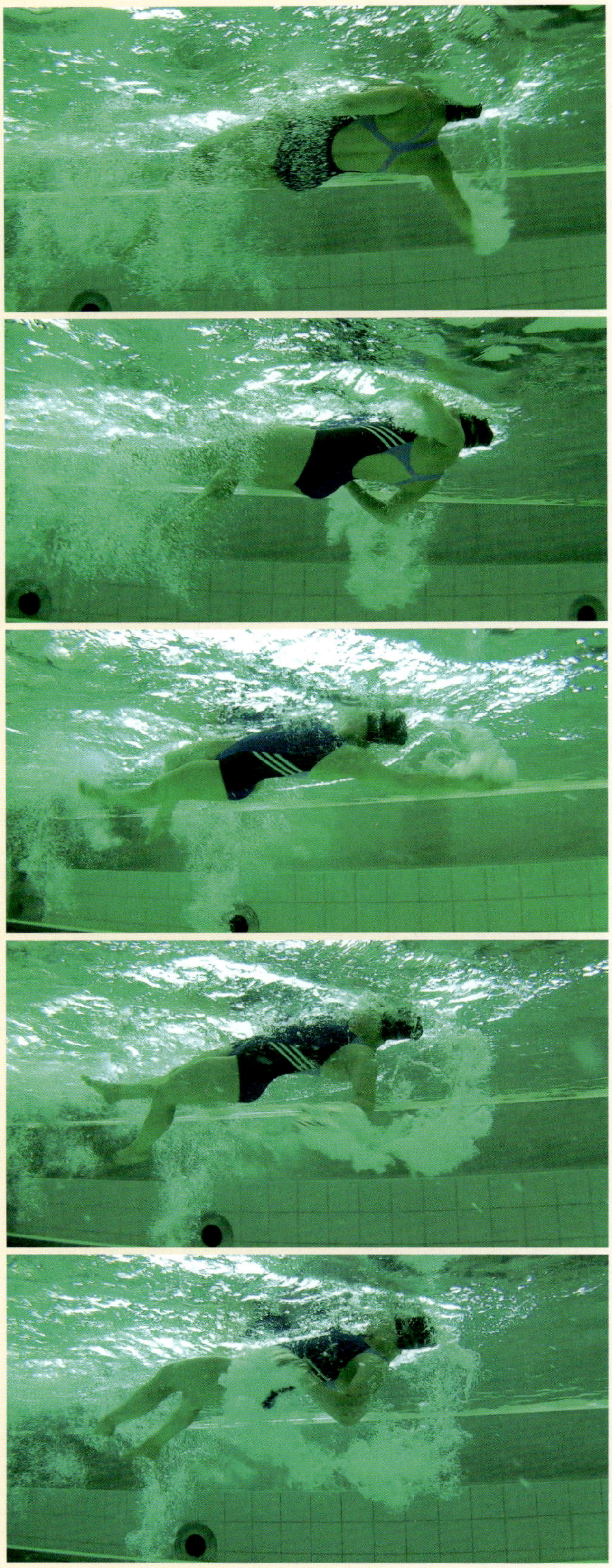

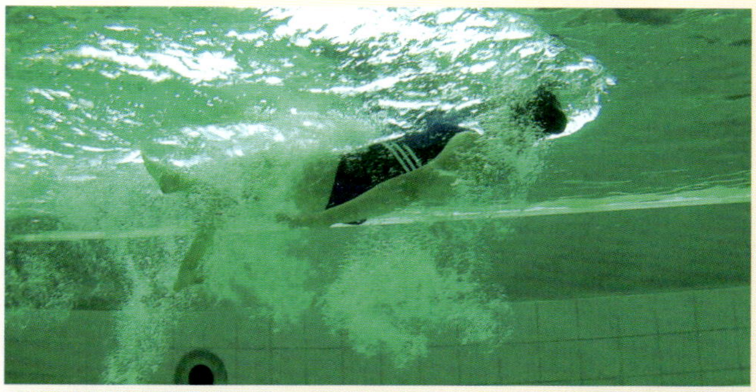

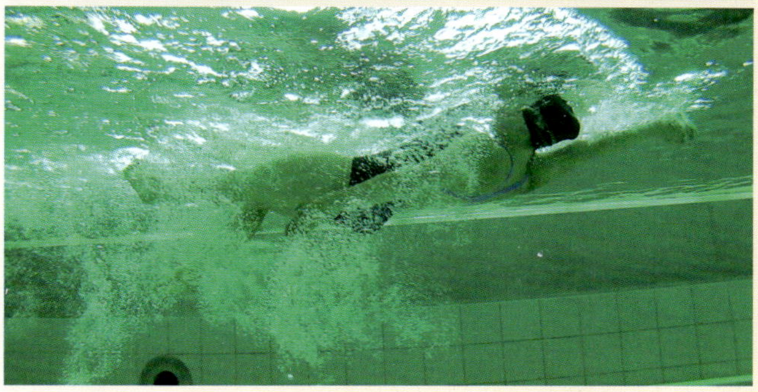

Wasserlage:
- Der Kopf liegt ruhig im Wasser, der Blick ist schräg nach vorn-oben gerichtet.

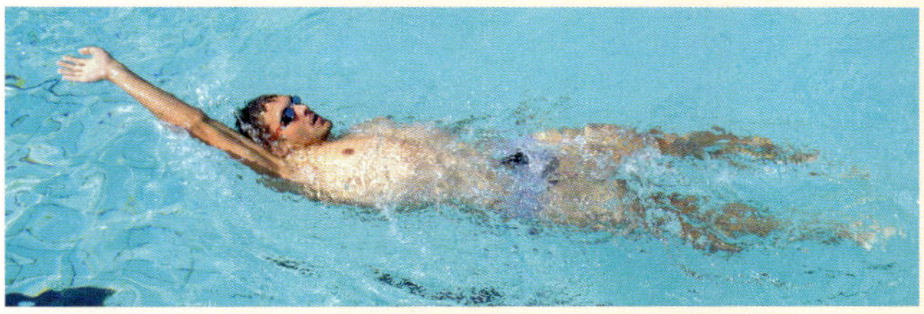

- Der Kopf liegt in Verlängerung der Wirbelsäule bis zum Haaransatz locker im Wasser, die Ohren sind untergetaucht, der Kopf wird vom Wasser getragen.
- Die Hüfte befindet sich nahe der Wasseroberfläche.
- Es erfolgt eine Rollbewegung des Körpers mit einer ca. 45-Grad-Drehung der Körperlängsachse zum eintauchenden Arm für einen wirkungsvollen Armeinsatz. Nur der Kopf dreht nicht mit.

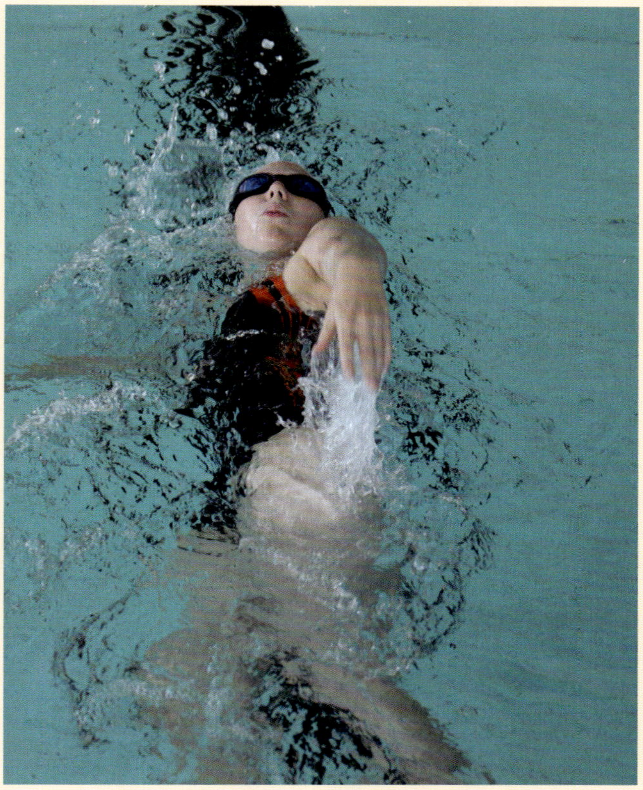

Fehler:
- Das Becken ist zu tief, der Schwimmer sitzt im Wasser.
- Die Beine sind zu tief.
- Die Ohren liegen nicht im Wasser, der Kopf wird nach vorne geneigt.

Armbewegung
Die Hände bewegen sich unter Wasser in einem Zug-Druckmuster nach unten und oben. Die Bewegung ähnelt der Armbewegung beim Kraulschwimmen, findet aber aus anatomischen Gründen nur neben und nicht unter dem Körper statt. Dieses ist der Hauptgrund dafür, dass Rückenschwimmen langsamer ist als Kraul.

- Eintauchen: Man taucht mit gestrecktem Arm so weit wie möglich vor dem Körper in Verlängerung der Schulter mit der Kleinfingerseite zuerst ein.

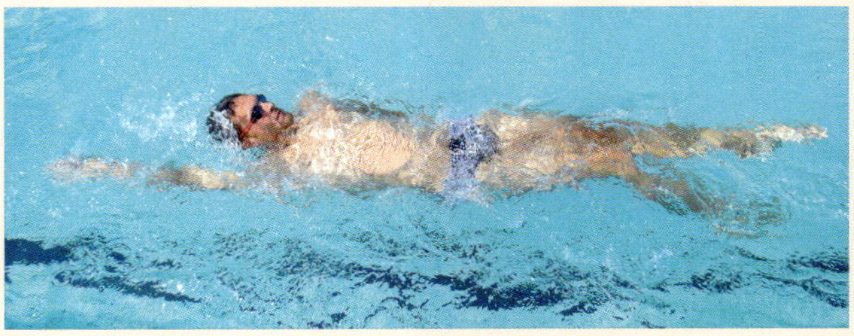

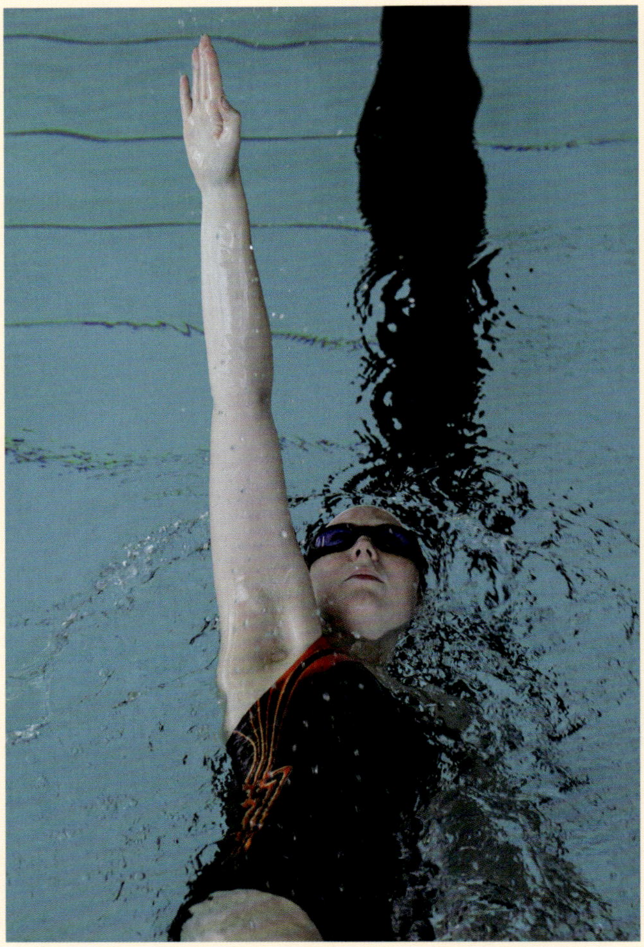

– Zugphase: In einer Tiefe von etwa drei- bis vierfacher Handbreite unter Wasser beginnt die Ellbogenbeugung und nimmt bis zu 90 Grad kontinuierlich zu. Die Handfläche zeigt am Ende der Zugphase nach vorne-oben und die Schulter befindet sich auf Höhe der Hand.

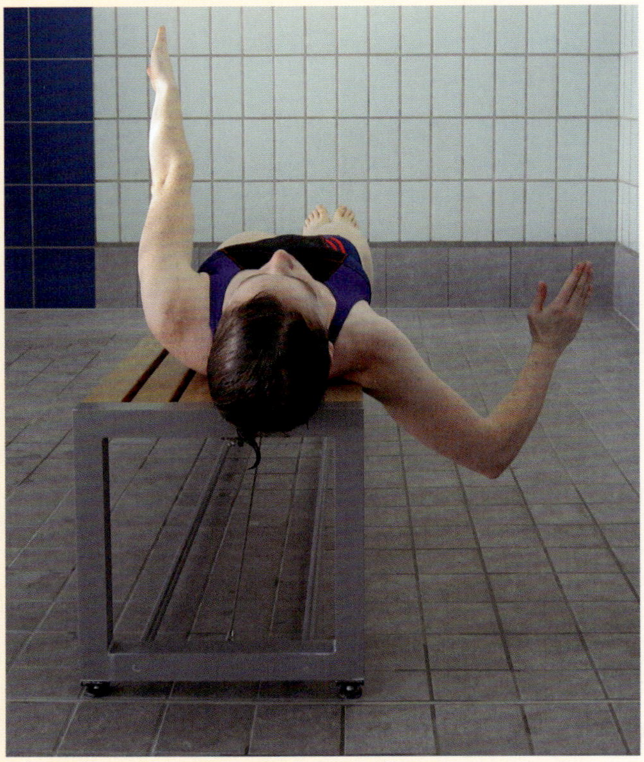

– Druckphase: Es erfolgt eine Umlenkbewegung der Hand nach unten mit anschließender Armstreckung am Oberschenkel vorbei nach unten. Das Handgelenk klappt am Ende nach unten ab.

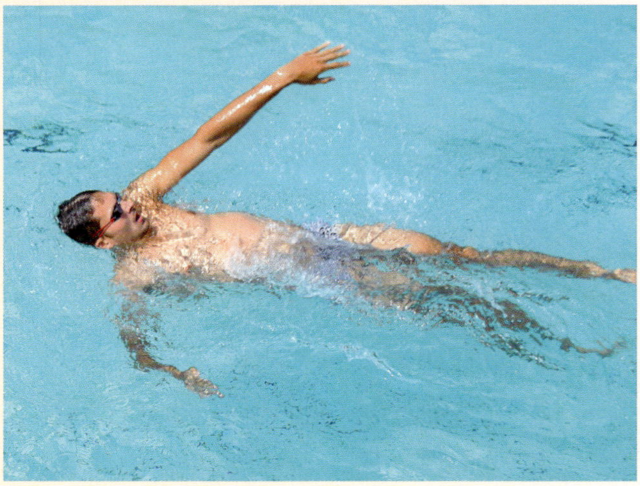

– Überwasserphase: Die Hand verlässt bei gestrecktem Arm das Wasser. Der Arm wird bei lockerer Schulter halbkreisförmig über Wasser geschwungen.

Fehler:
- Die Arme tauchen zu weit innen oder außen ein.
- Die Arme sind unter Wasser gestreckt.
- Der Ellbogen wird zu früh gebeugt und befindet sich vor der Hand.

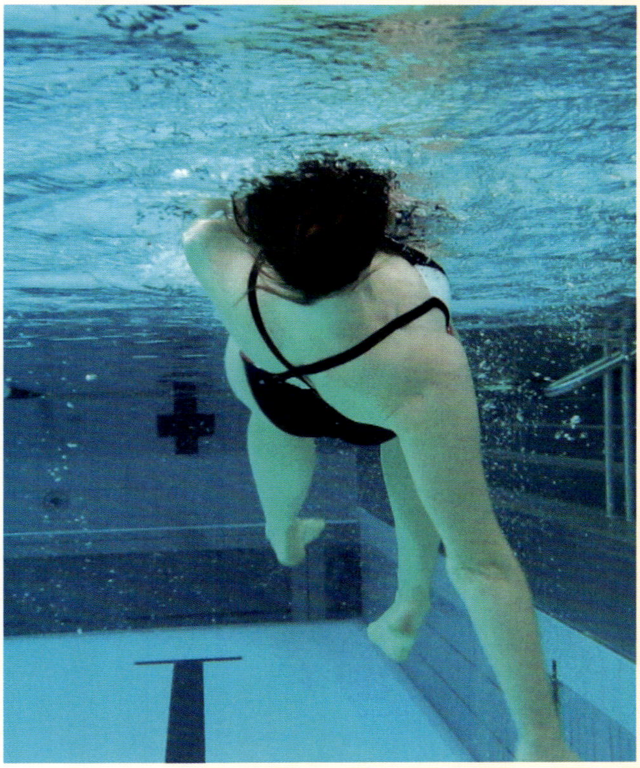

Abschlagschwimmen:
Ein Arm macht eine komplette Armbewegung, der andere bleibt in dieser Zeit neben der Hüfte liegen.

Beinbewegung
- Die Beine bewegen sich wechselseitig auf und ab. Die Hauptkraft des Beinschlags ist nach oben gerichtet.

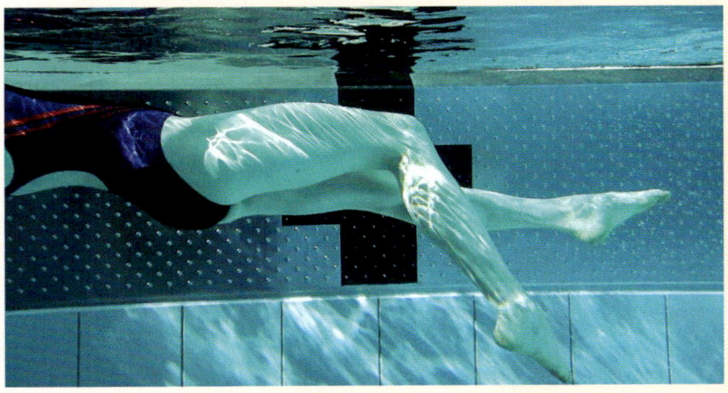

- Die Abwärtsbewegung erfolgt bei gestrecktem Bein mit der Ferse zuerst.
- Während sich der Fuß noch weiter abwärts bewegt, bewegt sich der Oberschenkel bereits wieder nach oben.
- Anschließend „kicken" Unterschenkel und Fuß mit leichter Innenrotation kraftvoll zur Wasseroberfläche.
- Das Fußgelenk muss locker sein, damit der Fuß wie die Flosse eines Fisches arbeiten kann.
- Zehen und Knie sollten die Wasseroberfläche nicht durchbrechen.

Fehler:
- Die Knie kommen aus dem Wasser.
- Es erfolgt eine Radfahrbewegung der Beine, d. h. ein Anziehen und Strecken.
- Die Beinbewegung kommt nur aus dem Unterschenkel.
- Die Fußgelenke sind steif oder angezogen.

Atmung
- Die Atmung ist nahezu ungehindert möglich (abgesehen von dem Wasser, das die eigenen Arme beim Austauchen auf das Gesicht werfen) und stellt eigentlich keine Schwierigkeit dar. Sie wird aber häufiger vergessen oder es kommt zu einer nicht effektiven Schnappatmung.

Koordination: Weil der Weg der Arme über und unter Wasser nahezu gleich lang ist, taucht der linke Arm ein, wenn sich der rechte am Ende der Druckphase befindet.

Fehler: Der rechte Arm holt den linken an der Hüfte ein.

Didaktisch-methodische Überlegungen
Die Armbewegung sollte zunächst durch folgende didaktische Reduzierung erleichtert werden: Ein Doppelarmzug verstärkt und verdeutlicht das Erspüren von Zug und Druck und verzichtet auf das Rollen. Durch die synchrone Bewegung werden außerdem ein zu tiefes Wasserfassen und ein zu tiefes Durchziehen der Hände unter Wasser verhindert.

In Partnerübungen beobachtet ein Schüler die Bewegungen eines anderen, um anschließend mit ihm gemeinsam über Außen- und Innenaspekte zu diskutieren. Diese gegenseitigen Beobachtungsaufgaben mit dem Austausch darüber, ob die Bewegung anschließend besser geklappt oder das Bewegungsgefühl sich verändert hat, können Schülern wichtige Impulse im Lernprozess geben. Voraussetzung dafür ist allerdings, dass die Schüler die zentralen Knotenpunkte der jeweiligen Beobachtungsaufgabe kennen.

Hinweise zur Vorbereitung

Zu Beginn der Stunde werden Luftballons in zwei Farben an die Schüler verteilt, sodass sich auch zwei Teams ergeben. Für die abschließende Staffel „Wer weiß mehr?" ist es hilfreich, im Vorfeld vier Listen mit allen möglichen richtigen Antworten zu erstellen, so dass der Spielleiter und gegebenenfalls seine Helfer die genannten Begriffe abhaken können.

Ziele

- Rückenschwimmen verbessern, Zug-/Druckphase lernen, ökonomisch schwimmen
- Erleben von Erfolgserlebnissen, Kennen und Benennen wesentlicher Merkmale des Rückenschwimmens, Urteilskompetenz durch die Partnerbeobachtung und Korrektur des Partners
- Reflexivität durch das Nachdenken über eigene Bewegungen im Wasser und über Bewegungseffekte, Wahrnehmungskompetenz durch das Erfühlen von Bewegungen im Wasser, Bewegungskompetenz durch die Erweiterung des Bewegungskönnens

Beispielkategorien für das Spiel „Wer weiß mehr?“

Zehnkampf-Disziplinen (10): 100 m, 110 m Hürden, 400 m, 1500 m, Diskuswurf, Hochsprung, Stabhochsprung, Kugelstoßen, Speerwurf, Weitsprung

Monopoly-Felder (40): Badstraße, Bahnhofstraße, Berliner Straße, Chausseestraße, Einkommenssteuer, Elektrizitätswerk, Elisenstraße, Ereignisfeld, Frei parken, Gefängnis, Gehe ins Gefängnis, Gemeinschaftsfeld, Goethestraße, Hafenstraße, Hauptbahnhof, Hauptstraße, Lessingstraße, Los, Münchner Straße, Museumsstraße, Neue Straße, Nordbahnhof, Opernplatz, Parkstraße, Poststraße, Rathausplatz, Schillerstraße, Schlossallee, Seestraße, Südbahnhof, Theaterstraße, Turmstraße, Wasserwerk, Westbahnhof, Wienerstraße, Zusatzsteuer

Buchstaben des griechischen Alphabets (24): Alpha, Beta, Gamma, Delta, Epsilon, Zeta, Eta, Theta, Iota, Kappa, Lambda, My, Ny, Xi, Omikron, Pi, Rho, Sigma, Tau, Ypsilon, Phi, Chi, Psi, Omega

Alle Bundeskanzler Deutschlands (8): Konrad Adenauer, Willy Brandt, Ludwig Erhard, Kurt Georg Kiesinger, Helmut Kohl, Angela Merkel, Walter Scheel, Helmut Schmidt, Gerhard Schröder.

Weitere Kategorien, die aber immer wieder aktualisiert werden müssten, könnten sein: aktuelle Trainer der Fußball-Bundesliga, Städte der BBL-, DEL- oder HBL-Bundesligateams, Mitgliedsstaaten der EU, Feiertage in Deutschland oder Städte mit mehr als 500.000 Einwohnern.

Stundenbild 5: Auf einen Blick

Phasen	Organisation, Material
Einstieg (5 Minuten)	
Spiel **„Sturm“**: Zwei Teams stehen sich an den Beckenrändern gegenüber. Jeder Spieler von Team A bläst einen roten Luftballon auf, jeder Spieler von Team B einen blauen. Jeder Spieler legt seinen Ballon vor sich auf die Wasseroberfläche. Ziel ist es, nach erfolgtem Startkommando durch Rückenbeinbewegungen den eigenen Ballon über die Mittellinie in die gegnerische Hälfte zu treiben. Wie viele Ballons sind nach 20 Sekunden in der anderen Hälfte? Gespielt werden zwei bis drei Durchgänge.	Nichtschwimmerbecken, stehtiefes Wasser 1 Luftballon für jeden Spieler (2 Farben)
Hauptteil (30 min)	
Schwerpunkt Wasserlage: Hechtschießen in Rückenlage: Abstoßen vom Beckenboden und möglichst weit gleiten.	In Wellen

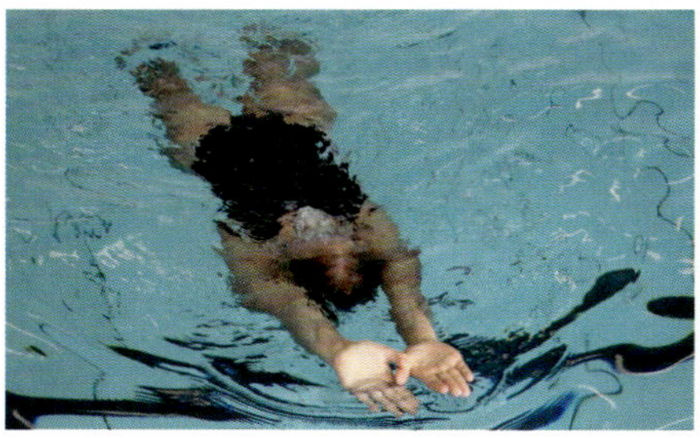
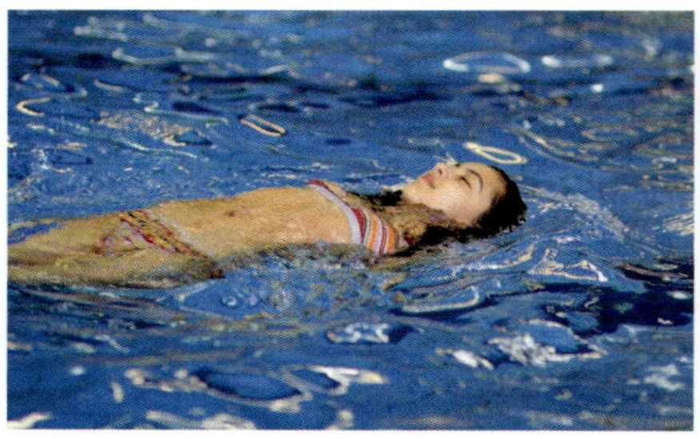
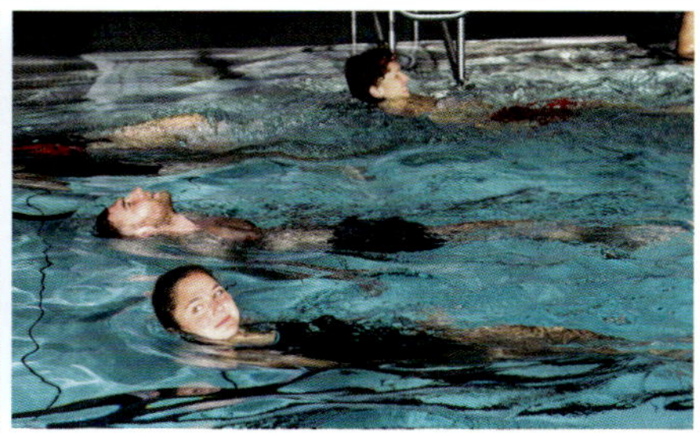

Phasen	Organisation, Material
Beobachtungsaufgabe: Verschiedene Körperpositionen ausprobieren (Arme, Kopf, Rücken, Hüfte): „Wie kommt man am weitesten?“ „Wie ist die beste Position der Arme, der Hüfte, des Kopfes und des Rückens? Ziel: Widerstand minimieren	
Gesamte Lage, Schwerpunkt Armbewegung: Rückenschwimmen mit Armkreisen rückwärts	In Wellen

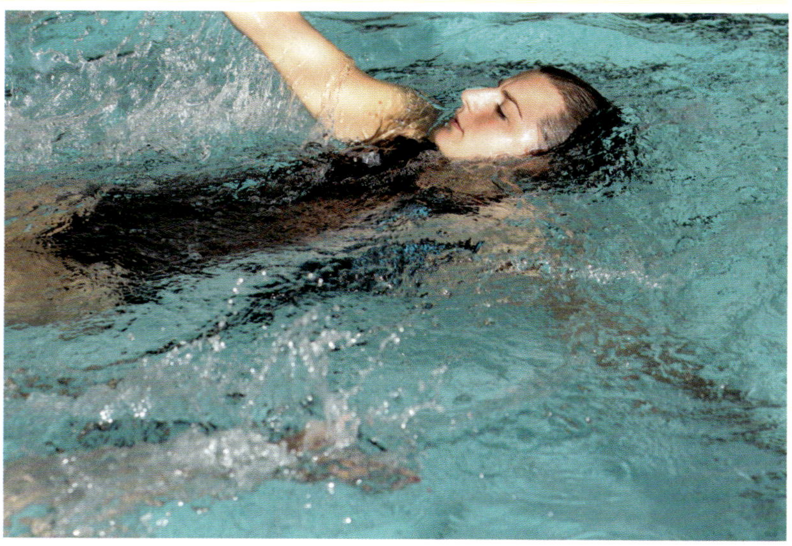

Beobachtungsaufgabe:

„Warum ist Armkreisen nicht optimal?" „Wo will ich hin?"

Im letzten Teil der Bewegung drückt sich der Schwimmer nach unten anstatt nach vorne in die Bewegungsrichtung, im ersten Teil nach oben.

„Wie gelingt es mir besser, mich effektiver zur Bewegungsrichtung anzutreiben?"

Durch Ziehen und Drücken in Schwimmrichtung.

Mit beiden Händen in Rückenlage nur die Druckphase ausführen: Die Ellbogen liegen am Körper, die Handflächen zeigen nach oben zur Wasseroberfläche. Nun erfolgt eine kräftige Streckung der Unterarme an den Oberschenkeln vorbei in Richtung Beckenboden. Die Handflächen drehen sich dabei zum Boden, die Handgelenke werden zum Schluss wie beim Dribbeln eines Basketballs nach unten abgeklappt.

Armkreisen über Wasser, die Hände fallen nach dem Eintauchen unter die Wasseroberfläche, die Ellbogen werden gebeugt (Zugphase) und anschließend gestreckt (Druckphase).

Beobachtungsaufgabe: „Was passiert mit der Hand beim Übergang von der Zug- zur Druckphase?"

Die Hand dreht sich um. Am Ende der Zugphase zeigt die Handfläche zur Wasseroberfläche, zu Beginn der Druckphase der Handrücken.
Bewegungsvorstellung: Im ersten Teil der Bewegung ziehe ich meinen Körper wie an einem imaginären Seil nach vorne, im zweiten drücke ich mich vom Seil weg.

Rückenbeinbewegung und Doppelarmbewegung:

Wie viele Doppelarmbewegungen brauche ich für eine Bahn? Schaffe ich ein oder zwei Armbewegungen weniger? Wie gelingt mir das?

Rückenbeinbewegung und Doppelarmbewegung:

Beobachtungsaufgabe: Atme ich regelmäßig oder halte ich die Luft an?

Das Ziel ist eine regelmäßige Atmung.

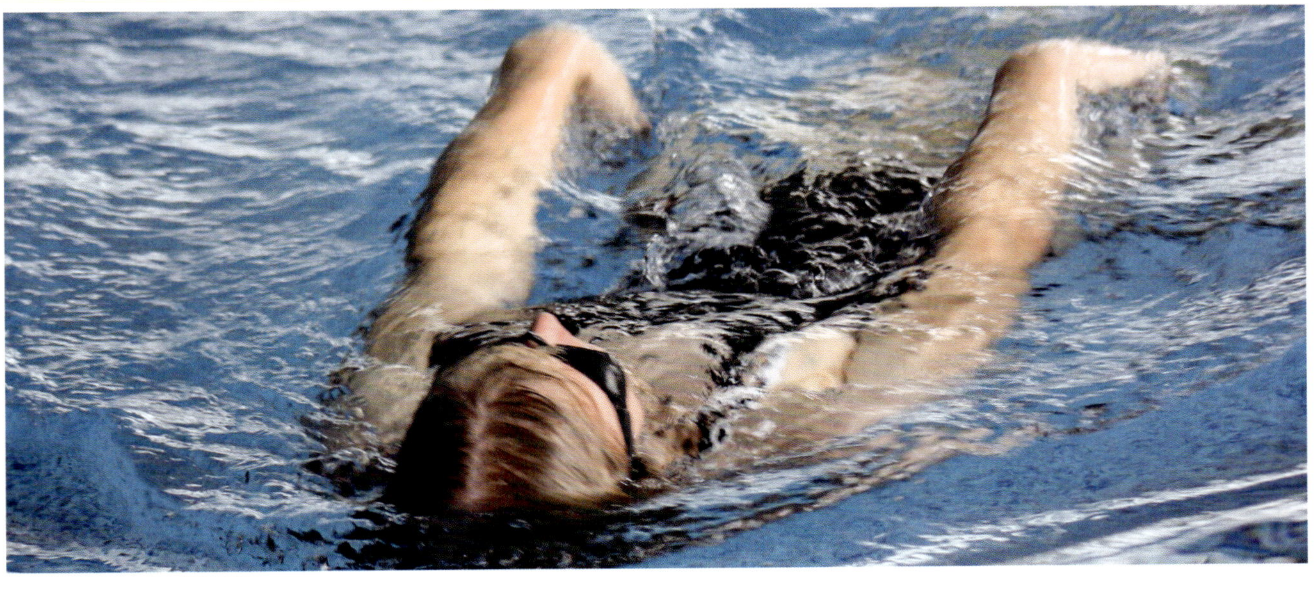

Rückenbeinbewegung und Doppelarmbewegung: Partnerkorrektur: Ein Schüler geht an Land neben seinem Partner her und beobachtet, ob dieser a) regelmäßig atmet und b) ob Zug- und Druckphase zu erkennen sind. Rückmeldungen geben, anschließend eine zweite Bahn schwimmen. Danach erfolgt ein Partnerwechsel.	Schüler in Paaren

Ausklang (10 Minuten)

Staffel **„Wer weiß mehr?"**: Vier Teams spielen in Form einer Staffel gegeneinander. Geschwommen werden Querbahnen. Auf der gegenüberliegenden Seite stehen der Spielleiter und ein oder mehrere passive Schüler. Gespielt werden drei Durchgänge à drei Minuten. Die Startspieler jedes Teams schwimmen nach dem Startkommando so schnell wie möglich auf die gegenüberliegende Seite. Dort müssen sie zu einem Themenfeld (Mannschaften/Trainer der 1. und 2. Bundesliga, Teilnehmer an der letzten Europameisterschaft, Disziplinen der Olympischen Winterspiele, Hauptstädte der Bundesländer, Mitgliedsstaaten der EU, Monopolyfelder, Bundeskanzler Deutschlands) möglichst einen richtigen Begriff nennen. Das Thema wird entweder vom Spielleiter vorgegeben oder die Spieler wählen es aus einer Liste aus. Anschließend schwimmen sie wie vorgegeben zurück und schlagen den nächsten Schwimmer ihrer Mannschaft ab. Am Ende geben der Spielleiter und seine Assistenten das Ergebnis bekannt. Das Team mit den meisten richtigen (aber unterschiedlichen) Nennungen gewinnt.	Stoppuhr, Übersicht mit allen Antwortmöglichkeiten für die Helfer, Stifte

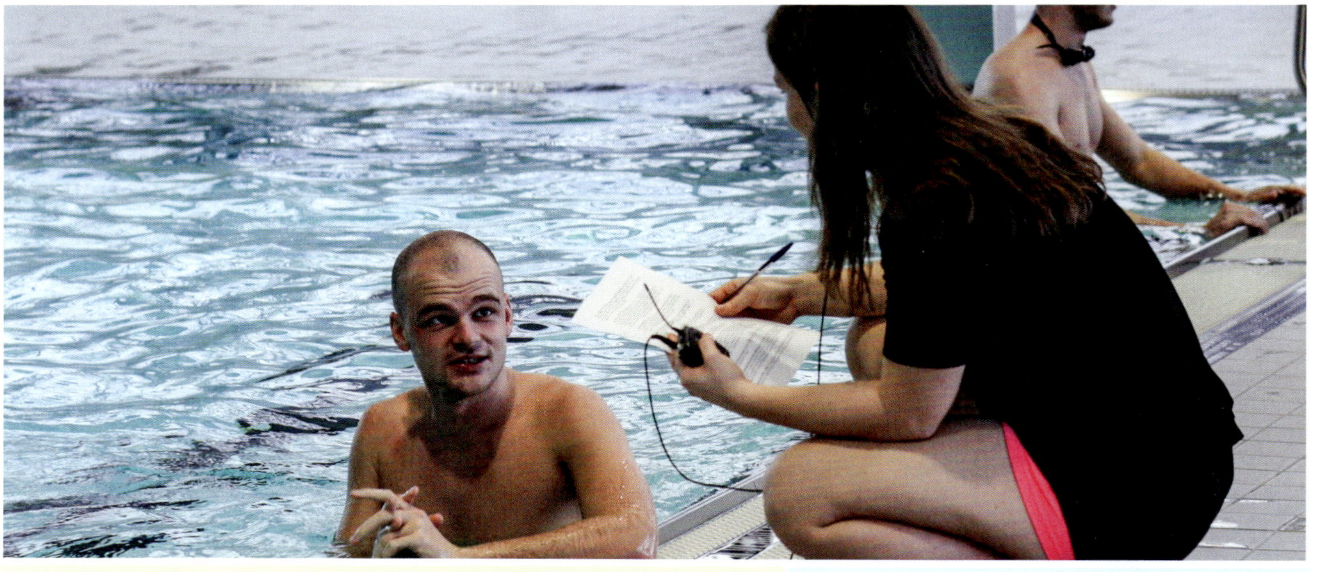

Der erste Durchgang erfolgt in Rücken, der zweite in Kraul und der dritte in Brust. Hinweis: Die Spieler eines Teams dürfen und sollten sich absprechen, damit es zu richtigen und möglichst nicht zu doppelten Nennungen kommt. Variation: Es gibt 6 oder 8 Teams. Jeweils zwei Mannschaften spielen gegeneinander. Nach dem Startkommando schwimmen die Startschwimmer auf die gegenüberliegende Seite, geben ihre Antwort und schlagen den nächsten Spieler ab. Wird ein Begriff genannt, der schon gefallen ist, schwimmt man zurück und schlägt den nächsten Spieler ab. Fällt einem Spieler nach 20 Sekunden Zeit zum Nachdenken kein weiterer Begriff ein, gewinnt das andere Team.	

Stundenbild 6: Rückenschwimmen – schnell, elegant und ökonomisch

Hinweise zur Vorbereitung

Es müssen Korrekturbögen in Gruppenstärke erstellt und jedem Paar ein Stift ausgehändigt werden. Für das Startspiel „4 gewinnt“ braucht man drei bis vier am besten laminierte Spielbretter und einen Duplostein für jeden Spieler in zwei Farben in der entsprechenden Größe zum Spielbrett, z. B. Vierer und Teams mit vier Spielern. Aus der Partneraufgabe des Korrigierens lassen sich zügig vier Mannschaften für das Abschlussspiel bilden. Zusätzlich benötigt man ein bis zwei beschwerte Bauplatten sowie ausreichend Steine. Es ist ratsam, im Vorfeld auszuprobieren, wie viele Steine man braucht, damit ein Turm die Wasseroberfläche durchbricht.

Ziele

- Entwickeln einer Bewegungsökonomie, Erleben von Erfolgserlebnissen, Kennen und Benennen wesentlicher Merkmale des Rückenschwimmens
- Bewegungen beobachten und korrigieren können bei sich selbst und anderen - Rückenschwimmen verbessern, den Widerstand verringern, effektiv schwimmen, Bewegungserfahrungen erweitern, die Wahrnehmung verbessern

Stundenbild 6: Auf einen Blick

Phasen	Organisation, Material
Einstieg (5 Minuten)	
Staffel **„4 gewinnt"**: Je nach Anzahl der Spieler gibt es am Beckenrand mehrere Spielfelder mit 4x4 Kästchen. Je zwei Teams spielen auf einem Spielbrett gegeneinander. Jeder Spieler von Team A bekommt einen gelben Stein, jeder von Team B einen roten. Gespielt wird quer. Nach Spielbeginn schwimmen die Startspieler so schnell wie möglich auf die andere Seite, platzieren ihren Stein auf dem Spielfeld und schlagen den nächsten Spieler ab. Sind alle Steine gelegt worden, legt Spieler 1 einen Stein um. Wem es gelingt, zuerst vier Steine in einer Reihe (waagerecht, senkrecht oder diagonal) zu legen, gewinnt den Durchgang.	Duplosteine für jeden Spieler in 2 verschiedenen Farben, mehrere laminierte Spielbretter für 4 gewinnt 6-8 Teams

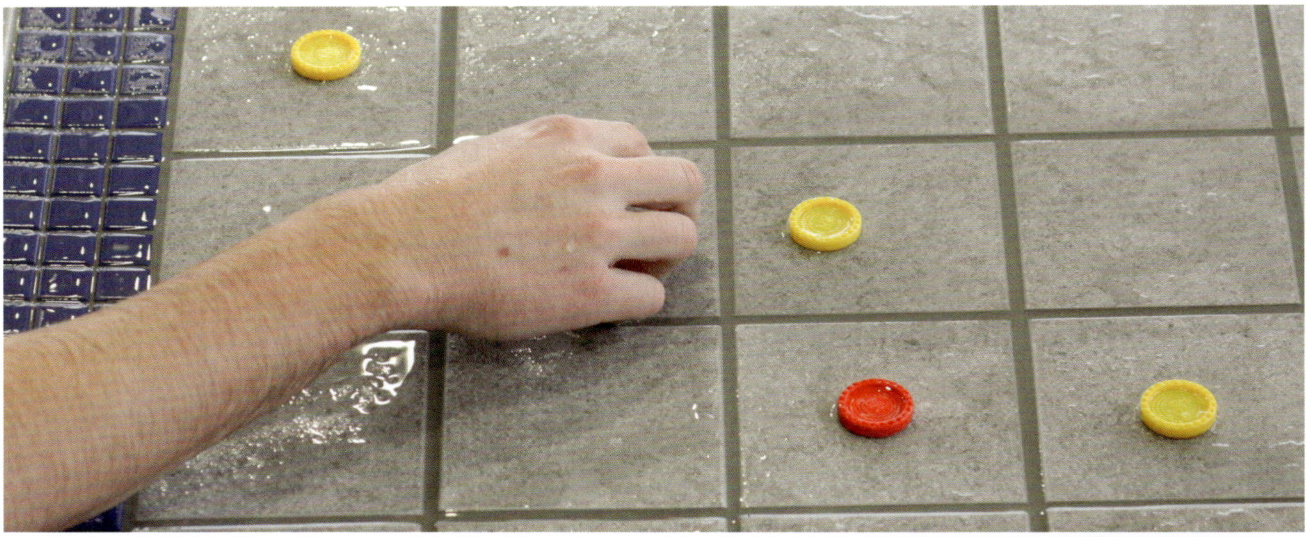

Phasen	Organisation, Material
Hauptteil (30 min)	
Indianerschwimmen: Wechsel zwischen Kraul- und Rückenschwimmen alle 6 Armbewegungen, anschließend alle vier Armbewegungen. Wer kann nach zwei Armbewegungen wechseln? Hinweise: Damit man nicht schwindelig wird, dreht man sich zu einer Seite und anschließend wieder in die Ausgangsposition zurück. Die Verwandtschaft von Rücken- und Kraulschwimmen kommt in einer Reihe von Merkmalen zum Ausdruck: In einer flachen und gestreckten Körperhaltung, dem Wechselbeinschlag und Rollen um die Körperlängsachse sowie einer alternierenden Armbewegung.	In Wellen
Rückenschwimmen mit dem Schwerpunkt Armbewegung (Zug-/Druckphase): Einarmig schwimmen: Beide Hände liegen an der Hüfte, ein Arm wird schwungvoll über Wasser nach vorne geschwungen, sodass er nach dem Eintauchen vor dem Kopf ca. 40 cm tief absinkt. Anschließend bewegt man die Handfläche bei völlig ruhigem Ellbogen an der Schulter vorbei nach oben, um das Wasser in Richtung der Füße zu schaufeln. Anschließend dreht sich die Hand mit der Innenfläche zum Beckenboden, der Arm wird schnell und druckvoll in Richtung Oberschenkel gestreckt und das Handgelenk klappt zum Boden ab. Nach einer Bahn nur mit dem anderen Arm schwimmen.	In Wellen 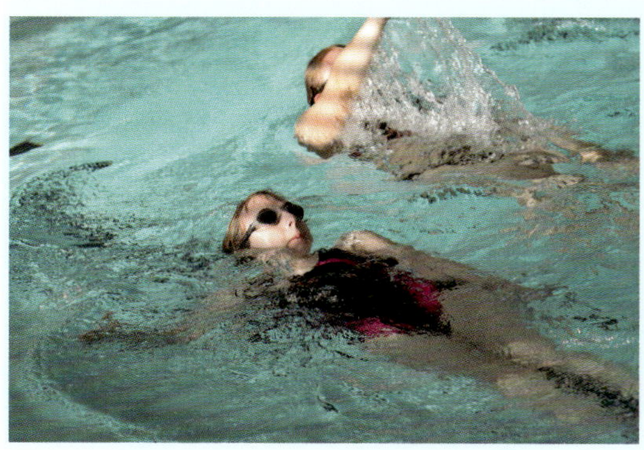

Rückenkraulschwimmen komplett mit Beobachtungsaufgaben: 1. Beobachtungsaufgabe Rhythmus: „Wo befindet sich die linke Hand, wenn die rechte eintaucht?“ Am Ende der Druckphase. 2. Beobachtungsaufgabe Rollbewegung: „Wo tauche ich mit den Händen ein?“ Der Bezugspunkt ist eine Uhr, der Schwimmer stellt die Zeiger da, es ist 6:00 Uhr. Das Ziel ist es, die Hände bei 11 (linke Hand) und 1 Uhr (rechte Hand) einzutauchen. Wie ist das möglich? Lösung: Durch eine Rollbewegung des Körpers zur Eintauchseite. Was passiert dadurch mit dem anderen Arm? Die Schulter kommt aus dem Wasser. Hinweis: Der Kopf darf nicht rollen. Rückenschwimmen mit bewusster Rollbewegung und fühlen, wie die Hüfte bei jeder Drehung an die Oberfläche kommt.	Schüler in Paaren
Partnerarbeit mit Korrekturbogen: Ein Partner beobachtet, indem er an Land neben dem „Schüler“ hergeht. Er füllt den Korrekturbogen aus und gibt nach jeder Bahn Rückmeldungen. Geschwommen werden maximal drei Bahnen, anschließend wechselt die Aufgabe.	Schüler in Paaren 1 Stift und 1 Korrekturbogen pro Paar

Ausklang (10 Minuten)

Tauchspiel **„Turmbau zu Babel“**: Vier Teams spielen gegeneinander und bauen jeweils einen eigenen Turm aus Duplosteinen auf einer beschwerten Bauplatte, die auf dem Grund liegt. Diejenige Mannschaft, deren Stein zuerst die Wasseroberfläche durchbricht, gewinnt das Spiel.	Duplosteine, 1-2 beschwerte Bauplatten, stehtiefes Wasser
Variation: Vier oder mehr Teams spielen im tiefen Wasser gegeneinander. Jedes Team bekommt eine Kiste mit Duplosteinen. Ziel ist es, auf einer Bauplatte, die auf einem Schwimmbrett liegt, den höchsten Turm zu bauen.	Tiefes Wasser, 1 Schwimmbrett, 1 Bauplatte, Steine

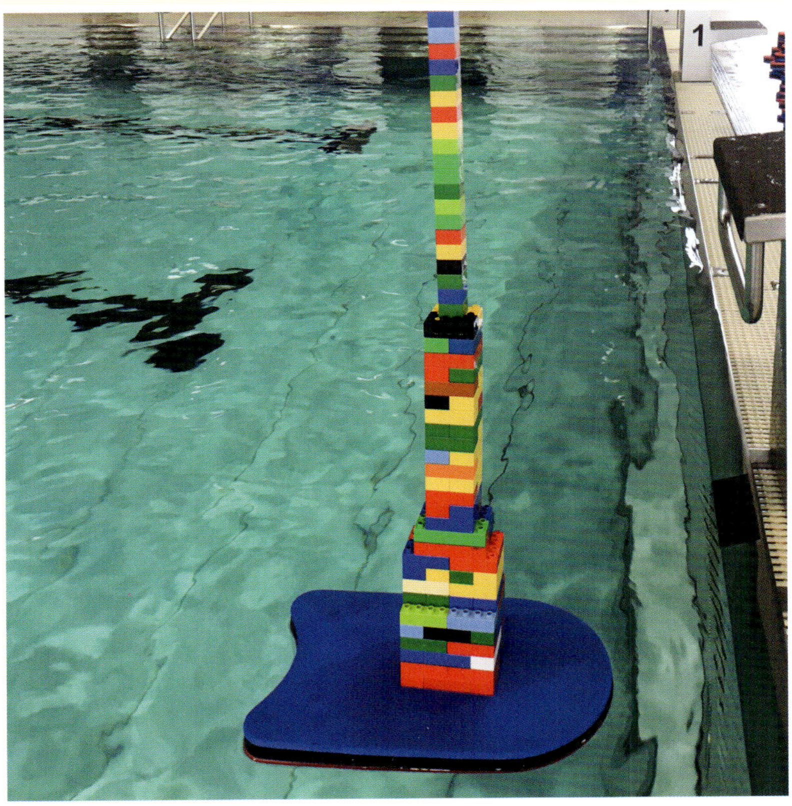

Korrekturbogen

Macht der Schwimmer eine Rollbewegung zum Eintauchen?	O ja	O nein
Hält der Schwimmer den Kopf gerade?	O ja	O nein
Taucht der Schwimmer den gestreckten Arm auf „11 bzw. 1 Uhr“ ein?	O ja	O nein
Zug-/Druckphase: Dreht sich die Handfläche sichtbar um?	O ja	O nein
Atmet der Schwimmer regelmäßig?	O ja	O nein

Häufige Fehler und Korrekturhilfen

Fehler	Korrekturen
Beinbewegung	**Hilfen/Tipps**
Die Knie durchbrechen die Wasseroberfläche. Ursache: Die Oberschenkel werden wie bei einer Radfahrbewegung angezogen.	Ein Schwimmbrett auf die Oberschenkel legen.
Das Fußgelenk ist steif.	Parallelen zum Gehen aufzeigen Beinbewegung mit Flossen
Wasserlage	**Hilfen/Tipps**
Der Schwimmer „sitzt" im Wasser.	Die Kopfhaltung verändern: Der Kopf bleibt in Verlängerung der Wirbelsäule und man vertraut darauf, dass man ihn locker ins Wasser legen kann. „Stell dir vor, du transportierst einen Gegenstand auf deinem Bauch, der nicht nass werden darf." Die Arme über Wasser strecken.
Armbewegung	**Hilfen/Tipps**
Die Arme sind unter Wasser gestreckt (wie beim Armkreisen rückwärts).	„Stell dir vor, du ziehst dich an einem Seil entlang, das knapp unter der Wasseroberfläche ist." Schwimmen mit Doppelarmzug
Die Ellbogen werden zu früh gebeugt und ziehen vor der Hand zur Hüfte, die Hand „wischt" durch das Wasser.	Die Hand fällt durch den Schwung über Wasser bewusst tief ins Wasser.
Rollbewegung des Körpers	**Hilfen/Tipps**
Keine Rollbewegung der Schulterachse. Der Schwimmer taucht seinen Arm weit außen ein.	Rückenschwimmen in Seitenlage mit jeweils nur einem Arm, z. B. immer 4 Armbewegungen mit links und 4 mit rechts.
Der Oberkörper verbiegt sich beim Eintauchen zur Seite, sodass die Hand über die Körpermitte greift.	„Tauche die Arme bei 11 und 1 Uhr ein."
Atmung	**Hilfen/Tipps**
Der Schwimmer hält meistens die Luft an und schnappt nur ab und zu nach Luft.	Während des Rückenschwimmens laut sprechen oder singen.

Stundenbild 7: Spielerisch die Ausdauer verbessern

Fachlicher Hintergrund

Die konditionelle Fähigkeit Ausdauer ist bei der Ausübung nahezu aller Sportarten von Bedeutung. Sie erfüllt verschiedene Funktionen (vgl. Sieland, S. 56):

- Ein langes Aufrechterhalten einer optimalen Belastungsintensität bei länger dauernden Belastungen,
- eine Stabilisierung von sportlicher Technik,
- eine Erhöhung der Belastungsverträglichkeit sowie
- die Beschleunigung der Wiederherstellung nach Training und Wettkampf.

Die Vielschichtigkeit der Aufgaben und die unterschiedlichen Zielsetzungen wie Leistung, Gesundheit oder Fitness führen dazu, dass eine einzige Definition von Ausdauer schwierig ist. Dieses sind zwei Beispiele:

„Ausdauer ist die Fähigkeit, eine Bewegung ohne Ermüdung über einen möglichst langen Zeitraum durchführen zu können" (Martin/Carl/Lehnertz 1993, 173).

Roth und Willimczik (1999) bezeichnen Ausdauer als die Fähigkeit, einer sportlichen Belastung physisch und psychisch möglichst lange widerstehen zu können (d. h. eine bestimmte Leistung über einen möglichst langen Zeitraum aufrechterhalten zu können) und sich nach sportlichen Belastungen rasch zu erholen.

Das Thema Verbesserung der Ausdauer klingt für Kinder und Jugendliche alles andere als attraktiv. Jeder Lehrer muss mit Protesten oder Desinteresse rechnen, wenn er Ausdauer ankündigt. Es wird verbunden mit Quälen, Überforderung und Eintönigkeit. Häufig gestellte Aufgaben, wie 400 m oder 600 m ohne Pause zu schwimmen, bestärken diese Einschätzung, denn es ist sehr langweilig und gar nicht kommunikativ, nur hin- und herzuschwimmen.

Geht man davon aus, dass es eine Aufgabe des Schulschwimmens sein sollte, Spaß am Wasser zu haben, so ist es sinnvoll, die Ausdauer spielerisch zu verbessern. Man merkt dabei gar nicht, wie viele Bahnen man wirklich geschwommen ist und Leistungsunterschiede lassen sich innerhalb der Mannschaften gut ausgleichen, da am Ende das Gesamtergebnis zählt, zu dem jeder Einzelne seinen Beitrag geleistet hat. Ausdauer im Rahmen des Schulschwimmens ist hinsichtlich Umfang und Intensität auch nicht vergleichbar mit einem Vereinstraining. Es geht lediglich darum, dass jeder Einzelne sich individuell fordert.

Bei einem azyklischen Grundlagenausdauertraining (Sieland, S. 64), wie es bei Spielen der Fall ist, kommt es zu einem Wechsel zwischen aerober Ausdauer mit mittelintensiven bis submaximalen Belastungen und hochintensiven anaeroben Phasen mit einem Wechsel der Bewegungsformen und einem Intervallcharakter der Tätigkeiten.

Das Wasser sollte tief sein, damit man schwimmen muss. Eine Ausdauereinheit bewirkt bei Kindern und Jugendlichen aufgrund des niedrigen Ausgangsniveaus gleichzeitig auch eine Verbesserung in anderen Bereichen wie zum Beispiel Schnelligkeit, Schnellkraft und Schnelligkeitsausdauer. Die Belastungsdauer sollte mindestens acht Minuten betragen, um sicherzustellen, dass die Energiebereitstellung überwiegend aerob erfolgt.

Hinweise zur Vorbereitung

Auf der Wärmebank werden vier Teams eingeteilt. Für das Nachahmungsschwimmen muss eine kleine Geschichte vorbereitet werden. Ein Mensch-ärgere-dich-Spielfeld kann ausgedruckt und laminiert werden, ebenso wie die Zahlenkaten von 1-40 für das Zahlenspiel. Außerdem braucht man vier Würfel und je vier Spielfiguren in vier unterschiedlichen Farben. Passive Schüler kontrollieren die Einhaltung der Spielregeln. Die Zahlenkarten werden gemischt und umgedreht an den Beckenrändern verteilt. Für das abschließende Raufballspiel im tiefen Wasser braucht man einen Football.

Ziele

- Verbesserung der individuellen Ausdauerleistungsfähigkeit im Wasser, Anstrengungsbereitschaft fordern, Regeln verstehen, akzeptieren und einhalten, kooperieren im Team
- Die Schüler lernen Möglichkeiten kennen, ihre schwimmerische Ausdauer auf eine motivierende Weise zu verbessern.

Auf einen Blick

Phasen	Organisation, Material
Einstieg (5 Minuten)	
Dauermethode: **„Nachahmungsschwimmen“** Der Vorteil einer Geschichte liegt darin, dass die Schüler davon abgelenkt werden, wie viele Bahnen sie schwimmen. Der Spielleiter erzählt einen kurzen Absatz der Geschichte, anschließend schwimmen alle zwei Bahnen. Sobald der letzte Schüler angekommen ist, wird die Geschichte weitererzählt. Beispiel: Wir befinden uns im Mittelalter. Richtschnur des mittelalterlichen Lebens war das Ständesystem, das jedem Menschen seinen Platz in der Gesellschaft zuwies. Unumstritten an der Spitze stand der König, *Zwei Bahnen königlich schwimmen.* dem sich der Adel unterzuordnen hatte. Damals gab es schon sehr hochnäsige Grafen, die am liebsten in ihrer Badewanne auf und ab schwammen. *Zwei Bahnen hochnäsiges Badewannenschwimmen.* Die nächste Sprosse auf der Ständeleiter bildeten Mönche und Ritter. *Je zwei Bahnen schwimmen wie ein Ritter und Mönche:* *Als Ritter tragen sie eine Poolnudel wie eine Lanze vor sich, als Mönch einen Pullbuoy, der das Kreuz symbolisiert.* Hatte ein junger Knappe das 21. Lebensjahr vollendet, wurde er in den Ritterstand gehoben. Dazu benötigte er ein Herz wie ein Löwe, *Zwei Bahnen schwimmen wie ein Löwe mit lautem Gebrüll.* die Tapferkeit eines Ebers, *Zwei Bahnen schwimmen wie ein Eber: beide Hände werden wie Stoßzähne vor das Gesicht gehalten* und den Mut eines Tigers. *Zwei Bahnen schwimmen wie ein Tiger: mit gespreizten Fingern als Krallen* An diesem Tag erhielt der junge Ritter ein eigenes Pferd als Geschenk. *Zwei Bahnen huckepack mit einem Partner laufen.* Die schönen Künste erlebten im Hochmittelalter ebenfalls ihren Aufschwung. Liebestolle Liedermacher sangen Lieder der Minne. *Zwei Bahnen schwimmen wie ein liebestoller Liedermacher: Singend auf dem Rücken schwimmen mit einem Schwimmbrett in den Händen, das sie wie eine Laute spielen.*	stehtiefes Wasser

Hauptteil (35 min)

Extensives Intervall **„Mensch-ärgere-dich-nicht“**:

Vier Teams spielen gegeneinander. Alle Spieler stehen zu Beginn am Spielbrett am Beckenrand. Sie spielen nach den bekannten Regeln. Jedes Team hat einen Würfel. Es wird reihum gewürfelt. Nach jedem Wurf schwimmt die Hälfte der Mannschaft eine Bahn und wieder zurück. Anschließend wird erneut gewürfelt und die andere Hälfte schwimmt. Welches Team hat auf diese Weise zuerst eine Spielfigur im Haus?

Mensch-ärgere-dich-nicht-Spiel, 4 Würfel
Querbahnen

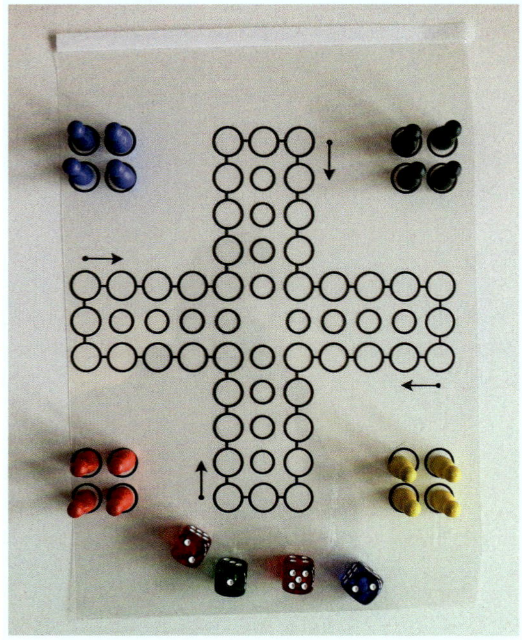

Variation **„Leiterspiel“**:

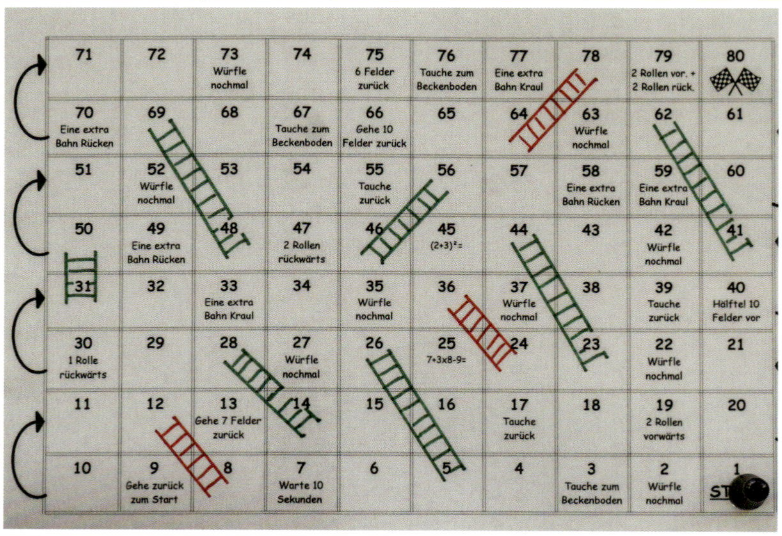

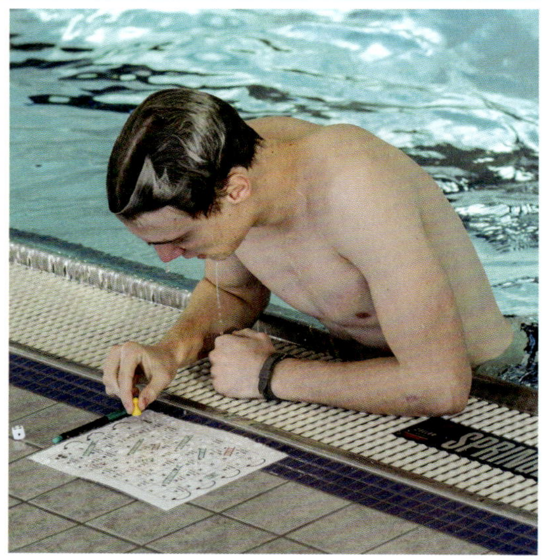

Der Spielplan, der entweder selbst gestaltet werden kann oder aus dem Spiel übernommen wird, wird für alle Spieler gut erreichbar an den Beckenrand gelegt. Jedes Team erhält eine Spielfigur und stellt sie auf das gleichfarbige Startfeld. Das Team, das die höchste Augenzahl würfelt, beginnt. Danach wird reihum im Uhrzeigersinn weitergespielt. Wer an der Reihe ist, würfelt. Entsprechend der gewürfelten Augenzahl darf man mit seiner Spielfigur vorrücken. Landet ein Spieler am Ende seines Zuges auf einem Leiterfeld, benutzt er die Leiter, die an diesem Feld beginnt oder endet, klettert sie hinauf oder hinab und stellt seine Spielfigur auf das rote Feld am anderen Ende der Leiter. Nach dem Wurf schwimmt die Hälfte des Teams zwei Bahnen. Wer als Erster mit seiner Spielfigur das Zielfeld erreicht, hat gewonnen. Allerdings kann man nur mit der passenden Augenzahl ins Ziel ziehen, ansonsten muss man die überzähligen Punkte rückwärts ziehen.

Hinweis: Passive Schüler kontrollieren den Spielverlauf.

Dauermethode: **„Zahlenschwimmen"**

Spielkarten von 1-40, ca. 8 Schwimmbretter, 4 Würfel

Um den Beckenrand an Land werden laminierte Zahlenkarten von 1-40 verteilt. Vier Teams spielen gegeneinander und verteilen sich jeweils an einer Ecke des Spielfeldes. Nach dem Startsignal würfelt jedes Team und alle Spieler suchen diese gewürfelte Zahl. Der Spieler, der gewürfelt hat, behält den Würfel während des gesamten Spielverlaufs in der Hand. Hat ein Spieler diese gefunden, ruft er und alle Spieler seines Teams schwimmen zu ihm. Anschließend würfelt das Team erneut, addiert die gewürfelte Zahl zu der ersten und sucht das neue Ergebnis. Alle Karten bleiben an ihrem Ort. Ziel ist es, genau 40 zu würfeln und zuerst komplett an der Zahlenkarte zu sein.

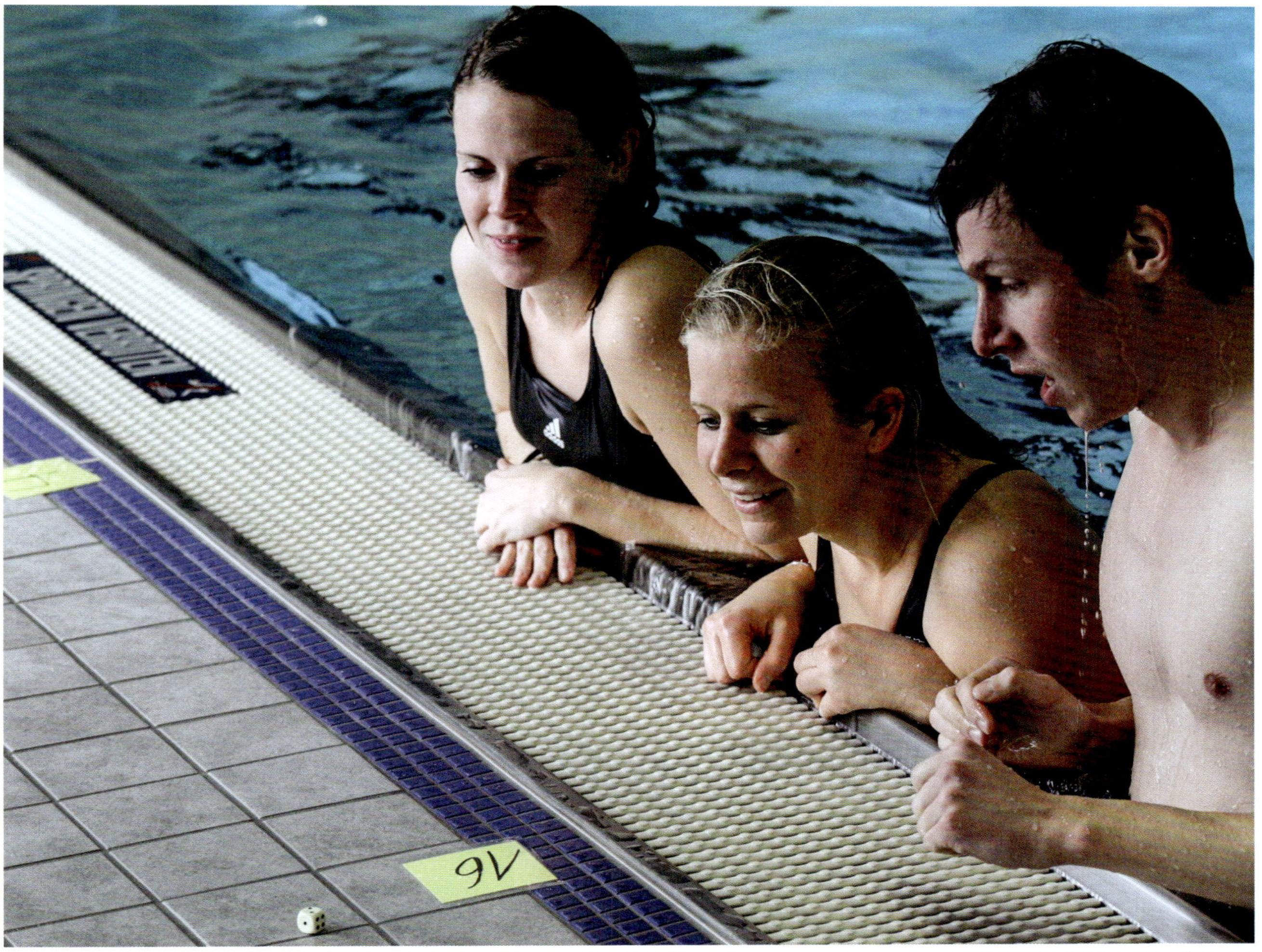

Variation: Auf der Rückseite der Zahlenkarten stehen Aufgaben, die die Teams gemeinsam absolvieren müssen, bevor erneut gewürfelt wird. Beispiele hierfür sind:

„Macht einen Handstand", „schwimmt gemeinsam eine Bahn und bleibt dabei miteinander verbunden", „singt gemeinsam ein Lied", „baut eine menschliche Pyramide", „macht 10 Hock-Strecksprünge im Wasser".

Ausklang (5 Minuten)

„Wasserraufball" im tiefen Wasser mit einem Football: Ziel ist es, den Football am gegnerischen Beckenrand abzulegen.

Kappen, Football

Stundenbild 8: Einführung Delfinschwimmen

Fachlicher Hintergrund

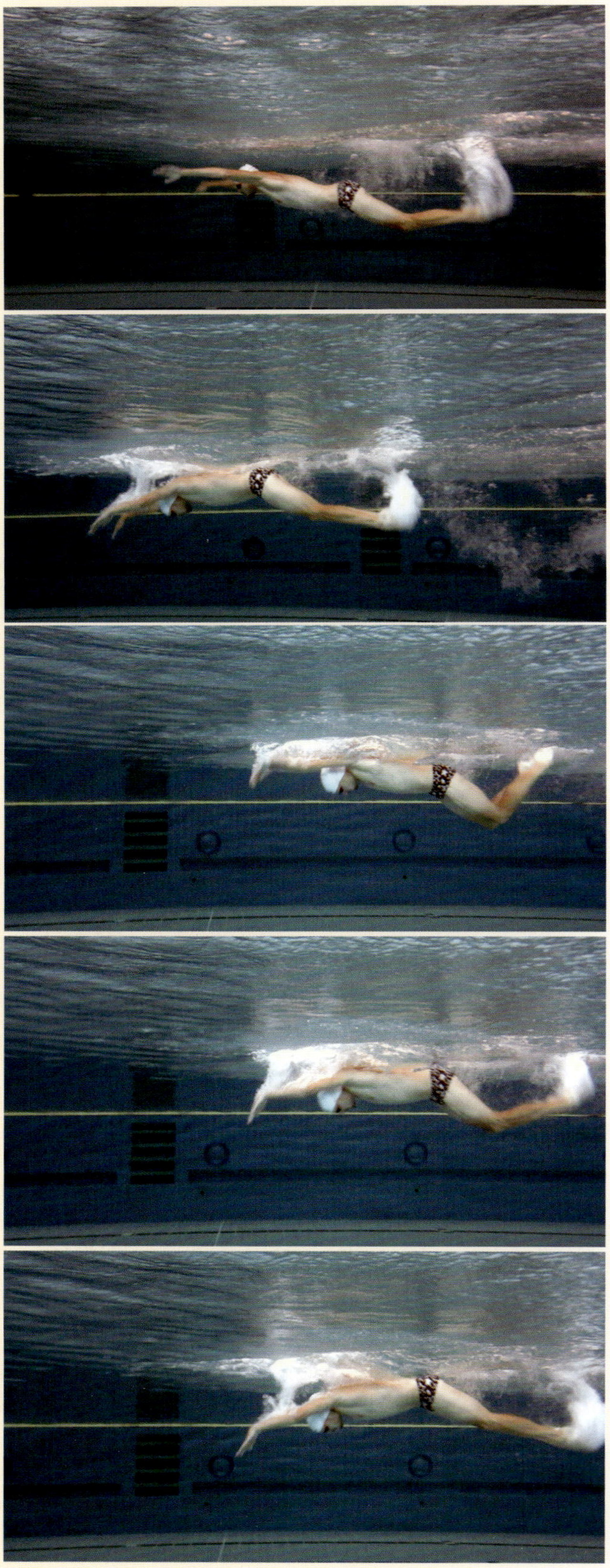

In den 1930er Jahren begannen Brustschwimmer zu experimentieren. Sie waren das zähe Rückholen der Arme unter Wasser leid und versuchten es über dem Kopf. Mit dem Ergebnis, dass sie mit dieser Technik bei Wettbewerben bessere Zeiten erzielen konnten. Dieses Schmetterlingsschwimmen war die Vorstufe zum heutigen Delfin. 1953 trennte schließlich der Weltschwimmverband Fina durch genauere Regeln die beiden Arten voneinander. Heute existiert die Variante mit dem Brustbeinschlag bei Wettkämpfen nicht mehr und Schmetterlingsschwimmen wurde die offizielle Bezeichnung für die Technik des Delfinschwimmens.

Maßgeblich für diese Unterrichtseinheit zum Delfinschwimmen sind zunächst in erster Linie die aktuellen Wettkampfbestimmungen des Deutschen Schwimm-Verbandes zum Delfinschwimmen, hier die folgenden Punkte:

„Beide Arme müssen gleichzeitig nach vorn über Wasser und gleichzeitig nach hinten unter Wasser bewegt werden" und „alle Auf- und Abbewegungen der Beine müssen gleichzeitig ausgeführt werden... Wechselschlagbewegungen sind nicht erlaubt, Brustbeinschlag ist nicht zulässig" (vgl. § 108 der Wettkampfbestimmungen des DSV).

Weitere zentrale Knotenpunkte sind:

- Starke Wellenbewegungen des Körpers, gesteuert durch den Kopf, machen im Anfangsstadium Sinn. Später sollten die Kopfbewegung und damit auch die Wellenbewegung flacher und nach vorn in Schwimmrichtung erfolgen. Die Ganzkörperdelfinbewegung wird zunächst vom Kopf gesteuert, der Impuls erfolgt aber aus dem Rumpf und pflanzt sich fort über die Hüfte bis zu den Fußspitzen.
- Die Arme werden über Wasser nach vorne gebracht und tauchen leicht angewinkelt in das Wasser ein. Unmittelbar danach werden die Arme unter einer gleichzeitigen Einwärtsdrehung der Hände vollständig gestreckt.
- Zugphase: Die Ellbogen werden bei hoher Ellbogenposition zunehmend kräftiger gebeugt, die Hände ziehen den Körper nach vorne.
- Druckphase: Wenn sich beide Hände unter der Schulterachse befinden, beginnt durch eine kräftige Ellbogenstreckung die Druckphase, der Körper wird nach hinten gedrückt, die Hände bewegen sich auswärts-aufwärts bis neben die Oberschenkel.
- Koordination: Pro Zyklus werden in der Regel zwei Beinaktionen auf eine Armbewegung ausgeführt. Der erste peitschenartige Kick fällt mit dem Eintauchen der Hände zusammen und der zweite erfolgt gegen Ende der Druckphase der Arme.

Didaktische Überlegungen

Zur Einführung einer koordinativ und konditionell anspruchsvollen Technik wie dem Delfinschwimmen sind idealtypische Leitbilder kaum hilfreich. Deshalb findet zunächst eine Ausrichtung der Inhalte an diesen beiden Wettkampfbestimmungen statt: Beide Arme bewegen sich gleichzeitig und beide Beine bewegen sich gleichzeitig auf und ab. Beim Delfinschwimmen lernt die Gruppe so, ihre Konzentration auf bestimmte Bewegungsabläufe zu richten und ist nicht durch eine Vielzahl von Informationen überfordert.

Die Technik soll durch folgende zwei didaktische Reduzierungen gelernt werden: Die Atmung wird erst später im Lernprozess relevant: Anfänger haben oft das Gefühl, hoch aus dem Wasser kommen zu müssen, um atmen zu können. Alle Anstrengungen zielen deshalb darauf ab, den Kopf aus dem Wasser zu bekommen und die Arme nach vorne zu bringen. Dieses ist zunächst nicht zielführend. Im Mittelpunkt steht die Aufgabe, sich wellenförmig durch das Wasser zu bewegen und eine ruhige Armbewegung zu lernen. Mangelnde Kraft, die schnell zu Frustration führen kann, wird durch den Bodenabdruck beim Sprung und Flossen, die die vortriebswirksamen Flächen deutlich vergrößern und einen hohen Aufforderungscharakter besitzen, kompensiert. So entstehen eine höhere Geschwindigkeit, ein leichteres Vorankommen und schnelle Erfolgserlebnisse.

Hinweise zur Vorbereitung

Jeder Schüler holt sich vor dem Duschen ein Paar Flossen in seiner Größe. Für das Fangspiel zu Beginn der Stunde brauchen die Fänger Kappen.

Ziele

- Annäherung an das Delfinschwimmen, Antriebsmöglichkeiten ausprobieren
- Erste Merkmale des Delfinschwimmens kennen und benennen können
- Bewegungen beobachten und korrigieren können bei sich selbst und anderen, Sammeln vielfältiger Bewegungserfahrungen, Wahrnehmungsfähigkeit verbessern

Auf einen Blick

Phasen	Organisation, Material
Einstieg (5 Minuten)	
Fangspiel **„Zauberer“**: Ein oder mehrere mit Kappen gekennzeichnete Fänger versuchen im stehtiefen Wasser, andere Spieler abzuschlagen. Gelingt dieses, bleiben die Gefangenen auf der Stelle mit gegrätschten Beinen und nach oben gestreckten Armen stehen. Sie können durch einen Delfinsprung mit anschließendem Durchtauchen der gegrätschten Beine befreit werden. Nach spätestens zwei Minuten wechseln die Fänger, indem sie ihre Kappe an einen anderen Spieler weitergeben.	Kappen für die Fänger Nichtschwimmerteil, stehtiefes Wasser
Hauptteil (35 min)	
Köperwelle und Beinbewegung: Fortbewegung durch synchrone Beinbewegungen mit Flossen ohne Zuhilfenahme der Arme: Unterschiedliche Lagen, Armpositionen und Frequenzen ausprobieren. Was funktioniert am besten?	Flossen für jeden

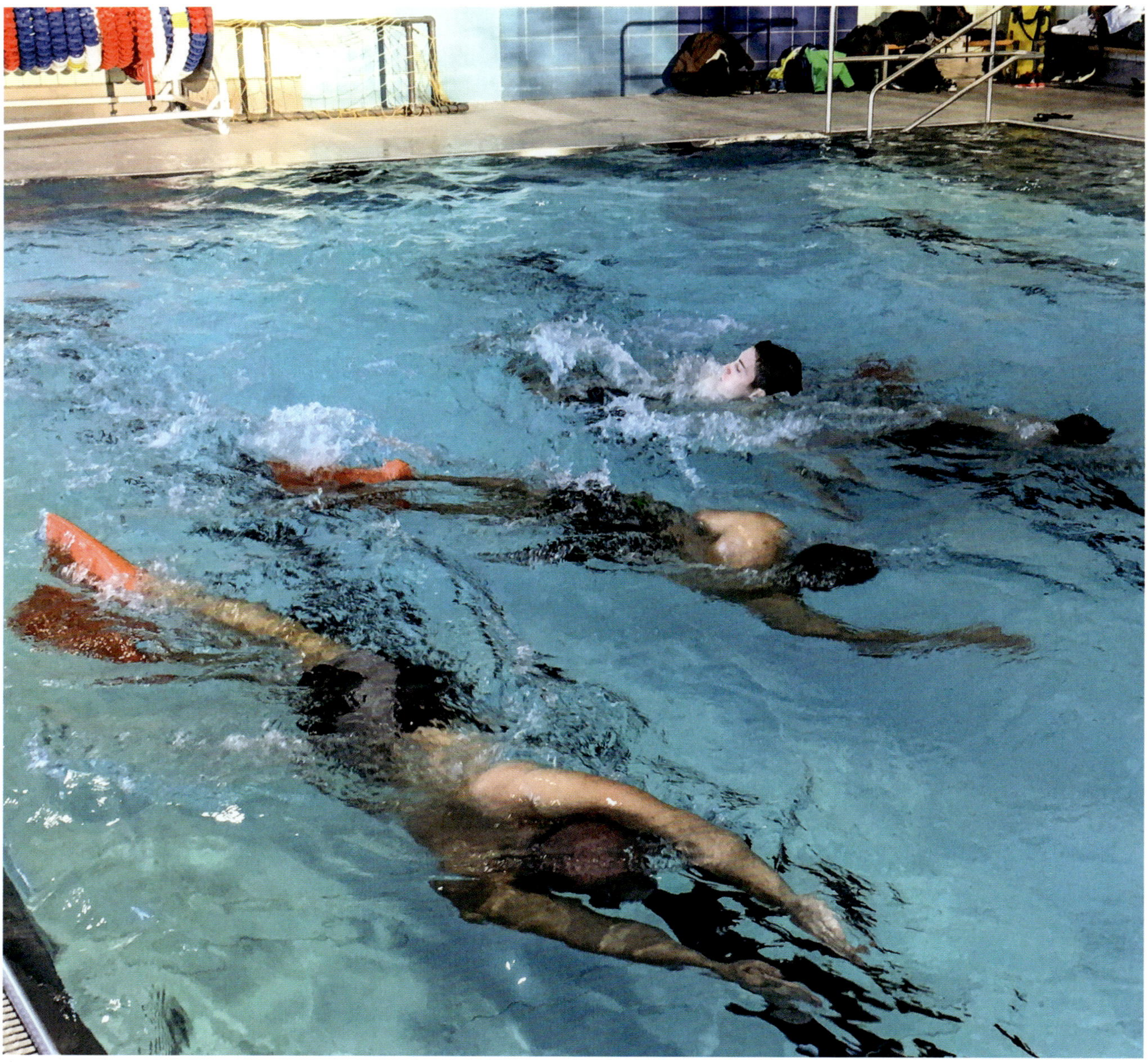

Partnerbeobachtung und -korrektur: Derjenige, der korrigiert, geht am Rand entlang und beobachtet den Schwimmer von oben. Nach einer Bahn gibt er seinem Partner eine Rückmeldung. Dieser schwimmt zurück und erhält eine weitere Rückmeldung. Anschließend werden die Rollen gewechselt.

Es gibt folgende zwei Beobachtungspunkte:

Werden die Beine gemeinsam bewegt?

Findet eine Auf- und Abbewegung statt?

Hinweis: Manchen Schülern fällt es schwer, beide Beine gleichzeitig zu bewegen. Sie bewegen beispielsweise stattdessen nur die Hüfte.

Delfinsprünge: Flossen

Delfinsprung und anschließendes Steuern von Armen, Kopf und Oberkörper zur Wasseroberfläche. Erneutes Hinstellen und Springen. Nichtschwimmerteil

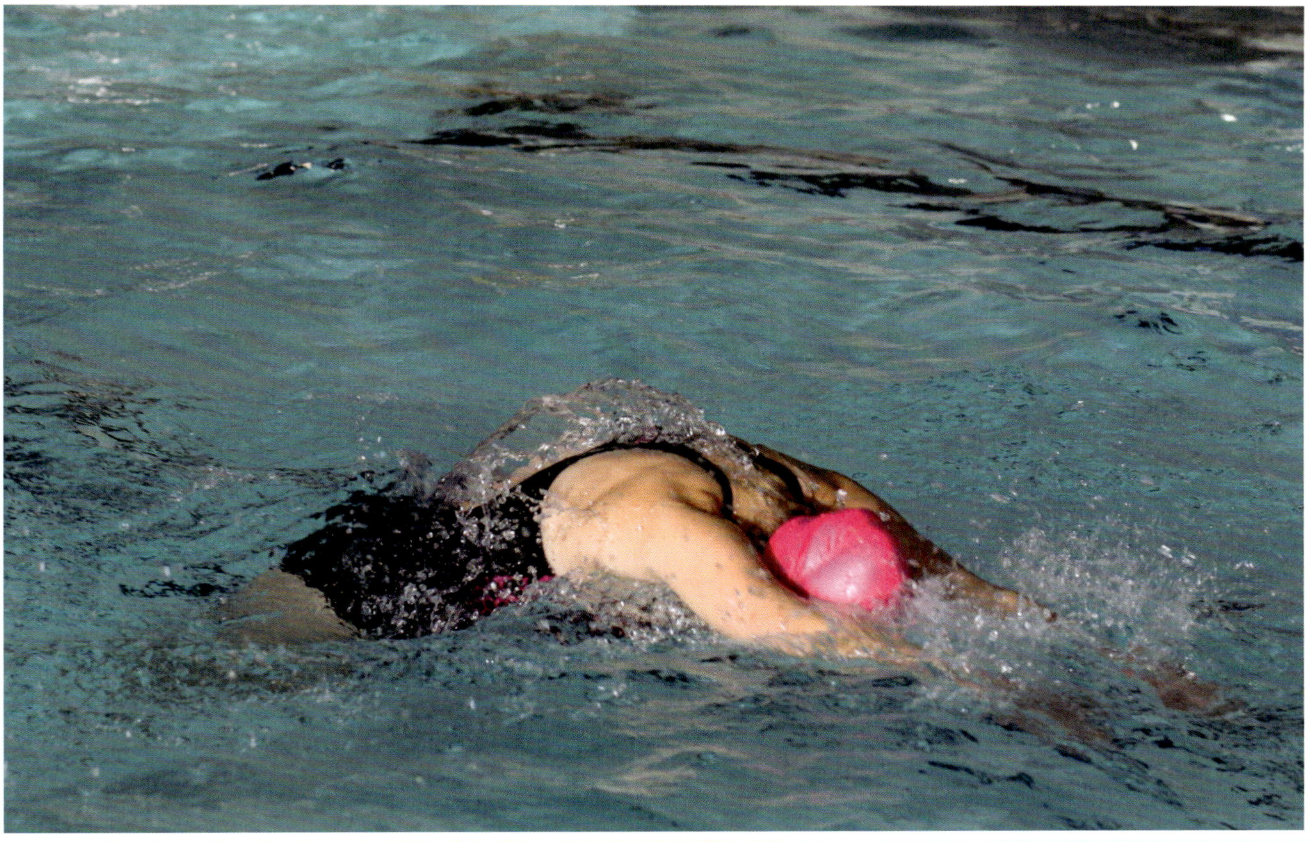

Delfinsprung wie oben, aber jetzt in die Weite.

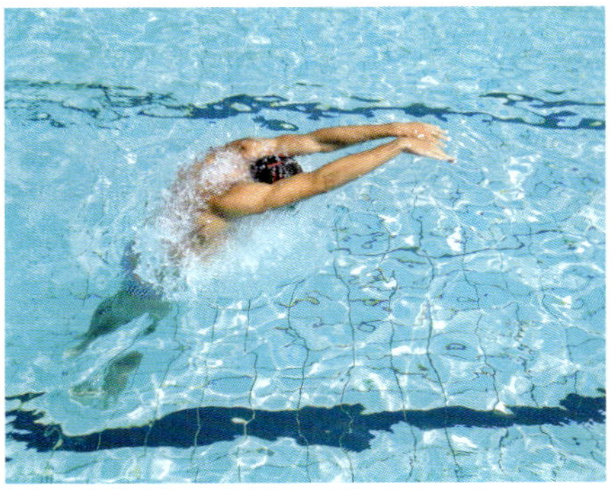

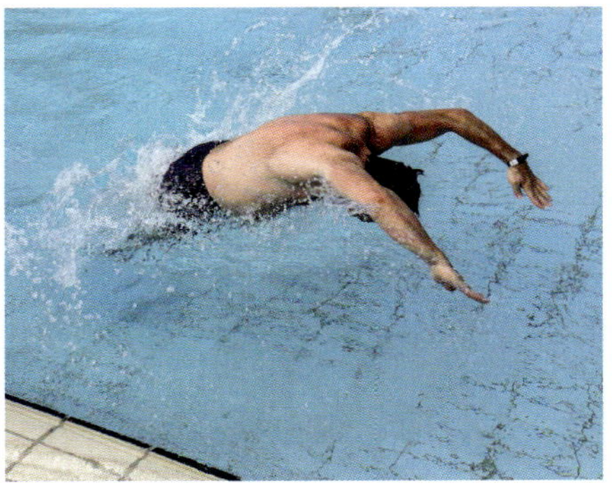

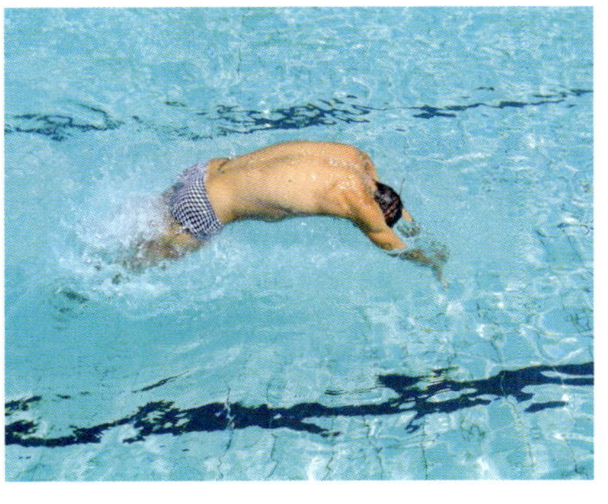

Delfinsprünge und Armbewegung:

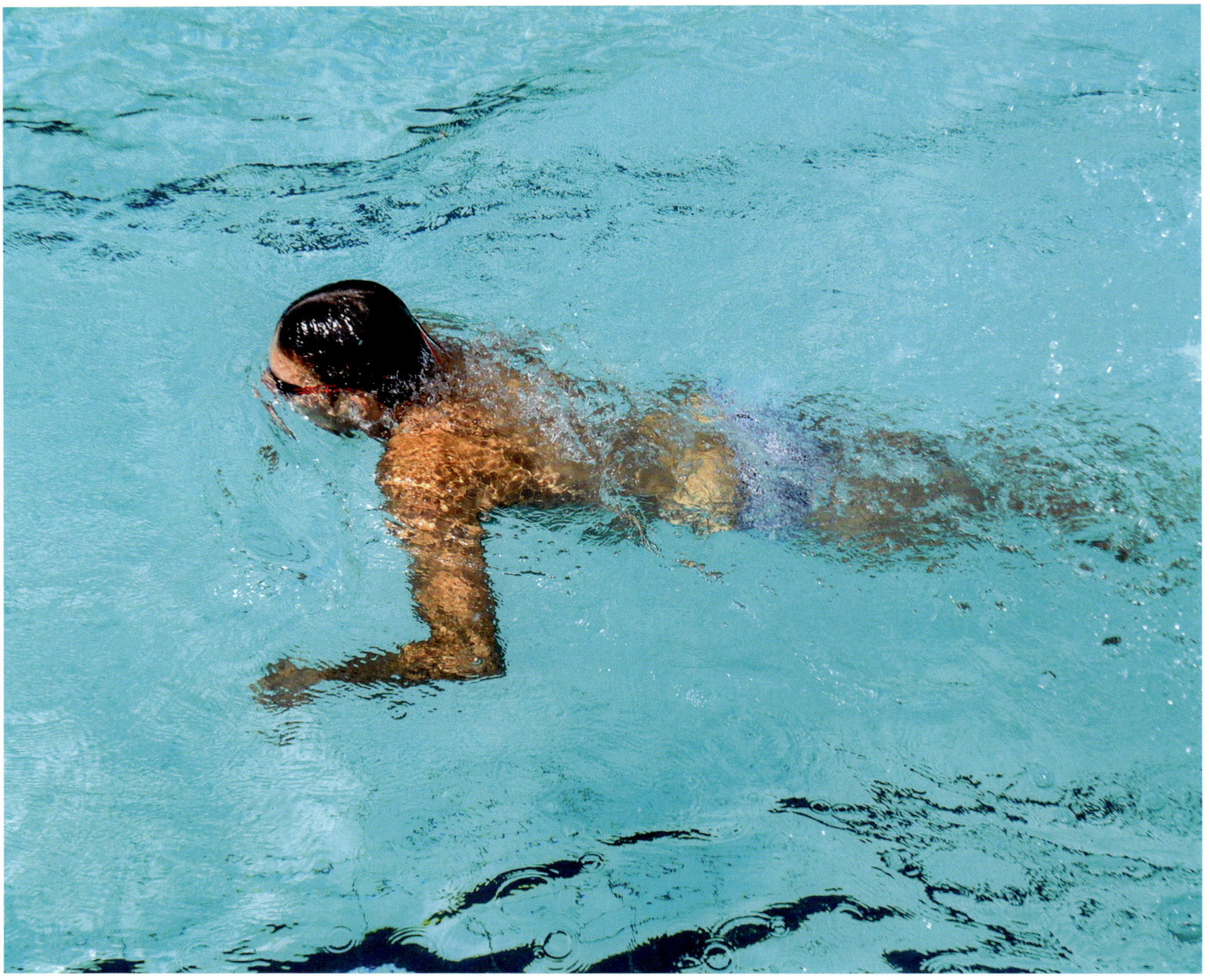

Delfinsprung, zur Oberfläche steuern, Zug- und Druckphase mit beiden Händen anschließen, die Hände wieder eintauchen und gleiten. Anschließend immer wieder erneut hinstellen und die Aufgabe mehrfach wiederholen.

Wie oben, aber jetzt drei Armbewegungen hintereinander ausführen, ohne zu atmen. Anschließend immer wieder hinstellen und die Aufgabe wiederholen.

Hinweis: Bei jedem Eintauchen stromlinienförmig so lange gleiten, bis die Hüfte den höchsten Punkt erreicht hat.

Erprobungsphase: Delfinschwimmen mehrere kurze Bahnen mit Flossen und ohne Atmung ausprobieren. Pausen können beliebig gewählt werden.

Korrektur durch die Lehrkraft

Hinweis: Die Schüler spüren, wenn es sich „gut" anfühlt.

Ausklang (5 Minuten)

Spiel **„Ballhochhalten"**: Mehrere kleiner Teams mit 4-6 Spielern treten gegeneinander an. Ziel ist es, innerhalb der Gruppe einen aufgeblasenen Wasserball oder einen Plastikball so oft wie möglich hoch zu spielen, ohne dass er die Wasseroberfläche berührt. Kein Spieler darf den Ball zweimal hintereinander berühren. Welche Mannschaft schafft die meisten Ballkontakte?

Ein aufgeblasener Wasserball oder Plastikball

Stundenbild 9: Wasserball

Fachliche Hinweise

Jeder Spieler bekommt einen Aquajogginggürtel, damit er im tiefen Wasser nicht nur damit beschäftigt ist, sich über Wasser zu halten und sich so „entspannter“ auf das Spielgeschehen konzentrieren kann. Flossen sind hier nicht geeignet, da sie ein effektives Wassertreten unmöglich machen.

Ballaufnahme:

- Schöpfgriff: Mit Hilfe des Schöpfgriffs wird der Ball von unten mit einer Art Schaufelbewegung aufgenommen. Der Ball liegt so weit vom Körper entfernt, dass ihn die Hand mit gebeugtem Arm problemlos erreichen kann. Die Gegenschulter ist leicht nach vorne geschoben, um den Ball abzuschirmen. Die Stützhand „paddelt“. Mit leicht gespreizten Fingern geht die Hand unter den auf der Wasseroberfläche liegenden Ball, schöpft diesen aus dem Wasser und bringt ihn in eine günstige Ausgangsposition für einen Schuss oder Pass. Aufgrund des Wasserkissens, welches sich vor der Ballaufnahme zwischen Hand und Ball bildet, kann es vorkommen, dass der Spieler den Ball nicht sofort unter Kontrolle bringen kann. Dieses vermeidet man, indem man die Hand etwas langsamer zum Ball zieht. Vorteile dieser Ballaufnahme sind, dass der Spieler den Ball noch nicht greifen können muss und der Ball nicht unter Wasser gedrückt werden kann. Dieses ist ein Regelverstoß.

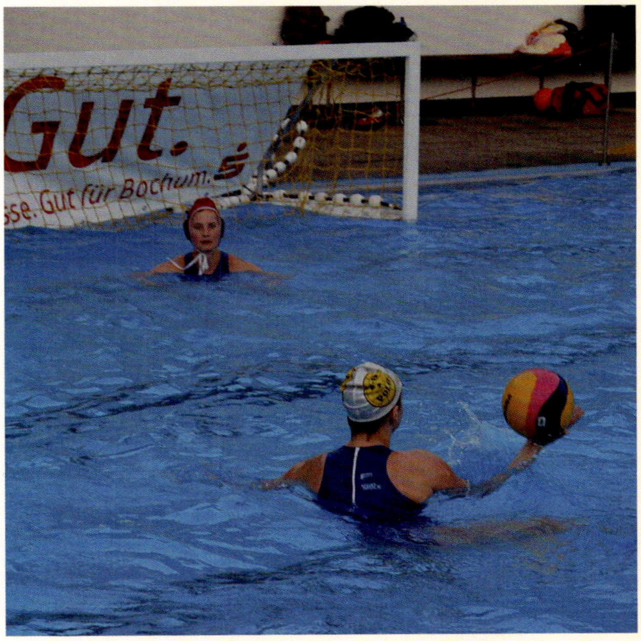

- Drehgriff: Diese Ballgrifftechnik wird von den meisten Spielern verwendet. Hierbei drückt die greifende und gespreizte Hand den Ball etwa zur Hälfte unter Wasser. Anschließend beendet man den Druck auf den Ball und nutzt seinen Aufwärtsimpuls aus. Die Hand dreht sich mit dem Ball um 180 Grad zur Kleinfingerseite, der Spieler greift den Ball, winkelt den Arm etwas zum Körper an und bringt den Ball in die Wurfauslage.

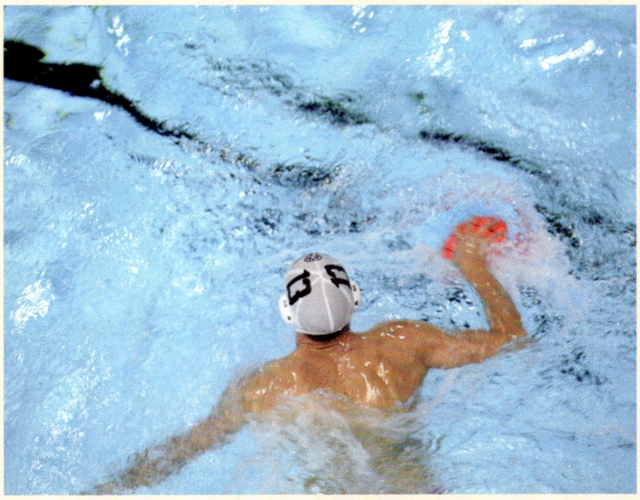

Fangen: Wer nicht gut fangen kann, wird von seinen Mitspielern nicht mehr angespielt. Außerdem schützt richtiges Fangen vor Fingerverletzungen. Der Ball sollte aus der Luft immer mit gespreizten Fingern angenommen werden, die wie eine Feder wirken. An der flachen Hand würde der Ball abprallen. Der Ball wird am besten schon 15-20 cm vor dem Kopf in der Luft mit angewinkeltem Arm angenommen. Wird er neben dem Kopf angenommen, kann der Schwung die Hand nach hinten reißen und der Ball rutscht von der Hand. Die Vorwärtsbewegung des Balls wird durch das Zurückführen des Arms und einer leichten Drehung des Oberkörpers zur Wurfarmseite abgebremst. Diese Phase ist erst beendet, wenn sich der Arm in Verlängerung der Schulterachse hinter dem Kopf befindet und der Rumpf leicht verwrungen ist, sodass sich die Schulterachse quer zur Hüftachse befindet. Diese leichte Bogenspannung bildet bereits die einleitende Phase für den folgenden Wurf oder das Abspiel. Viele Fehler entstehen beim Abbremsen des Balls. Oft wird er nur durch eine Vor- oder Rückwärtsbewegung des Oberkörpers abgebremst, wodurch die Reichhöhe des Arms deutlich verringert ist. Oder der Spieler will den Ball zu früh abstoppen und der Ball prallt dadurch von der Hand zurück.

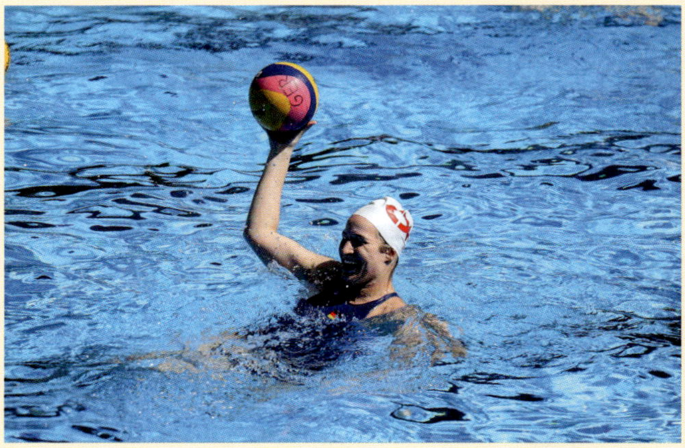

Passen: Das Passen ist als eine zentrale technisch-taktische Fertigkeit für Anfänger ein komplexer Vorgang. Das eigene Bewegungsverhalten muss dem des Mitspielers angepasst werden, also müssen sowohl die Geschwindigkeit als auch die Bewegungsrichtung der Mitspieler beobachtet und richtig eingeschätzt werden, um genaue Zuspiele ausführen zu können. Der Ball sollte nie in den Rücken eines Mitspielers gespielt werden.

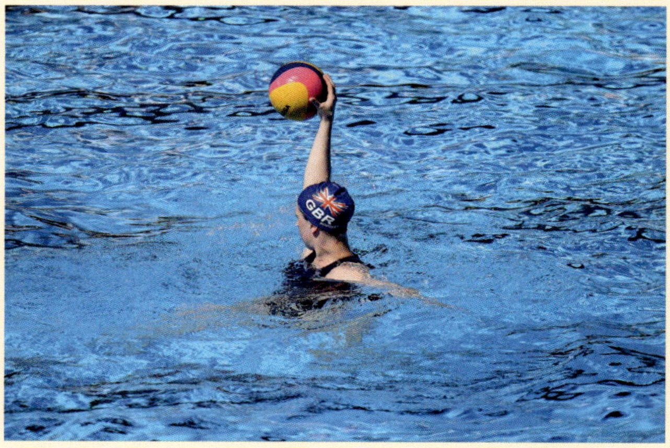

Bei der Ballabgabe nutzt man den vom ankommenden Ball erzeugten Schwung aus. Das spart Energie und Muskelkraft. Der Ball kann auf zwei Arten abgegeben werden, bogenartig und schussartig (scharf geschossen, Flugbahn parallel zur Wasseroberfläche). Vorteile der bogenartig durchgeführten Abgabe sind, dass der Ball auf die Wasseroberfläche fällt und nicht weiterrutscht, und dass er über einen Gegenspieler zum Mitspieler geworfen werden kann. Er fliegt jedoch langsam und hat nur einen geringen Druck. Dadurch presst er sich nicht fest genug in die Hand des Mitspielers, für den die Annahme aus der Luft erschwert ist. Die schussartige Ballabgabe muss mit so viel Ballgefühl erfolgen, dass der Partner den Ball noch sicher aus der Luft annehmen kann. Der Ball erreicht eine höhere Geschwindigkeit, man gewinnt Zeit und der Gegner ist gezwungen, schneller zu reagieren. Durch die höhere Geschwindigkeit kommt der Ball fester in die Hand des Mitspielers und ermöglicht ihm eine blitzschnelle Übergabe.

Wurf: Die Ballabgabe und der Wurf basieren auf den gleichen Bewegungsabläufen, sie unterscheiden sich nur in Ziel und Härte.

Der Schlagwurf ist die am häufigsten angewandte Wurftechnik beim Wasserball und sollte deshalb auch als erste eingeführt werden. Ein Vorteil liegt darin, dass sie in fast allen Schwimmlagen, auch in Rückenlage, angewendet werden kann. Außerdem können Ballgeschwindigkeiten von 80 km/h erreicht werden bei hoher Präzision. Die Anwendung des Schlagwurfs ist dann zweckmäßig, wenn der Spieler Platz und Zeit hat, den Wurf ungestört auszuführen.

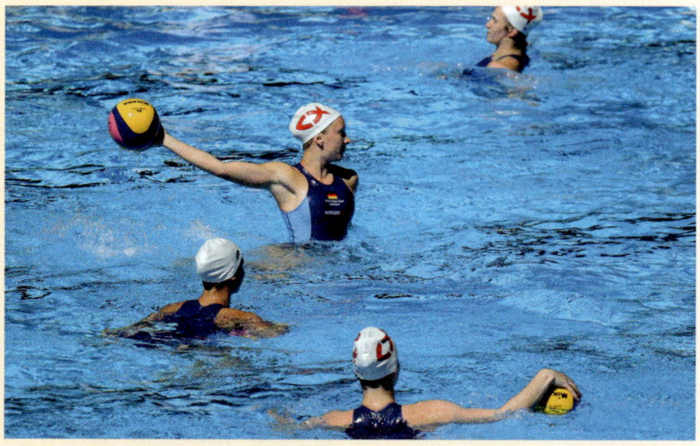

Die Schulter des Wurfarms muss beim Wurf deutlich über der Wasseroberfläche sein. Der nicht ballführende Arm unterstützt das Aus-dem-Wasser-Kommen durch eine fächernde Bewegung der Hand, das Tellern, und sichert das Gleichgewicht. In der Wurfauslage wird der Oberkörper stark verwrungen. Die Nichtwurfschulter zeigt nach vorne zum Ziel. Je weiter der Oberkörper aus dem Wasser kommt, desto stärker kann der Rumpf beim Wurf eingesetzt werden. Beim Wurf wird die Schulter mit nach hinten geführtem leicht gebeugten Wurfarm schlagartig nach vorne gebracht. Der Arm zieht seitlich am Kopf vorbei. Bevor der Ball die Hand verlässt, wird das Handgelenk gestreckt und nach außen gedreht. Die Fingerspitzen üben noch einen letzten Druck auf den Ball aus, wodurch zusammen mit dem Handgelenk die Richtung bestimmt wird. Ein optimaler Schlagwurf zeichnet sich neben der hohen Wurfgeschwindigkeit und Wurfpräzision auch dadurch aus, dass keine oder nur eine geringe Rotation des Balls während des Flugs auftritt.

Hinweise zur Vorbereitung

Jeder Schüler braucht einen Ball und je nach Bedarf einen Aquajogging-Gürtel. Das abschließende Wasserballspiel wird – wenn vorhanden – auf zwei Tore oder Behelfstore gespielt. Mindestens ein Team muss durch Kappen gekennzeichnet werden. Der Lehrer sollte in jedem Fall im Besitz einer Pfeife sein, wenn er beim Abschlussspiel Schiedsrichter ist. Passive Schüler coachen beim abschließenden Spiel eine Mannschaft, kümmern sich beim Fangen und Passen und Torwurf um die Bälle, die außerhalb des Wassers landen und nutzen gegebenenfalls ihr Handy, um kurze Videosequenzen vom Torwurf aufzunehmen und den entsprechenden Schülern zu zeigen.

Ziele

- Regeln verstehen, akzeptieren und einhalten
- Technische Elemente im Spiel anwenden können, Spielhandlungen reflektieren, Bewegungserfahrung erweitern

Auf einen Blick

Phasen	Organisation, Material
Einstieg (5 Minuten)	
Dribbeln: Jeder Spieler hat einen Ball, alle dribbeln im Feld durcheinander. Jedem Spielfeldrand wird eine Farbe zugeordnet. Nach den Kommandos des Spielleiters gilt es, so schnell wie möglich mit Ball zu dem entsprechenden Rand zu dribbeln.	Für jeden Spieler einen Ball Frei im Feld, tiefes Wasser
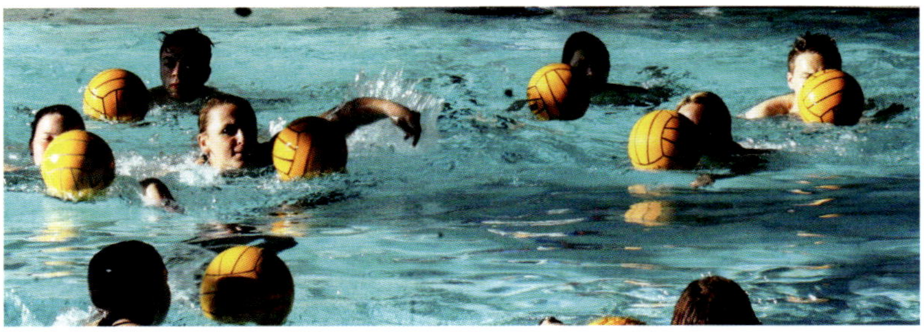	
Variationen: Der Spielleiter zeigt Farbkarten oder Farb-Wort-Karten (rot mit einem blauen Stift schreiben), die symbolisieren, wohin gedribbelt wird.	
Alle Spieler schwimmen mit einem Ball in einer Hand durcheinander und auch so zum entsprechenden Rand.	
Die Ränder stellen Länder dar. Der Spielleiter nennt entweder das Land oder Besonderheiten dieses Landes (Themse-GB, Barcelona-E, Pizza-I, Dürüm Döner-TK).	
Hauptteil (25 min)	
Ballaufnahme: Demonstration des Schöpf- und Drehgriffs durch die Lehrkraft	Für jeden Spieler einen Ball, verteilt im Feld
Anschließend probieren die Schüler diese zwei Techniken zum Aufnehmen des Balls mit rechts und links aus.	
Hinweis: Beim Schöpfgriff erfolgt die Aufnahme des Balls von unten und beim Drehgriff von oben.	
Alle Spieler dribbeln mit Ball durcheinander. Auf Pfiff des Spielleiters nehmen sie ihn auf.	
Variationen: einmal pfeifen: bedeutet Ballaufnahme mit rechts, zweimal pfeifen bedeutet Ballaufnahme mit links oder einmal pfeifen heißt Drehgriff, zweimal pfeifen Schöpfgriff.	
Passen und Fangen zu zweit mit Aquajogginggürteln:	Gassenaufstellung quer
Der Ball wird mit einer Hand gefangen.	Pro Paar ein Ball, für jeden Spieler einen Gürtel
Die Spieler variieren zwischen bogenförmiger und schussartiger Ballabgabe.	
Wie oben, nach dem Fangen erfolgt mit dem Ball in einer Hand eine 360-Grad-Drehung, bevor der Ball zurückgepasst wird.	
Hinweis: Der Passempfänger signalisiert durch eine aus dem Wasser gehobene Hand, wohin der Pass gespielt werden soll.	

Tigerball oder Schweinchen in der Mitte: Ein Tiger in der Mitte eines Kreises versucht den Ball zu berühren, den die Außenspieler sich zupassen. Berührt der Spieler in der Mitte den Ball oder fängt ein Außenspieler diesen mit beiden Händen, wird gewechselt.

Variationen: 3:1, 4:2, 5:3, 7:3 oder 6:4

Der Ball darf nicht zum direkten Nachbarn gepasst werden.

Mehrere Kreise, pro Kreis 1 Ball, für jeden Spieler einen Gürtel

Torwurf:
Schlagwürfe auf zwei Tore mit zwei freiwilligen Torhütern nach Anschwimmen von der Mittellinie.

Variation: Jeder legt vorher eine Ecke fest, in die er wirft.

Für jeden Spieler einen Ball und einen Gürtel

In 2 Gruppen hintereinander auf 2 Tore

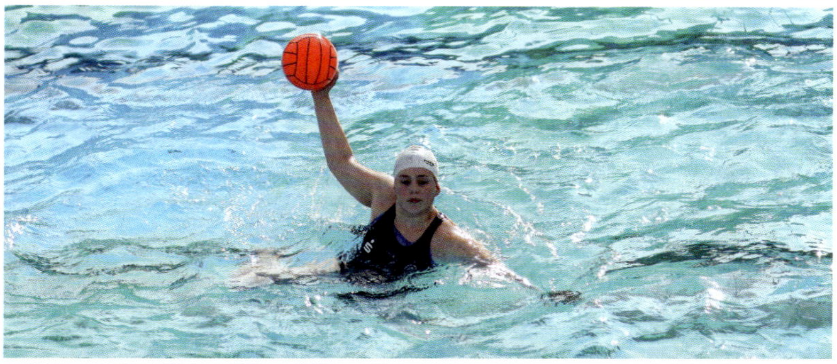

Ausklang (15 Minuten)

3x4 Minuten **Wasserball** 7:7 im tiefen Wasser auf zwei Tore mit Aquajogging-Gürteln mit fliegendem Wechsel. Es erfolgt immer eine Teambesprechung in den Pausen.

2 Tore, 1 Ball, Kappen, einen Gürtel für jeden Spieler

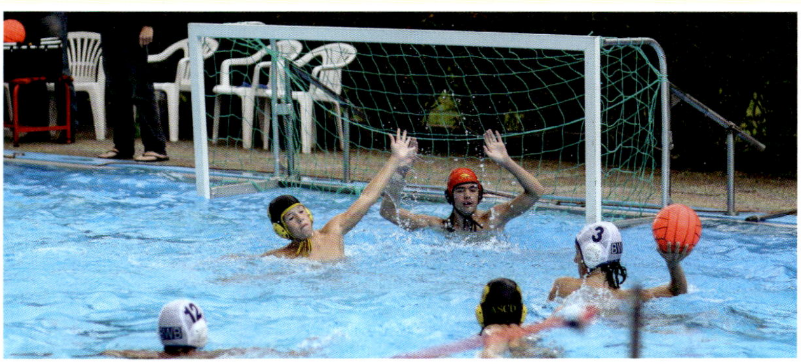

Der Ball darf zum Fangen nach wie vor in beide Hände genommen werden. Allerdings sollte das Spiel mit einer Hand belohnt werden, indem z. B. Tore doppelt zählen, bei denen der Schütze den Ball vorher mit einer Hand gefangen hat.

Die Spieler sollen um den Ball kämpfen, d. h. der Spieler in Ballbesitz darf und sollte attackiert werden. Es gibt kein Abseits, keine Zeitregel und der Ball darf kurzzeitig unter Wasser sein. Wichtig ist, dass der Schiedsrichter das Spiel möglichst wenig unterbricht und die Regeln dem Können der Gruppe anpasst. Regelverstöße, die nicht spielentscheidend sind, sollten nicht geahndet werden.

Nach einem Tor wird der Torwart gewechselt.

Variationen: 5:5, 6:6

Sicherheitshinweis: Keine Schwimmbrillen!

Reflexionsaufgabe: Teambesprechungen in den Pausen. Was können wir verbessern?

- beim Aufbauen des eigenen oder Stören des gegnerischen Angriffs?
- beim Herausspielen und Nutzen von Torgelegenheiten
- beim Abschirmen des eigenen Tores
- beim Torwurf

Stundenbild 10: Startsprung

Fachliche Hinweise

Ein guter Start führt zu einer hohen Bewegungsgeschwindigkeit am Anfang einer Schwimmstrecke. Je kürzer die Strecke ist, desto wichtiger ist ein guter Start mit dem entsprechenden Übergang in die Schwimmlage.

Unter Paragraf 125 der Wettkampfbestimmungen findet man diese Informationen zum Start:

1) Der Start zum Freistil-, Brust-, Schmetterlings- und Lagenschwimmen erfolgt durch Sprung, beim Rückenschwimmen und zur Lagenstaffel erfolgt der Start im Wasser.

2) Zu Beginn eines Wettkampfes fordert der Schiedsrichter die Schwimmer durch mehrere kurze Pfiffe auf, sich auf den Start vorzubereiten.

3) Nach dem langen Pfiff des Schiedsrichters begeben sich die Schwimmer:
a) zum Freistil-, Brust-, Schmetterlings- und Lagenschwimmen unverzüglich auf den Startblock und verbleiben hier.
b) zum Rückenschwimmen und zur Lagenstaffel unverzüglich ins Wasser. Nach einem zweiten langen Pfiff nehmen die Schwimmer unverzüglich die Startposition ein. Sie müssen sich mit dem Gesicht zur Startwand mit beiden Händen an den Startgriffen (so weit möglich) aufstellen. Es ist nicht erlaubt, in oder auf der Überlaufrinne zu stehen oder die Zehen über den Rand der Überlaufrinne zu beugen.

4) Auf das Kommando des Starters „AUF DIE PLÄTZE" nehmen die Schwimmer sofort ihre Starthaltung ein:
a) beim Start zum Freistil-, Brust-, Schmetterlings- und Lagenschwimmen mit mindestens einem Fuß an der Vorderkante des Startblocks
b) beim Start zum Rückenschwimmen und zur Lagenstaffel im Wasser
Wenn alle Schwimmer die Starthaltung eingenommen haben und sich ruhig verhalten, gibt der Starter das Startsignal.

5) Der Veranstalter einer Wettkampfveranstaltung muss mit der Ausschreibung festlegen, ob die Wettkämpfe nach der Ein- oder der Zwei-Start-Regel ausgetragen werden.

6) Der Schiedsrichter und der Starter sind berechtigt zu entscheiden, ob der Start einwandfrei ist. Erkennen sie auf Fehlstart, wird bei der Ein-Start-Regel jeder Schwimmer, der vor dem Startsignal beginnt, nach Beendigung des Wettkampfes disqualifiziert. Sie müssen bei der Zwei-Start-Regel bei dem ersten Fehlstart die Schwimmer zurückrufen.

Man unterteilt den Start in die drei Phasen Absprung, Flug, Eintauchen und Übergang. Die Ausgangsstellung des Körpers auf dem Startblock kann unterschiedlich sein: Man unterscheidet den Greifstart (Grabstarrt) und den Schrittstart (Trackstart), bei denen die Hände die Blockvorderkante umgreifen, und den Armschwungstart. Dieser gehört zu den ältesten Starttechniken und ist besonders für Kinder wegen seiner schwungvollen Auftaktbewegung der Arme zur Impulserzeugung sehr geeignet.

Armschwungstart

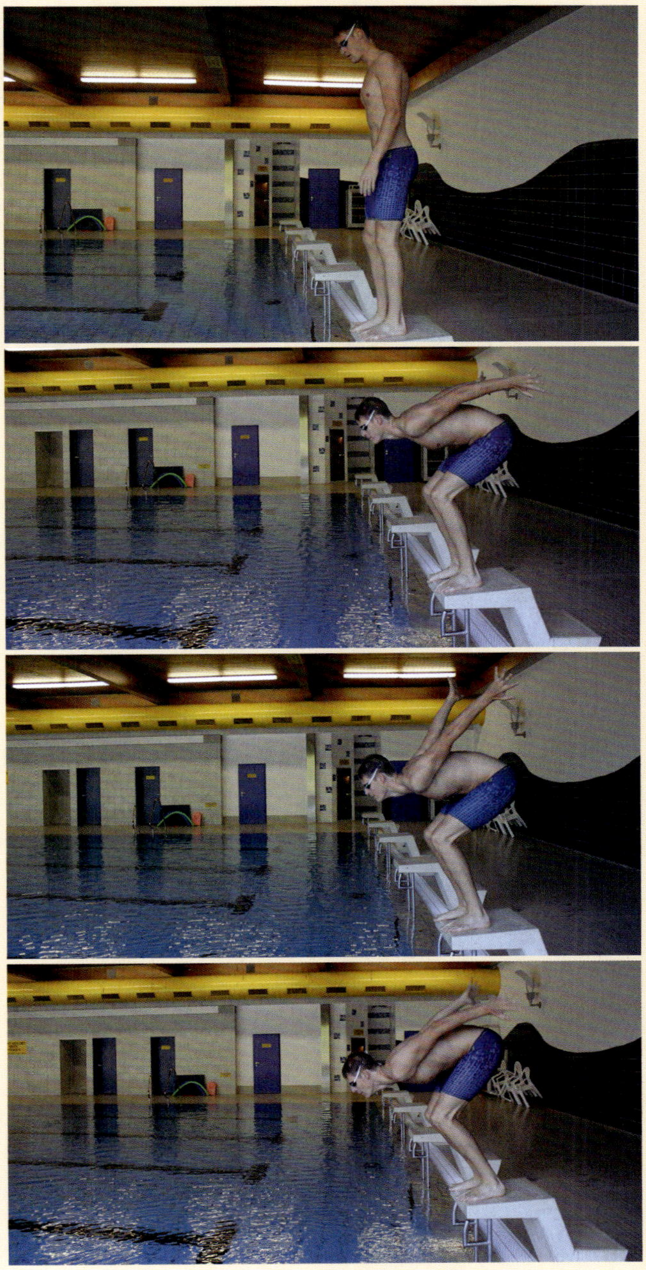

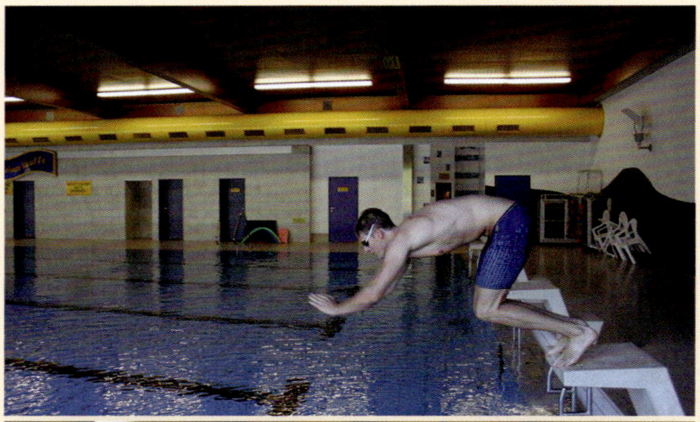

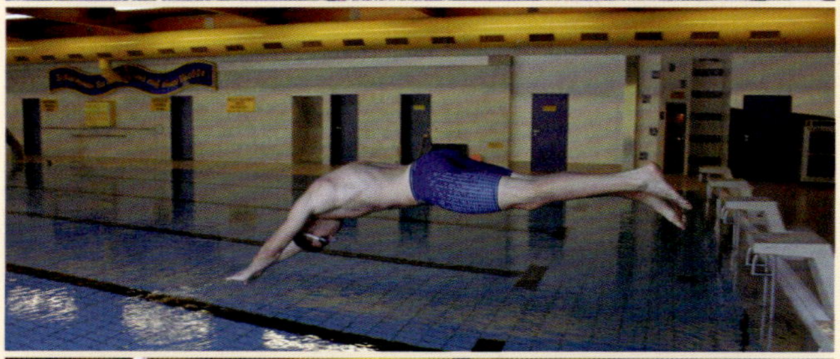

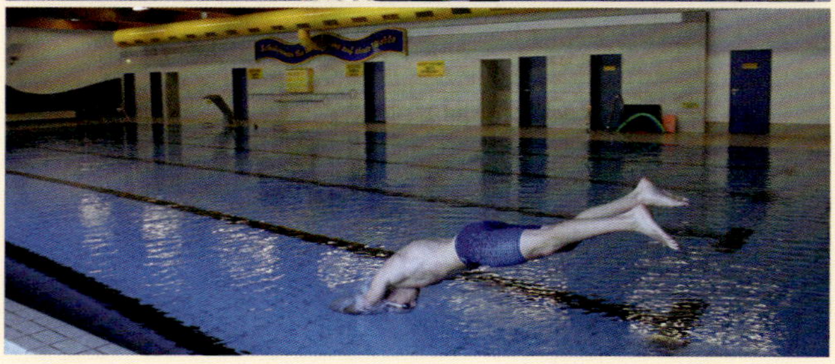

Schrittstart

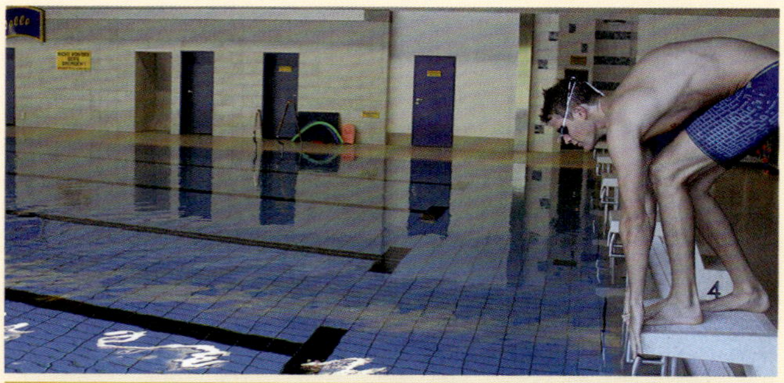

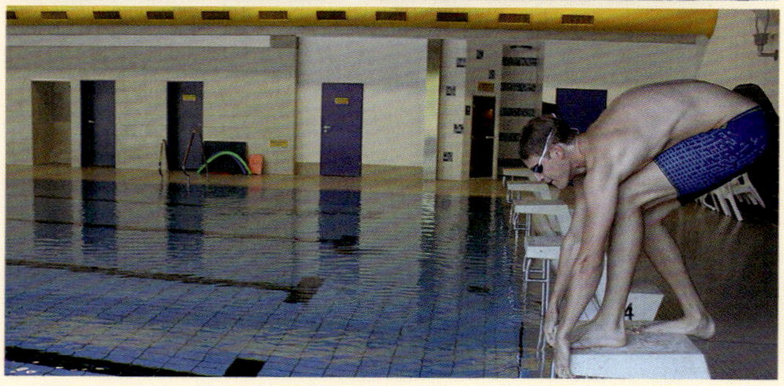

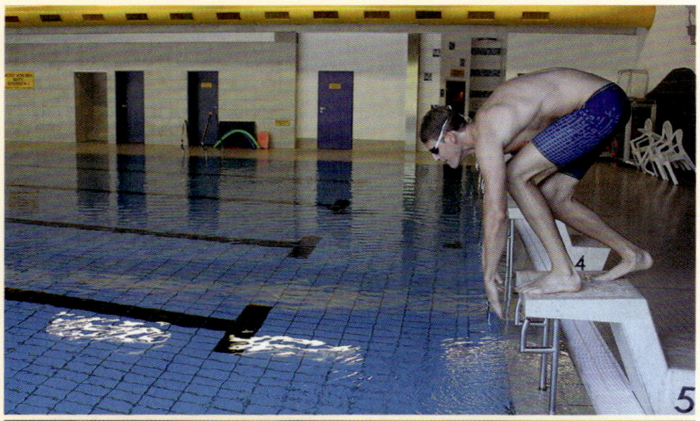

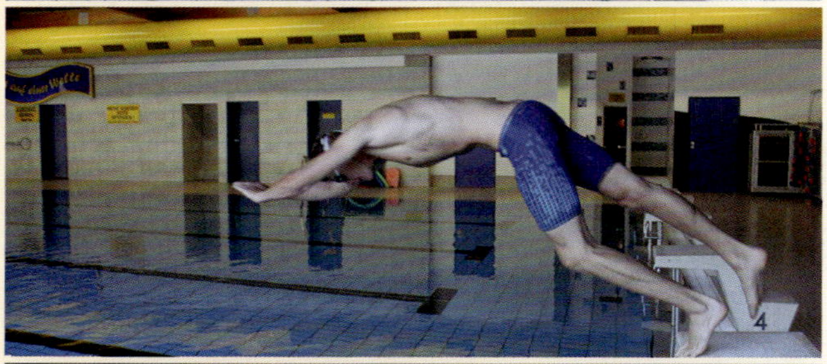

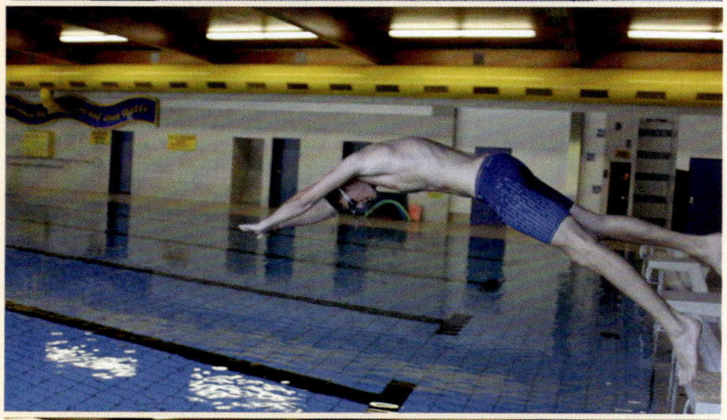

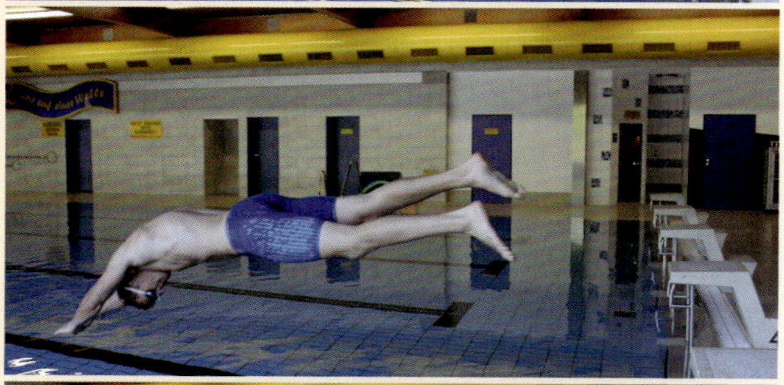

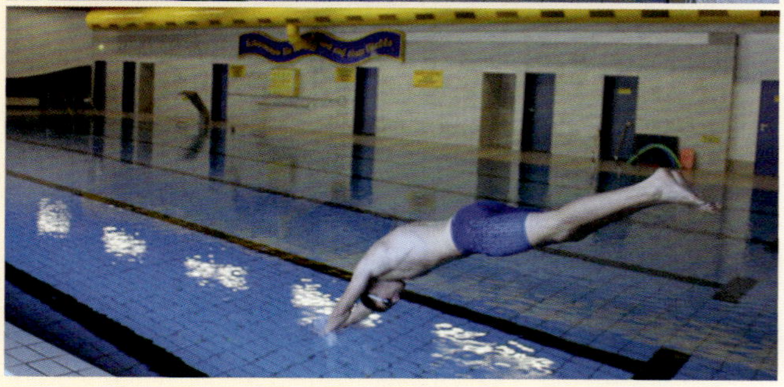

Greifstart

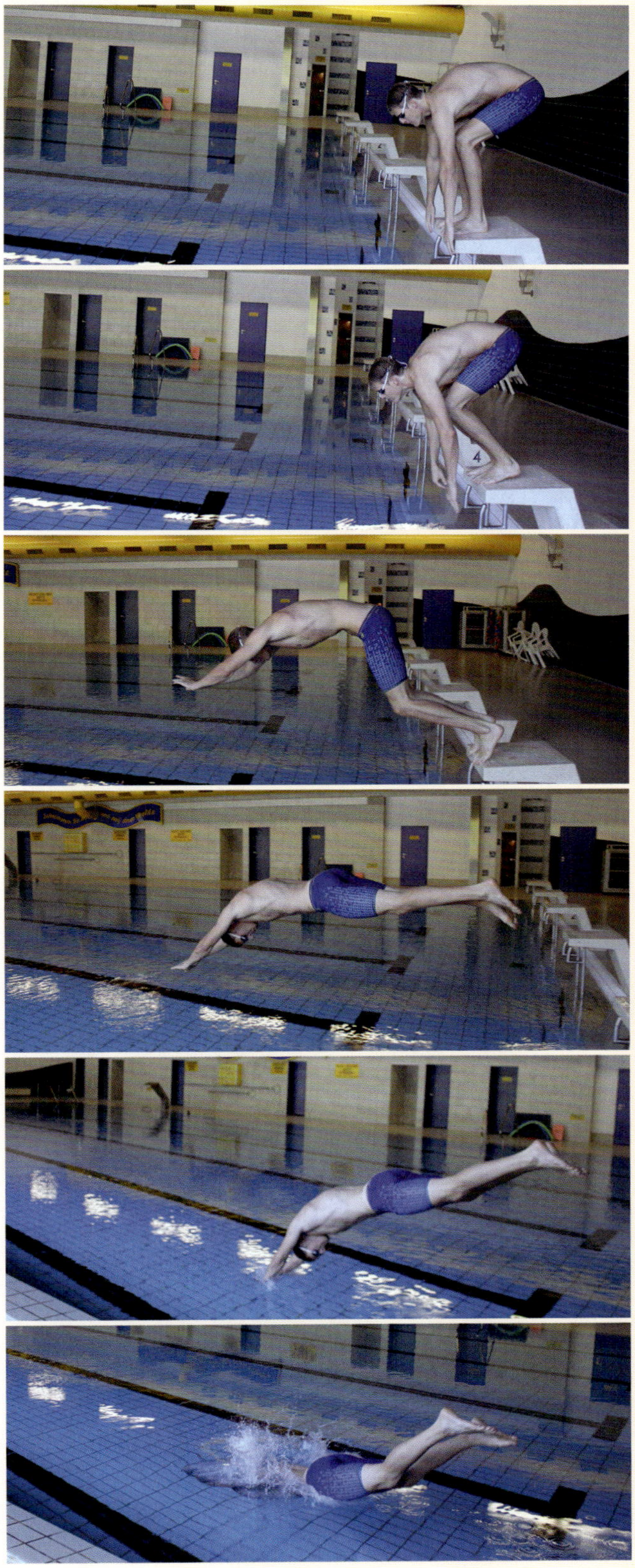

Technikmerkmale:

Startposition:

- Die Füße stehen schulterbreit, die Zehen umklammern die Vorderkante des Blocks und die Knie sind leicht gebeugt.
- Die Hüftgelenke sind gebeugt, damit der Körperschwerpunkt über der Vorderkante des Blocks ist – nur beim Schrittstart ist der Körperschwerpunkt weiter hinten, um einen längeren Beschleunigungsweg zu haben.
- Die Hände umgreifen die Blockkante (Greifstart und Schrittstart)(Fotos s.u.)
- Die Ausgangsposition entspricht der eines Skispringers beim Anlauf (Armschwungstart)

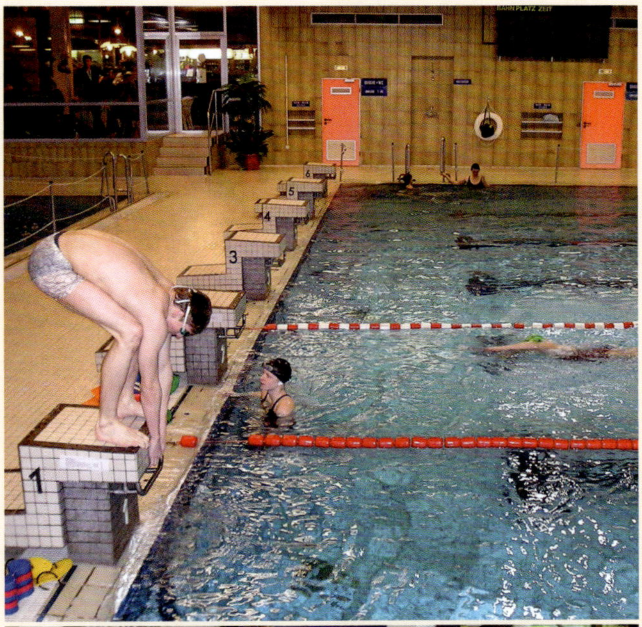

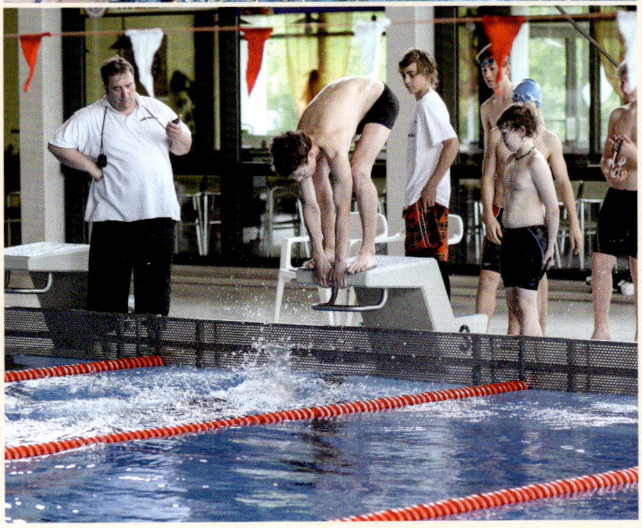

Absprung und Flug:

Greifstart und Schrittstart:
- Die Hände ziehen den Körperschwerpunkt aktiv in Sprungrichtung.
- Der Körper kippt über die Vorderkante.
- Gleichzeitiges Abdrücken der Hände mit Vorschwingen der Arme und Abspringen.
- Der Körper bleibt in der Luft vollständig gestreckt und angespannt, der Kopf liegt zwischen den Oberarmen. Anschließend erfolgt eine Beugung im Hüftgelenk.

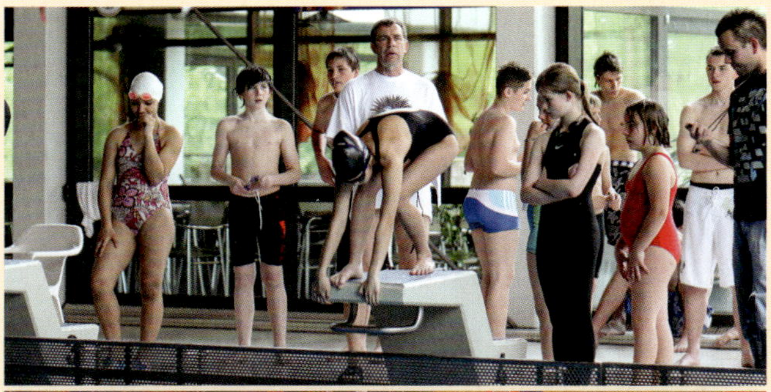

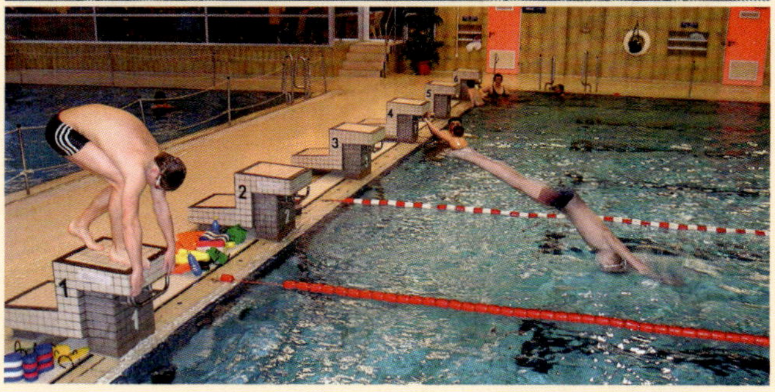

Fehler:
- Der Schwerpunkt beim Greifstart ist zu weit hinten. Korrektur: Die Hände greifen fest den Block, der Oberkörper ist nach vorne geneigt, sodass man fast ins Wasser fällt
- Der Schwimmer richtet sich nach dem Startkommando auf und löst die Hände vom Block.
- Die Arme werden nicht oder nicht rechtzeitig beim Absprung blockiert, es entsteht ein Hohlkreuz. Korrektur: Körperspannung, Arme im Schultergelenk fixieren und nicht über den Kopf hinaus reißen.
- Der Absprungwinkel ist zu steil oder zu flach (die Körperteile können nicht durch dasselbe Loch eintauchen, der Körper wird abgebremst). Korrektur: Zielsprünge durch einen Reifen, in der Flugphase nach vorne sehen, einen Eintauchpunkt ansteuern
- Beine und Arme sind nicht angespannt und gestreckt

Eintauchen: Gestrecktes Eintauchen durch ein kleines „Loch" in der Wasseroberfläche.

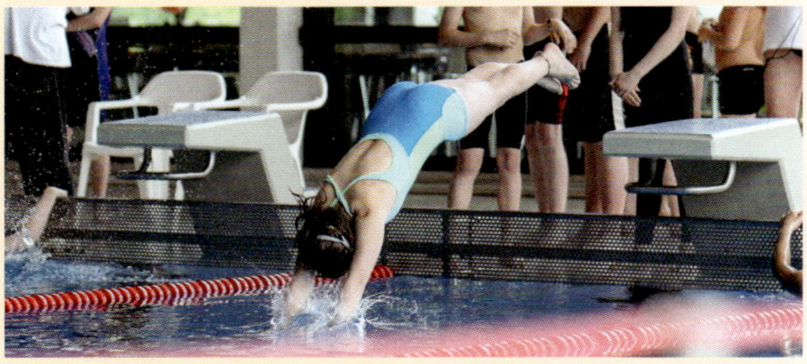

Fehler:
- Ein zu steiles Eintauchen: Durch die notwendige Umlenkbewegung verliert der Schwimmer an Geschwindigkeit.
- Die Arme knicken beim Eintauchen ein und werden nicht gegen den Wasserwiderstand gestreckt.

Gleitphase und Übergang in die Schwimmlage:
- Mit den Schwimmbewegungen wird begonnen, wenn die Gleitgeschwindigkeit der Schwimmgeschwindigkeit entspricht. Unter Wasser erfolgen kräftige Beinbewegungen (bei Kraul und Rücken können dieses auch Delfinbeinschläge sein, wenn sie effektiv sind). Kurz vor dem Durchbrechen der Wasseroberfläche beginnt die Armbewegung beim Kraul-, Rücken- und Delfinschwimmen.
- Beim **Brustschwimmen** wird nach dem Start und jeder Wende ein Tauchzug ausgeführt. Voraussetzung dafür ist allerdings, dass der Schwimmer auch genug Luft hat, um den kompletten Tauchzug unter Wasser ausführen zu können:

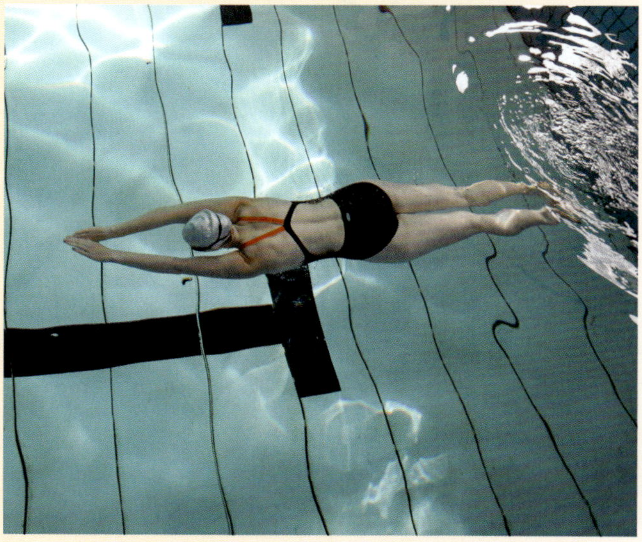

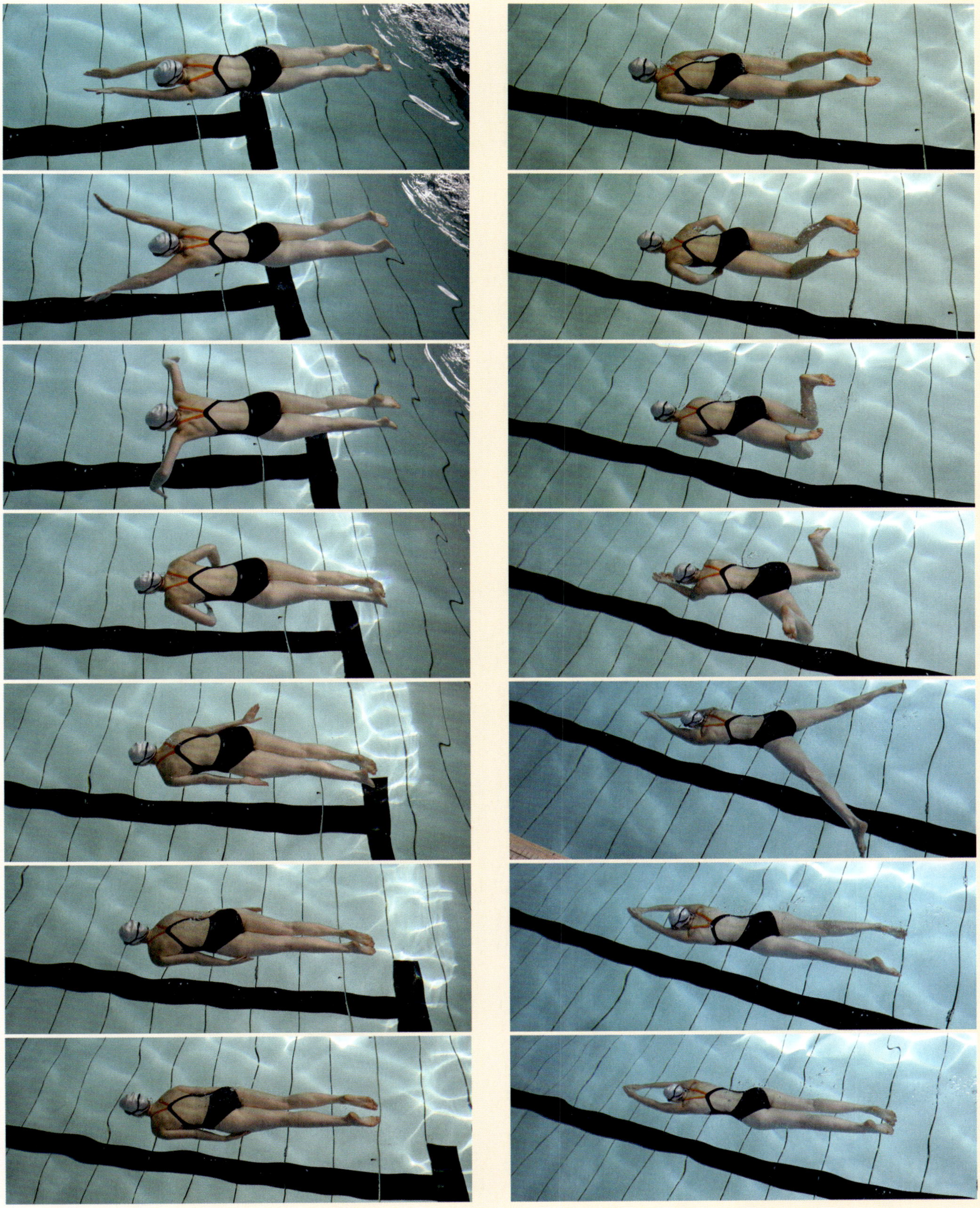

Ziel ist es, die hohe Geschwindigkeit nach dem Start bzw. Abstoß von der Wand durch effektive Gleitphasen optimal ausnutzen zu können. Brustspezialisten können jedes Mal 10-15 m tauchen und bleiben so bei einem 200-m-Kurzbahnrennen fast bis zu 100m unter Wasser. Nach dem strömungsarmen Gleiten mit Blick nach unten erfolgt kurz vor dem Stillstand ein Delfinarmzug mit einer einmaligen Delfinbeinbewegung. Manche Brustschwimmer setzen den Delfinkick auch schon während der ersten Gleitphase ein, um diese zu verlängern. Anschließend bleiben beide Hände am Oberschenkel liegen (wichtig: Der Blick ist immer noch nach unten gerichtet, der Schwimmer steuert nicht nach oben). Anschließend erfolgt eine zweite Gleitphase wieder fast bis zum Stillstand, bevor die Arme körpernah unter Wasser nach vorn geschoben werden. Mit der Streckung der Arme bringt ein kräftiger Brustbeinschlag den Schwimmer zur Wasseroberfläche. Mit dem zweiten Armzug muss der Kopf die Wasseroberfläche durchbrechen.

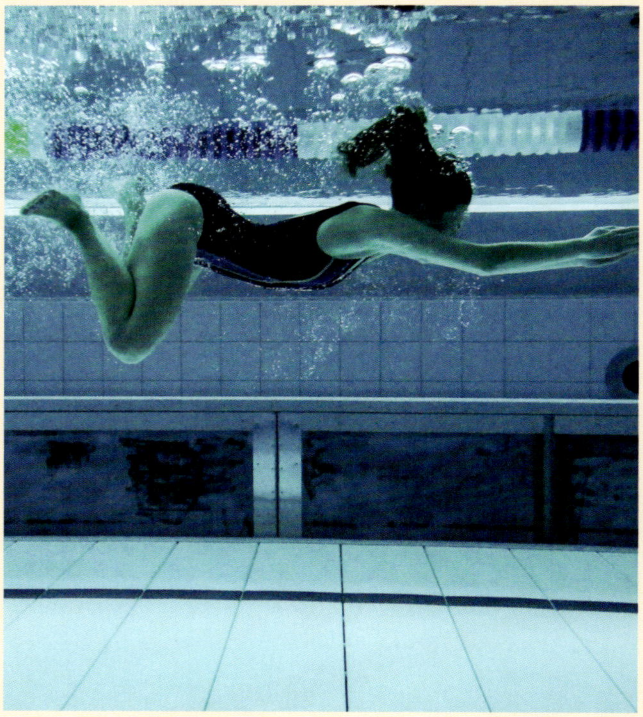

Kontrollmerkmale:
- Sind Knie- und Hüftgelenk nach dem Absprung gestreckt?
- Befindet sich der Kopf beim Eintauchen zwischen den Oberarmen?

Rückenstart

Ausgangsposition:
- Die Hände fassen am Startblock an, die Füße befinden sich schulterbreit mit den Zehen knapp über der Wasserlinie an der Wand.
- Die Knie befinden sich zwischen den Armen.

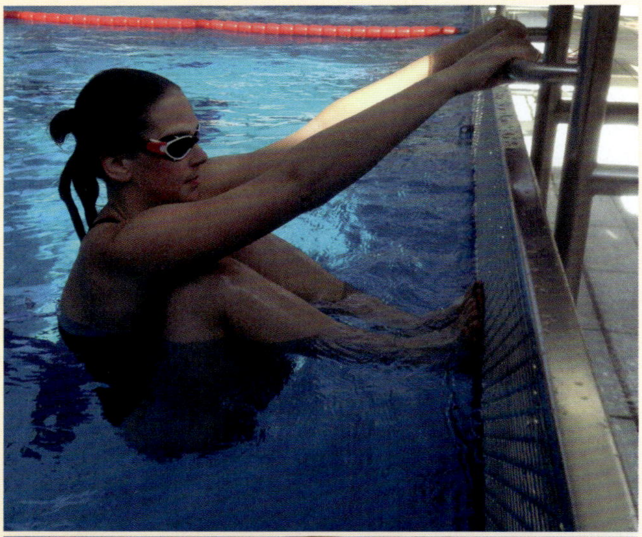

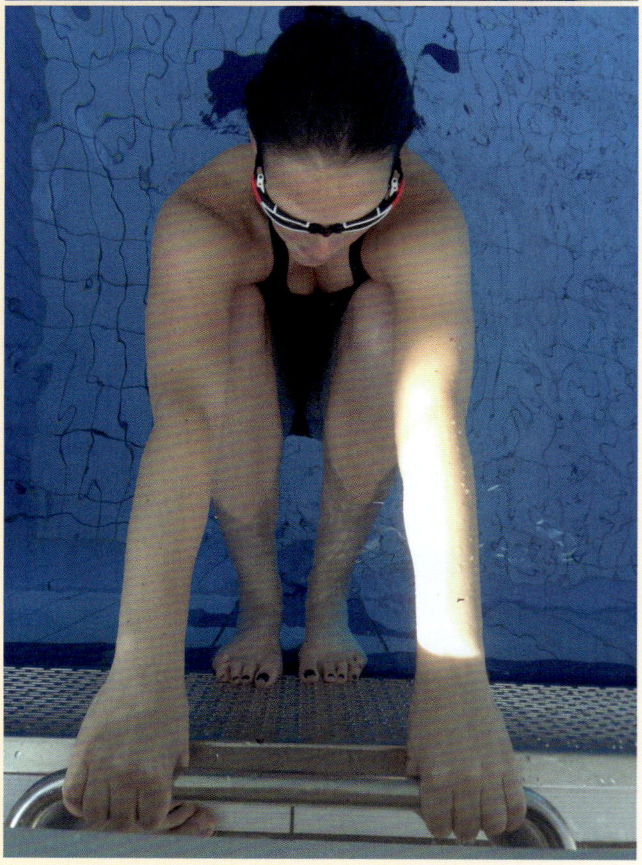

Nach dem Kommando **„Auf die Plätze“** wird der Körper aus dem Wasser gehoben, sodass die Hüfte möglichst weit oben ist. Wichtig ist, dass die Füße beim Abdruck nicht abrutschen.

- Der Rücken bleibt gerade und bildet eine Linie mit der Hüfte und den Schultern.
- Der Blick geht parallel zur Wasseroberfläche Richtung Startblock.
- Der Körper befindet sich in einer Vorspannung.

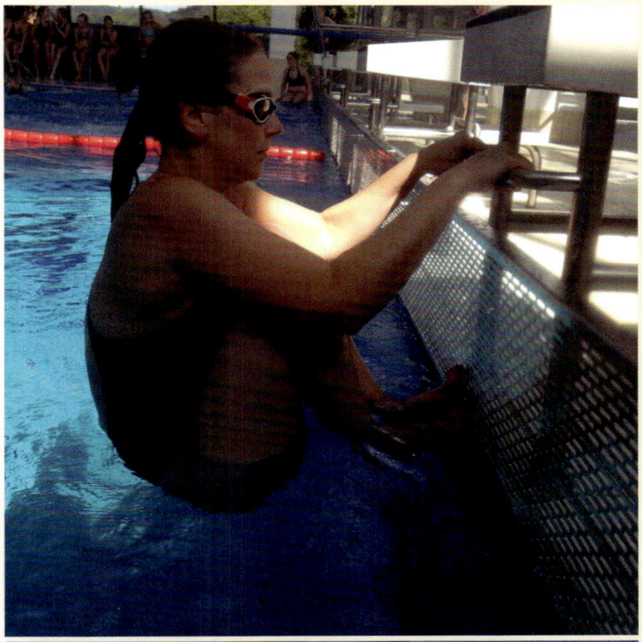

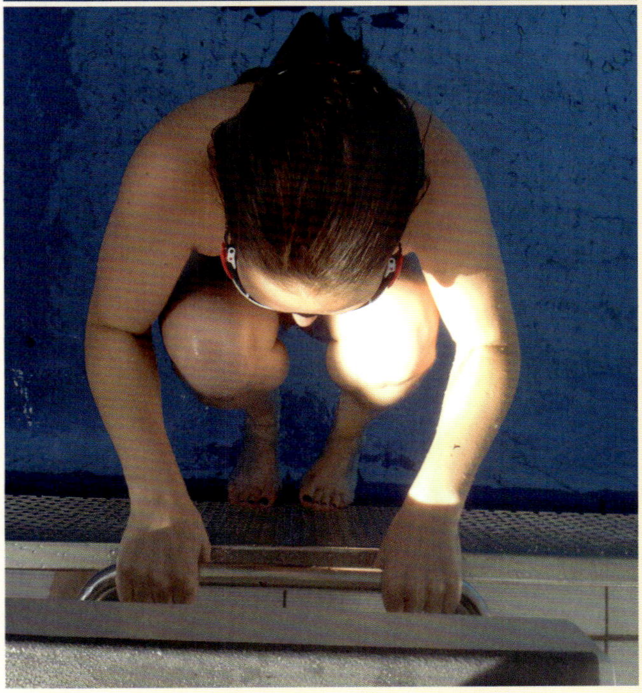

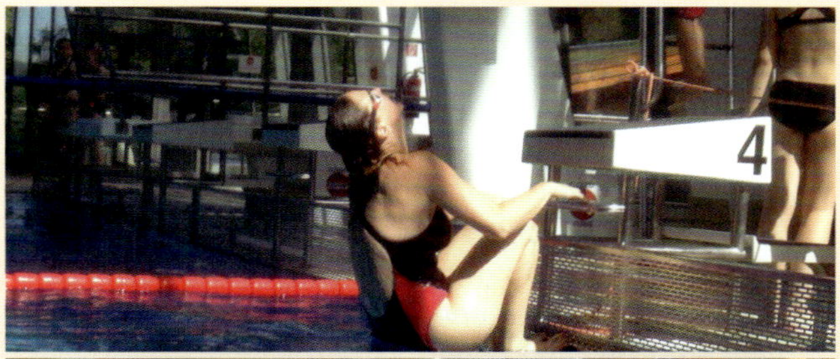

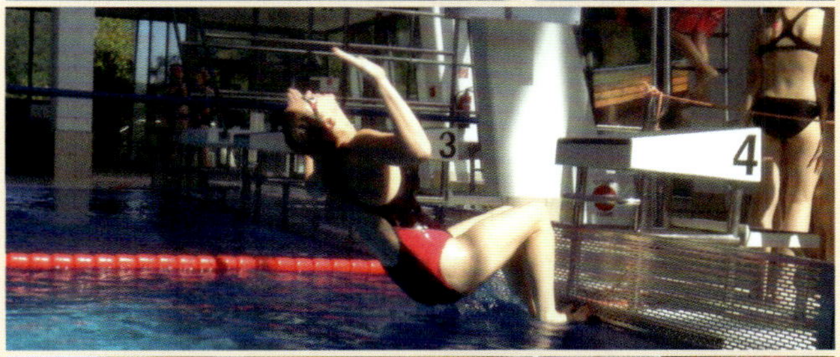

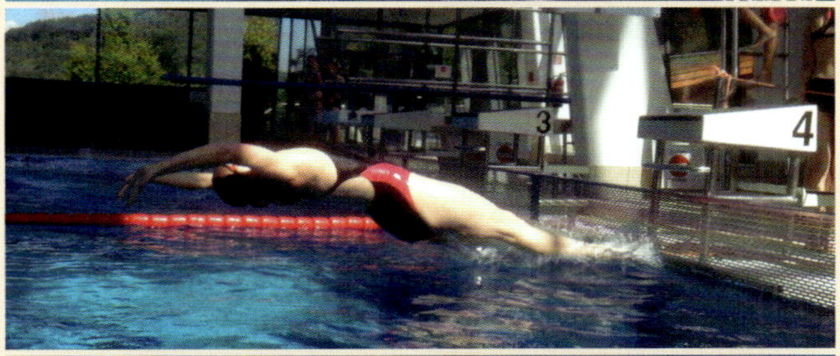

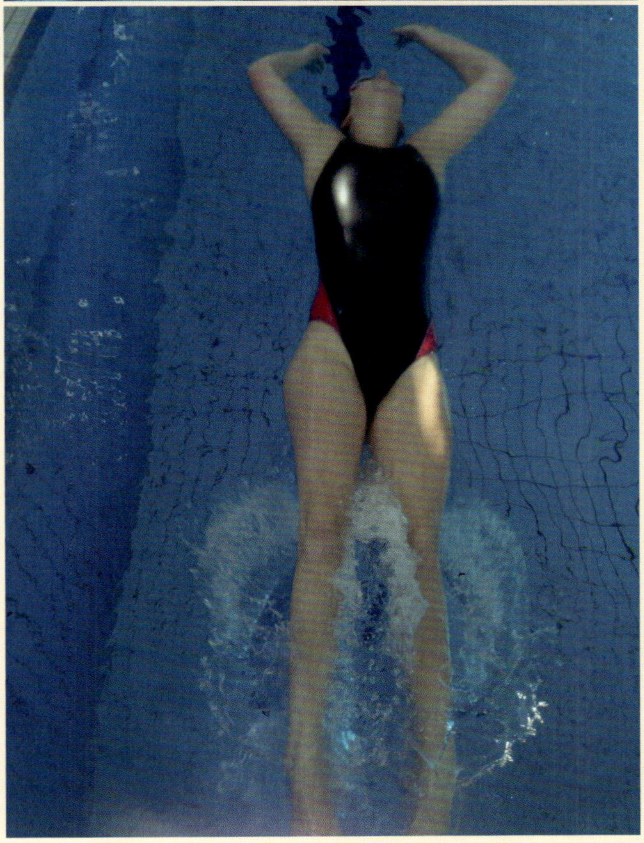

Auftakt:

- Die Hände drücken sich je nach Griffhaltung nach hinten oder nach oben ab.
- Der Kopf wird in den Nacken genommen und die Arme bewegen sich in Schwimmrichtung.
- Durch ein Öffnen des Hüftwinkels folgt der Oberkörper der Bewegungsrichtung.
- In dieser Phase verändert sich der Kniewinkel kaum, um ein Abrutschen zu vermeiden.

Absprung:

- Nachdem die Hände sich gelöst haben, folgt der eigentliche Sprung.
- Die Absprungrichtung hängt stark von der Vorbewegung ab.
- Die Arme werden nach hinten geschleudert. Ob sie sich über den Kopf oder seitlich am Körper vorbei in Schwimmrichtung begeben, ist individuell unterschiedlich.
- Nachdem die Füße die Wand verlassen haben, beschreibt der Körper durch eine starke Hohlkreuzposition eine bogenförmige Flugbahn. Die Hüfte ist der höchste Punkt.
- Die Arme werden zusammengeführt, um möglichst widerstandsarm eintauchen zu können.
- Der Blick ist auf die Eintauchposition gerichtet.

Eintauchen:

- Finger, Arme, Kopf, Rumpf und Beine tauchen im Idealfall durch das gleiche „Loch“ ein.
- Nach dem Eintauchen leitet der Kopf ein Umlenken der Bewegung zur Wasseroberfläche ein, indem er parallel zur Wasseroberfläche ausgerichtet wird. Arme und Schultern folgen der Bewegung in die Horizontale. Die Abwärtsbewegung wird so gestoppt.
- Beim Eintauchen der Hüfte wird diese gestreckt. Dadurch führen die Beine automatisch einen Kick nach oben aus.

Übergang:

- Während des Gleitens, beide Arme bleiben vor dem Kopf, erfolgen Delfin- oder Rückenbeinbewegungen. Mit der ersten Armbewegung kommt der Schwimmer an die Wasseroberfläche.

Fehler:

- Keine Bogenspannung, sodass der Schwimmer mit dem Rücken auf das Wasser klatscht.
  Korrektur: Den Kopf in den Nacken nehmen. Die Hände lösen sich vor den Beinen vom Block.
- Der Schwimmer rutscht mit den Füßen von der Wand ab.
  Korrektur: Der Kopf liegt an den Knien.
- Die Arme werden über den Kopf nach vorne geschwungen, der Eintauchwinkel wird dadurch zu groß und es besteht die Gefahr, eine Rolle rückwärts im Wasser zu machen.
  Korrektur: Die Arme seitlich an den Ohren entlang führen.
- Nach dem Eintauchen erfolgt keine Umlenkbewegung des Körpers zur Wasseroberfläche, der Schwimmer nähert sich dem Beckenboden.
  Korrektur: Sobald der Kopf eingetaucht ist, steuern Arme und Kopf zusammen zur Wasseroberfläche. Körperspannung- und -streckung müssen beibehalten werden.

Hinweise zur Vorbereitung

Für das erste Spiel müssen vorher 5 beschwerte Duploplatten auf dem Grund platziert werden. Die erste Platte mit roten Steinen 5 Meter vom Startblock entfernt, die zweite mit gelben Steinen 10 Meter, die dritte steht bei 15 Metern mit blauen Steinen, die vierte bei 20 Metern mit grünen Steinen und die fünfte Platte am Beckenende mit Duplotieren oder -figuren darauf. Bei anderen Bahnen wird die Entfernung angepasst. Gespielt werden kann mit so vielen Teams, wie Startblöcke zur Verfügung stehen.

Ziele

Angst überwinden, Bewegungserfahrungen erweitern, verschiedene Starttechniken benennen und vergleichen können, Leistungsbereitschaft und Wettkampf, Schiedsrichtertätigkeit.

Auf einen Blick

Phasen	Organisation, Material
Einstieg (5 Minuten)	
Tauchspiel **„Farbentauchen"**: Zwei bis vier Teams (je nach Anzahl der zur Verfügung stehenden Startblöcke) spielen gegeneinander. Nach 5 m, 10 m, 15 m, 20 m und 25 m befinden sich auf dem Grund beschwerte Duploplatten mit Duplosteinen darauf in verschiedenen Farben, z. B. rot bei 5 m, gelb bei 10 m, blau bei 15 m, grün bei 20 m und Tiere bei 25 m. Die Spieler springen nacheinander vom Startblock und ertauchen direkt danach (ohne an die Wasseroberfläche zu kommen) einen Stein ihrer Wahl. Mit diesem schwimmen sie zum gegenüberliegenden Ende, klettern aus dem Wasser und bringen ihren Stein an Land zurück zur Ausgangsposition. Dort starten sie erneut. Gespielt wird auf Zeit. Anschließend rechnen die Schüler anhand ihrer Farben und Tiere gemeinsam die getauchten Meter aus. Hinweis: Klar festlegen, wann der nächste Spieler springen darf.	5 Duploplatten viele Duplosteine in 4 verschiedenen Farben und Duplotiere, mindestens 2 Startblöcke
Hauptteil (25 min)	
Zweimal einen Startsprung probieren und maximal weit gleiten.	Mindestens 2 Startblöcke, so viele Gruppen wie Startblöcke zur Verfügung stehen
Lehrerdemonstration **Armschwungstart, Greifstart, Schrittstart** Die Schüler starten dreimal mit anschließendem maximal weitem Gleiten und vergleichen Armschwungstart, Greifstart und Schrittstart.	Mindestens 2 Startblöcke

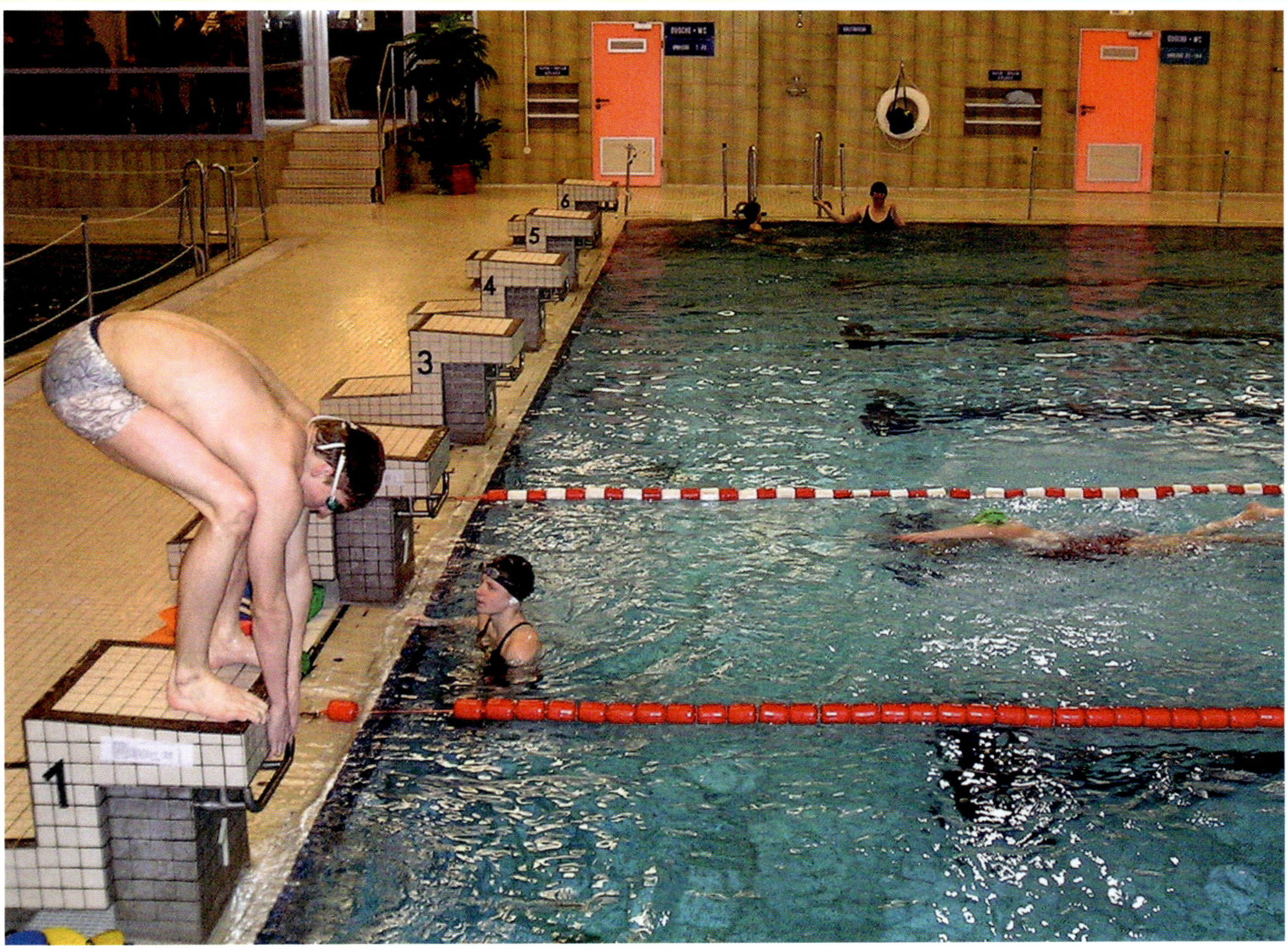

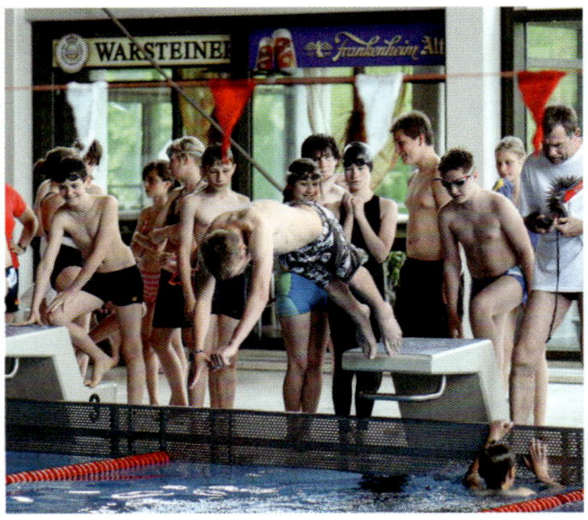
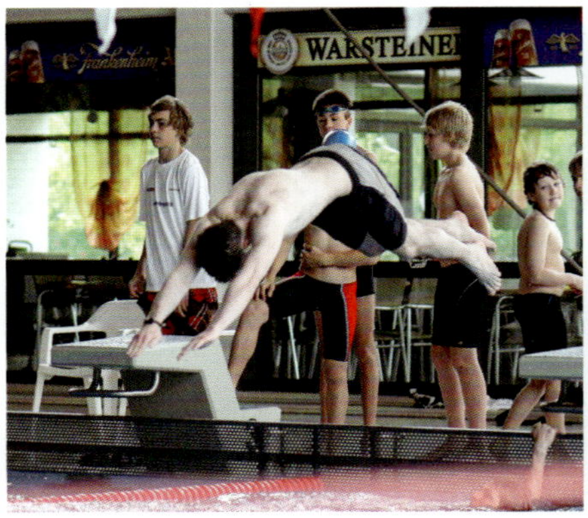
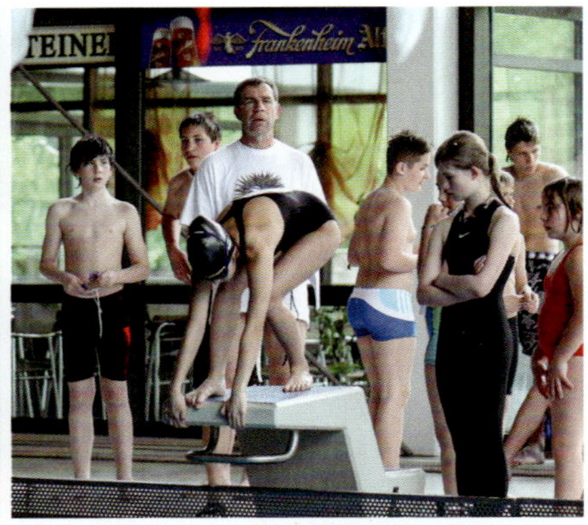
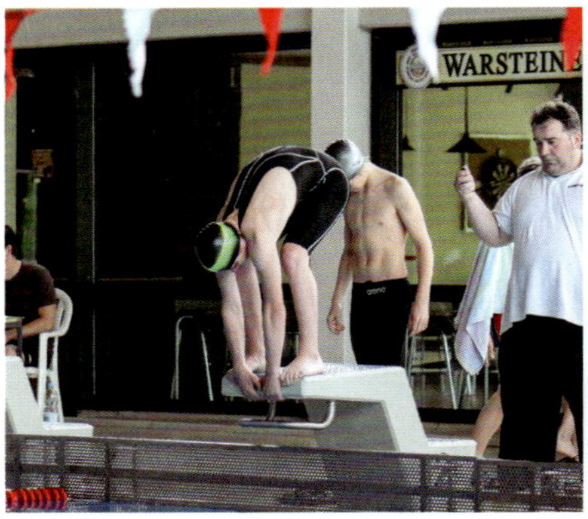
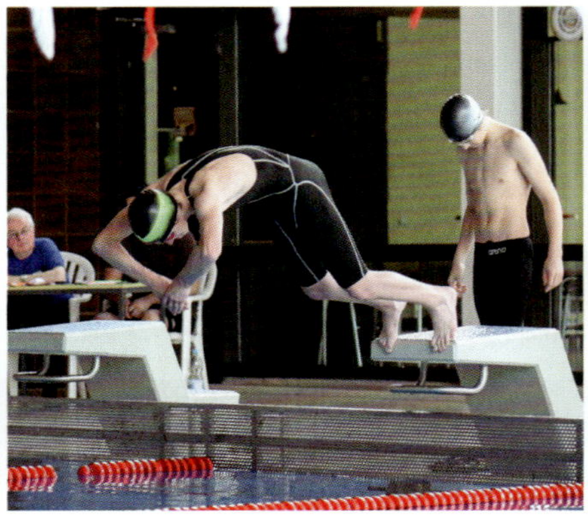
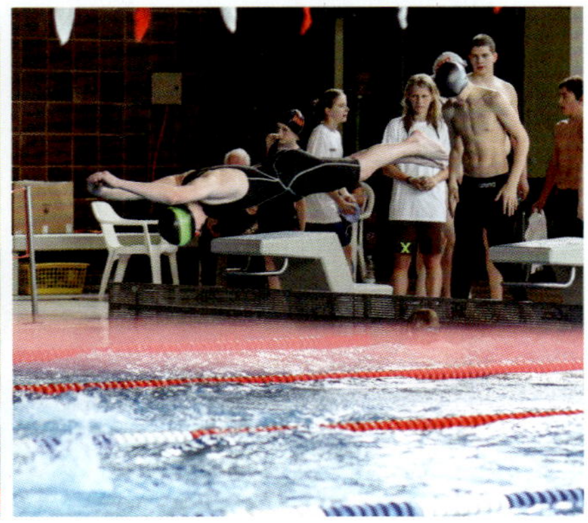

Welche Unterschiede gibt es? Hinweis: Viele Schüler berühren beim Grabstart mit den Fingern kurz die Blockkante, richten sich anschließend wieder auf und machen dann einen Armschwungstart. Die Hände müssen den Körper aktiv nach unten ziehen und sich direkt vom Block abdrücken.	
Dreimal Startsprung mit anschließendem Übergang zum **Kraulschwimmen**. Geschwommen wird eine Bahn Kraul, anschließend gehen die Schüler am Rand zum Startblock zurück. Hinweis: Jeder Schüler wählt die für ihn beste Startvariante.	Mindestens 2 Startblöcke
Dreimal Startsprung mit anschließendem Übergang zum **Brustschwimmen** durch einen Tauchzug. Anschließend schwimmen die Schüler die Bahn Brust bis zum Ende und gehen am Rand zum Startblock zurück.	Mindestens 2 Startblöcke
Zweimal Startsprung mit anschließendem Übergang zum **Delfinschwimmen**. Hinweis: Gegebenenfalls schon nach einer halben Bahn zurückgehen.	

Ausklang (15 Minuten)

Staffelwettbewerb: Die Anzahl der zur Verfügung stehenden Startblöcke bestimmt die Anzahl der Teams. Geschwommen wird immer eine Bahn mit offiziellem Startkommando in einer vorgegebenen Lage. Der jeweilige Sieger erhält einen Punkt für sein Team. Nachdem alle Schüler einmal gekrault sind, wird das Ergebnis verkündet. Anschließend gibt es mindestens einen weiteren Durchgang im Brustschwimmen.	Pfeife Passive als Starter oder Zielrichter einsetzen

Fehler	Korrekturen
Der Springer klatscht auf das Wasser.	Greifstart statt Schwungstart In einen Reifen springen
Der Springer ist viel zu tief unter Wasser.	In die Weite springen, Markierungshütchen aufstellen
Der Springer berührt mit seinen Fingerspitzen den Block und richtet sich anschließend auf.	Greifstart heißt, dass sich der Springer aktiv mit seinen Händen nach vorne-unten zieht. Schnur halten, unter der man durchspringen muss.
Zu steiles Auftauchen – der Schwung geht verloren	Übergänge in die Schwimmlagen überprüfen.

Stundenbild 11: Abenteuer Wasser

Fachliche Hinweise

Ein Abenteuer ist ein individuelles Erlebnis, das sich vom normalen Alltag abhebt. Was Abenteuer und Erlebnis für jeden Einzelnen bedeutet, wo Erlebnis anfängt und Abenteuer aufhört, muss jeder für sich entscheiden. Wo sich für den einen das Abenteuer in höchster Vollendung zeigt, fängt ein anderer erst an, von Abenteuer zu reden. Es zählen Werte wie Selbstvertrauen gewinnen, anderen vertrauen, sich von anderen helfen lassen und selbst Hilfe anbieten, Schwächen und Ängste anderer akzeptieren zu können und sich in eine Gruppe eingliedern. Freiwilligkeit ist aber oberstes Gebot, keiner darf zu etwas gezwungen werden. Die Stunde lebt von der Bereitschaft, sich auf ein Wagnis einzulassen und etwas Unbekanntes zu versuchen. Kreativität und Fantasie werden stark gefordert.

Hinweise zur Vorbereitung:

Hier ist der Materialbedarf etwas aufwändiger. Für die Stationsarbeit werden zu Beginn der Stunde die Gruppen festgelegt. Dies ist zum Beispiel möglich, indem die Schüler Karten ziehen, auf denen der Name der Station steht. Für das Startspiel Mr X braucht man abgeklebte Brillen oder Augenbinden. Alle Schüler, die eine eigene Schwimmbrille haben, können die Gläser einfach mit Kinesiotape bekleben. Es ist auch gut möglich, Augenbinden aus einem alten, dunklen Wäschestück zu schneiden. Für die Station Kistenklettern benötigt man leere Wasserkisten, die man gegen Pfand im Getränkemarkt leihen kann. Hier sollte die Lehrkraft im Vorfeld ausprobieren, wie viele Kisten im stehtiefen Wasser nötig sind, um einen Turm bauen zu können und wie hoch der Turm werden soll. Die Station Tunneltauchen braucht einen „Ikea-Kriechtunnel“ und das Mattenspringen zwei größere Schwimmmatten. Für das Brückenbauen kann man zum Beispiel Schwimmbretter, Schwimmreifen und Pullbuoys nutzen. Nach ungefähr sieben Minuten pfeift der Spielleiter zum Wechsel der Stationen.

Ziele

- Erkennbare Risiken einschätzen lernen und kalkulierte Entscheidungen treffen, kooperieren mit anderen in der Gruppe
- Kreativ werden, Spaß und Motivation entwickeln, Bewegungserfahrungen erweitern und die Wahrnehmung verbessern

Auf einen Blick

Phasen	Organisation, Material
Einstieg (5 Minuten)	
Spiel **„Mr X“**: Alle Spieler bewegen sich blind durch das Wasser als Detektive im Londoner Nebel. Ihr Ziel ist es, Mr X, der als Einziger sehen kann, zu fangen. Mr X hat eine Pfeife und muss alle 15-20 Sekunden pfeifen, um auf seinen momentanen Aufenthaltsort aufmerksam zu machen. Wenn es den Detektiven gelingt, Mr X zu berühren, gibt er sich zu erkennen. Ein neuer Spieler wird Mr X. Mr X darf auch tauchen.	Augenbinden oder abgeklebte Brille für jeden Spieler Pfeife für Mr X Tiefes oder stehtiefes Wasser
Hauptteil (40 min)	
Stationsarbeit: Es gibt 5 Stationen.	Paarweise
1. Station: **Blindsprung** – Wagnis und Kooperation Mit Augenbinden oder zugeklebter Brille vom Rand, Block, Einer oder Dreier springen. Ein sehender Partner führt den blinden Springer zu seiner Absprungposition.	Abgeklebte Brillen oder Augenbinden vom Spiel Mr X
2. Station: **Kistenklettern** – Wagnis und Kooperation Die Schüler bauen aus leeren Wasserkisten im stehtiefen Wasser einen hohen Turm und jeder klettert einmal nach oben.	Mindestens 12 leere Wasserkisten
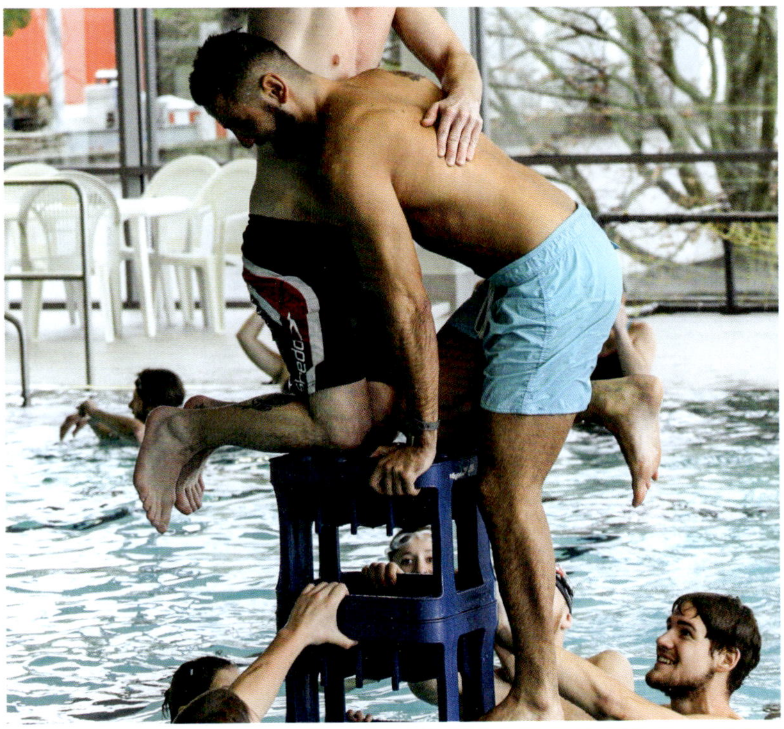	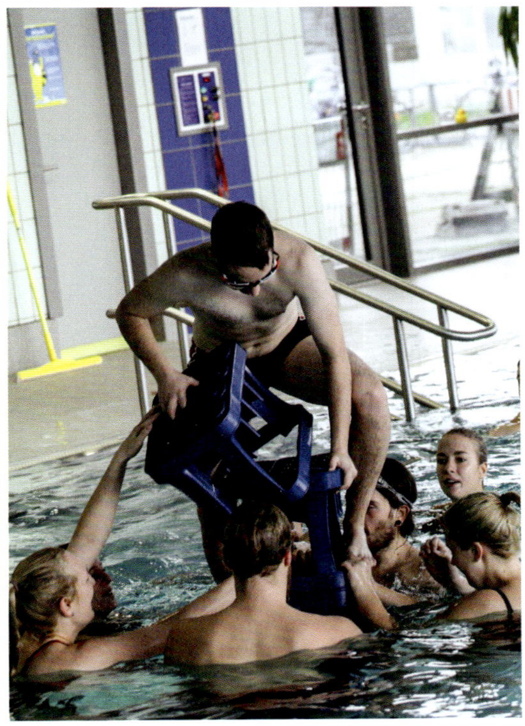
3. Station: **Tunneltauchen** - Wagnis Am Beckenboden liegt ein beschwerter Ikea-Kriechtunnel, durch den jeder Schüler ein- oder mehrmals taucht.	1 Ikea-Kriechtunnel 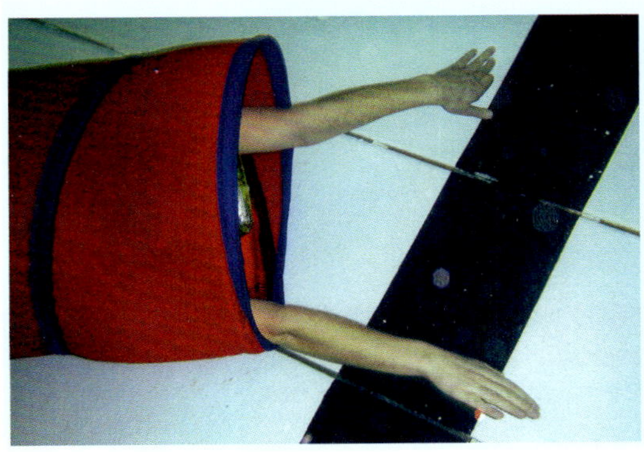

4. Station: **Auf Matten springen** - Kreativität
Die Schüler springen vom Rand oder Startblock allein oder paarweise auf Schwimmmatten.
Mögliche Aufgaben sind: wie beim Mattenrutschen weit gleiten, auf der Matte stehen bleiben oder möglichst weit über die Matten laufen.

2 Schwimmmatten

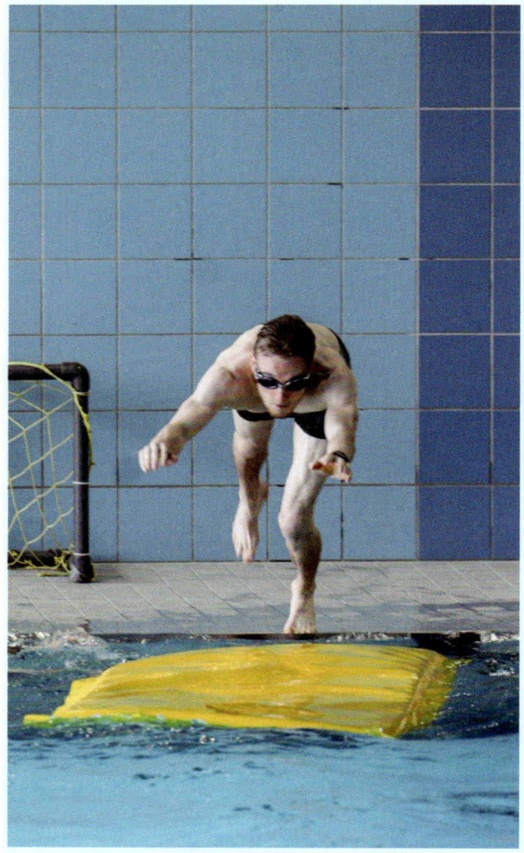

5. Station: **Brücke bauen** – Kreativität und Kooperation
Die Aufgabe besteht darin, eine möglichst lange Brücke zu bauen, die jeder Schüler einmal überquert.

Schwimmbretter, Schwimmringe, Pullbuoys

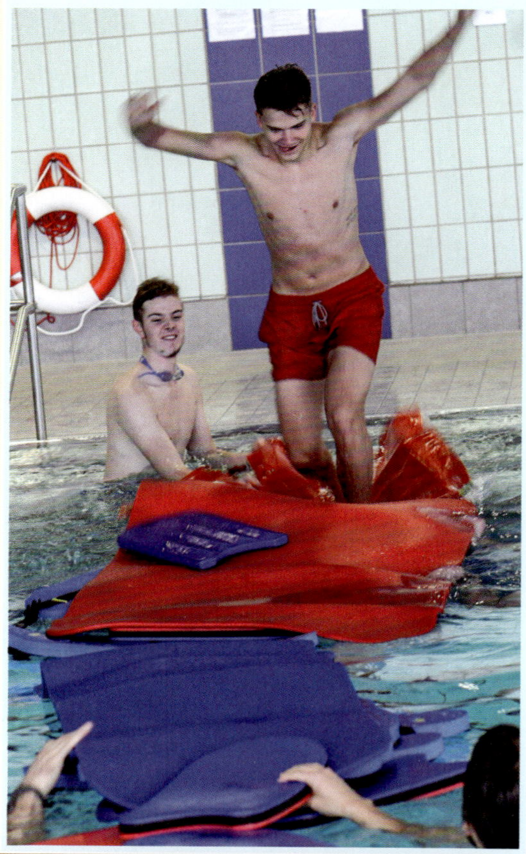

Ausklang (5 Minuten)

Gemeinsame Reflektion über die Erlebnisse

Stundenbilder 12-13: Rettungsschwimmen

Fachliche Hinweise

Kenntnisse und Fähigkeiten im Rettungsschwimmen sind notwendig, um bei Unfällen am und im Wasser fachgerecht helfen zu können. Jeder ist nach § 323c des Strafgesetzbuches verpflichtet, in einem Notfall unverzüglich die ihm mögliche Hilfe zu leisten. Wenn es trotz Hilfeleistung zu einer Verschlechterung des Gesundheitszustands des Opfers kommt, macht sich der Helfer grundsätzlich nicht strafbar, solange er nicht vorsätzlich falsch gehandelt hat. Es ist also notwendig, dass möglichst viele Menschen elementare Elemente der Selbst- und Fremdrettung beherrschen und als präventive Maßnahme über die Gefahren am und im Wasser informiert sind. Dies kann im entscheidenden Moment lebensrettend sein. Das Rettungsschwimmen hat somit eine eindeutig soziale Ausrichtung. Mit dem Rettungsschwimmen wird die Erziehung zu Verantwortungsbewusstsein, Hilfsbereitschaft, Teamfähigkeit und Kooperation in besonderer Weise angesprochen und entwickelt. Verantwortung für sich und andere durch entsprechende Handlungskompetenz übernehmen zu können, steht im Vordergrund. Elemente des Rettungsschwimmens als Bestandteil des schulsportlichen Schwimmunterrichts haben einen hohen Aufforderungscharakter, festigen konditionelle und koordinative Fähigkeiten und stärken das Selbstbewusstsein.

Zunächst sollte den Schülern verdeutlicht werden, dass Helfen immer eine richtige Entscheidung ist, für die es keine Musterlösung gibt, und man sollte sie zum Helfen ermutigen. Der Einsatz von Rettungsgeräten ist immer dem schwimmerischen Einsatz vorzuziehen. Selbst wenn man sich zutraut, die Strecke zu der Person in Not zu schwimmen und diese auch wieder zurückzuschleppen, unterschätzt man doch die Gefahr, die vom Opfer selbst ausgeht. Ein Ertrinkender hat im Ernstfall Todesangst, entwickelt ungeahnte Kräfte und klammert sich an allem fest, was in seiner Nähe ist. Eine Umklammerung oder sogar Würgen bringt dann auch den Retter in eine lebensbedrohliche Lage. Daher ist es wichtig, eine Umklammerung in jedem Fall durch einen Sicherheitsabstand zu vermeiden.

Man sollte den Schülern auch Sinn und Unsinn von Kleidung im Wasser erklären. Kleidung schützt vor Kälte und einem schnellen Auskühlen des Körpers. Ein Retter hingegen sollte die Schuhe und eine lange Hose ausziehen, um Ballast abzuwerfen und schneller beim Opfer zu sein.

Möglichkeiten der Selbstrettung

Auch ein guter Schwimmer kann in gefährliche Situationen kommen. Bei Erschöpfung, wenn man beispielsweise im Meer seine Kräfte überschätzt hat und zu weit herausgeschwommen ist oder die Strömung sehr stark ist, kann man durch kraftsparendes Verhalten „Erholungspausen“ einlegen. Geeignet ist hier das Ausruhen in Rückenlage, eine Variation des „toten Manns“:

Der Erschöpfte legt sich in Rückenlage auf das Wasser mit dem Kopf bis zu den Ohren eingetaucht. Hände und Beine stabilisieren durch leichte Bewegungen mit möglichst geringem Kraftaufwand die Wasserlage.

Bei längerem Aufenthalt in kaltem Wasser kann es zu Muskelkrämpfen kommen. Der Schwimmer muss ruhig bleiben und wenn möglich zum Land zurückschwimmen. Ist dies nicht möglich, kann der Krampf auch im Wasser durch Dehnen gelöst werden.

Wadenkrampf: In der Rückenlage die Fußspitze anfassen und zum Schienbein ziehen. Mit der freien Hand neben dem Körper paddeln.

Oberschenkelkrampf: In der Rückenlage den Unterschenkel am Fußgelenk fassen und gegen den Oberschenkel drücken. Mit der anderen Hand zur Stabilisierung der Position neben der Hüfte paddeln.

Krampf in den Zehen: In Rückenlage den Zeh anfassen und zu sich ziehen. Mit der freien Hand neben dem Körper paddeln.

Wenn möglich sollte der Schwimmer nach Lösen des Krampfes so schnell wie möglich das Wasser verlassen, da ein Krampf im kalten Wasser häufig wieder kommt.

Transportschwimmen: Beim Transportieren hilft ein Retter einem erschöpften Schwimmer, das Ufer zu erreichen. Der Schwimmer muss noch bei Bewusstsein sein: Er ist noch ansprechbar und reagiert vernünftig, wenn auch unter Umständen in einem Erregungs- und Angstzustand. Die Transporttechniken Schieben und Ziehen helfen, die Kräfte des Retters zu schonen, weil sie eine Unterstützung durch den Ermüdeten ermöglichen. Grundlagen für ein gutes Transportieren sind ausdauerndes Schwimmen und Kraftausdauer, weil gegen einen erhöhten Widerstand geschwommen wird. Beide Griffe sollten zunächst an Land demonstriert und in Paaren geübt werden.

Schieben: Der ermüdete Schwimmer befindet sich gestreckt in Rückenlage vor dem Retter, die gegrätschten Beine liegen an der Hüfte des Retters. Er stützt seine Hände auf dessen Schultern. Je vier Finger zeigen auf den Rücken, die Daumen zur Brust. Der Retter schwimmt Brust.

Ziehen: Der Ermüdete legt in Bauchlage von hinten bei gestreckten Armen seine Hände locker auf die Schultern des Retters. Die Daumen liegen am Nacken. Der Retter schwimmt Brust, der erschöpfte Schwimmer kann durch Kraulbeinschlag unterstützen. Nachteilig ist hierbei, das sich die zu rettende Person hinter dem Retter befindet, wodurch kein Augenkontakt möglich und die Kommunikation erschwert ist. Üblicherweise empfinden Ermüdete diese Lage aber als angenehmer, weil sie sich lieber in die Bauchlage als in die Rückenlage begeben.

Brücke: Die Ausgangsposition ist mit der beim Ziehen identisch. Ein zweiter Retter befindet sich jetzt dahinter, greift die Füße des Ermüdeten und legt sie sich so auf die Schultern, dass der Spann den Hals berührt und die Zehen fast aneinanderstoßen. Der Ermüdete liegt gestreckt im Wasser, beide Retter schwimmen Brust. Der Hintermann passt sein Tempo dem Vordermann an.

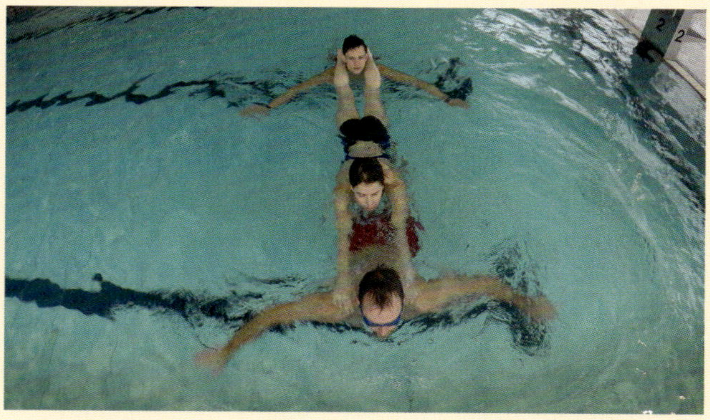

Floß: Der ermüdete Schwimmer befindet sich auf gleicher Höhe zwischen zwei Rettern und legt ihnen jeweils eine Hand auf die äußere Schulter. Die Retter schwimmen Brust.
Variation: Die Retter schwimmen in Seitlage und fassen jeweils in die Achseln des ermüdeten Schwimmers, der auf dem Rücken liegt.

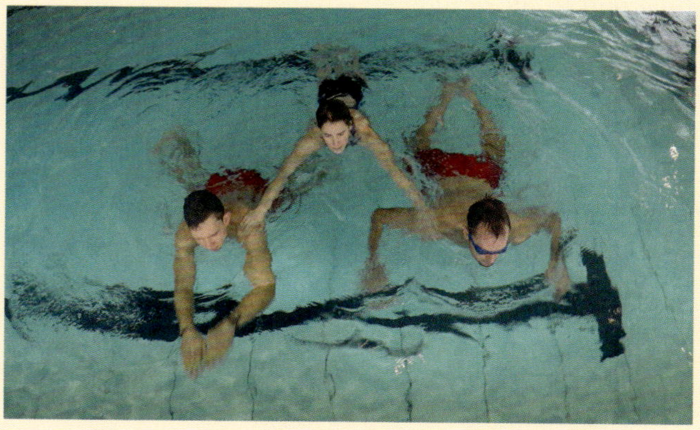

Ziele

- Gefahren im und am Wasser erkennen, die eigenen Kräfte einschätzen, Verantwortung für andere übernehmen, Notsituationen bewältigen
- Bewegungserfahrungen erweitern, neue Bewegungsabläufe erlernen, die Wahrnehmungsfähigkeit und das eigene Verhalten im Gefahrenbereich Wasser verbessern

Stundenbild 12: Auf einen Blick

Phasen	Organisation, Material
Einstieg (5 Minuten)	
Spiel **„Rettet das Handtuch"**: Drei oder mehr Teams spielen gegeneinander. Ziel ist es, so schnell wie möglich ein Handtuch trocken auf die andere Seite zu bekommen. Alle Spieler müssen das Handtuch dabei berühren. Variation: Auf dem Handtuch liegt zusätzlich ein Ball/Luftballon oder auch mehrere, der oder die nicht herunter fallen dürfen.	1 Handtuch pro Gruppe Bälle für die Variationen
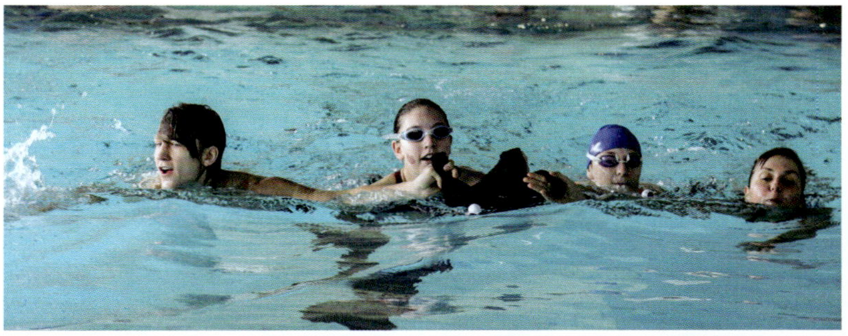	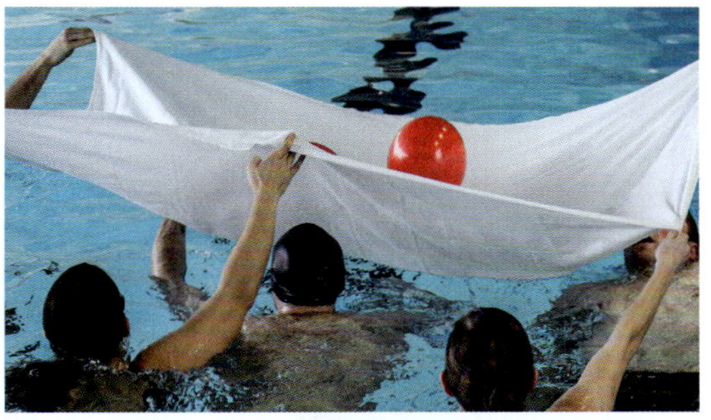
Hauptteil (30 min)	
Ausgangsszenario Eine Schülergruppe schwimmt im Baggersee. Dabei kommt es bei einigen aufgrund von Selbstüberschätzung, Übermut, mangelnder Schwimmfertigkeit, falscher Ernährung, Überhitzung u. a. zu starker Erschöpfung. Wie können die Betroffenen durch die Hilfe anderer Personen aus dieser Situation gerettet werden? Arbeitsauftrag: In Partnerarbeit Lösungen finden, wie ein erschöpftes Opfer an den Beckenrand gebracht werden kann. Welche Kriterien sind wichtig? Anschließend werden alle Lösungen vorgestellt und besprochen. Hinweise: Das Opfer braucht Raum, um den Retter mit Schwimmbewegungen unterstützen zu können. Der Helfer braucht Raum, um schwimmen zu können. Blickkontakt kann hilfreich sein.	Partnerarbeit
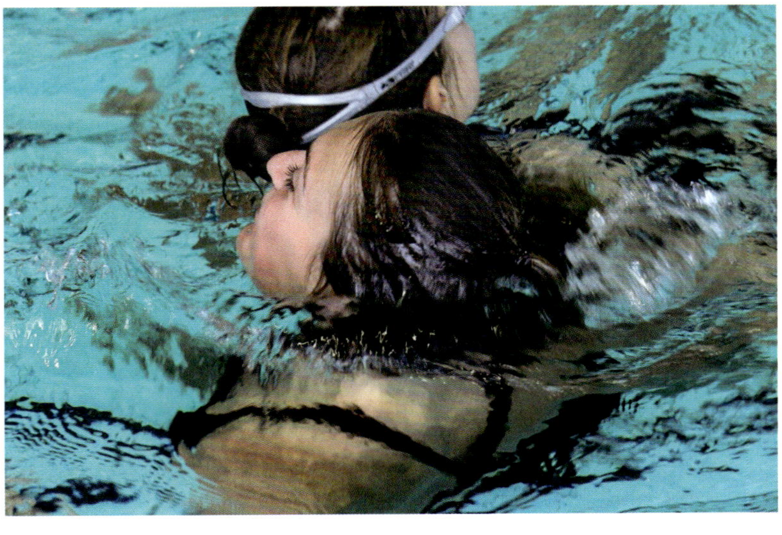	

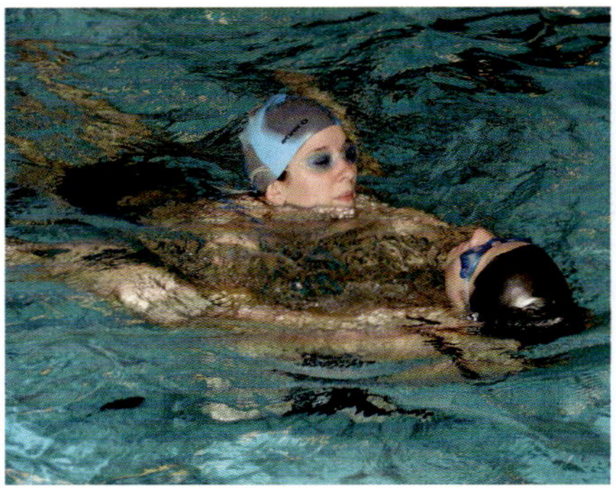

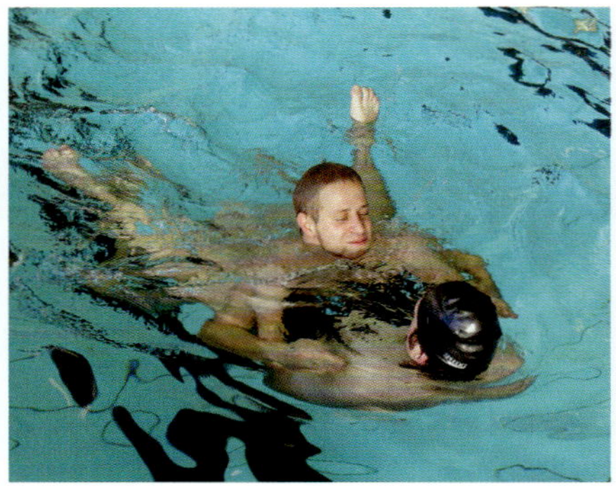

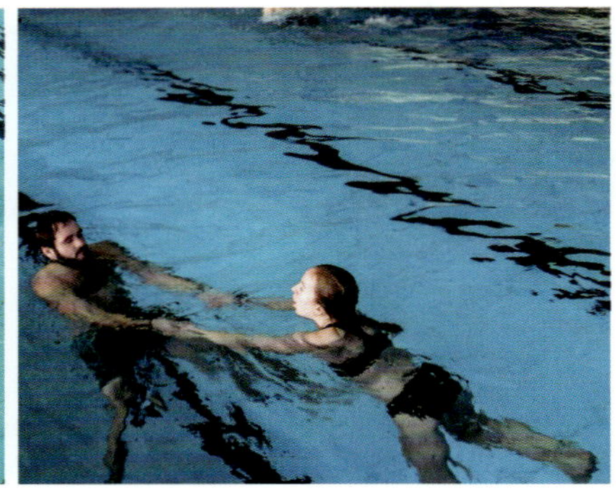

Transportschwimmen:

Paare

Die Lehrkraft demonstriert am Beckenrand die Techniken **Ziehen und Schieben**. Die Paare probieren diese aus mit Partnerwechsel.

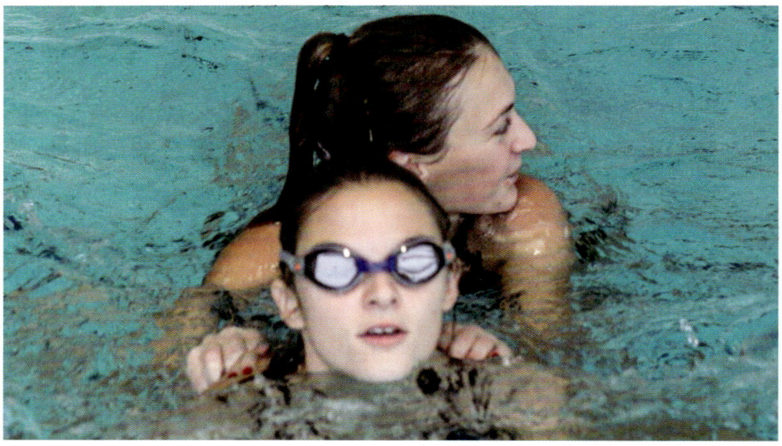

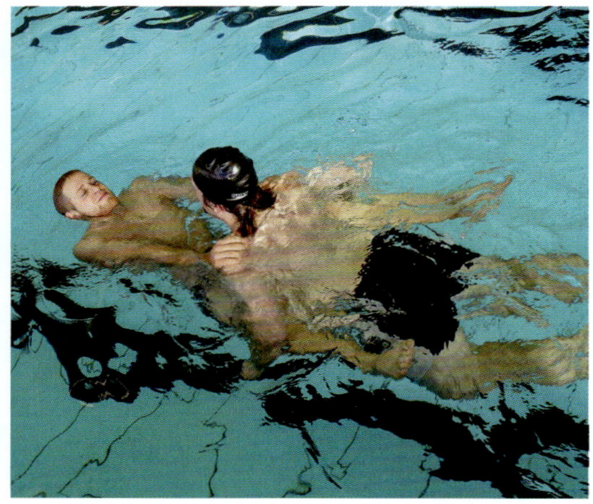

Die Lehrkraft demonstriert am Beckenrand mit einer Dreiergruppe die Techniken **Brücke und Floß**. Anschließend werden Dreiergruppen gebildet. Diese probieren beide Techniken mit wechselnden Rollen aus.

Dreiergruppen

Staffeln in den vier verschiedenen Transporttechniken.

3-4 Gruppen gegeneinander

Ausklang (10 Minuten)

Spiel **„Quizschwimmen“**: Jeder spielt gegen jeden. Alle Schüler befinden sich im Wasser. Drei Ecken des Bades werden mit den Nummern eins, zwei und drei versehen. Der Lehrer liest eine Frage zu den Baderegeln vor mit drei Antwortmöglichkeiten. Anschließend schwimmt jeder Schüler in die Ecke, von der er glaubt, dass sie die richtige Antwort darstellt. Im Anschluss wird die richtige Antwort kurz besprochen. Alle Schüler, die in der richtigen Ecke sind, bekommen mit Kugelschreiber einen Strich auf den Arm gemalt. Anschließend schwimmen alle Spieler in die neutrale Ecke und die nächste Frage wird gestellt. Der Spieler mit den meisten Strichen gewinnt das Quiz.

Quizfragen, Nummern für die Schwimmbadecken, Kugelschreiber

Baderegelquiz

Frage 1: Soll man vor dem Baden noch essen?
1. Nein, weil der Körper zunächst mit der Verdauung beschäftigt ist und Magen und Darm verstärkt durchblutet.
2. Nein, weil man zu viel Wasser verdrängt.
3. Ja, weil der Verzehr von kohlehydratreicher Nahrung zu einer Leistungssteigerung führt.

Frage 2: Was macht man vor dem Baden?
1. Immer warm duschen, damit man im Wasser keine Gänsehaut bekommt.
2. Kalt duschen, weil sich der Körper durch das Abkühlen an das Wasser gewöhnt.
3. Beim Duschen weicht die Haut auf und es kann im Wasser zu Verletzungen kommen.

Frage 3: Was bedeutet dieses Bild?
1. Bitte leise sein wegen der Frösche!
2. Keine Pflanzen pflücken!
3. Meide Stellen mit vielen Pflanzen!

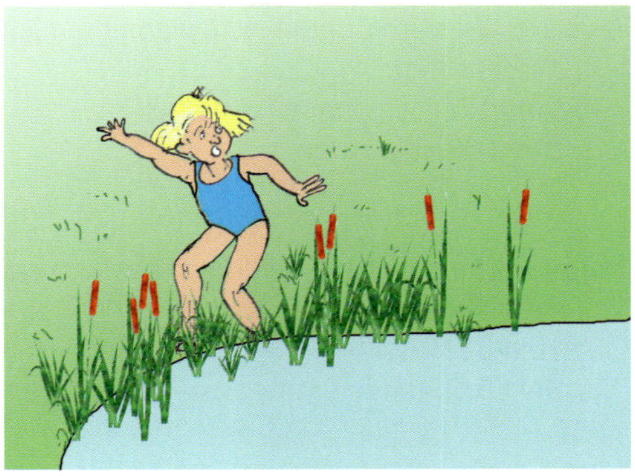

Frage 4: Was ist beim Springen in unbekannte Gewässer zu beachten?
1. Man kann seine Badehose verlieren.
2. Unbekannte Gewässer werden besonders beaufsichtigt.
3. Unbekannte Gewässer bergen Gefahren.

Frage 5: Schwimmen im Sprungbereich
1. Springer können Schwimmer leicht übersehen und verletzen.
2. Das Wasser ist im Sprungbereich kälter.
3. Im Sprungbereich gibt es weniger Zusammenstöße, weil dort mehr Platz ist.

Frage 6: Gewitter
1. Bei Blitzen schnell ins Wasser springen.
2. Durch Blitze wird das Wasser viel zu heiß.
3. Der Blitz kann mich leicht im Wasser treffen.

Frage 7: Dieses Bild bedeutet
1. Schwimme in freien Gewässern nicht zu weit hinaus
2. Winke zurück, wenn Dir jemand winkt
3. Ich habe mich in einem Fischernetz verfangen

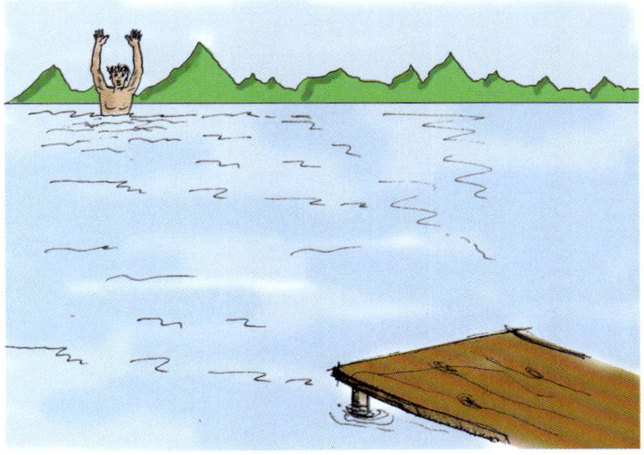

Frage 8: Welche Aussage stimmt?
1. Teste die Rettungsschwimmer, indem Du um Hilfe rufst
2. Jeder, der in einem See schwimmen geht, braucht einen 1.-Hilfe-Schein
3. Rufe nicht aus Spaß um Hilfe

Frage 9: Wann kann ich die Techniken Ziehen oder Schieben anwenden?
1. Der erschöpfte Schwimmer kann seine eigene Rettung nicht durch Schwimmbewegungen unterstützen.
2. Der erschöpfte Schwimmer muss noch bei Bewusstsein sein, er ist ansprechbar und reagiert vernünftig.
3. Bei bewusstlosen Opfern

Frage 10: Wie verhält man sich, wenn man jemanden in Not im Wasser sieht?
1. 112 anrufen
2. Sofort hinschwimmen und helfen
3. Laut um Hilfe rufen

Frage 11: Wann werden Schlepptechniken angewandt?
1. Bei Krämpfen
2. Vom Boot
3. Bei Ertrinkenden mit Angst- und Panikreaktionen

Frage 12: Wie rette ich einen Bewusstlosen aus dem Wasser?
1. Durch Schieben und Ziehen
2. Mit einem Befreiungsgriff
3. Mit dem Kopf- oder Achselschleppgriff

Frage 13: Was versteht man beim Rettungsschwimmen unter Transportieren?
1. Geräte an Land bringen
2. Ermüdete Schwimmer unterstützen
3. Bewusstlose an Land bringen

Stundenbild 13: Rettungsschwimmen

Fachlicher Hintergrund

Schleppen: Geschleppt werden muss ein Opfer, das zum Beispiel wegen Bewusstlosigkeit oder sehr starker Schwächung nicht in der Lage ist, seine Rettung zu unterstützen. Er kann sein Gesicht nicht mehr über der Wasseroberfläche halten. Es bieten sich der Achsel- oder Kopfschleppgriff an. Bei allen Schleppgriffen müssen Mund und Nase über Wasser sein. Der Retter sollte die notwendige Schwimmtechnik Schwimmen in Rückenlage ausschließlich mit Brustbeinschlag und erhöhtem Widerstand beherrschen, um den Rettungsvorgang insbesondere bei Atemstillstand zu beschleunigen.

Kopfschleppgriff:

Der Verunglückte wird in Rückenlage gebracht. Der Retter erfasst den Kopf von hinten, die Fingerspitzen umfassen den Unterkieferbogen, die Daumen liegen an den Schläfen, die Ohren bleiben frei. Dadurch lässt sich der Kopf des Verunglückten leicht nach hinten beugen und die Atmung wird nicht behindert. Die Arme sind gestreckt und die Rückenlage soll möglichst flach sein. Sinken die Beine des Verunglückten ab, kann der Retter durch ein Hochdrücken des Rückens mit dem Knie, einem leichten Stoßen gegen das Gesäß oder durch ein kurzes Andrücken der Arme die flache Schwimmlage wieder herstellen. Der Retter schwimmt in Rückenlage mit Brustbeinschlag.

Achselschleppgriff:

Der Verunglückte wird in die Rückenlage gebracht. Der Retter greift mit beiden Händen von unten in oder vor die Achselhöhlen. Der Retter schwimmt in Rückenlage mit Brustbeinschlag.

Ziele

- Gefahren im und am Wasser erkennen, die eigenen Kräfte einschätzen, Verantwortung für andere übernehmen, Notsituationen bewältigen
- Bewegungserfahrungen erweitern, neue Bewegungsabläufe erlernen, die Wahrnehmungsfähigkeit und das eigene Verhalten im Gefahrenbereich Wasser verbessern

Stundenbild 13: Auf einen Blick

Phasen	Organisation, Material
Einstieg (5 Minuten)	
Rollenspiel **„Baywatch“**: Die Schüler bekommen eine schwarze oder rote Karte, die Farbe bleibt geheim. Anschließend zeigt der Spielleiter eine Farbe. Die Schüler mit der entsprechenden Farbe werden Opfer. Die Retter bringen die Opfer mit Transporttechniken zum Beckenrand.	Kartenspiel
Hauptteil (30 min)	
Arbeitsauftrag: In Partnerarbeitet Lösungen finden, wie ein bewusstloses Opfer an den Beckenrand gebracht werden kann. Welche Kriterien sind wichtig? Anschließend werden alle Lösungen vorgestellt und besprochen. Hinweise: Auf eine Kinnstütze achten, ohne das Opfer zu würgen. Die Schwimmlage muss stabilisiert werden.	Partnerarbeit

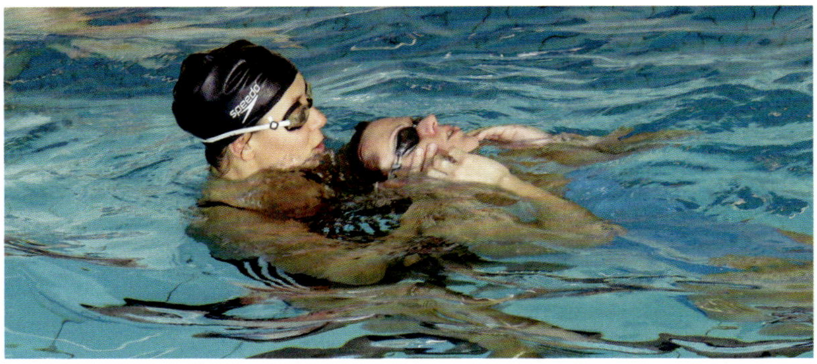

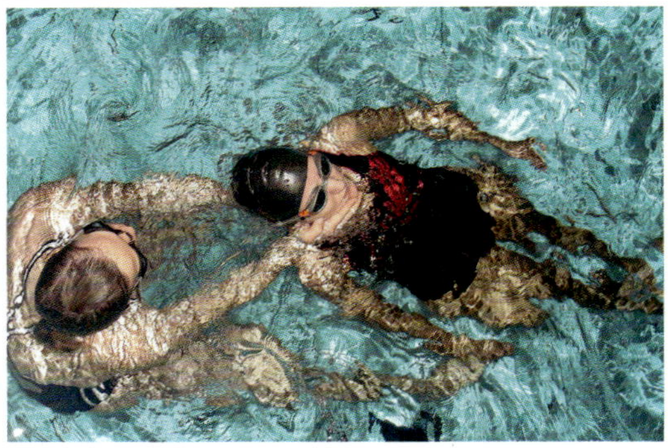

Schlepptechnik Achselschleppgriff: Die Lehrkraft demonstriert den Griff, die Paare üben zunächst an Land und wenden die Technik anschließend im Wasser an. Die Rollen werden getauscht.	Partnerarbeit

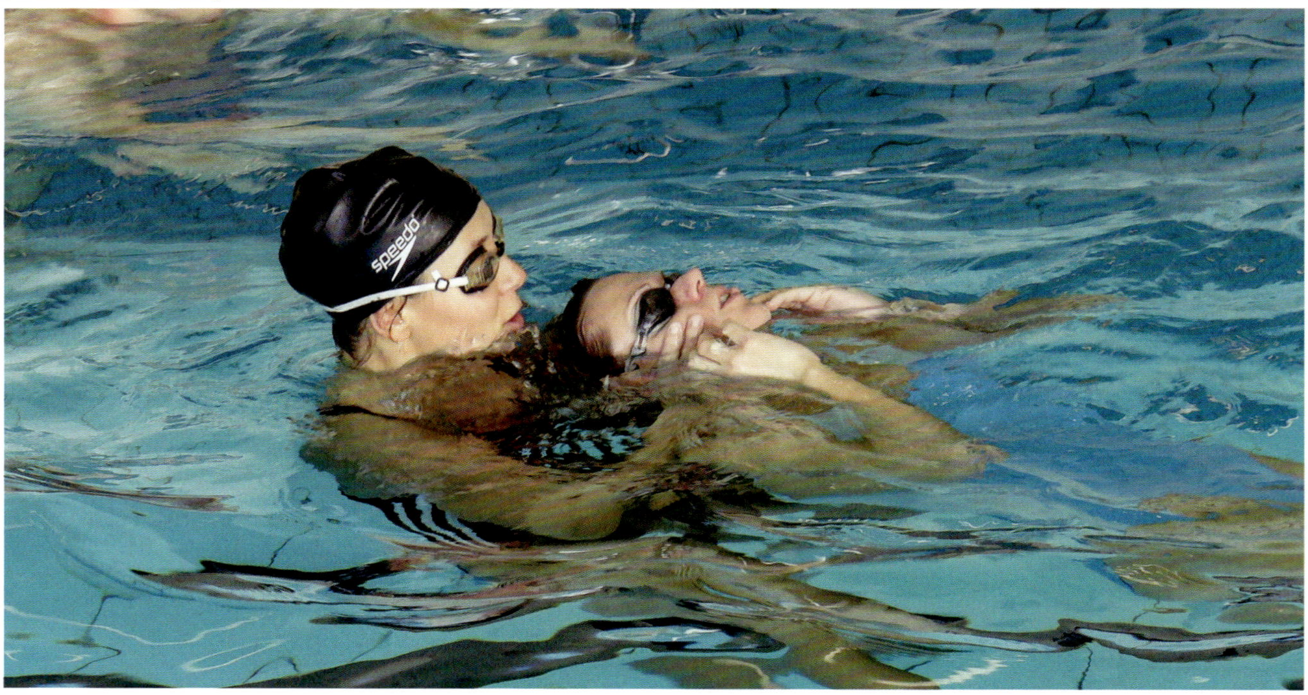

Schlepptechnik Kopfschleppgriff:

Die Lehrkraft demonstriert den Griff, die Paare üben zunächst an Land und wenden die Technik anschließend im Wasser an.

Partnerarbeit

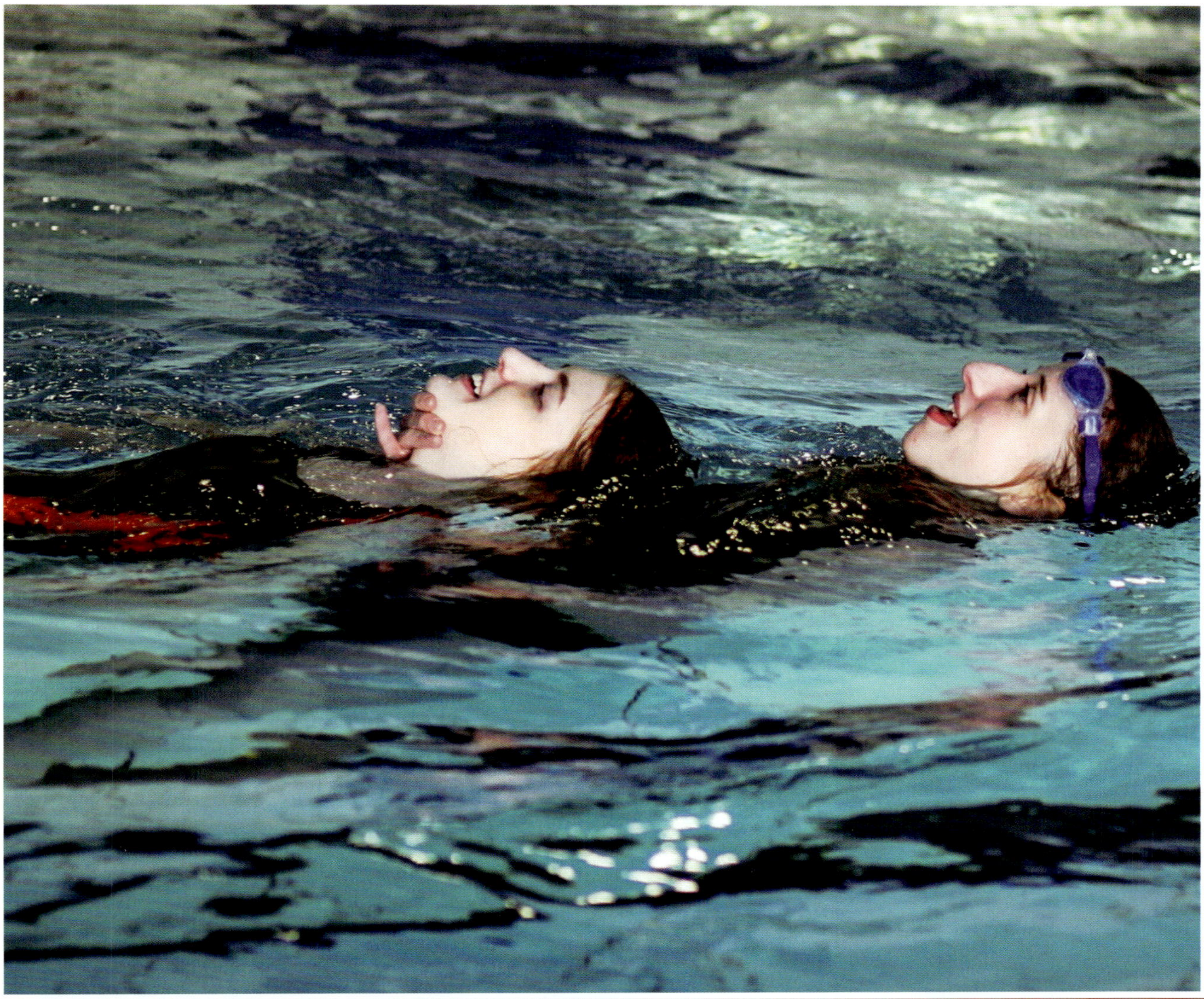

Ausklang (15 Minuten)

Unfallszenario: Vier bis sechs Schüler, die Retter, werden in die Umkleidekabine geschickt. Alle anderen Schüler bekommen eine Rolle zugeteilt. Dazu ziehen sie eine Karte, auf der entsprechende Anweisungen stehen. Sie können z. B. spielende oder sich auf Handtüchern sonnende Schwimmbadbesucher oder in Not geratene Menschen spielen, die im Wasser oder an Land um Hilfe rufen, immer wieder untergehen oder reglos auf der Wasseroberfläche mit dem Gesicht nach unten treiben. Eine Luftmatratze schwimmt einsam auf dem Wasser. Am Beckenrand liegen Auftriebskörper. Die Retter werden geholt, müssen die dargestellte Situation beurteilen und innerhalb von drei Minuten so vielen Opfern wie möglich helfen.

Anschließend ertönt ein Pfiff und alle besprechen gemeinsam die Lösung der Situation.

Auftriebskörper wie Schwimmbretter, Pullbuoys, Poolnudeln

Pfeife

Oberstufe

Stundenbild 1: Vertiefung Brustschwimmen

Fachliche Hinweise

Das Brustschwimmen ist in Deutschland zwar sehr verbreitet, aber koordinativ die schwierigste und außerdem die langsamste der vier Schwimmarten. Da nur in dieser Schwimmart die Arme Unterwasser nach vorn gebracht werden, entsteht ein natürlicher Widerstand. Ebenso führen die Beine durch das Anwinkeln eine Widerstandserhöhung herbei. Um diese, eigentlich gegen die Schwimmrichtung wirkenden, Einflüsse möglichst gering zu halten, kommt der optimalen Abstimmung und technischen Ausführung von Arm- und Beinarbeit eine enorme Bedeutung zu. Im Vergleich zu den drei anderen Techniken wird durch die Beinbewegung deutlich mehr Vortrieb erzeugt. Geschwommen werden folgende Strecken: 25 m, 50 m, 100 m und 200 m. Da der Wasserwiderstand unter der Wasseroberfläche viel kleiner ist als an der Oberfläche, ist eine längere Gleitphase effektiv. Die Wettkampfbestimmungen legen in §128 Folgendes fest:

1) Von Beginn des ersten Armzugs nach dem Start und nach jeder Wende muss der Körper in Brustlage gehalten werden. Das Drehen in die Rückenlage ist zu keiner Zeit erlaubt, außer während der Wende, bei der nach regelkonformem Anschlag ein beliebiges Drehen erlaubt ist, sofern der Körper beim Verlassen der Wand wieder in die Brustlage zurückkehrt. Während des ganzen Rennens muss der Bewegungszyklus aus jeweils einem Armzug und einem Beinschlag, in dieser Reihenfolge, bestehen; außer während der Wende und beim Zielanschlag.

2) Alle Bewegungen der Arme müssen gleichzeitig und in der gleichen waagerechten Ebene ohne Wechselbewegungen erfolgen.

3) Die Hände müssen auf, unter oder über der Wasseroberfläche von der Brust nach vorne geführt werden. Dabei müssen die Ellenbogen stets unter Wasser sein, außer beim letzten Armzug zum Anschlag an der Wende, während der Wende und beim letzten Armzug zum Zielanschlag. Die Hände müssen an oder unter der Wasseroberfläche nach hinten gebracht werden. Dabei dürfen sie nicht weiter als bis zu der Hüfte nach hinten gebracht werden.

4) Alle Bewegungen der Beine müssen gleichzeitig und in der gleichen waagerechten Ebene ohne Wechselbewegungen erfolgen. Die Füße müssen bei der Rückwärtsbewegung auswärts gedreht sein. Bewegungen der Beine in Form eines Wechselbeinschlages oder Delfinbeinschlages sind nicht erlaubt. Die Füße dürfen die Wasseroberfläche durchbrechen.

5) Bei jeder Wende und am Ziel hat der Anschlag mit beiden Händen gleichzeitig zu erfolgen, und zwar an, über oder unter der Wasseroberfläche. Der Anschlag mit aufeinanderliegenden Händen ist nicht erlaubt.

6) Während eines jeden vollständigen Bewegungszyklus muss der Schwimmer mindestens einmal mit einem Teil des Kopfes die Wasseroberfläche vollständig durchbrochen haben.

7) Nach dem Start und nach jeder Wende darf der Schwimmer, bevor er an die Wasseroberfläche zurückkehrt, einen vollständigen Bewegungszyklus unter Wasser ausführen, ohne mit dem Kopf die Wasseroberfläche durchbrochen zu haben. Er darf vor dem ersten Brustbeinschlag zu jeder Zeit einen einzigen Delfinbeinschlag ausführen. Während des ersten Bewegungszyklus darf er einen vollen Armzug bis zu den Oberschenkeln ausführen. Der Kopf des Schwimmers muss beim zweiten Bewegungszyklus nach Start und Wenden die Wasseroberfläche während der Rückwärtsbewegung der Arme vollständig durchbrochen haben, und dies, bevor die Hände nach innen gedreht und wieder nach vorne gebracht werden.

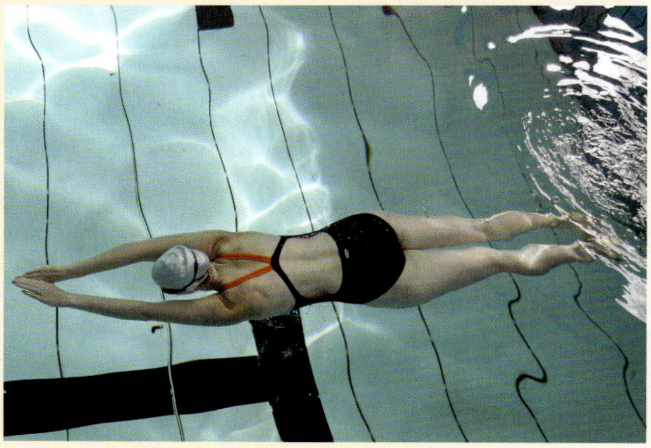

Hinweis: Die komplette Bilderreihe zum Tauchzug siehe Seite 129 (Mittelstufe).

Zentrale Knotenpunkte sind folgende:

Armbewegung
Wasserfassen: Die Bewegung nach außen wird durch das Drehen der Hände eingeleitet. Der Daumen zeigt in einem 45-Grad-Winkel nach unten. Zum Wasserfassen drehen sich die Finger diagonal nach unten und der Ellbogen wird leicht angehoben.

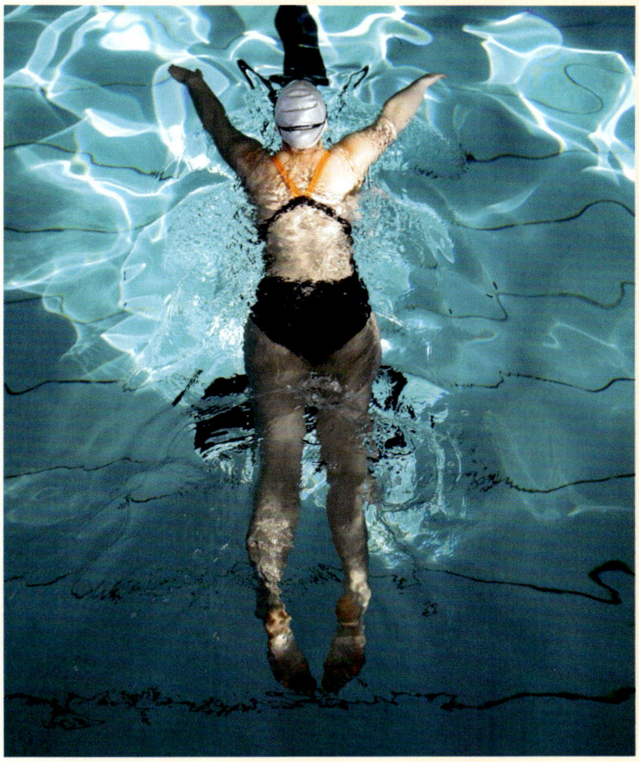

Zugphase: Die Hände werden mit einer kräftigen, schnellen Bewegung nach hinten gezogen. Die Ellbogen bleiben vor der Schulter.

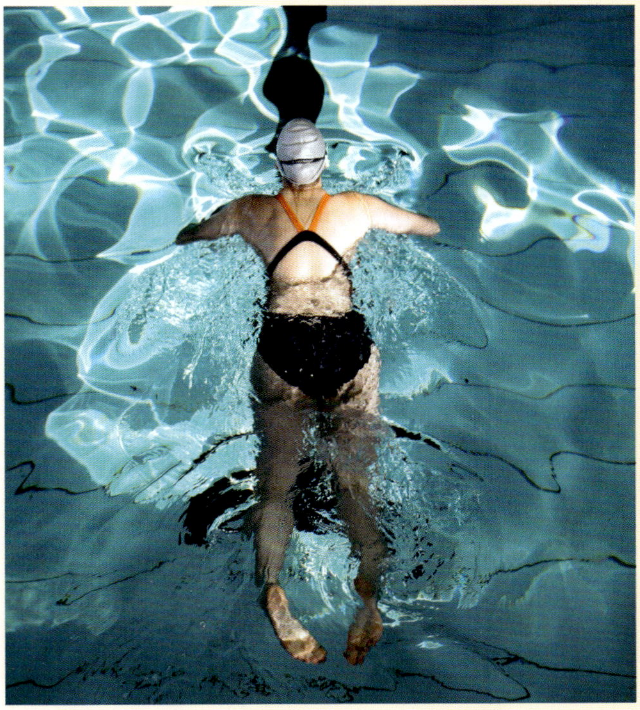

Druckphase: Die Ellbogen werden schnellkräftig zum Oberkörper gedrückt.

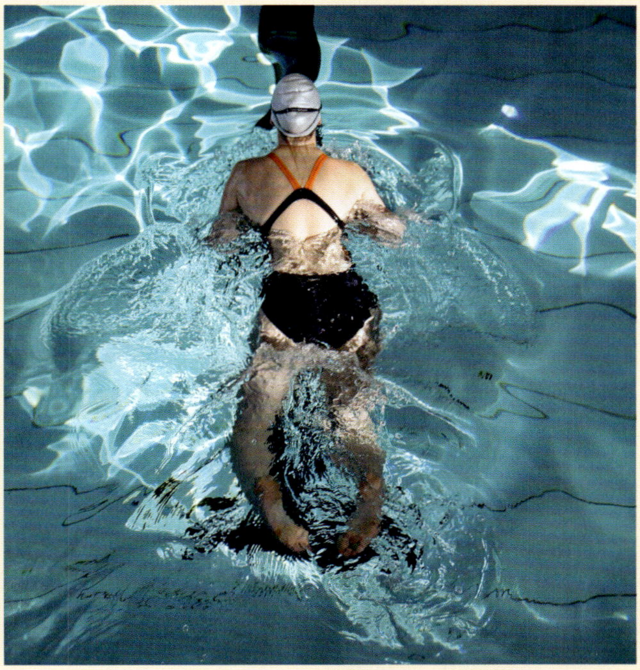

Vorbringen der Arme: Die Unterarme werden unter, an oder über der Wasseroberfläche nach vorne geführt und zusammen mit den Schultern und dem Kopf lang nach vorne gestreckt. Die Finger zeigen nach vorne, die Hände berühren sich und die Handflächen zeigen nach unten.

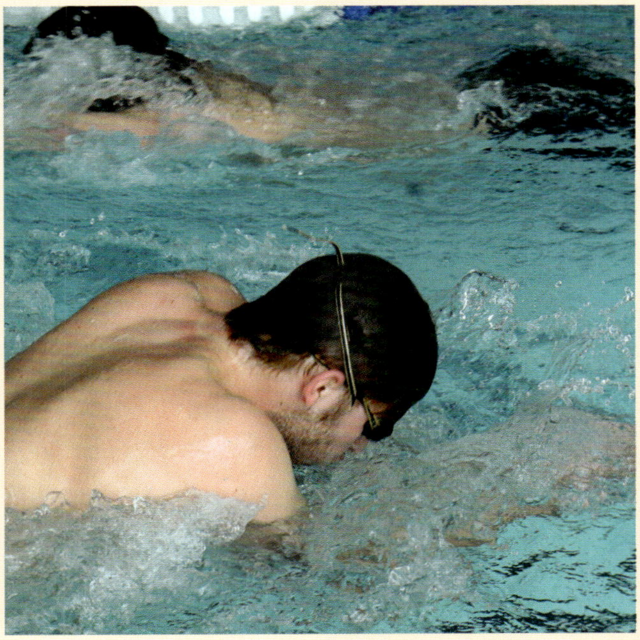

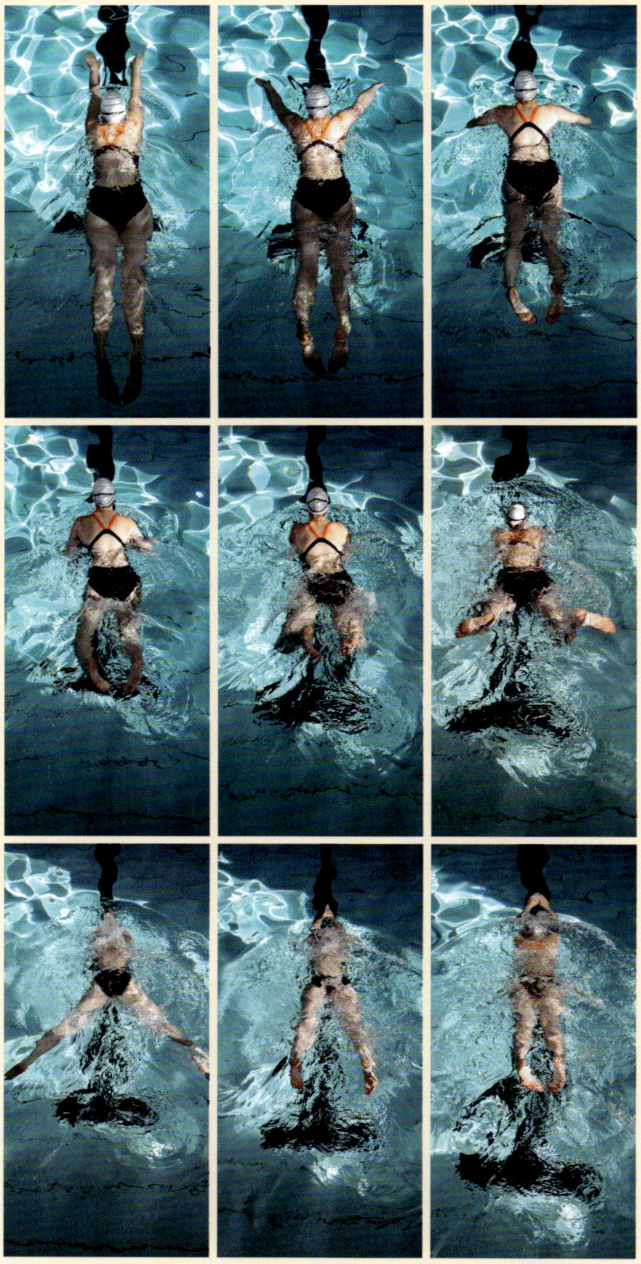

Fehler:
Die Arme wischen kreisförmig über das Wasser.
Die gebeugten Arme machen eine Pause in Schulterhöhe (Gebetsstellung).

Die Hände erreichen die Hüfte.

Die Arme werden nicht komplett nach vorne gestreckt.

Beinbewegung:

Zu Beginn erfolgt ein Anfersen der Füße, die Beine und Füße bleiben dabei im „Windschatten" des Oberkörpers.

Die Füße werden zum Schienbein angezogen und auswärts gedreht.

Jetzt erfolgt eine schnelle Halbkreisbewegung der Füße, an deren Ende die Füße kräftig zusammengeführt und die Zehenspitzen gestreckt werden. Die Kraft sollte nach hinten und nicht nach außen ausgeübt werden; die Knie sollten nicht weiter als hüftbreit geöffnet werden.

Fehler:
Es erfolgt keine Kreis-, sondern eine Schlagbewegung der Beine.

Die Füße werden nicht angezogen und nach außen gedreht, sondern gestreckt und nach innen gedreht.

Die Knie werden unter den Bauch gezogen.

Die Füße werden nicht zusammengeführt.

Das Becken liegt schräg im Wasser und es kann keine symmetrische Beinbewegung in einer Ebene erfolgen.

Koordination: Die Antriebsphase der Beine erfolgt, wenn die Streckung der Arme zu etwa zwei Dritteln beendet ist.

Atmung: Beim Brustschwimmen sind Armzug und Atembewegung eng miteinander verbunden. Die Einatmung erfolgt, während der Kopf und die Schultern aus dem Wasser gezogen werden. Das Kinn sollte an der Wasseroberfläche bleiben. Der Schwimmer atmet beim Vorstrecken der Arme gleichmäßig ins Wasser aus.

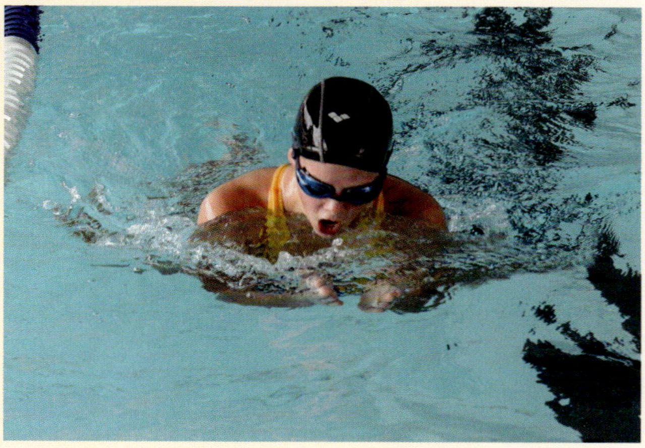

Wasserlage: Arme, Kopf, Rücken und Beine bilden beim Gleiten eine möglichst gerade, stromlinienförmige Linie. Der Kopf wird nicht in den Nacken genommen und der Blick ist nach unten gerichtet.

Hinweise zur Vorbereitung

Im Vorfeld muss der Korrekturbogen zum Brustschwimmen erstellt und in Gruppenstärke kopiert werden. Außerdem brauchen die Schüler pro Paar einen Stift. Für das Anfangsspiel Seeigelrupfen trägt jeder Spieler eine Kappe mit drei Wäscheklammern. Zwei oder mehr Gummiringe und eine Zauberschnur sind für das Abschlussspiel Ringtennis nötig. Die Zauberschnur teilt das Spielfeld in zwei Hälften. Diese kann entweder von zwei nicht teilnehmenden Schülern gehalten werden oder man hat teilweise auch die Möglichkeit, sie an zwei Pfosten der Beckenumrandung zu befestigen. In 50-m-Becken bietet es sich oft an, die dort vorhandene Rückenleine als Abtrennung zu nutzen.

Ziele

Vortrieb erzeugen, Wahrnehmung verbessern, Bewegungserfahrungen erweitern, Bewegungen des Partners erkennen und korrigieren, mit einem Partner kooperieren

Auf einen Blick

Phasen	Organisation, Material
Einstieg (5 Minuten)	
Spiel **„Seeigelrupfen“**: Alle Spieler tragen Badekappen aus Stoff, an die jeder drei Wäscheklammern befestigt. Jeder spielt gegen jeden und versucht, seine eigenen Klammern zu schützen und den Gegnern so viele „Stachel“ wie möglich auszurupfen. Der erbeutete Stachel wird an der eigenen Kappe befestigt. Dabei darf man nicht angegriffen werden. Außerdem ist es nicht erlaubt, einen verlorenen Stachel direkt wieder zu erbeuten. Wer nach Ablauf der Spielzeit die meisten Stachel hat, gewinnt. Hinweis: Tauchen ist verboten.	Für jeden Spieler eine Badekappe und 3 Wäscheklammern Frei im Feld Tiefes Wasser 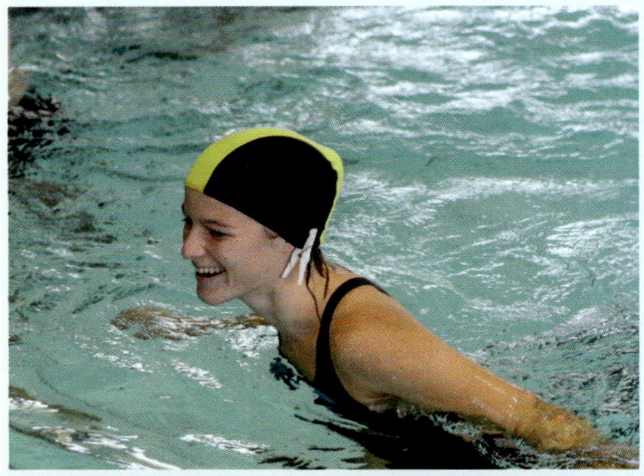
Hauptteil (30 min)	
Schwerpunkt Koordination:	In Wellen
Alle Schüler schwimmen eine Bahn Gesamtbewegung Brust.	
Beobachtungsaufgaben: Wann beginnt der Beinschlag? Wo sind die Hände?	Uhr
Hinweis: Die Hände sind im letzten Drittel ihrer Streckung.	
Anschließend wird eine weitere Bahn geschwommen und erneut kontrolliert.	
Die Schüler schwimmen zwei Bahnen Brust auf **Zeit** und vergleichen anschließend die Zeiten miteinander: Die erste Bahn wird mit möglichst maximaler Geschwindigkeit geschwommen und die zweite mit einer bewusst langen Gleitphase.	

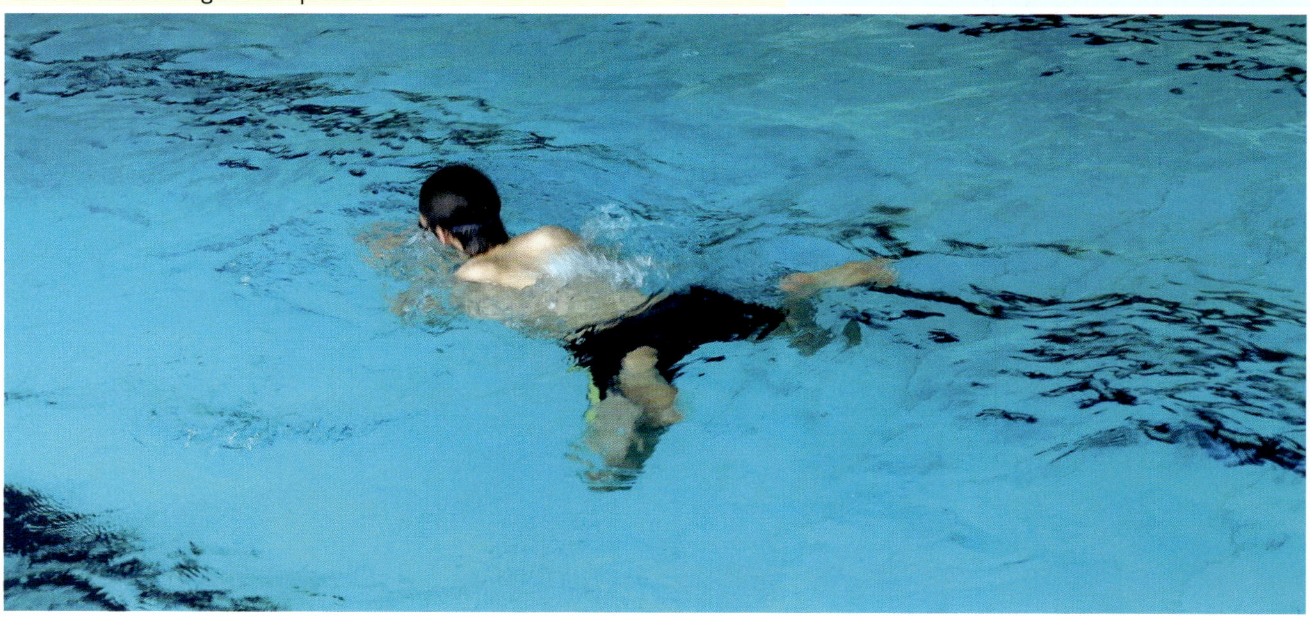

Hinweis: Da der Widerstand unter Wasser kleiner ist als an der Oberfläche, versucht man, den Körper lange unter Wasser und möglichst flach ausgestreckt zu halten.

Koordination: Nach einer Brustarmbewegung folgen immer zwei Brustbeinbewegungen.

Hinweis/bildliche Vorstellung: Die Füße müssen am Ende ihrer Bewegung kräftig zusammengeführt und die Zehenspitzen gestreckt werden („alles Wasser muss zwischen den Beinen herausgepresst werden“).
Schwerpunkt Wasserlage:

Zwei Bahnen Brustschwimmen und diese miteinander vergleichen. Bei der ersten Bahn bleibt der Kopf über Wasser, bei der zweiten wird er mit dem Strecken der Arme vollständig untergetaucht.

Schwerpunkt Armbewegung:

1 Pullbuoy für jeden Schüler

Die Schüler schwimmen jeweils eine Bahn Brustarmbewegung mit einem Pullbuoy.

Beobachtungsaufgabe: Wie muss die Bewegung der Hände aussehen, damit sie mich nach vorne bringt?

Kontrastaufgabe:
1. Bahn: kreisförmig mit den Händen über die Wasseroberfläche wischen.
2. Bahn: einen möglichst zielgerichteten Abdruck in Schwimmrichtung erreichen.

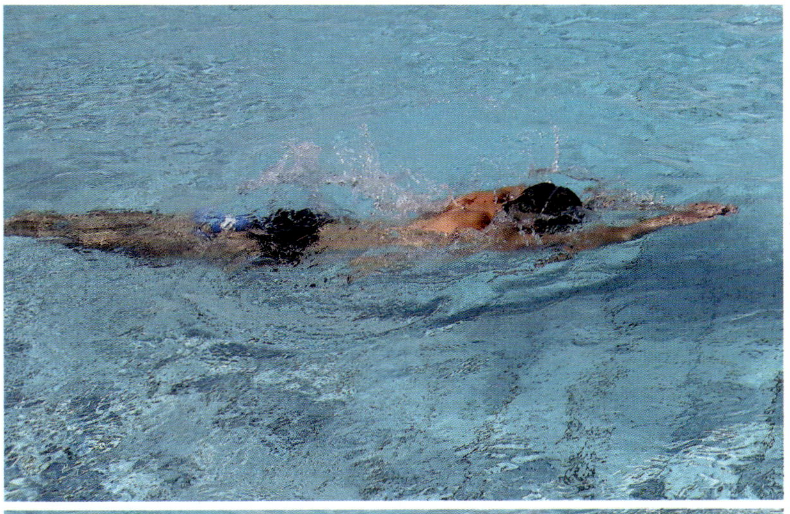

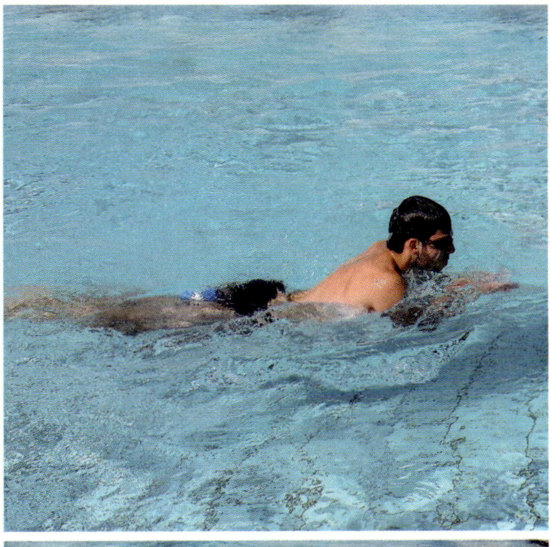

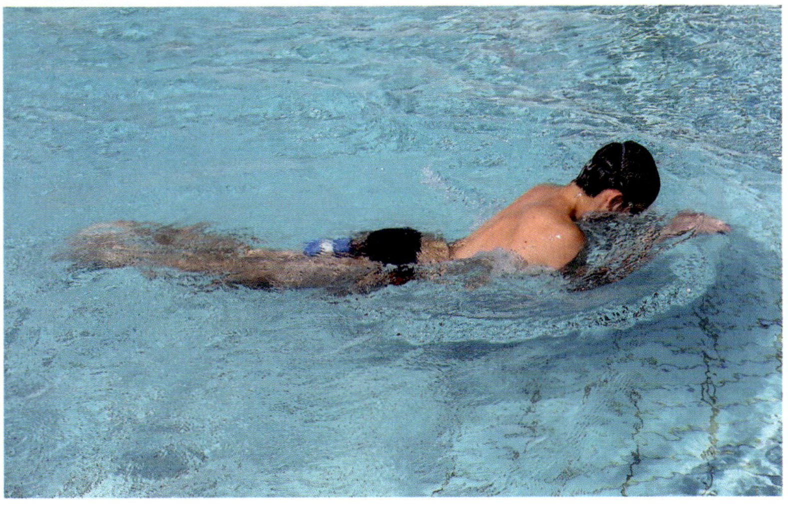

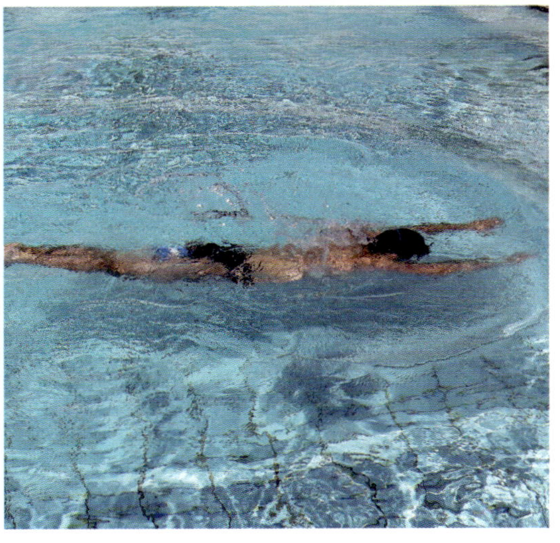

Demonstration von Zug- und Druckphase durch die Lehrkraft an Land. **Kontrastaufgabe:** Vergleich zwischen einer Armbewegung, bei der die Hände bis zum Oberschenkel gedrückt werden und einer, bei der die Hände maximal bis zur Schulter gezogen werden. Herausforderung: Wer schafft es, die Unterarme über Wasser nach vorne zu bringen? Frage: Warum ist Brustschwimmen die langsamste Technik? Vor allem, weil die Hände gegen die Schwimmrichtung unter Wasser nach vorne gebracht werden.	
Partnerarbeit mit Korrekturbogen: Ein Partner beobachtet, indem er an Land neben dem „Schüler" hergeht. Er füllt den Korrekturbogen aus und gibt nach jeder Bahn Rückmeldungen. Geschwommen werden maximal drei Bahnen, anschließend wechseln die Aufgaben.	Schüler in Paaren 1 Stift und 1 Korrekturbogen pro Paar
Ausklang (10 Minuten)	
Spiel **„Ringtennis"**: Das Spielfeld wird durch eine Zauberschnur in zwei Hälften geteilt. Zwei oder vier Teams (Viertelfeld) spielen gegeneinander Ringtennis. Gespielt wird zunächst mit zwei Ringen. Anschließend kann die Anzahl der Ringe ggf. erhöht werden. Die Spielidee des Ringtennis ist, einen aus festem Gummi bestehenden Ring durch Werfen im gegnerischen Feld auf die Wasseroberfläche zu bringen. Der Gegner versucht, dieses durch Fangen zu verhindern. Fangen und Werfen müssen in einer fließenden Bewegung geschehen.	Zauberschnur oder Rückenleine, 2 Ringe oder mehr

Korrekturbogen Brustschwimmen

Werden die Füße angezogen und nach außen gedreht?	O ja	O nein
Erfolgt die Beinbewegung symmetrisch?	O ja	O nein
Schließen sich Beine und Füße am Ende der Bewegung?	O ja	O nein
Werden die Oberschenkel unter den Körper gezogen?	O ja	O nein
Bleiben die Hände im Blickfeld?	O ja	O nein
Ist der Ellbogen in der Zugphase höher als die Hand?	O ja	O nein
Werden die Ellbogen zum Körper gedrückt?	O ja	O nein
Erfolgt der Vortrieb durch die Beine, wenn die Arme nach vorne gestreckt werden?	O ja	O nein
Ist eine gestreckte Gleitphase zu erkennen?	O ja	O nein
Taucht der Kopf beim Vorstrecken der Arme ins Wasser?	O ja	O nein
Atmet der Schwimmer bei jeder Armbewegung?	O ja	O nein

Häufige Fehler und Korrekturhilfen

Fehler	Korrekturen
Beinbewegung	Hilfen/Tipps
Keine Kreis-, sondern eine Schlagbewegung der Beine Die Füße werden nicht angezogen und nach außen gedreht, sondern gestreckt und nach innen gedreht. Folge: Disqualifikation	Videoaufnahme durch einen Partner Beinbewegung am Rand im Sitzen und in Bauchlage durch einen Partner führen lassen.
Die Knie werden unter den Bauch gezogen. Die Füße werden nicht zusammengeführt.	Beinbewegung in Rückenlage mit einem Schwimmbrett: Die Fußsohlen treten gegen das Wasser. Die Fersen berühren sich vor Beginn des Kreises und malen einen Kreis. Beinbewegung in Rückenlage mit einem Schwimmbrett „Alles Wasser zwischen den Beinen auspressen“

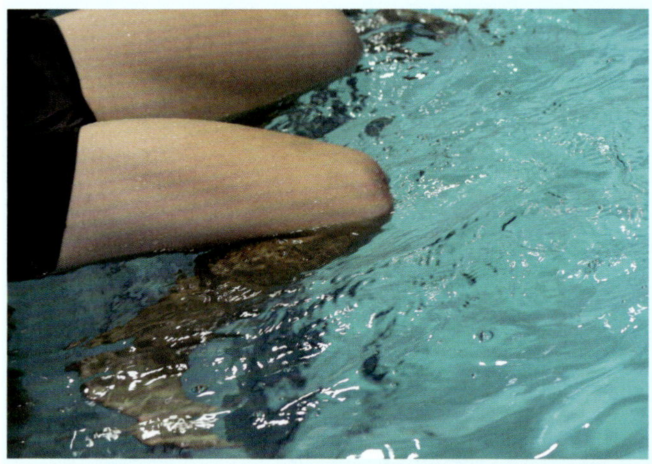

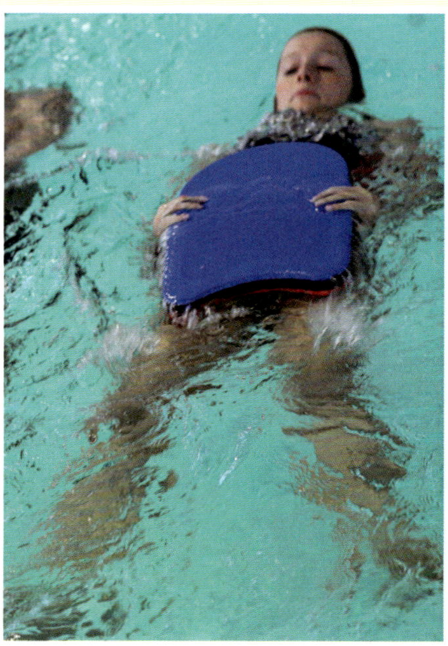

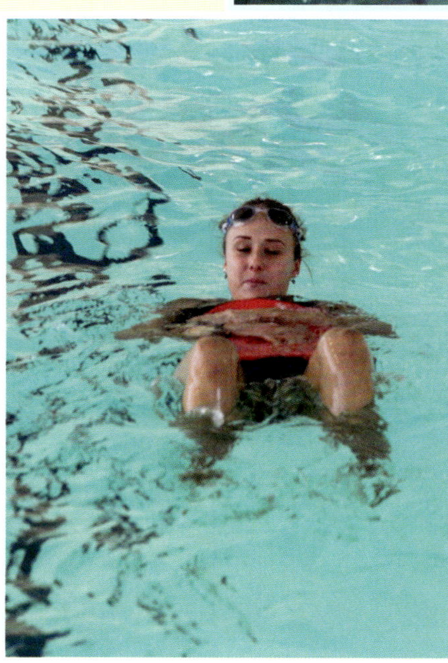

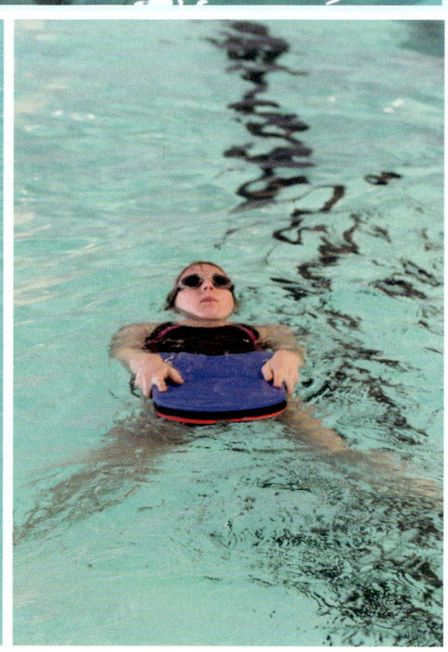

Wasserlage	Hilfen/Tipps
Der Kopf bleibt immer über Wasser. Folge: Schlechte Wasserlage	„Stell dir vor, du tauchst beim Vorstrecken der Arme unter einem Seil durch.“ 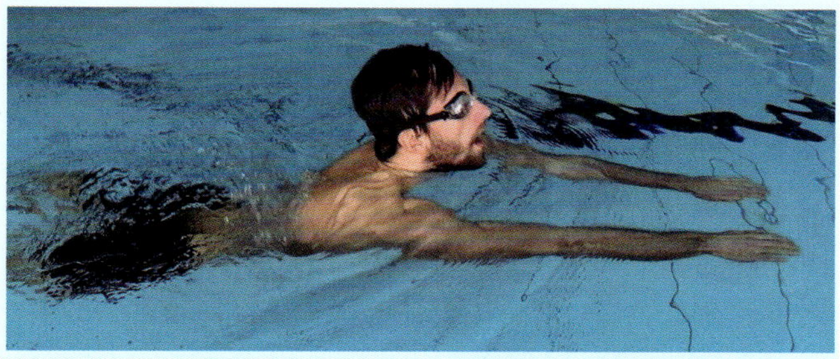

Armbewegung	Hilfen/Tipps
Die Arme wischen kreisförmig über das Wasser. Folge: Kaum Vortrieb	Armbewegung mit Pull-buoy schwimmen. Mit Paddles schwimmen.
Die gebeugten Arme machen eine Pause in Schulterhöhe (Gebetsstellung).	Armbewegung mit einem Pull-buoy schwimmen.

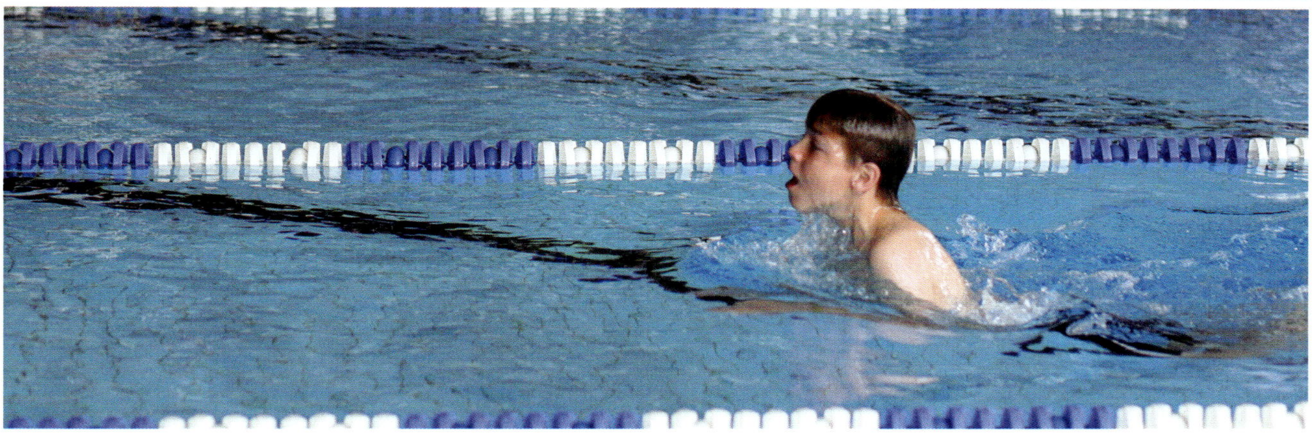

Die Hände erreichen die Hüfte. Folge: Extremes Bremsen beim Vorstrecken der Arme unter Wasser.	Brustschwimmen mit einer Poolnudel unter den Achseln
Die Arme werden nicht komplett nach vorne gestreckt.	„groß“ machen

Atmung	Hilfen/Tipps
Der Kopf bleibt mehrere Armzyklen lang im Wasser liegen. Folge: Disqualifikation	Die Hände ziehen den Oberkörper immer aus dem Wasser.

Koordination	Hilfen/Tipps
Keine Gleitphase Folgen: Der Zyklus verkürzt sich, der durch die Beinbewegung erzeugte Vortrieb wird nicht genutzt.	Bei Knöchelkontakt in Gedanken zählen „21, 22“. Dann erst erfolgt die neue Armbewegung. Die Beinbewegungen zählen. Wer braucht die wenigsten?

Stundenbild 2: Vertiefung Delfinschwimmen

Fachliche Hinweise

Ohne Zweifel ist das Delfinschwimmen, die zweitschnellste Technik, der eindrucksvollste Schwimmstil. Er ist schön anzusehen, erfordert vom Sportler jedoch auch Fähigkeiten, die in den anderen Schwimmlagen nicht in der ausgeprägten Form notwendig sind, wie Rhythmus und Kraft.

Armbewegung:

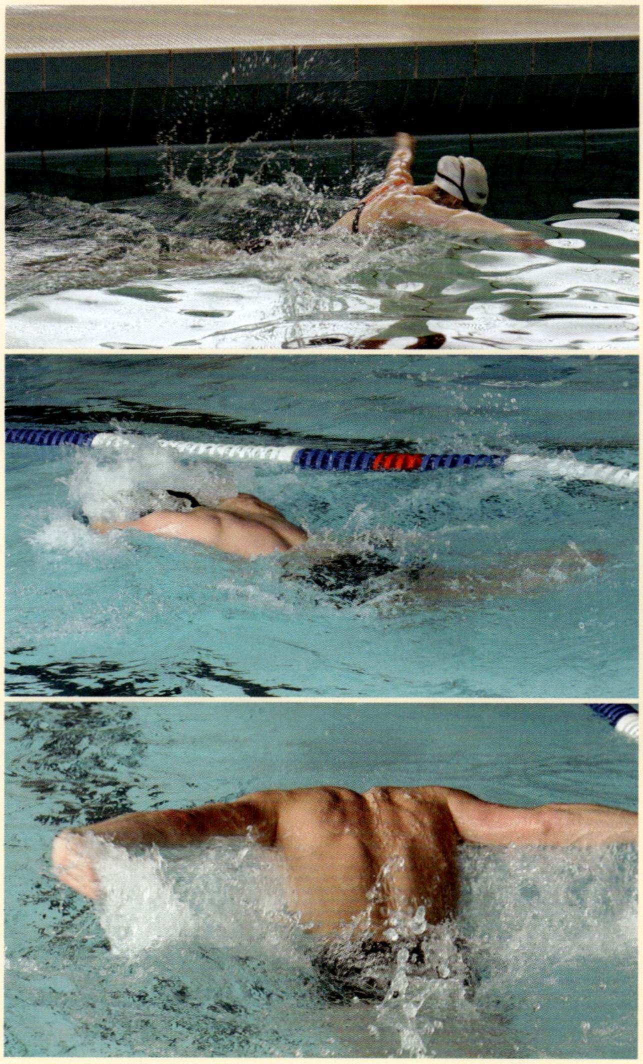

Die Arme sind zu Beginn gestreckt vor dem Kopf. Die Zugphase beginnt durch eine Beugung im Ellbogengelenk bei hohen Ellbogen. Wenn sich die Hand unterhalb des Brustbeins befindet, erfolgt die Druckphase, also eine Streckung im Ellbogengelenk mit betontem Abdruck der Hand bis neben den Oberschenkel. Die Rückholphase über Wasser endet mit dem schulterbreiten Eintauchen.

Fehler:
Die Arme bewegen sich wie beim Armkreisen vorwärts gestreckt und viel zu schnell durch das Wasser.

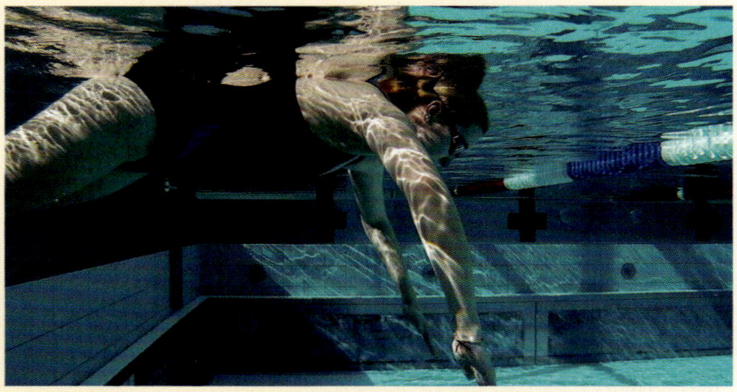

Die Arme werden nach dem Eintauchen direkt nach unten gezogen.

Beinbewegung:
Beide Beine bewegen sich kontinuierlich auf und ab. Die Abwärtsbewegung wird durch den Oberschenkel eingeleitet, die Unterschenkel schlagen peitschenartig nach.

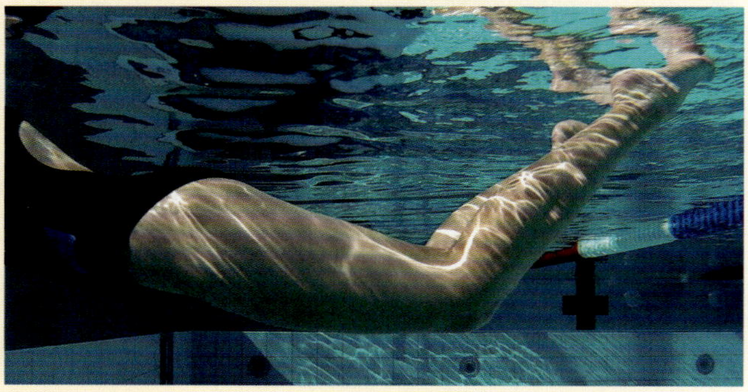

Fehler:
Die Beinbewegung erfolgt nur aus den Knien.
Die Beine bleiben nicht zusammen, sondern es entsteht ein Kraul- oder Brustbeinschlag.
Die Beine bewegen sich gar nicht.

Wasserlage:
Beim Eintauchen der Arme kommt es zu einer leichten Beugung des Hüftgelenks und einem runden Rücken. Beim Austauchen wird die Hüfte leicht vorgedehnt. Kopf und Hände sind tiefer als die Hüfte.

Fehler:
Der Rücken bleibt gestreckt wie ein Brett.
Die Hände sind vor dem Kopf im Wasser.
Der Oberkörper kommt zu hoch aus dem Wasser.

Atmung: Die Einatmung erfolgt während der Druckphase und ist beendet, wenn die Hände über Wasser die Schulter passieren. Auf jeden Armzug zu atmen, erfordert sehr viel Kraft, weil man jedes Mal den Oberkörper aus dem Wasser drücken muss. Deshalb sollte man bei kürzeren Strecken und wenn man mit Flossen schwimmt nur bei jeder zweiten oder dritten Armbewegung atmen.

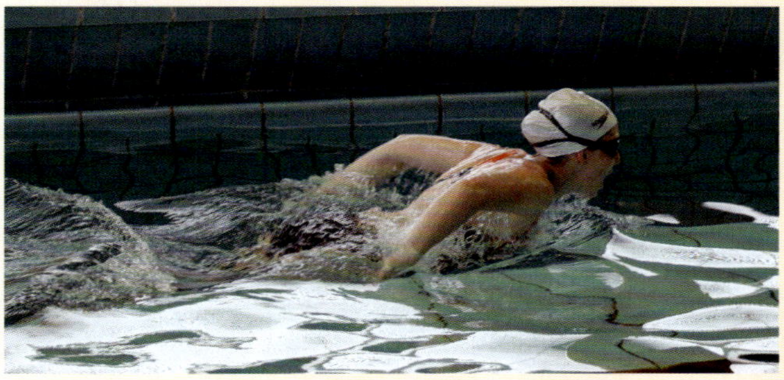

Koordination: Der erste Beinschlag erfolgt beim Eintauchen, der zweite zu Beginn der Druckphase. Während der Druckphase beginnt die Einatmung.

Fehler: Es gibt nur einen Beinschlag oder einen zusätzlichen dritten während der Überwasserphase.

Videoaufnahmen über oder unter Wasser sind motivierend und geben den Schülern eine Vorstellung von ihrer Bewegung im Wasser und helfen ihnen bei der Verbesserung der Technik und Fehlerfindung. Die Videoanalyse kann als sehr hilfreich und wertvoll eingeschätzt werden, da sie eine Verknüpfung der objektiven Schnellinformation mit dem subjektiven kinästhetischen Bewegungsempfinden des Schülers ermöglicht. Die Schüler sind in der Lage, ihre eigene sportliche Leistung zu sehen und daher ein Selbstbildnis zu entwickeln, das ihnen sonst verschlossen bliebe. Durch Videoanalysen wird die Bewegungsvorstellung deutlich verbessert und Fehlerkorrekturen können gezielter und individueller formuliert werden.

Hinweise zur Vorbereitung
Die Schüler filmen gerne mit ihren Handys, deshalb ist es unproblematisch, diese partnerweise im Unterricht einzusetzen. Für das erste Spiel Schatzwächter braucht man zwei Schwimmmatten, zwei abgeklebte Schwimmbrillen oder Augenbinden und 12-20 Tauchringe oder Wäscheklammern. Für die Körperwelle beim Delfinschwimmen und leistungsschwächere Schüler sind Flossen hilfreich. Für das Abschlussspiel müssen ausreichend Poolnudeln, Kappen zur Markierung der Teams und ein Plastikball bereitliegen. Falls keine Tore zur Verfügung stehen, kann mit Badeschlappen ein Bereich markiert werden.

Ziele
Vortrieb erzeugen, Wahrnehmung verbessern, Bewegungserfahrungen erweitern, Bewegungen des Partners erkennen und korrigieren, mit einem Partner kooperieren, technische Hilfsmittel sinnvoll einsetzen

Auf einen Blick

Phasen	Organisation, Material
Einstieg (5 Minuten)	
Spiel **„Schatzwächter“**: Es gibt zwei Schatzwächter, die jeweils mit einer Augenbinde oder abgeklebten Schwimmbrille auf einer Schwimmmatte sitzen. Auf jeder Matte liegen 6-10 Schwimmringe, die es zu bewachen gilt. Es gibt zwei Teams. Team A versucht, unbemerkt die Ringe von Schatzwächter B zu stehlen und umgekehrt. Sobald ein Wächter einen Dieb berührt, ist dieser auf der Stelle paralysiert und muss durch zwei Mitspieler zum Beckenrand transportiert werden. Erst dann darf er erneut stehlen. Variationen: Die Wächter erhalten eine Poolnudel zum Abschlagen. Die Angreifer dürfen nicht tauchen.	2 Schwimmmatten, 12-20 Tauchringe oder Wäscheklammern, 2 abgeklebte Schwimmbrillen oder Augenbinden 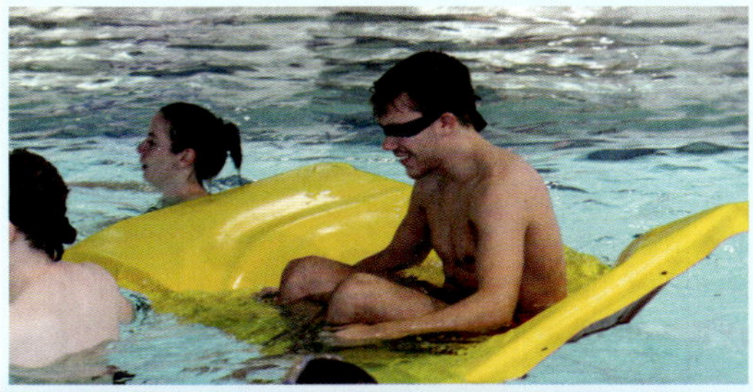
Hauptteil (35 min)	
Schwerpunkt Körperwelle: Mit Flossen: Langsame, aber kräftige Beinschläge unter Wasser in Bauch- und Seitlage ausführen.	Flossen

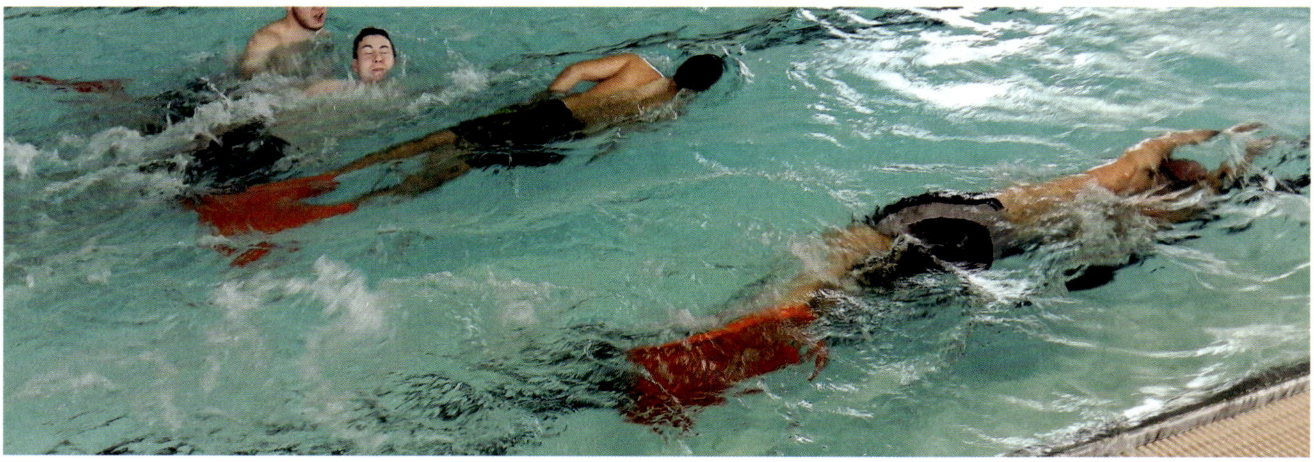

Gesamtbewegung Delfin (je nach Leistungsfähigkeit mit oder ohne Flossen), die Beine werden passiv „hinterher gezogen“, nur jede vierte Armbewegung atmen.

Hinweis: Die Bewegung des gesamten Körpers wird als Einheit genutzt. Nicht die Arme und Beine unabhängig voneinander bewegen!

Schwerpunkt Armbewegung:

Kontrastaufgabe Arme: zwei Bahnen Delfin miteinander vergleichen:

1. Bahn: Eintauchen und direkt mit der Armbewegung beginnen.
2. Bahn: Eintauchen und zunächst die Arme weit nach vorne strecken. Erst dann mit der Armbewegung beginnen.

Bildliche Vorstellung: „groß machen“
Kontrastaufgabe Arme: zwei Bahnen Delfin miteinander vergleichen:

1. Bahn: Armkreisen vorwärts als Armbewegung.
2. Bahn: bewusstes Zug- und Druckmuster oder ein X malen.

Hinweis: Eine langsame Armbewegung ist wichtig, andernfalls sind gar keine zwei Beinbewegungen möglich.

Kontrastaufgabe Wasserlage:

1. Bahn mit einem geraden Rücken schwimmen („wie ein Brett").
2. Bahn mit einem runden Rücken schwimmen („der Kopf ist beim Eintauchen tiefer als die Hüfte").

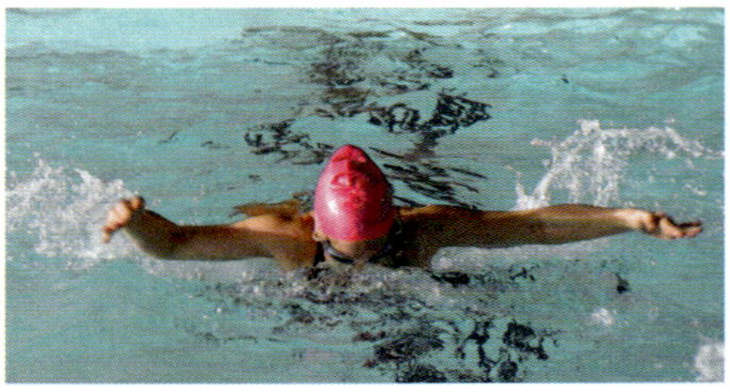
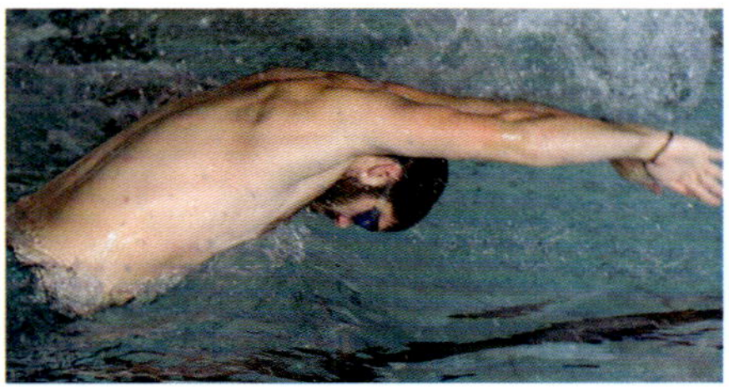
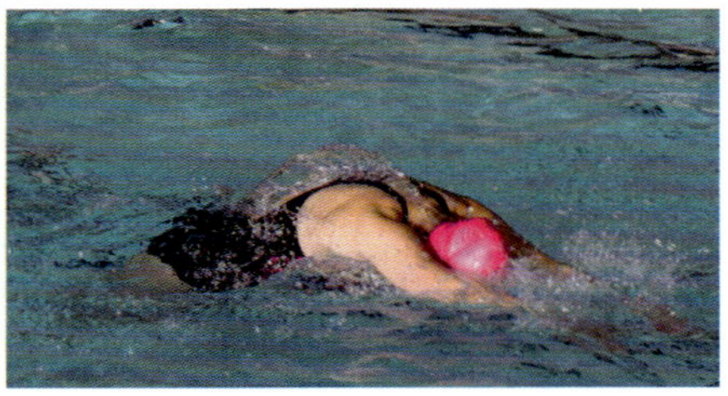

Schwerpunkt Koordination

Beobachtungsaufgabe:
Wie viele Beinschläge mache ich auf eine Armbewegung?

Beobachtungsaufgabe:
Wie oft atme ich?
Kann ich weniger atmen?

Partnerarbeit:
Der Partner wird jeweils eine Bahn vom Rand aus mit dem Handy beim Delfinschwimmen gefilmt. Anschließend schauen beide Schüler das Video gemeinsam an und besprechen es.

Paare, pro Paar 1 Handy

Anhand der Erkenntnisse aus dem Video verfeinern die Schüler ihre Technik eigenständig und filmen anschließend eventuell erneut.

Ausklang (5 Minuten)

Spiel **„Poolnudelball"**: Zwei mit Kappen markierte Teams spielen gegeneinander. Ziel ist es, einen Plastikball oder aufblasbaren Ball mithilfe der Poolnudel in das gegnerische Tor zu befördern. Der Ball darf ausschließlich mit der Nudel gespielt werden. Es ist erlaubt, die Nudel an beiden Enden zu fassen und eine Schlinge zu bilden. Langes Laufen mit dem Ball in einer Nudelschlinge ist nicht erlaubt. Auch das Tor wird nur mit der Poolnudel verteidigt. Der Ball darf nicht mit den Händen berührt werden, sonst wechselt der Ballbesitz.

1 Poolnudel für jeden Spieler, 1 Plastikball oder aufblasbarer Ball, 2 Tore, Kappen für die Teams

Variation: Je nach Breite des Spielfeldes kann auch der gesamte Beckenrand das Tor sein.

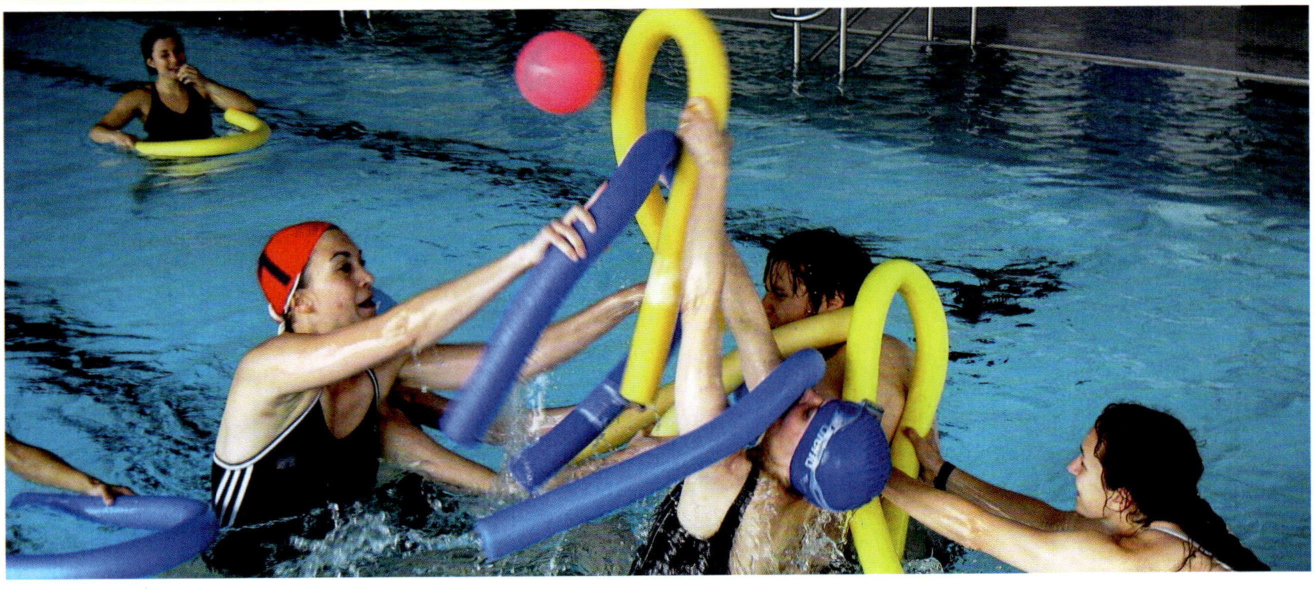

Korrekturbogen

Ist eine Körperwelle erkennbar?	O ja	O nein
Ist die Beinbewegung symmetrisch?	O ja	O nein
Erfolgen zwei Beinbewegungen auf eine Armbewegung?	O ja	O nein
Sind Beugung und Streckung im Ellbogen erkennbar?	O ja	O nein
Werden die Arme zur Wasseroberfläche gestreckt, bevor sie mit der Zugphase beginnen?	O ja	O nein

Stundenbild 3: Kippwende

Fachliche Hinweise

Wenn die Schwimmstrecken länger sind als die Länge der jeweiligen Schwimmbahn, muss man wenden. Ziel einer effektiven Wende ist ein Umlenken der Bewegung an der Wand um 180 Grad ohne Zeitverlust, das bedeutet, dass man nicht vor der Wand abbremsen darf, sondern mit möglichst hoher Geschwindigkeit anschwimmen muss. Leistungssportler versuchen sogar, durch eine schnell ausgeführte Wende Zeit zu gewinnen und so ihre Endzeit zu verringern. Dieses wird deutlich an den Rekorden für 25-m-Kurzbahnen im Vergleich zu den Zeiten, die auf einer 50-m-Bahn geschwommen werden. Mit jedem Abstoß kann man erneut beschleunigen und gleichzeitig der Muskulatur eine kurze Erholungszeit verschaffen. Hinzu kommt, dass man unter Wasser schneller ist als über Wasser. Zwar ist das Tauchen durch das Reglement auf 15 Meter beschränkt, aber auf der Kurzbahn summiert sich die mögliche Tauchstrecke bei einem 100-Meter-Rennen auf 60 Meter, auf der Langbahn sind es dagegen nur 30 Meter.

Für den Schulbereich ist die Kippwende die geeignete Wendeform, da sie, wenn man einmal das elementare Bewegungsmuster des Kippens, bei dem der Körper in Seithaltung um die Bauchnabelachse von einer Körperseite zur anderen kippt, erlernt hat, auf alle Techniken als Universalwende angewendet werden kann. Ihre im Vergleich zur Rollwende einfache Grundstruktur und die Tatsache, dass es möglich ist zu atmen, erleichtern Schülern die Wende.

Vorteile der Kippwende:
- Die Orientierung beim Wandanschlag mit einer oder beiden Händen und die damit verbundene Anpassung des letzten Armzugs vor dem Anschlag sind durch die Blickkontrolle gegeben.
- Das Anschlagen an die Wand bietet einen festen Stütz, der das Umlenken in die neue Bewegung erleichtert.
- Das enge Herangleiten an die Wand ermöglicht einen kraftvollen Abstoß durch die Beine.
- Allen Wendetechniken gemeinsam sind das anschließende Gleiten, Hochsteuern zur Wasseroberfläche und der schwimmartspezifische Übergang.

Die unterschiedlichen Merkmale bei der Ausführung der Kippwende innerhalb der unterschiedlichen Schwimmtechniken ergeben sich beim Anschwimmen, beim Anschlag und beim Übergang in die Schwimmbewegung.

Beim Kraul- und Rückenschwimmen darf sich der Schwimmer bereits vor dem Wandanschlag auf die Seite drehen und kann deshalb schon mit vorgestrecktem Arm an die Wand gleiten. Der andere Arm liegt bereits an der Hüfte. Der Anschlagarm wird zum Wendearm und leitet den Richtungswechsel durch einen Abdruck von der Wand ein. Beim Brust- und Delfinschwimmen schreiben die Wettkampfbestimmungen den gleichzeitigen Anschlag beider Hände in Bauchlage vor. Das erfordert ein Wegziehen des Nichtwendearms unter Wasser mit gebeugtem Ellbogen voran zur Hüfte unmittelbar nach dem Wandkontakt. Dadurch wird die Seitlage des Körpers erreicht.

Kontrollmerkmale:
- Der Anschlag beim Kraul- und Rückenschwimmen erfolgt mit einer Hand in Seitlage, der Anschlag beim Brust- und Delfinschwimmen mit beiden Händen in Bauchlage.
- Die Kippwende wird eingeleitet durch ein passives Beugen des an der Wand bleibenden Wendearms und bei Brust sowie Delfin zusätzlich durch ein Wegziehen des freien Arms mit dem Ellbogen voran in die neue Schwimmrichtung.
- Nach dem Anschlag wird eingeatmet.
- Anschließend folgen eine Kippbewegung des Oberkörpers in die neue Schwimmrichtung, unterstützt durch Streckung und Wegdrücken des Wendearms, begleitet von einer Pendelbewegung der Beine mit gebeugten Hüft- und Kniegelenken zur Wand und einer Gegenbewegung des Unterwasserarms zur Wasseroberfläche.
- Der Anschlagarm schwingt gestreckt über den Kopf über Wasser in die neue Schwimmrichtung und taucht schwungvoll ein, an der Wasseroberfläche „treffen" sich beide Hände.
- Der Kopf wird während des gesamten Wendevorgangs seitlich gehalten und steuert so die Seitlage des Körpers.
- Nach der Ausrichtung unter Wasser, sowohl gerade in die neue Schwimmrichtung als auch parallel zur Wasseroberfläche, folgt ein kraftvoller Abstoß rechtwinklig zur Wand in Seitlage unter Wasser mit gestreckten Armen in Vorhalte. Der Kopf liegt dabei zwischen den Oberarmen.
- Nach einer Gleitphase dreht sich der Schwimmer auf den Bauch oder Rücken.
- Wenn die Gleitgeschwindigkeit durch den Wasserwiderstand auf das durchschnittliche Schwimmtempo reduziert wurde, beginnt der Schwimmer mit den ersten Antriebsbewegungen und steuert zur Wasseroberfläche.
- Der Übergang in die Schwimmlage besteht entweder in einem Tauchzug beim Brustschwimmen oder kräftigen Beinbewegungen beim Kraul-, Rücken- und Delfinschwimmen.

Fehler:
Die Geschwindigkeit beim Anschwimmen wird stark reduziert.
Die Füße sind zu früh an der Wand, gleichzeitig mit dem Anschlagarm. Dadurch erfolgt der Abstoß über Wasser.
Der Schwimmer stößt sich in Bauchlage ab.
Der Kopf bleibt unter Wasser, sodass nicht geatmet werden kann.
Der Abstoß erfolgt nicht gerade in Schwimmrichtung.
Mit dem Anschlag zieht sich der Schwimmer nach oben.

Hinweise zur Vorbereitung
Für diese Stunde muss nichts Besonderes vorbereitet werden. Auf der Wärmebank werden zunächst die Vorteile der Kippwende gegenüber der Rollwende besprochen und die Bewegung demonstriert („Woher hat die Kippwende ihren Namen? Wer oder was kippt?“). Anschließend verteilen sich die Schüler an einer Wand und stellen sich seitlich zu ihr. Jetzt schlagen sie mit einer Hand seitlich an und simulieren die Kippbewegung des Oberkörpers. Der Lehrer korrigiert grobe Fehler.

Ziele
Bewegungsmerkmale kennen und benennen können, Transfer, Selbstwahrnehmung, Verbesserung der koordinativen Fähigkeiten Orientierungsfähigkeit und Differenzierungsfähigkeit, die Kippbewegung als Grundmuster erkennen und benennen können, Kenntnisse über die Wettkampfbestimmungen

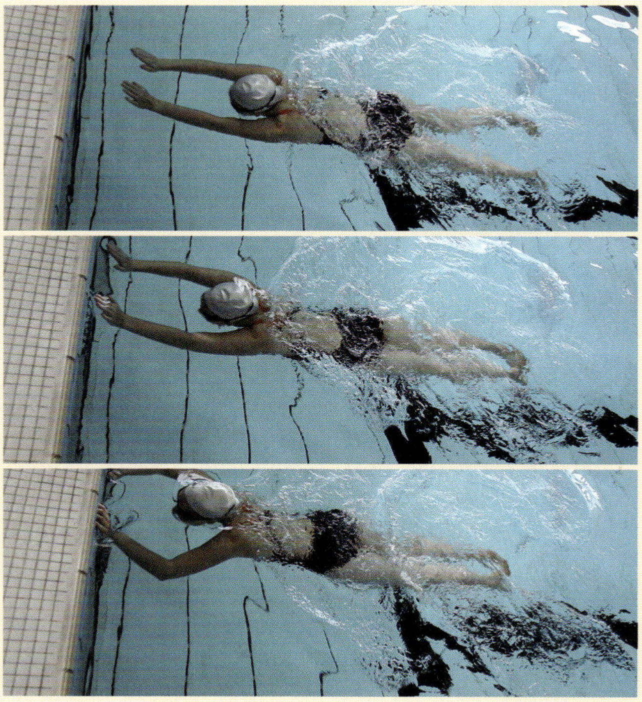

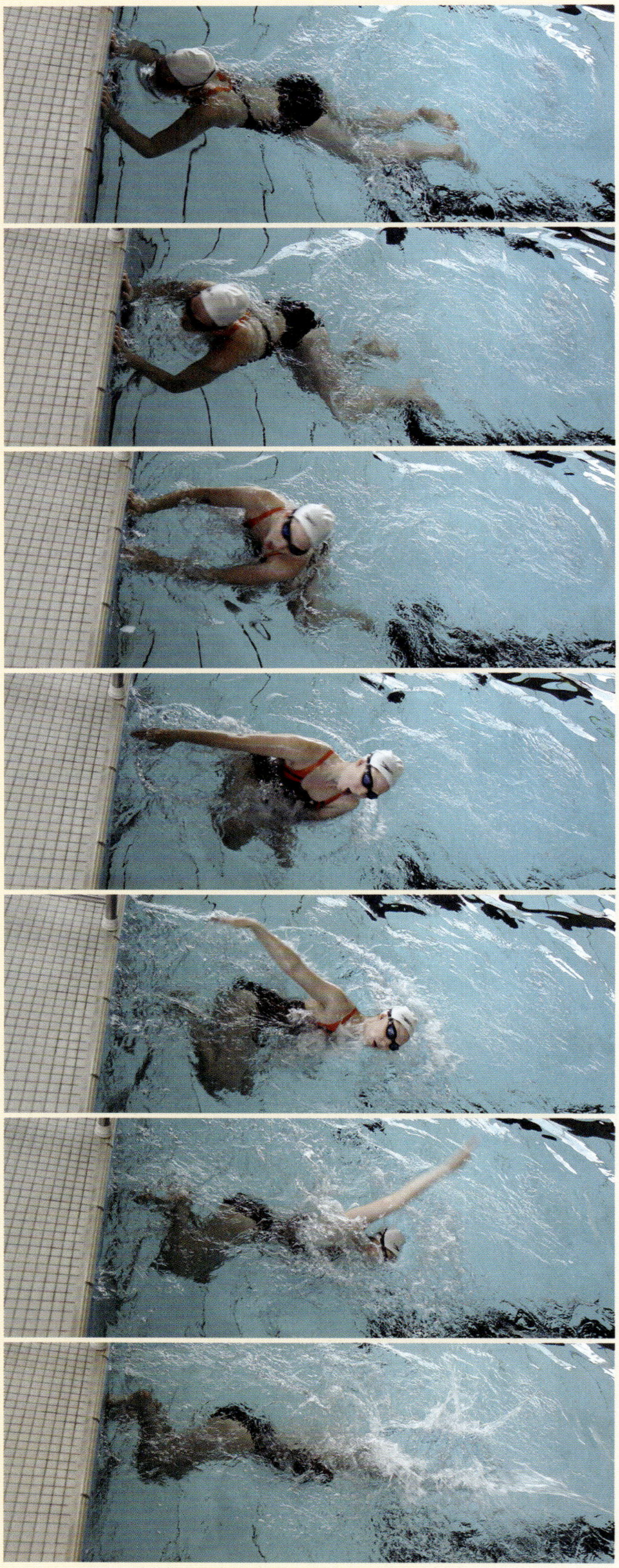

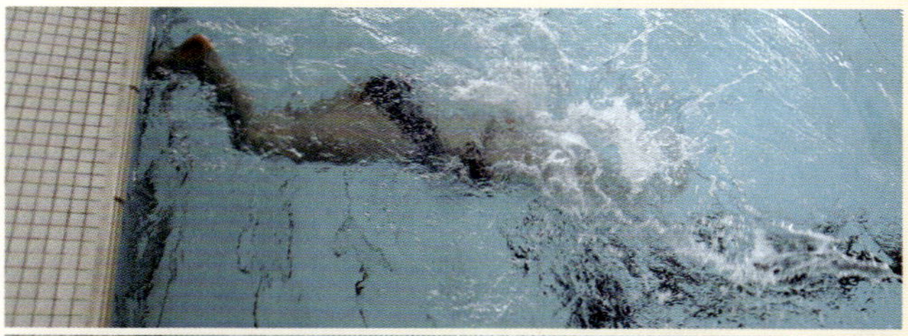
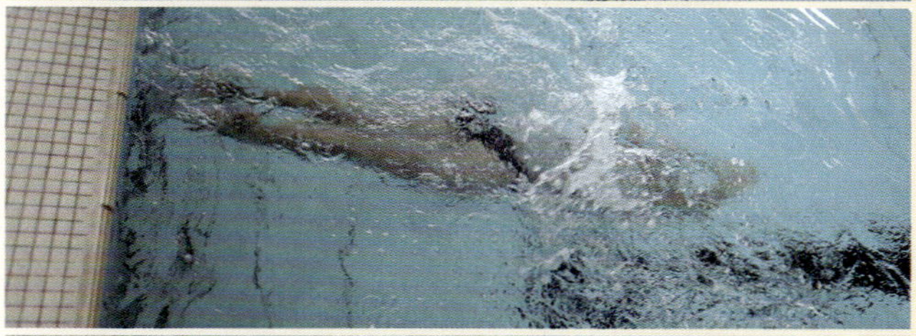
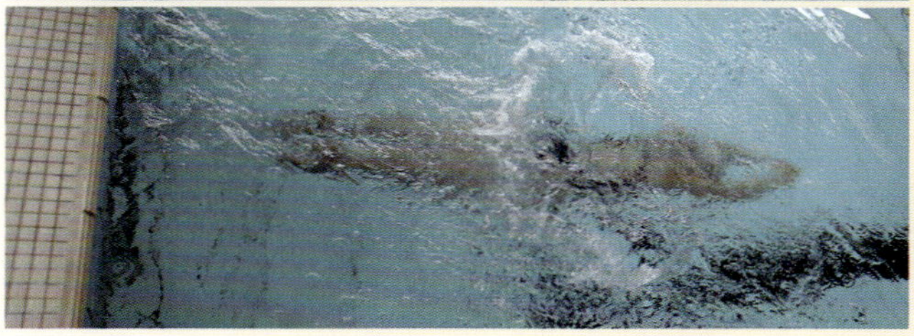
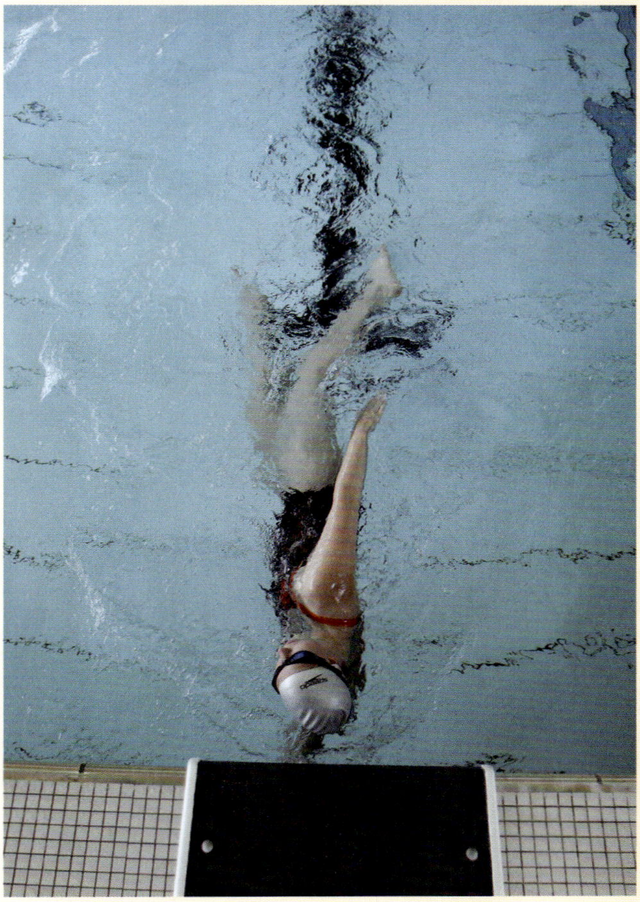
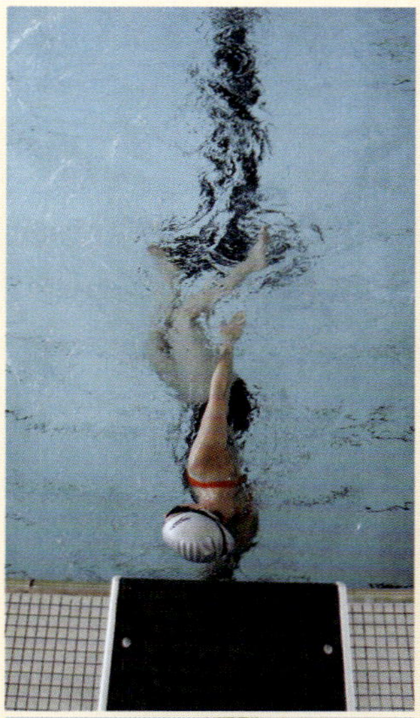
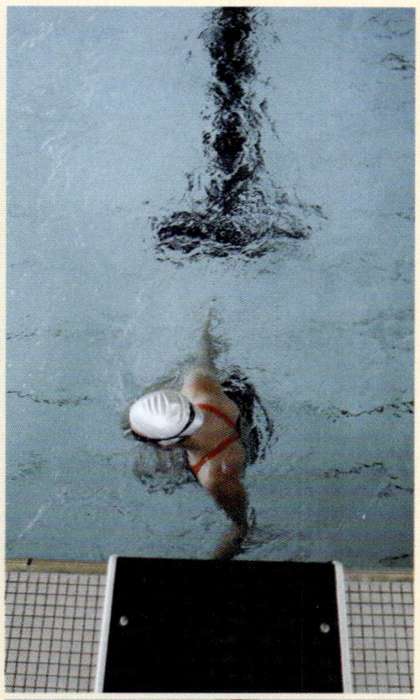
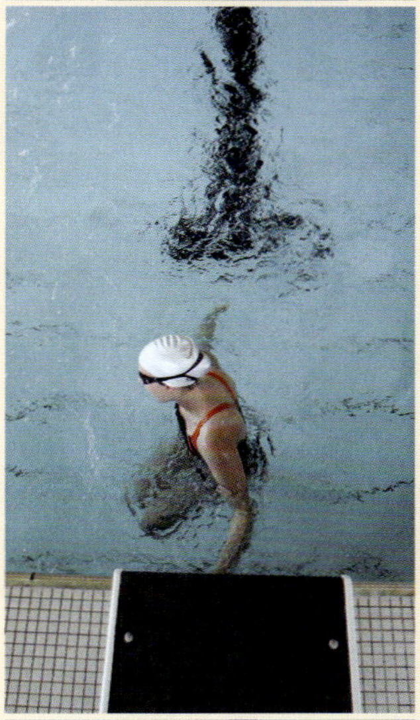
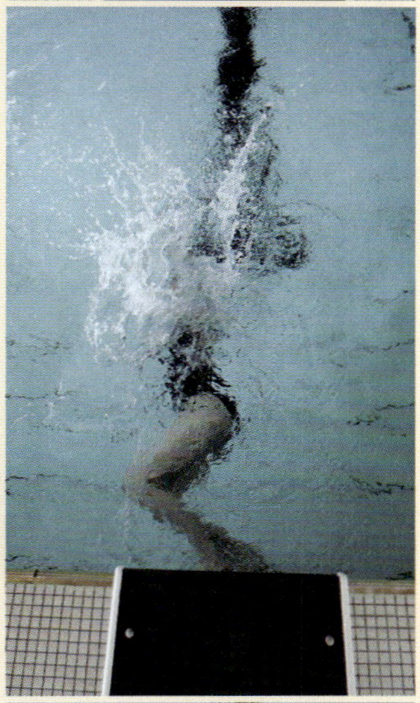
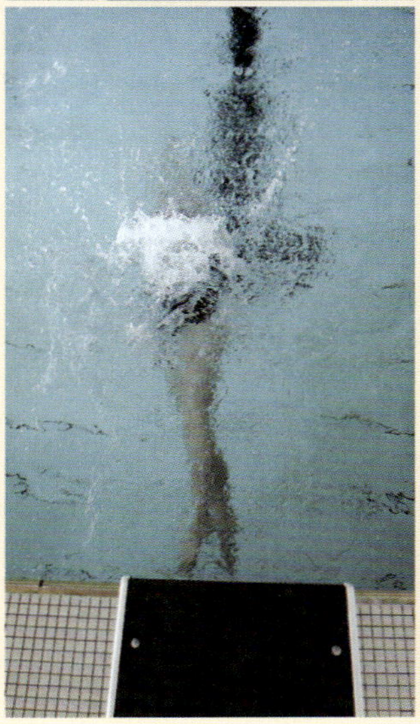
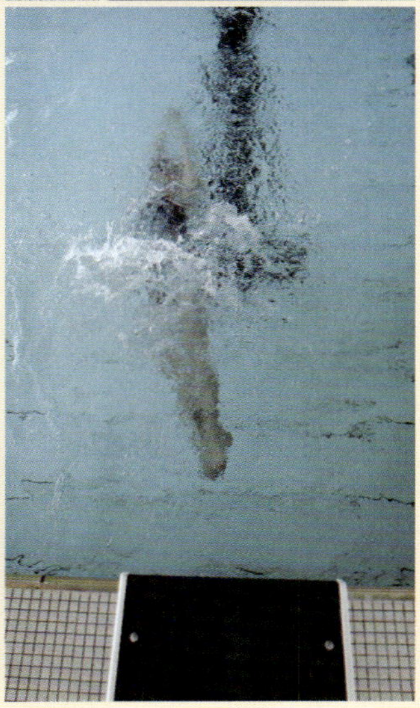

Auf einen Blick

Phasen	Organisation, Material
Einstieg (5 Minuten)	
Fangspiel **„Yeti“**: Ein Spieler nimmt einen anderen auf die Schultern oder huckepack. Sie stellen den Yeti (Fänger) dar und versuchen, einen anderen Spieler zu berühren. Gelingt dieses, muss dieser gefangene Spieler so lange am Beckenrand warten, bis ein zweiter Spieler gefangen wird. Dann werden diese beiden der neue Yeti. Variation: Gefangene Paare werden zusätzliche Yetis	Nichtschwimmerteil

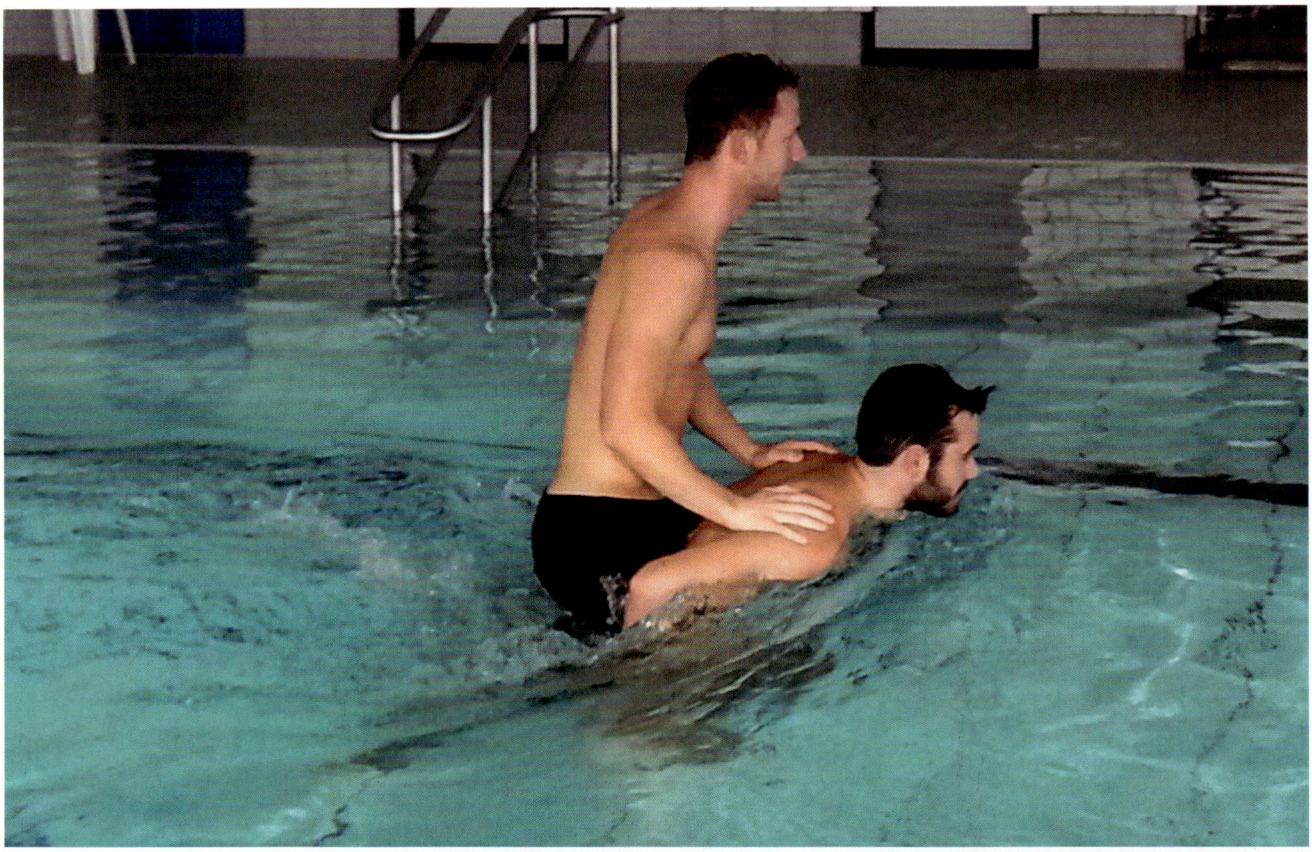

Phasen	Organisation, Material
Hauptteil (40 min)	
Schwerpunkt Abstoßen: Abtauchen am Rand, anschließend erfolgt ein kräftiger Abstoß mit beiden Beinen in Seitlage mit anschließendem Gleiten. Mit dem Abstoß werden beide Arme vor den Kopf gestreckt und bleiben dort liegen. Die Seitlage wird beibehalten. Hinweis: „Ich liege auf einer Schulter und schaue nicht in die Schwimmrichtung.“ Wie oben, anschließend drehen sich die Schüler während des Gleitens unter Wasser auf den Bauch und schwimmen mit Kraulbeinschlag weiter. Die Arme bleiben auch während der Drehung gestreckt vor dem Kopf liegen und die Körperspannung darf nicht aufgegeben werden. Wie oben, anschließend aus der Seitlage auf den Rücken drehen und mit Rückbeinschlag weiterschwimmen. Hinweis: Durch die Nase ausatmen, damit kein Wasser in die Nase kommt oder erst nah an der Wasseroberfläche drehen.	Querbahnen 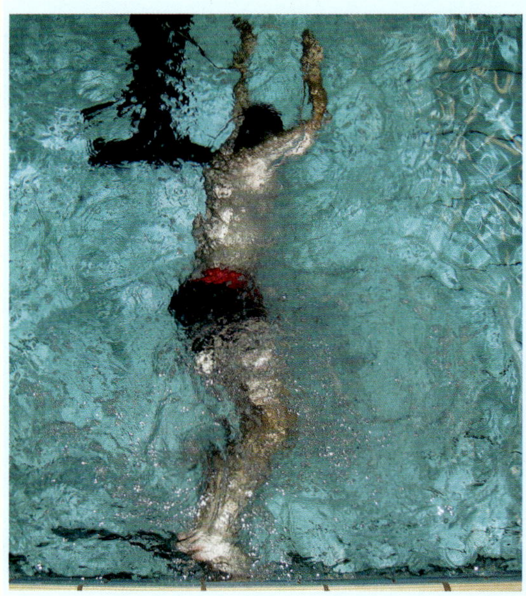

Schwerpunkt Kippbewegung:
Je nach Art des Beckens sitzen die Schüler entweder seitlich am Rand oder bei einer großen Treppe im Lehrschwimmbecken auf der untersten Stufe. Der wasserentfernte Arm wird ausgestreckt, der wassernahe hängt neben dem Oberschenkel. Die Schüler lassen sich seitlich ins Wasser fallen, der gestreckte wasserferne Arm schwingt gestreckt über den Kopf in die neue Schwimmrichtung zum Wasser. Nach dem Eintauchen ist der Blick immer noch zur Seite gerichtet (dreimal auf die linke Schulter und dreimal auf die rechte fallen).

Beckenrand oder unterste Treppenstufe

Hinweise:
Beim Kraul- und Rückenschwimmen muss man die Wende zu beiden Seiten ausführen können, weil es Zufall ist, mit welcher Hand der Schwimmer ankommt.

Der Kopf muss seitlich gehalten werden. Ein Blick zur Schwimmrichtung führt automatisch zu einer Drehung des Körpers und eine Kippbewegung ist nicht mehr möglich.

Der Wendearm schwingt über das oben liegende Ohr nach vorm zum Eintauchen.

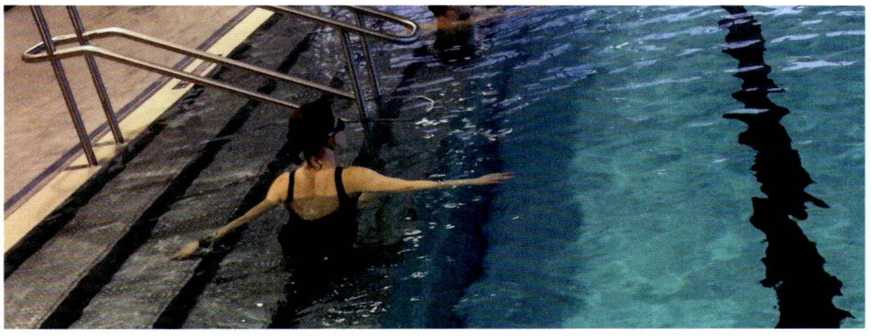

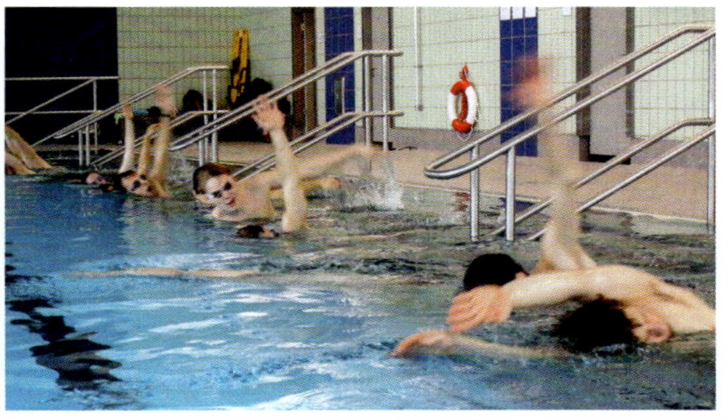

Gesamtbewegung Kippwende Kraul:

Querbahnen

Folgende Aktionen werden mindestens dreimal miteinander kombiniert:

Anschwimmen zum Beckenrand in Kraullage – Anschlagen in Seitlage mit einer Hand – Kippen des Oberkörpers in die neue Schwimmrichtung – Untertauchen und Ausrichten des Körpers– Abstoßen und Gleiten in Seitlage – Drehung auf den Bauch – Kraulschwimmen zurück

Hinweise:

Alle Aktionen erfolgen nacheinander.

Wer beim Anschwimmen vor der Frage steht, noch einen Zug zu machen oder sich zur Wand gleiten zu lassen, sollte sich immer für das Gleiten entscheiden.

Beim Kraul- und Rückenschwimmen muss man zu beiden Seiten wenden können, da es Schicksal ist, mit welcher Hand man die Wand erreicht. Beim Brust- und Delfinschwimmen kann man sich die Seite aussuchen.

Füße und Hände sind nie gleichzeitig an der Wand: Bevor die Füße die Wand berühren, hat der Wendearm die Wand bereits verlassen.

Nicht zu lange festhalten („die Wand ist heiß“).

„Nach dem Untertauchen vor dem Kopf in die Hände klatschen.“

Wie oben, jetzt drehen sich die Schüler nach dem Gleiten in die Rückenlage und schwimmen „Rücken" zurück (zweimal)-	Querbahnen
Gesamtbewegung Kippwende Rücken (zwei- bis dreimal): Anschwimmen in Rückenlage, kurz vor der Wand Drehung in die Seitlage und so anschlagen, Kippwende, Abstoß und Gleiten in Seitlage, Drehung auf den Rücken sowie Rückenschwimmen zurück	Querbahnen
Gesamtbewegung Kippwende Brust: Anschwimmen in Brustlage, beide Hände schlagen an, ein Arm löst sich unter Wasser und wird in Schwimmrichtung gezogen (dadurch befindet sich der Körper automatisch seitlich zur Wand). Seitliches Kippen des Oberkörpers in Schwimmrichtung, Abtauchen und Ausrichten, Abstoßen in Seitlage, Drehen in Bauchlage, Tauchzug und Brustschwimmen Hinweise: Bei der Brustwende müssen die Schüler tiefer Abtauchen als bei den anderen Wenden, damit der Tauchzug noch unter Wasser ausgeführt werden kann und man nicht zu früh an die Wasseroberfläche kommt. Bis zum Übergang in die Schwimmlage sind die Wenden für Brust und Delfin identisch.	Querbahnen
Ausklang (10 Minuten)	
Wendestaffel: Mehrere Dreierteams spielen gegeneinander. Geschwommen werden immer zwei Querbahnen mit einer Kippwende. Jeder Spieler schwimmt insgesamt dreimal (Brust, Kraul und Rücken mit entsprechender Wende). Die Reihenfolge der Techniken ist beliebig. Sobald ein Schwimmer anschlägt, darf der Nächste starten.	Querbahnen

Korrekturbogen Kippwende

Erfolgt der Abstoß in Seitlage unter Wasser?	O ja	O nein
Erfolgt der Abstoß erst, wenn die Arme vor dem Kopf sind?	O ja	O nein
Ist der Anschlag an die Wand regelgerecht?	O ja	O nein
Kippt der Oberkörper in die neue Schwimmrichtung?	O ja	O nein
Schwingt der Anschlagarm gestreckt über Wasser über den Kopf?	O ja	O nein
Wird die Geschwindigkeit vor der Wand stark abgebremst?	O ja	O nein
Erfolgt der Übergang in die Schwimmlage regelgerecht?	O ja	O nein

Exkurs: Rollwenden für leistungsstarke Gruppen

Hauptfunktionsphase: **frühe Rollbewegung**

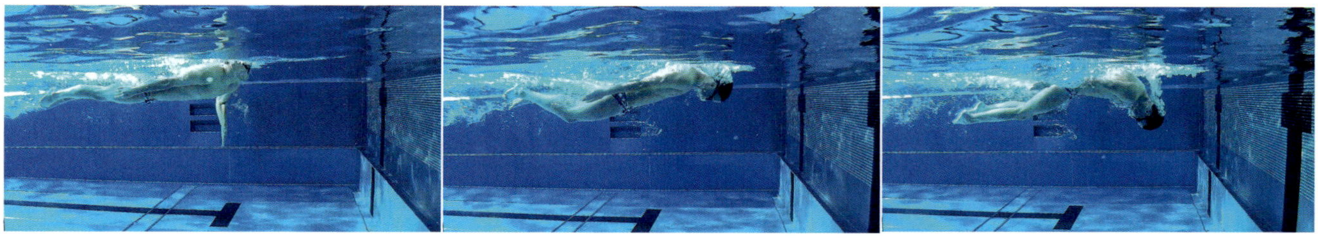

Hauptfunktionsphase: **späte Rollbewegung**

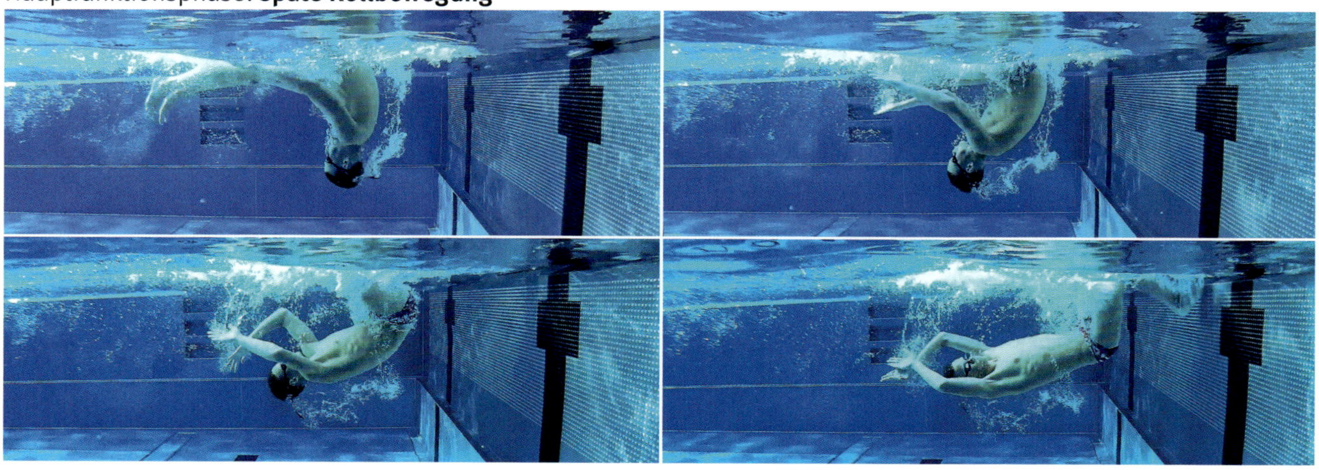

Hauptfunktionsphase: **Abstoßen**

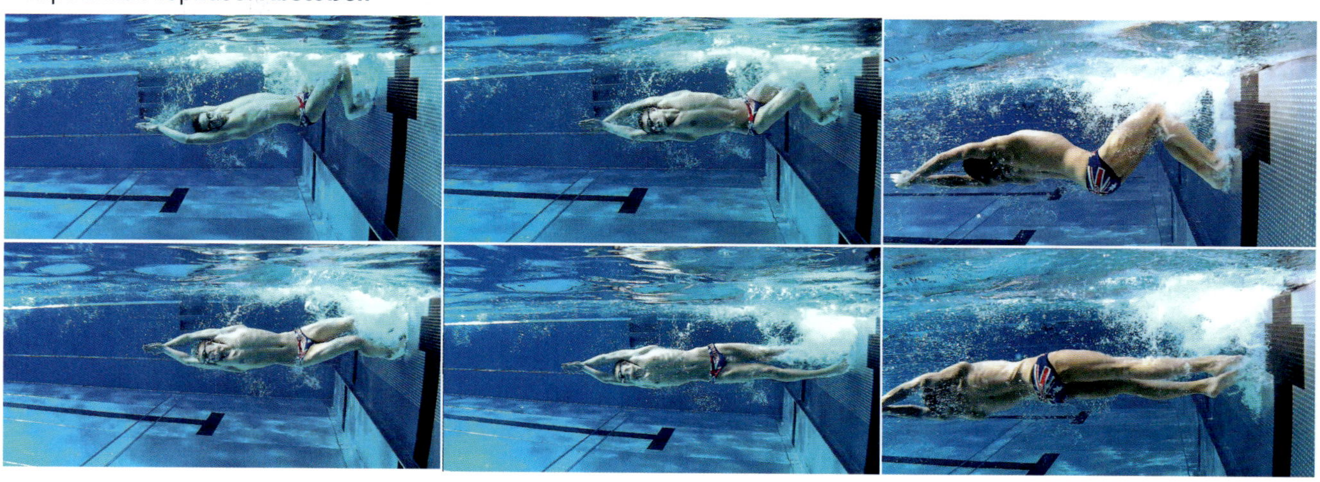

Übergangsfunktionsphase: **Gleiten**

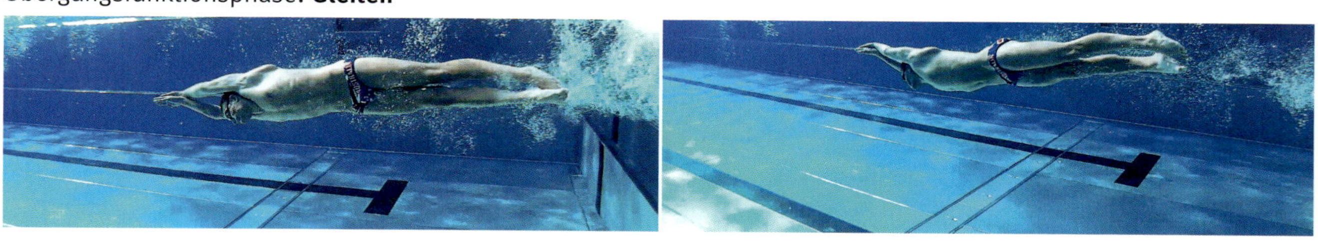

Exkurs: Rollwenden für leistungsstarke Gruppen

Rollbewegung frei im Wasser:

Man beginnt mit der Rollbewegung nicht an der Wand, sondern übt so lange frei im Wasser, bis man die Drehung beherrscht. Zuerst wird die Drehung um die Querachse vom Bauch auf den Rücken geübt. Wichtig ist es, dabei durch die Nase ausatmen, damit kein Wasser in die Nase kommt. Die Drehbewegung des Körpers wird nicht durch eine Ruderbewegung der Arme eingeleitet, sondern allein durch ein Senken des Kopfes mit einem leichten Delfinbeinschlag. Die Drehung sollte auf kleinem Raum erfolgen, die „Nase bewegt sich zu den Knien und die Fersen zum Gesäß".

- Es hängt von der Schwimmgeschwindigkeit ab, wann die Rollbewegung eingeleitet wird. Als Orientierung für den Abstand zur Wand dient der schwarze T-Balken am Beckenboden.
- Beim letzten Armzug vor dem Einleiten der Drehbewegung bleiben beide Arme an der Hüfte liegen (sie befinden sich schon in der neuen Schwimmrichtung).
- Die Drehbewegung wird durch das Einrollen des Körpers mit dem Kopf eingeleitet. Gleichzeitig zieht man nach einem leichten Delfinkick die Beine an.
- Die Drehung erfolgt gehockt, Beine und Füße bewegen sich gerade über den Kopf zur Wand. Die Arme und Hände dienen dabei als Hebel und balancieren die Bewegung aus.
- Bevor die Füße die Wand berühren, erfolgt eine Vierteldrehung um die Körperlängsachse, damit man sich in Seitlage abstoßen kann.
- Die Beine bleiben zusammen, sodass beide Füße gleichzeitig die Wand berühren.
- Wichtig ist es, weder zu hoch oder zu tief, noch zu weit rechts oder links die Wand zu treffen.
- Das Abstoßen erfolgt in Seitlage in stromlinienförmiger Haltung.
- Während des Gleitens dreht man sich in die Bauchlage und beginnt erst mit dem Beinschlag, wenn die Schwimmgeschwindigkeit erreicht ist.
- Kurz vor der Wasseroberfläche beginnt ein Arm mit der Kraulbewegung.

Rücken-Rollwende:

Anschwimmen:
- Rücken anschwimmen und sich zur Wand orientieren
- Mit der letzten Armbewegung ungefähr eine Körperlänge vor der Wand erfolgt eine Drehung um die Körperlängsachse auf den Bauch, der Arm bleibt an der Hüfte liegen. Dort befindet sich auch der andere Arm, beide Handflächen zeigen nach unten.

Abtauchen und drehen um die Querachse:
- Ein kräftiges Vorbeugen des Kopfes leitet das Abtauchen des Oberkörpers ein.
- Das Abtauchen wird unterstützt durch den Stützdruck beider Hände in Richtung Kopf und Schultern und den Abwärtsschlag der Beine (Delphinkick).
- Beide Beine beginnen gestreckt über Wasser, zur Wendewand zu schwingen.
  Im weiteren Verlauf der Drehung werden die Beine angehockt, um die Drehgeschwindigkeit zu erhöhen, und zur Wand geschwungen.

Abstoß in Rückenlage:
- Die Rolle endet, wenn die Füße unter Wasser die Wand berühren. Haben die Füße Kontakt mit der Wand, erfolgt der kraftvolle Abdruck in Bewegungsrichtung mit vorgestreckten Armen.

Stundenbild 4: Koordination

Fachliche Hinweise

Beim Schwimmen haben auch Bewegungstalente Schwierigkeiten, eine Schwimmtechnik über die Grobform hinaus zu präzisieren, weil für eine erfolgreiche Bewegungshandlung im Wasser vor allem ein Gefühl für das Element maßgeblich ist. Dieses drückt sich aus durch die Empfindung des Wasserdrucks an den Händen sowie die Wahrnehmung und Steuerung des eigenen Körpers im Wasser. Ein Koordinationstraining setzt beherrschte Fertigkeiten voraus, hier also beherrschte Techniken oder Bewegungsformen. Bereits gekonnte Bewegungen müssen in neuen Kontexten angewendet werden. Koordinationsaufgaben sind immer motorische Herausforderungen. In ihrer einfachsten Ausprägung können sie aber von Beginn an schon mit Schwimmanfängern geschult werden. Wichtig ist, dass immer wieder neue Bewegungsaufgaben gestellt werden, die sofort verändert werden, wenn sich Lerneffekte einstellen.

Gut entwickelte koordinative Fähigkeiten erzeugen ein hohes Maß an Bewegungsökonomie. Das bedeutet, dass bedingt durch die Präzision der Bewegungssteuerung gleiche Bewegungen mit einem geringeren Aufwand an Muskelkraft vollzogen werden können und daher Energie gespart wird.

Der bekannteste fähigkeitsorientierte Ansatz zur Strukturierung koordinativer Fähigkeiten unterscheidet sieben grundlegenden koordinativen Fähigkeiten (vgl. König, 2016):

- Die Rhythmisierungsfähigkeit ermöglicht es, den verinnerlichten Rhythmus einer Bewegung zu realisieren, zum Beispiel beim Delfinschwimmen.
- Die Kopplungsfähigkeit stimmt Teilbewegungen untereinander und in Beziehung zur Gesamtbewegung räumlich, zeitlich und dynamisch aufeinander ab. Im Schwimmsport äußert sich die Kopplungsfähigkeit vor allem durch das harmonische Zusammenspiel der Arm-, Bein- und Atembewegungen sowie durch die Kette der ineinander übergehenden Bewegungen bei der Wende.
- Die Differenzierungsfähigkeit ermöglicht das Erfühlen des Wasserwiderstandes. Beim Schwimmen bezieht sich die Differenzierungsfähigkeit beispielsweise auf die Geschwindigkeitsregulierung durch die Dosierung des Krafteinsatzes und die Optimierung von Zugfrequenz und Zyklusweg sowie auf den bestmöglichen Wasserabdruck durch die sich ständig verändernden Winkel in den Gelenken der Extremitäten.
- Die Umstellungsfähigkeit ermöglicht das Schwimmen verschiedener Frequenzen, Lagen oder Wenden, aber auch das Schwimmen im Freiwasser. Eine gute Umstellungsfähigkeit sorgt dafür, dass man die Handlungen während des Handlungsvollzugs neuen Gegebenheiten anpassen kann.
- Die Reaktionsfähigkeit braucht man, um beim Start schnell auf einen akustischen Reiz zu reagieren.
- Die Orientierungsfähigkeit braucht man, um sich räumlich zielgerichtet zu bewegen, z. B. bei einer Rollwende.
- Die Gleichgewichtsfähigkeit ermöglicht das Einhalten einer stabilen Wasserlage. Um eine stets stabile Wasserlage zu erhalten, muss mithilfe der Stabilisierungsfähigkeit Drehungen, Richtungsänderungen und anderen Bewegungen entgegengewirkt werden.

Partner- und Gruppenübungen: Weil Schwimmen eine Individualsportart ist, haben Gruppen- und Partneraufgaben eine nicht zu unterschätzende Aufgabe. Sie verbinden eine motorische mit einer sozialen Anforderung.

Hinweise zur Vorbereitung
Alle Schüler bringen zu dieser Stunde einen Jogginganzug, Trainingsanzug oder Schlafanzug mit.

Ziele
Erweiterung der Bewegungsvielfalt, Verbesserung der Wahrnehmung, die Bewegungsausführung den eigenen Möglichkeiten anpassen

Auf einen Blick

Phasen	Organisation, Material
Einstieg (5 Minuten)	
„Klamottenschwimmen“: Jeder Spieler schwimmt mit dem Jogginganzug eine Querbahn, zieht ihn im Wasser am Ende der Bahn aus und lässt ihn an Ort und Stelle im Wasser zurück. Anschließend schwimmt er zum Ausgangspunkt und wieder zu der Kleidung zurück. Im Wasser wird der Jogginganzug dort wieder angezogen und zum Start zurück geschwommen.	Jogginganzug/DLRG-Anzug/Schlafanzug
Hauptteil (30 min)	
Bewegungsaufgaben (Orientierungsfähigkeit, Umstellungsfähigkeit): Schwimmen in Bauchlage: Auf einer Bahn an drei verschiedenen Stellen eine Rolle vorwärts machen. Schwimmen in Rückenlage mit drei Rollen rückwärts Scheibenwischer: Die Hände wischen zum Vorwärtskommen auf der Wasseroberfläche schnell hin und her. Es gibt keine Unterstützung durch die Beine. Baumstammrollen: Die Unterarme drehen sich vor dem Kopf umeinander. Es gibt keine Unterstützung durch die Beine.	Querbahnen
Lagenschwimmen (Umstellungsfähigkeit, Kopplungsfähigkeit, Rhythmisierungsfähigkeit): Wie viele verschiedene Techniken kann ich schwimmen? Wie oft kann ich die Lage wechseln?	Querbahnen
Schwerpunkt Brustschwimmen: Bewegungsaufgaben: – so falsch wie möglich schwimmen – ein Arm bewegt sich nicht – ein Bein bewegt sich nicht	

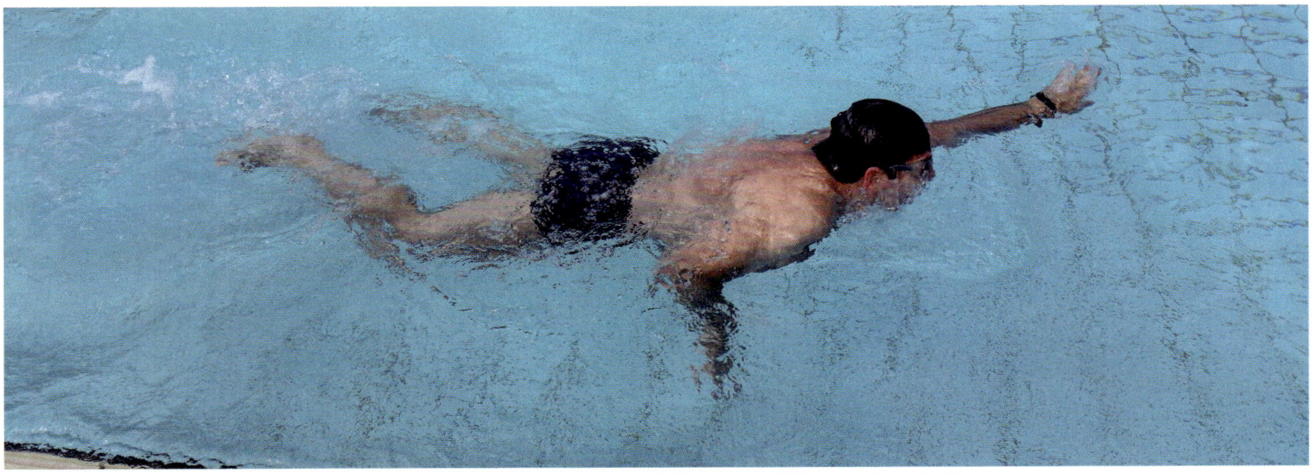

Was ist einfacher und warum? Hinweis: Die Beine befinden sich nicht im Blickfeld und können optisch nicht kontrolliert werden.	

Versehrtenschwimmen: eine Hand fasst einen Knöchel und die beiden freien Extremitäten schwimmen „Brust“

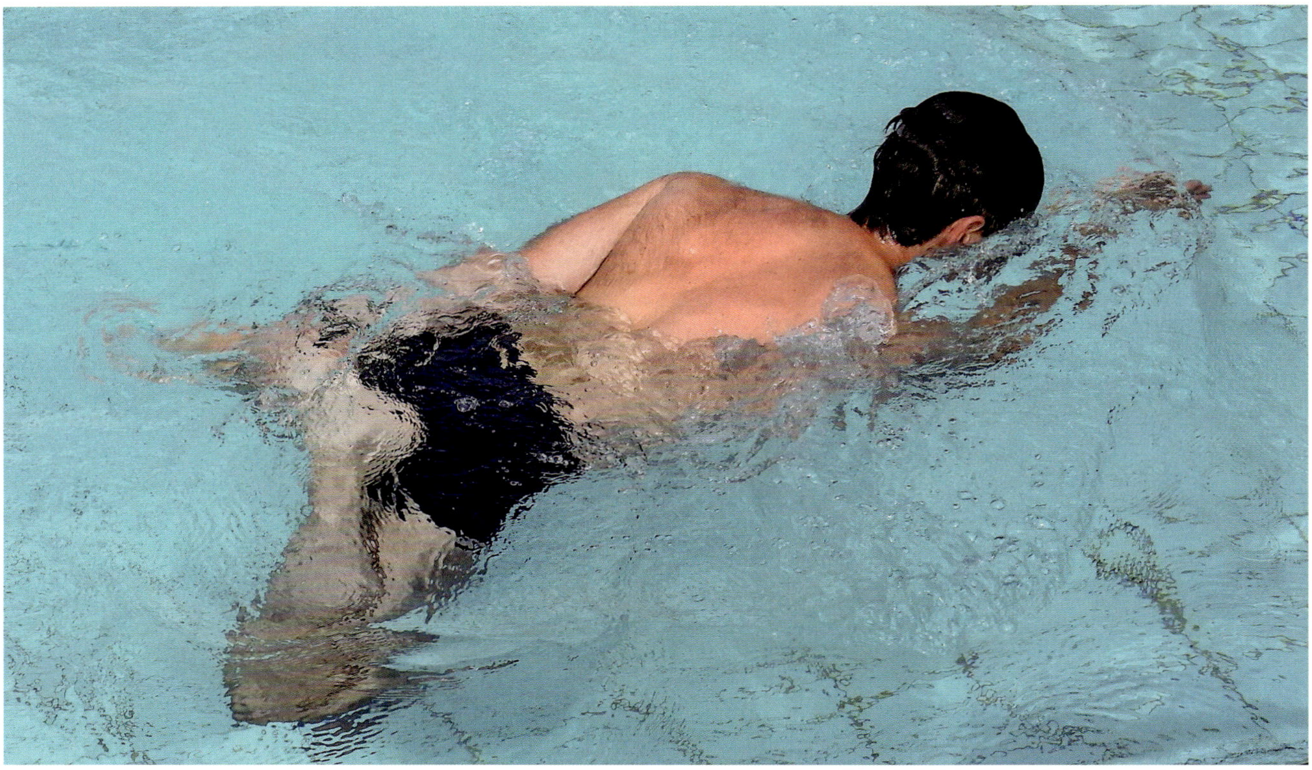

Brustschwimmen: **Im Uhrzeigersinn bewegt sich immer nur ein Körperteil:** linker Arm - rechter Arm – rechtes Bein – linkes Bein – linker Arm

Hinweis: Diese Aufgabe ist schwer.

Mischtechniken (Kopplungsfähigkeit, Rhythmisierungsfähigkeit):

Bewegungsaufgaben:
Brustarmbewegung mit Kraulbeinschlag kombinieren.
Brustarmbewegung und Delfinbeinschlag kombinieren.

Was fällt leichter?

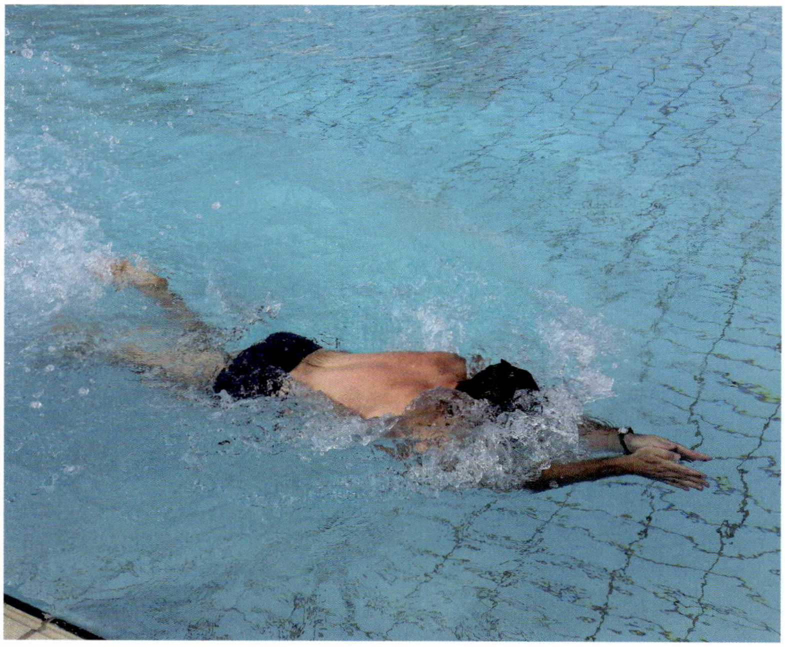

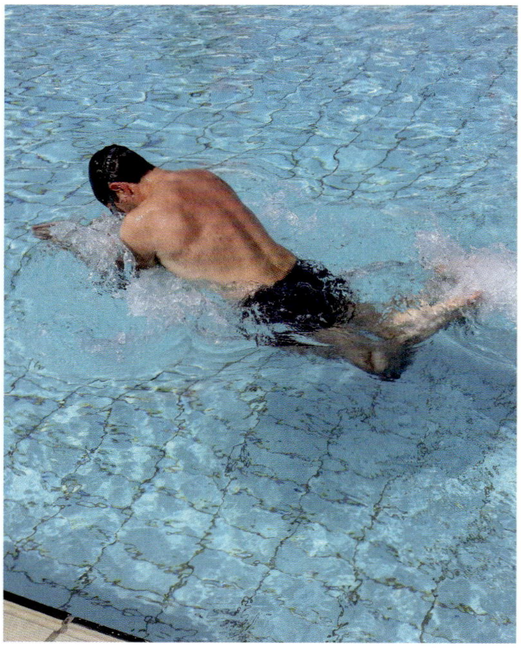

Schwerpunkt Kraulschwimmen:

Bewegungsaufgaben:
so falsch wie möglich schwimmen
1er-, 2er-, 3er-, 4er-, 6er-Atmung

Abschlagschwimmen: Der linke Arm bleibt gestreckt vorne liegen, der rechte Arm macht eine komplette Armbewegung und bleibt anschließend vor dem Kopf liegen. Jetzt schwimmt nur der linke Arm.

Hinweis: Eine Hand schlägt die andere vor dem Kopf ab.

Hühnerflügel-Kraul: Die Daumen bleiben beim Kraulschwimmen ständig in die Achselhöhlen.

Kraulschwimmen mit Zweier-und Sechser-Beinschlag miteinander vergleichen.

Mischtechniken:

Bewegungsaufgaben:

Kraularmbewegung und Delfinbeinschlag kombinieren.

Kraularmbewegung und Brustbeinschlag kombinieren.

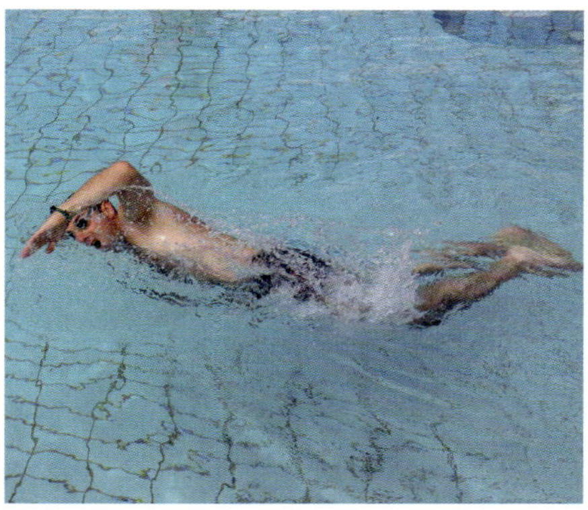

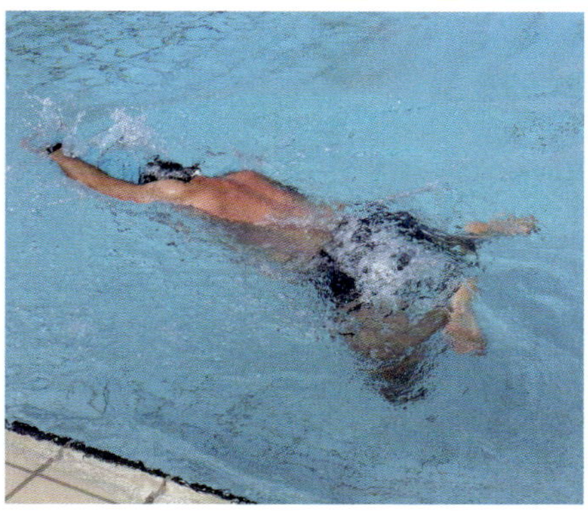

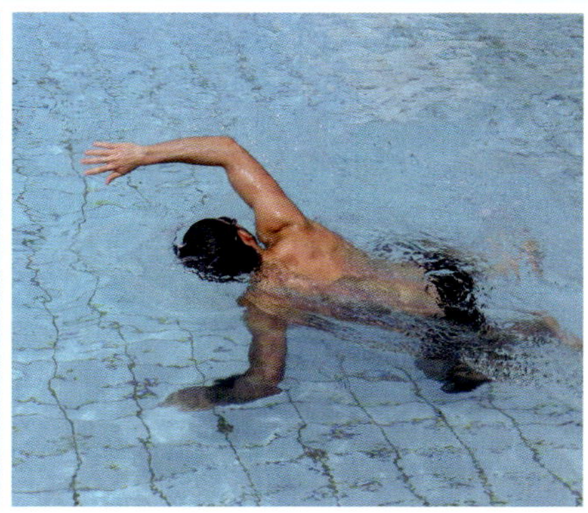

Was fällt leichter?

Hinweis: Die Antworten fallen unterschiedlich aus.

Ausklang (10 Minuten)

Partneraufgaben (Orientierungsfähigkeit, Rhythmisierungsfähigkeit, Kopplungsfähigkeit):

Paarweise

Beide Partner schwimmen nebeneinander und fassen sich locker mit der inneren Hand an: Beide schwimmen auf diese Weise gemeinsam Kraul, Rücken und Brust.

In Vierergruppen

Beide Partner müssen miteinander verbunden sein: ein Partner schwimmt in Brustlage, der andere in Rückenlage.

3er- bis 10er-Gruppen

Seestern: B und C fassen die Füße von A, der nur Armbewegung schwimmt. D fasst die inneren Füße von B und C. B, C und D schwimmen mit den jeweils freien Extremitäten.

Galeere: Drei bis zehn Schwimmer bilden eine Gruppe. Alle Schwimmer befinden sich in Rückenlage. Ihre gestreckten Arme liegen auf den Schultern des Vordermanns. Jeder schwimmt Rücken-Wechselbeinschlag neben dem Körper des Vordermanns.

Stundenbild 5: Kunstschwimmen – kreativ sein im Wasser

Fachliche Hinweise

Wer selbst einmal die Figur Ballettbein ausprobiert (in gestreckter Rückenlage befindet sich ein Bein an der Wasseroberfläche, das andere ist im 90-Grad-Winkel senkrecht nach oben gestreckt), merkt sehr schnell, dass es bei der olympischen Sportart Synchronschwimmen um weitaus mehr geht als um lächelnde, stark geschminkte Diven mit Nasenklammern. Eine gute Synchronschwimmerin sollte gleichzeitig eine gute Bodenturnerin, Eiskunstläuferin, Wasserballspielerin, Wettkampfschwimmerin und Balletttänzerin sein. Sie

- sollte alle Schwimmarten beherrschen,
- braucht Kraft, Ausdauer, eine gute Orientierungs- und Gleichgewichtsfähigkeit sowie Körperbeherrschung,
- Kreativität, Grazie und Ausdrucksvermögen und
- sollte musikalisch und teamfähig sein.

Eine Kür wird an Land begonnen und darf dort aber nicht länger als zehn Sekunden dauern. Der Choreografie sind keine Grenzen gesetzt, Musik und Kleidung dürfen frei gewählt werden. Die Wettkampfsportart Synchronschwimmen ist als solche nicht im Schulsport zu realisieren. Um jedoch den Schülern die Möglichkeit zu geben, im Wasser kreativ zu sein und etwas zu gestalten, muss die Einheit auf die motorischen Möglichkeiten der Schüler abgestimmt und reduziert werden, zum Beispiel durch das Benutzen einer Poolnudel oder eines Aquajogginggürtels als Auftriebshilfe.

Gestalten im Wasser bietet allen Schülern neue, vielfältige Erfahrungen. Es steht nicht die messbare Leistung im Vordergrund, sondern die Fähigkeit, ideenreich, fantasievoll und kreativ zu sein. Diese Kindern von Natur aus gegebenen Eigenschaften verkümmern leider viel zu schnell, wenn sie nicht gefordert werden. Eine Gestaltung muss gemeinsam geplant werden, man muss aufeinander Rücksicht nehmen und sich auf andere einstellen. Das gemeinsame Erarbeiten einer Choreografie vermittelt Gemeinschaft und Zusammenarbeit. Es werden Möglichkeiten aufgezeigt, wie man den Kompetenzbereich „Gestalten“ auch im Schwimmunterricht gut behandeln kann. Um eine Gruppenvorführung vorzubereiten, bietet es sich an, einzelne Elemente und Verbindungen als Arbeitskarten zur Verfügung zu stellen, die selbständig weiter entwickelt werden können. So erarbeiten Schüler eigenständig Basiselemente, die sie später beliebig zu einer Choreografie zusammenbauen.

Die anschließend präsentierten Choreografien sind oft hervorragend.

Hinweise zur Vorbereitung
Im Vorfeld müssen die Arbeitskarten für die Gruppenarbeit erstellt und sinnvollerweise laminiert werden. Für das Aufwärmspiel braucht jeder Spieler einen Würfel.

Um motivierende begleitende Musik abspielen zu können, braucht man entweder ein tragbares externes Gerät oder man spricht mit den Schwimmmeistern über weitere Möglichkeiten wie zum Beispiel die Nutzung der schwimmbadeigenen Anlage. Die Teams des Buchstabenlegens können für die Gruppenarbeit beibehalten werden. Für die abschließende Bewertung der Gruppenkür ist es motivierend, wenn die passiven Schüler der Jury Zahlenkarten von 1-5 zur Bewertung haben.

Ziele
Selbständiges Erarbeiten und Präsentieren einer Choreografie in Gruppen, sich in einer Gruppe einordnen können, eigene Lösungen suchen, aufgeschlossen sein gegenüber Neuem

Auf einen Blick

Phasen	Organisation, Material
Einstieg (5 Minuten)	
Aufwärmspiel **„Groß weniger klein"**: Jeder Spieler bekommt einen Würfel, den er während des Schwimmens in der Hand hält. Alle Spieler haben zu Beginn des Spiels fünf Punkte. Sie würfeln am Beckenrand. Die Zahlen 4, 5 und 6 werden immer addiert, die Zahlen 1, 2 und 3 subtrahiert. Anschließend wird immer eine Bahn geschwommen, erneut gewürfelt und die Zahl addiert oder subtrahiert. Wer erreicht nach Ablauf der Zeit das höchste Ergebnis?	Quer- oder Längsbahnen 1 Würfel für jeden Spieler
Hauptteil (35 min)	
Spiel **„Buchstabenlegen"**: Drei Teams spielen gegeneinander. Der Spielleiter nennt einen Buchstaben, eine Zahl oder eine geometrische Figur, die von den Gruppen an der Wasseroberfläche mit ihren Körpern dargestellt werden muss. Es gibt immer einen Punkt für die Gruppe, die zuerst ein erkennbares Ergebnis präsentiert, bei der alle Spieler beteiligt sind.	Stehtiefes Wasser

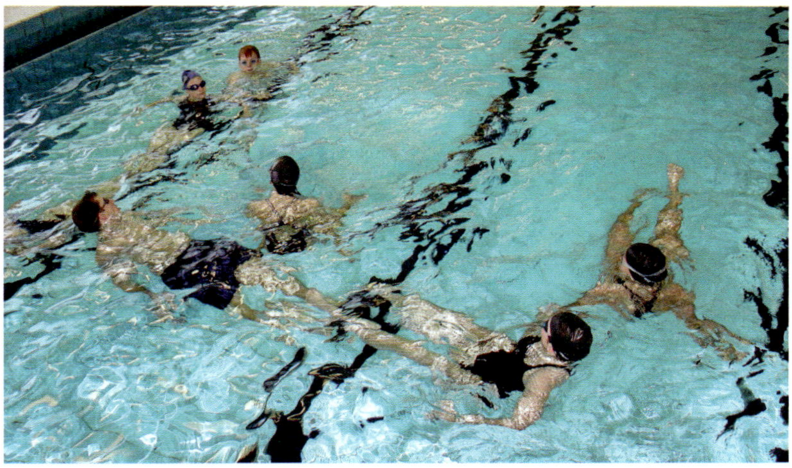

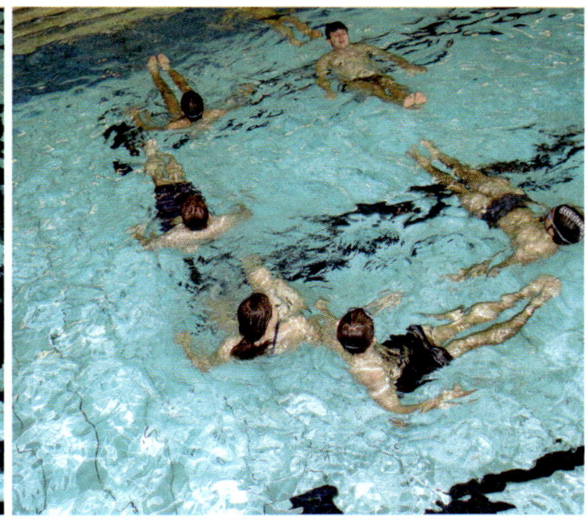

Entwickeln einer Gruppenkür in drei Gruppen:	Musik
Arbeitskarten zum Paddeln, zu Körperverbindungen, Formationen, Schleudersprüngen und Einzelelementen werden zur Orientierung aufgehängt.	Arbeitskarten Stehtiefes oder tiefes Wasser Poolnudeln, Aquajogginggürtel und anderes frei wählbares Material

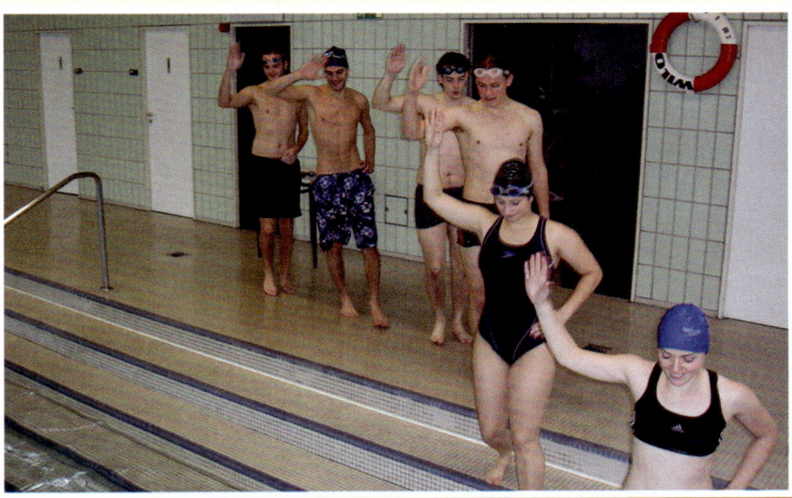

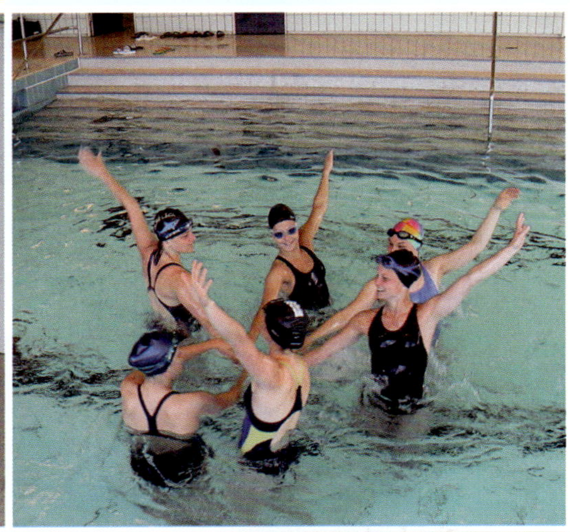

Ausklang (5 Minuten)	
Präsentation der Kür und Bewertung durch passive Schüler	Zahlenkarten von 1-5 für die Jury

Arbeitskarte Paddeln:

- in Bauch- und Rückenlage, am Ort und in der Bewegung, vorwärts und rückwärts, die Hände liegen an der Hüfte und vor dem Kopf

Beispiel Paddeln in Rückenlage vorwärts und rückwärts: Die Hände liegen an der Hüfte. Der Schwimmer liegt gestreckt auf dem Wasser, die gestreckten Hände befinden sich neben der Hüfte unter der Wasseroberfläche und zeigen mit der Handfläche zum Beckenboden. Die Hände sind gespannt, der Daumen liegt an. Die Handbewegung ähnelt dem Winken und wird aus dem Handgelenk ausgeführt. Es finden Ein- und Auswärtsbewegungen der Handgelenke parallel zum Beckenboden statt, die dann auf die gesamte Handfläche übertragen werden. Neben den Händen bildet sich bei korrekter Ausführung ein kleiner Strudel.

Will man sich kopfwärts bewegen, müssen die Handflächen leicht nach oben aufgestellt werden (die Handinnenflächen deuten fußwärts). Soll die Bewegung fußwärts verlaufen, müssen die Hände leicht nach unten abgeklappt werden, die Handinnenflächen deuten kopfwärts.

Paddeln in Rückenlage, die Arme liegen gestreckt vor dem Kopf: Die Handflächen zeigen nach oben und führen kleine Achterbewegungen aus. Die Schultern und Oberarme bleiben weitgehend ruhig. Wichtig sind eine gute Wasserlage und Körperspannung.

Paddeln kopfwärts: Die Fingerspitzen und Hände sind leicht angehoben, das Kippen der Hände beim Richtungswechsel des Achterkreisens ist etwas größer, die Hände gehen aufeinander zu und voneinander weg.

Paddeln fußwärts: Die Fingerspitzen und Hände werden nach unten gedrückt.

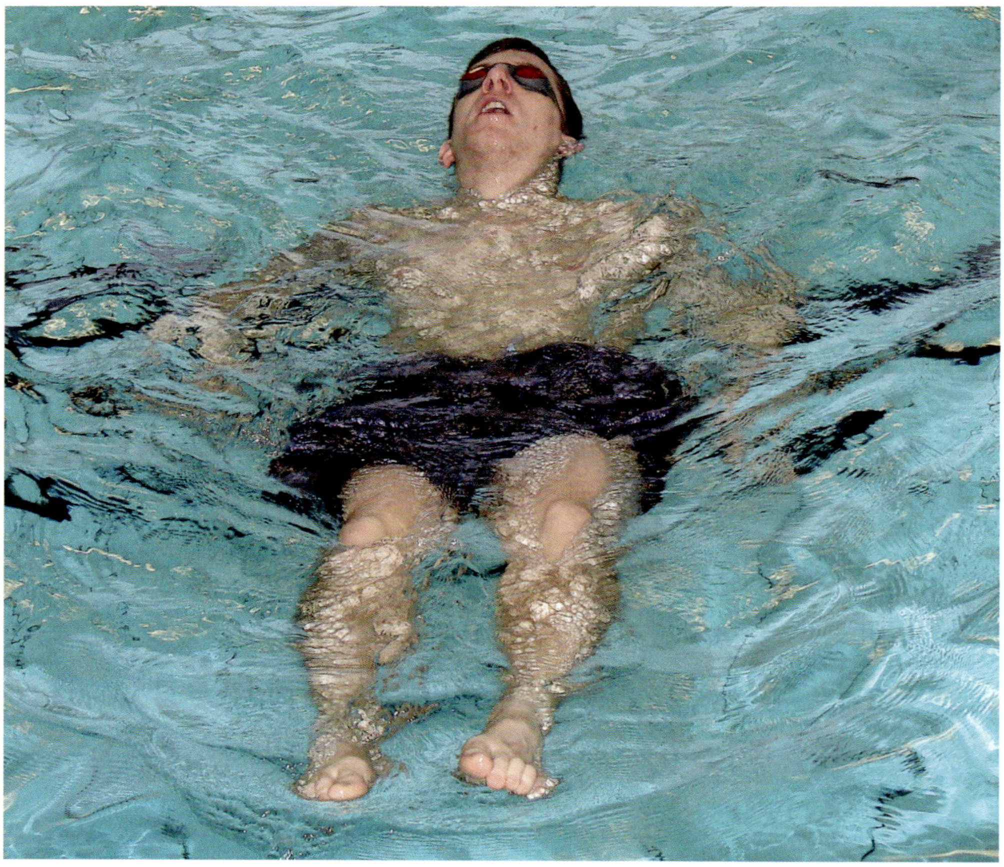

Arbeitskarte Körperverbindungen:

Für das Figuren- oder Bilderlegen ist es erforderlich, dass die Schwimmer untereinander Verbindungen eingehen, um den Bildern einen festen Halt zu geben. Es gibt eine Vielzahl von Verbindungen, die auch durch eigenes Experimentieren beliebig erweitert werden können.

- Fußverbindungen: Die Schwimmer liegen einander gegenüber an der Wasseroberfläche mit den Füßen zueinander. Sie schieben die Füße bis zu den Waden ineinander und drücken die Beine seitlich fest zusammen.
- Armverbindungen: Die Schwimmer liegen parallel nebeneinander und ergreifen gegenseitig ihre Ober- oder Unterarme.
- Fuß-Kopf-Verbindungen: Die Schwimmer liegen hintereinander, dabei legt der Hintermann seine Füße mit leichtem Druck an das Kinn der Vordermanns.
- Fuß-Arm-Verbindungen: Die Schwimmer liegen im rechten Winkel zueinander. Einer legt seinen Arm zwischen die Unterschenkel seines Partners und hält einen Unterschenkel fest. Der Partner drückt seine Beine fest zusammen und stabilisiert so die Verbindung.
- Schulter-Fuß-Verbindung: Zwei Partner befinden sich in Rückenlage hintereinander, der hintere Partner legt die gestreckten Füße links und rechts vom Hals auf die Schultern des Vordermanns. Nicht zusammendrücken!

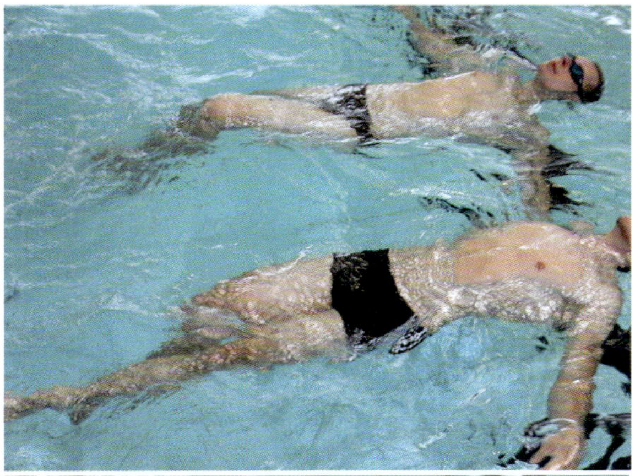

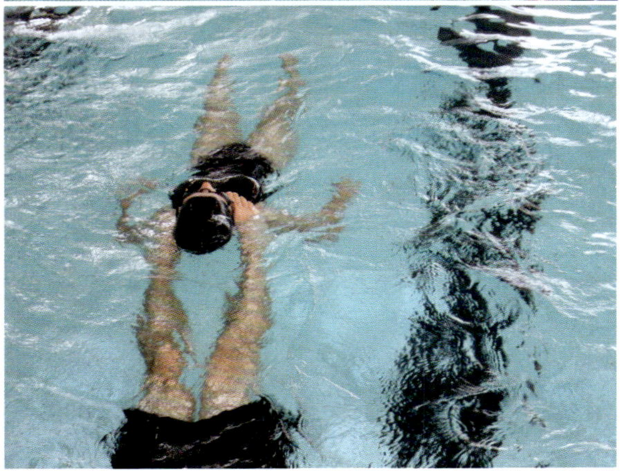

Arbeitskarte Formationen:

Wasserbilder werden an der Wasseroberfläche in Rückenlage gelegt. Eine gestreckte Wasserlage und gute Verbindungen ermöglichen es, dass ein Bild fast ohne Paddelbewegungen auf dem Wasser liegen bleiben kann.

Formation Viereck

Formation Kreis

Formation Tannenbaum

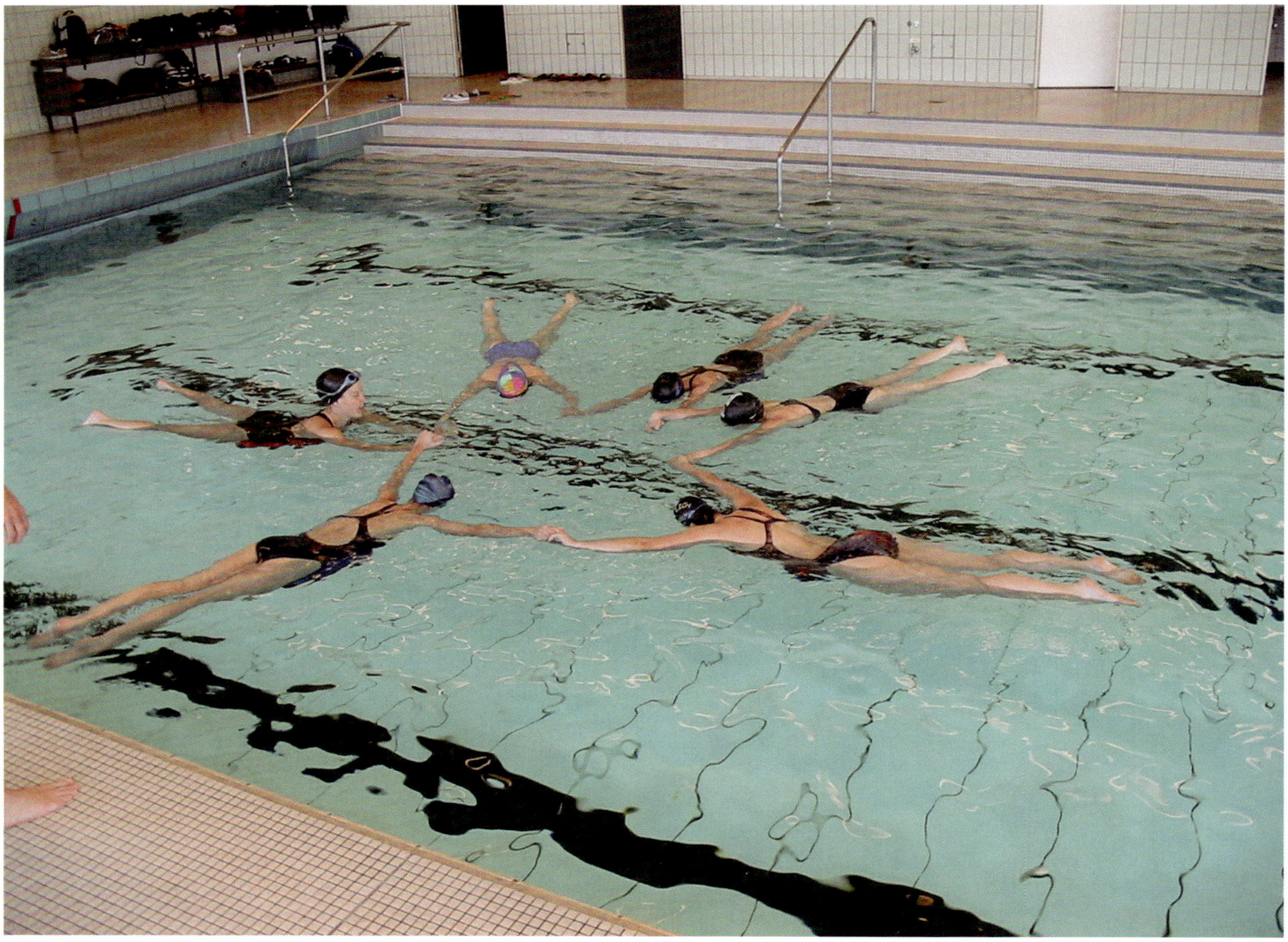

Arbeitskarte Einzelelemente:

Salto vorwärts gehockt: Aus der gestreckten Bauchlage werden die Knie angehockt und das Kinn zur Brust gezogen. Durch eine kleine Brustarmbewegung und anschließend Paddelbewegungen erfolgt eine Drehung um die Körperquerachse.

Salto rückwärts gehockt: Aus der gestreckten Rückenlage, die Hände paddeln neben der Hüfte, werden die Knie angehockt.Durch Paddelbewegungen erfolgt eine Drehung rückwärts um die Körperquerachse mit anschließender Streckung in die Rückenlage.

Zuber: in der gestreckten Rückenlage werden beide Knie so weit zum Oberkörper gezogen, bis sie senkrecht stehen und anschließend wieder in die Ausgangsposition gestreckt. Die Hände paddeln neben der Hüfte.

Variation Flamingo: Aus dem Zuber wird ein Bein zur Decke gestreckt. Auch ein Wechsel der Beine ist möglich.

Beugeknie: Der Schüler paddelt in gestreckter Rückenlage an Ort. Aus dieser Position wird ein Knie langsam aus dem Wasser gehoben, bis der Oberschenkel senkrecht steht. Der Fuß wird dabei entlang des gestreckten Beines geführt. In derselben Weise wird das angezogene Bein wieder in die Ausgangsposition zurückgeführt.

Ballettbein (mit Auftriebshilfe): In der Rückenlage wird über das Beugeknie ein Bein senkrecht im rechten Winkel zur Wasseroberfläche nach oben gestreckt. Das liegende Bein sollte gestreckt bleiben. Anschließend wird das Bein wieder über das Beugeknie in die Ausgangsposition gebracht.

Die Gruppen machen sich Gedanken zu folgenden Fragen: Wie gelangen wir ins Wasser? Wollen wir Material verwenden (z. B. einen Ball)? Was können wir? Wer gibt die Kommandos? Wie sieht unser Schlussbild aus?

Stundenbild 6: Aquasport

Fachliche Hinweise

Fitnesstraining im Wasser wird immer beliebter, es boomt geradezu. Es gibt kaum ein Schwimmbad, das keine Kurse anbietet. Dabei findet man so fantasievolle Namen wie Aqua-Fatburning, Aquaboxing, Aqua-Power, Aqua-Dancing oder Aqua-Shiatsu. Aus dieser unvollständigen Aufzählung wird ersichtlich, dass alle Kurse, die in Fitness-Studios angeboten werden, nahtlos auf das Wasser übertragen werden. Auch die entsprechenden Materialien wie Wasserhanteln, speziell entwickelte Boxhandschuhe oder Stepper sind längst auf dem Markt. Es gibt sogar komplett eingerichtete Fitness-Studios unter Wasser im Nichtschwimmerbereich, mit Fahrradergometern und Mini-Trampolinen. Das American College for Sports Medicine (ACSM) identifiziert in einer Befragung hochintensives Intervalltraining (HIIT) und Training mit dem eigenen Körpergewicht als die aktuell weltweit führenden Fitnesstrends (vgl. Thompson, 2014). HIIT ist durch eine geringe Belastungsdauer (10-20 Minuten), aber hohe Belastungsintensitäten gekennzeichnet (vgl. Gießing 2008).

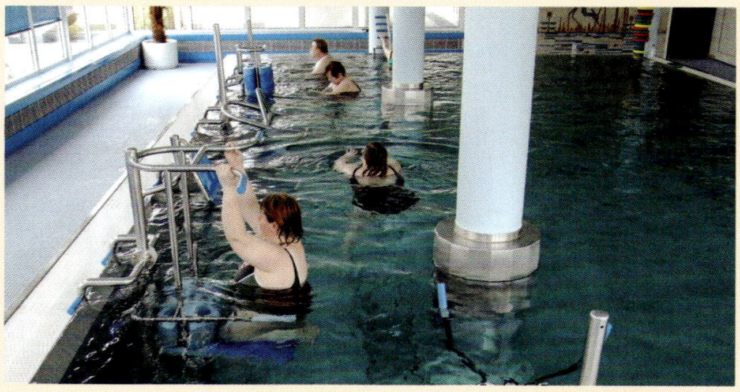

Bewegungen im Wasser müssen mit einem höheren Kraftaufwand ausgeführt werden als identische Bewegungen an Land. Dabei treffen die Muskeln sowohl beim Hin- als auch beim Rückweg ihrer Bewegungen auf Wasserwiderstand. Der Einsatz von Musik kann ein Fitnesstraining im Wasser sehr beleben. Die Motivation der Teilnehmer nimmt bei geeigneter, gruppenangepasster Musikauswahl deutlich zu. Sie darf wegen der verlangsamten Bewegungen im Wasser nicht zu schnell gewählt werden und deshalb maximal 126 beats pro Minute haben. Der Lehrer sollte immer deutlich sichtbar am Rand stehen und alle Übungen dort langsam demonstrieren. Außerdem sollte er in jedem Fall vorher alle Bewegungsformen selbst im Wasser ausprobieren. Nur so kann er Belastungen richtig einschätzen und auswählen. Bei den dargestellten Spiel- und Übungsformen, die in brusttiefem Wasser stattfinden sollten, wird komplett auf Material verzichtet.

Hinweise zur Vorbereitung

Im Vorfeld sollte die Musik und eventuell auch eine App heruntergeladen werden, die die Zeit für das HIIT vorgibt. Allerdings kann man natürlich auch mit einer Stoppuhr und Pfeife arbeiten. Außerdem sollte man für die entsprechenden Lautsprecher sorgen.

Ziele

- Erfahren, dass Anstrengung und Leistung lohnenswerte Ziele sind, den Zusammenhang zwischen Belastung/Anspannung und Erholung/Entspannung erkennen und diese Erkenntnisse im eigenen sportlichen Handeln anwenden
- Körperliche Phänomene wie Schwitzen, schnelle Atmung, erhöhte Herzfrequenz aushalten
- Anstrengungsbereitschaft zeigen, auf den Körper hören, die Leistungsfähigkeit einschätzen, Erschöpfung und Ermüdung überwinden, Fitnesstrends kennenlernen

Auf einen Blick

Phasen	Organisation, Material
Einstieg (5 Minuten)	
Laufvariationen:	Stehtiefes Wasser
Vorwärts und rückwärts laufen, Hopserlauf, Sidesteps mit und ohne Kreuzen, Schlusssprünge vorwärts und rückwärts	
Reaktionsspiel **„schwarz-weiß“**: Jeder Spieler hat einen Partner. Beide stehen sich an der Mittellinie im Abstand von ca. zwei Metern gegenüber. Alle Spieler, die links vom Spielleiter stehen, sind „weiß“, die auf der rechten Seite „schwarz“. Ruft der Spielleiter „weiß“, rennen alle Weißen so schnell wie möglich zu ihrem Beckenrand, ohne von schwarz berührt zu werden - bei „schwarz“ entsprechend die Schwarzen.	Gassenaufstellung Stehtiefes Wasser
Variation: Die Fortbewegungsart kann variiert werden.	
Hauptteil (25 min)	
Sprünge:	Stehtiefes Wasser
Wechselsprünge am Ort mit weitem Ausfallschritt	
Mit geschlossenen Beinen vor und zurück springen	
Mit geschlossenen Beinen nach rechts und links springen	
Mit geschlossenen Beinen im Viereck springen	
Hampelmann	
Hocksprünge, bei denen die Knie möglichst aus dem Wasser kommen	
Skippings (die Knie kommen möglichst aus dem Wasser)	
Am Beckenrand:	Stehtiefes Wasser
Liegestütz gegen den Rand, die Füße stehen auf dem Boden, der Abstand zur Wand kann variiert werden.	
Die Hände auf den Beckenrand legen und in den Stütz springen. Anschließend sich wieder zurück in das Wasser abdrücken und erneut stützen.	
Die Füße berühren am Boden den Beckenrand. Aus dieser Position wird der ganze Körper gestreckt zur Wand gezogen und wieder weggedrückt.	
Die Schüler halten sich In Bauchlage am Beckenrand fest und machen kräftige Kraulbeinschläge am Ort.	
HIIT:	Stoppuhr oder App
Jede Übung wird – je nach Leistungsstärke – 30-45 Sekunden maximal durchgeführt, anschließend gibt es 15 Sekunden Pause. Jede Übung wird zwei- bis dreimal hintereinander gemacht. Dann erfolgt ein Aufgabenwechsel.	Verteilt im Becken
Variation: Zwei verschiedenen Aufgaben werden als ein Block direkt hintereinander ohne Pause jeweils 30-45 Sekunden durchgeführt. Jeder Block wird einmal wiederholt.	

Mögliche Aufgaben sind: Skippings Hocksprünge mit hohen Knien Hampelmann Kraulbeinschlag am Beckenrand Wechselsprünge mit weitem Ausfallschritt	
Aquakickboxing: **Grundschläge:** Gerade, Seitwärtshaken, Aufwärtshaken **Kicks:** frontale Kicks, seitliche Kicks, Kicks nach hinten, Halbkreiskicks Zunächst werden alle Techniken gezeigt und ausprobiert. Anschließend folgen **Kombinationen**, die mehrfach wiederholt werden, z. B. Gerade rechts, Gerade links-frontaler Kick rechts, Gerade links, Gerade rechts, frontaler Kick links Gerade links, Gerade rechts, Gerade links, Gerade rechts, linker Haken, rechter Haken, linker Haken, rechter Haken, seitlicher Kick links, seitlicher Kick rechts, seitlicher Kick links, seitlicher Kick rechts	Blockaufstellung Ggf. Musik
Ausklang (15 Minuten)	
Aquazumba 1. Auf der Stelle laufen, zur Seite drehen, mit dem Gesäß wackeln, auf der Stelle laufen, zur anderen Seite drehen und wackeln 2. 360-Grad-Drehung mit Hüftschwung, die Arme schwingen über dem Kopf mit. 3. Die Beine tippen abwechselnd auf die Spitze vor und zurück, Hocksprung und anschließend das Tippen wiederholen. 4. Zur Seite drehen, das vordere Bein kickt abwechselnd diagonal vor und zurück, anschließend erfolgt eine Drehung zur anderen Seite und die Kicks kommen mit dem anderen Bein. 5. Die Aufgaben 1, 3 und 4 werden wiederholt. 6. Abwechselnd die Knie anziehen und die Arme nach unten drücken. 7. Aufgabe 3 wiederholen 8. Schnell auf der Stelle laufen 9. Aufgabe 4 wiederholen 1. Salsa-Schritt 2. Die Knie diagonal anziehen und diagonal wieder absetzen, die Arme schwingen dabei abwechselnd nach vorne. Die Übung mehrfach wiederholen. 3. Hampelmann 4. Die Aufgaben 2 und 3 wiederholen. 5. Zur Seite twisten viermal langsam und viermal schnell; anschließend die Seite wechseln. 6. Die genannten Bewegungskombinationen wiederholen. 7. Mit den Fäusten abwechselnd nach vorne boxen und die Knie anziehen	Musik Cola-Song (3:21) https://www.youtube.com/watch?v=MsnDYPMY_p8

1. Auf der Stelle laufen.
2. Auf der Stelle springen.
3. Seitgalopp nach rechts und links, auf der Stelle springen.
4. Die Aufgaben 1 und 3 wiederholen.
5. Die Arme durch das Wasser gleiten lassen, der Körper schwingt von rechts nach links.
6. Die Aufgaben 2 und 3 wiederholen.
7. Seitgalopp abwechselnd zu beiden Seiten, auf der Stelle springen, die Hände klatschen über dem Kopf. Diesen Übungsteil mehrfach wiederholen.
8. Auf der Stelle springen und über dem Kopf in die Hände klatschen.

Taxi country song (4:25)

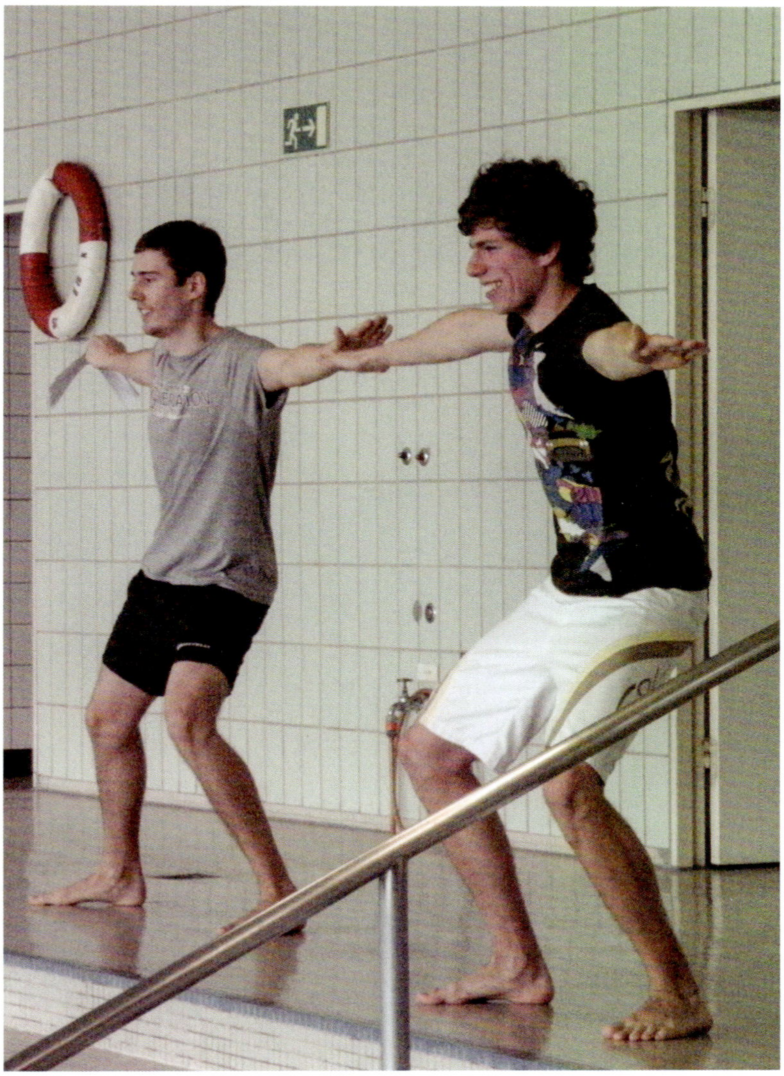

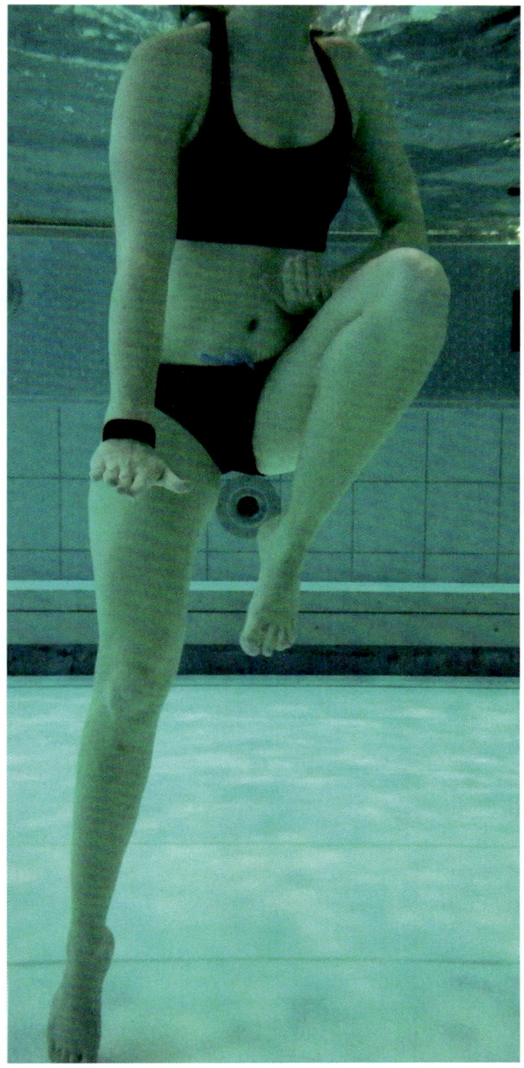

Stundenbild 7: Wasserspringen

Fachliche Hinweise

Wasserspringen wird seit ca. 1880/1890 wettkampfmäßig betrieben. Seit den dritten Olympischen Spielen in St. Louis gehört es immer zum olympischen Programm. Bei den Olympischen Spielen 2000 standen erstmals auch Wettkämpfe im Synchronspringen auf dem Programm.

Mögliche Sprünge sind in einer internationalen FINA-Sprungtabelle erfasst und in sechs Sprunggruppen eingeteilt. Sie sind nach dem Verhalten des Springers zum Gerät und nach der Drehrichtung folgendermaßen geordnet:

I Vorwärtssprünge: Ausgangsstellung vorlings, Gesicht zum Wasser, Drehrichtung des Sprungs vorwärts

II Rückwärtssprünge: Ausgangsstellung rücklings, Rücken zum Wasser, Drehrichtung des Sprungs rückwärts

III Auerbachsprünge: Ausgangsstellung vorlings, Gesicht zum Wasser, Drehrichtung rückwärts

IV Delfinsprünge: Ausgangsstellung rücklings, Rücken zum Wasser, Drehrichtung vorwärts

V Schraubensprünge: Ausgangsstellung vorlings oder rücklings, Drehrichtung vorwärts oder rückwärts, kombiniert mit Drehungen um die Körperlängsachse

VI Handstandsprünge: Ausgangsstellung vorlings oder rücklings, Drehrichtung vorwärts oder rückwärts kombiniert mit Schrauben

Die Sprünge haben in der Flugphase eine bestimmte Körperhaltung, die man auch als Ausführungshaltung bezeichnet. Diese kann gestreckt, gehechtet, gebeugt oder frei sein. Fünf bis sieben Punktrichter bewerten Anlauf, Absprung, Technik und Eleganz, des Sprunges in der Luft und das möglichst spritzerlose Eintauchen ins Wasser.

Man unterscheidet drei verschiedene Bereiche:
- das volkstümliche Wasserspringen
- das Kunstspringen vom 1-m- und 3-m-Brett
- das Turmspringen von der 5-m-, 7,50-m- und 10-m-Plattform

Hinweise zur Vorbereitung:
Für die Präsentation der Aufgabe Ballstafette sollte ein Laptop bereit stehen, um das youtube-Video Pooldunks zu zeigen. Folgende Arbeitskarten müssen erstellt und laminiert werden:

Ziele
- Erkennbare Risiken einschätzen und kalkulierte Entscheidungen treffen, in Gruppen arbeiten und Verantwortung übernehmen, kreativ sein
- Den Einfluss von Angst auf Bewegungshandlungen erkennen

Arbeitskarte Salto vorwärts:

- Paket am Beckenrand machen, die Schienbeine umfassen und das Kinn auf die Brust nehmen. Aus dieser Position auf die an der Wasseroberfläche schwimmende Matte rollen, ohne die Schienbeine loszulassen.
- Wie oben, jetzt aus dem Hockstand leicht abspringen, die Arme schwingen vorwärts-abwärts und fassen dann die Schienbeine, die Landung erfolgt auf der Matte, ggf. schon auf den Füßen.
- Salto aus dem Stand vom Rand: Die Arme sind in Hochhalte und werden beim Absprung schnell und gestreckt vorwärts-abwärts gezogen. Gleichzeitig zieht man das Gesäß hinten hoch und hockt die Beine an. Anschließend gehockt bleiben oder ggf. vor dem Eintauchen die Beine strecken, um die Drehung abzubremsen.
- Salto vom Startblock: wie oben, bevor man das Wasser sieht, werden die Beine schräg nach vorne gestreckt.

Arbeitskarte Vorwärtssprünge:

Fußsprung aus dem Stand vorwärts und rückwärts:
- Fußsprung vorwärts gestreckt mit angelegten Armen. Der Blick ist geradeaus gerichtet, die Hüfte gestreckt.
- Wie oben, jetzt mit Armschwung: Die Arme schwingen zuerst nach vorne oben und werden dann in die Seithochhalte gebracht. In der absteigenden Flugbahn werden sie wieder an die Oberschenkel gelegt.
- Fußsprung rückwärts, die Beine werden nach dem Absprung leicht rückwärts gedrückt
- Fußsprung vorwärts und rückwärts gehockt ohne/mit Fassen der Unterschenkel
- Kopfsprung vorwärts und rückwärts
- Rad/Radwende
- Handstandsprung

Arbeitskarte Gruppen- und Paarsprünge:

Paar- und Gruppensprünge sind sehr beliebt, weil sie die Kreativität anregen. Sie können mit oder ohne Kontakt zum Partner ausgeführt werden. Es bedarf einer Absprache untereinander.

- Bocksprung
- Huckepacksprung
- Kippbombe rückwärts: jeder fasst die Knöchel seiner Partner
- Eng nebeneinander am Beckenrand sitzen und sich einhaken, der erste Schüler lässt sich kopfwärts-vorwärts oder rückwärts ins Wasser fallen, auch als Rolle vorwärts aus der Hocke
- Springen nach Bällen: Bälle werden von einem seitlich am Rand stehenden Partner zugeworfen und müssen in der Luft gefangen, geköpft oder in ein Wasserballtor geworfen werden, nach einer Schraube wieder zurückgespielt werden

Zwei, drei, vier oder mehr Spieler entwickeln eine Ballstafette
(vgl. https://www.youtube.com/watch?v=2-Pzkz_BtyE Amazing pool basketball dunks)

Arbeitskarte 1-m-Brett:
Absprung aus dem Stand/Angehen:

- Federn mit leicht geöffneten Beinen am Brettende, dabei Beugen und Strecken der Hüft-, Knie- und Sprunggelenke, aber die Füße nicht vom Brett lösen
- Federn wie oben, jetzt die Füße etwas vom Brett lösen, sodass ein ständiges Abrollen von den Fersen zu den Ballen erfolgt. Nach mehrmaligem Federn abspringen
- Mehrmaliges Wippen, der ganze Fuß löst sich dabei vom Brett, die Arme unterstützen die Bewegung. Nach dem Abspringen wird der Armschwung bis über die Schulterhöhe weitergeführt.
- Mit mindestens drei Schritten angehen. Beim letzten Schritt schwingen beide Arme parallel nach vorne oben. Gleichzeitig drückt sich das Sprungbein kräftig ab und das Schwungbein wird angezogen. Im höchsten Punkt wird das Schwungbein an das Sprungbein herangeführt. Durch das Körpergewicht, den Druck durch beide Beine und die herabschwingenden Arme wird die Brettspitze herabgedrückt. Es erfolgt ein beidbeiniger Absprung ins Wasser.

Splash-diving-chart

Open L-Vis
Der Springer soll unmittelbar nach dem Absprung seine Füße in die Hand nehmen, die Beine spreizen und ausstrecken. In dieser Position (ähnelt einem V) bleibt der Springer, bis er mit dem Steiß das Wasser berührt.

Cannonball (Arschbombe)
Die Arschbombe sieht aus wie ein Paket. Die Beine sind angezogen und werden mit den Armen umschlossen. Gesäß und Füße berühren gleichzeitig das Wasser.

Open Cannonball (Offene Arschbombe)
Wie die Arschbombe; aber die gespreizten Beine werden mit den Händen in den Kniekehlen gehalten.

Yogi Cannonball (Yogi Arschbombe)
Die Hände gehen zwischen den Beinen durch und greifen die Knöchel von außen. Dadurch berühren Gesäß, Fersen und Hände gleichzeitig das Wasser.

Potato (Kartoffel)
Die Arschbombe um 180 Grad gedreht ergibt die Kartoffel. Der Kopf berührt als Erstes das Wasser. Die Beine sind angezogen und werden mit den Armen umschlungen.

Brauni
Das Steißbein trifft das Wasser. Die Beine werden in der Luft gestreckt festgehalten.

Ripper (Reißer)
Ein fast gerader Sprung mit leichter Rückenlage. Die Arme sind vor der Brust verschränkt.

Anchor (Anker)
Ähnlich wie beim Reißer wird ein Bein angewinkelt und festgehalten.

Chair (Stuhl)
Eintauchen in sitzender Position. Die Hände liegen auf den Oberschenkeln und die Beine bilden einen rechten Winkel.

Big Cat (Breite Katze)
Die breite Katze landet auf Unterarmen und Schienbeinen. Die Hände schützen den Kopf vor dem Aufprall auf das Wasser. Die Arme und Beine sind gestreckt und berühren sich an den Zehen.

Board (Brett)
Die Beine treffen komplett ausgestreckt in einem Winkel von 90 Grad zum Oberkörper auf das Wasser. Die Arme liegen am Oberkörper an und die Hände liegen auf den Oberschenkeln.

Open Board (Offenes Brett)
Das offene Brett sieht aus wie das Brett, nur die Beine sind beim Aufprall auf das Wasser gespreizt.

Für das Abschlussspiel **Reiterball** braucht man einen Ball und Kappen zum Markieren der Reiter.

Auf einen Blick

Phasen	Organisation, Material
Einstieg (5 Minuten)	
Sprünge nach Wahl	
Hauptteil (35 min)	
Stationsarbeit: jeweils ca. 7 min pro Station	
1. Splash-diving	Startblock

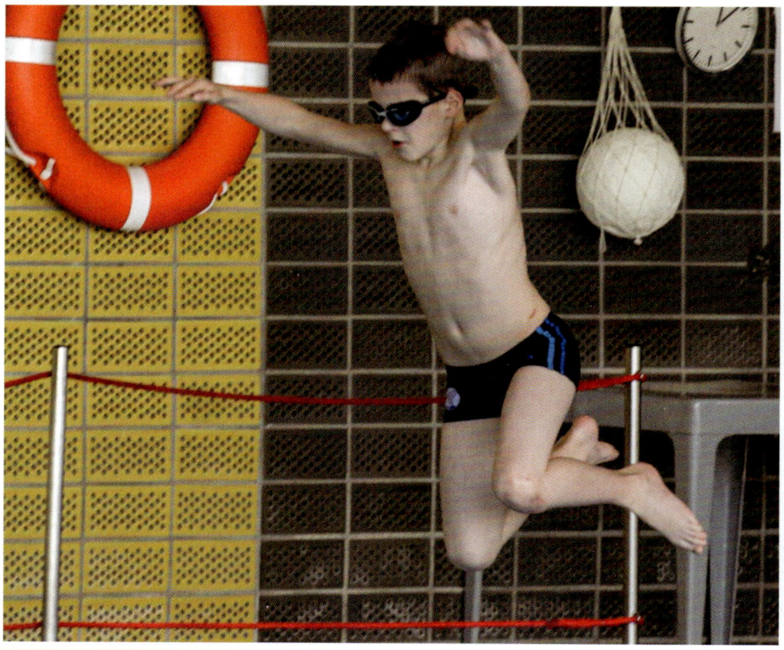

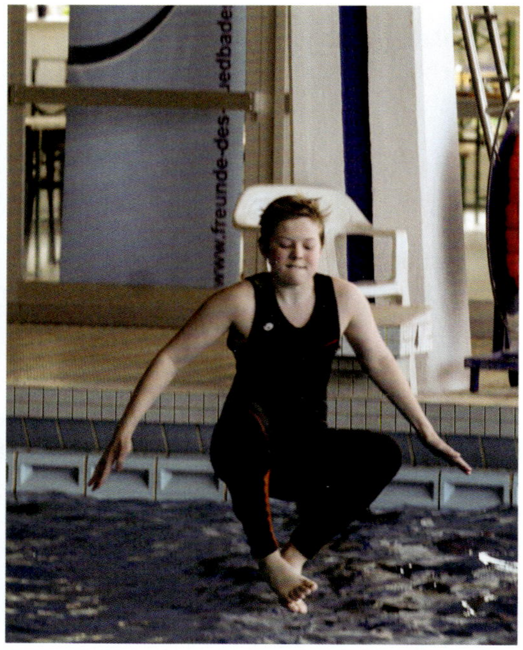

2. Salto vorwärts	Rand, Startblock, große Schwimmmatte

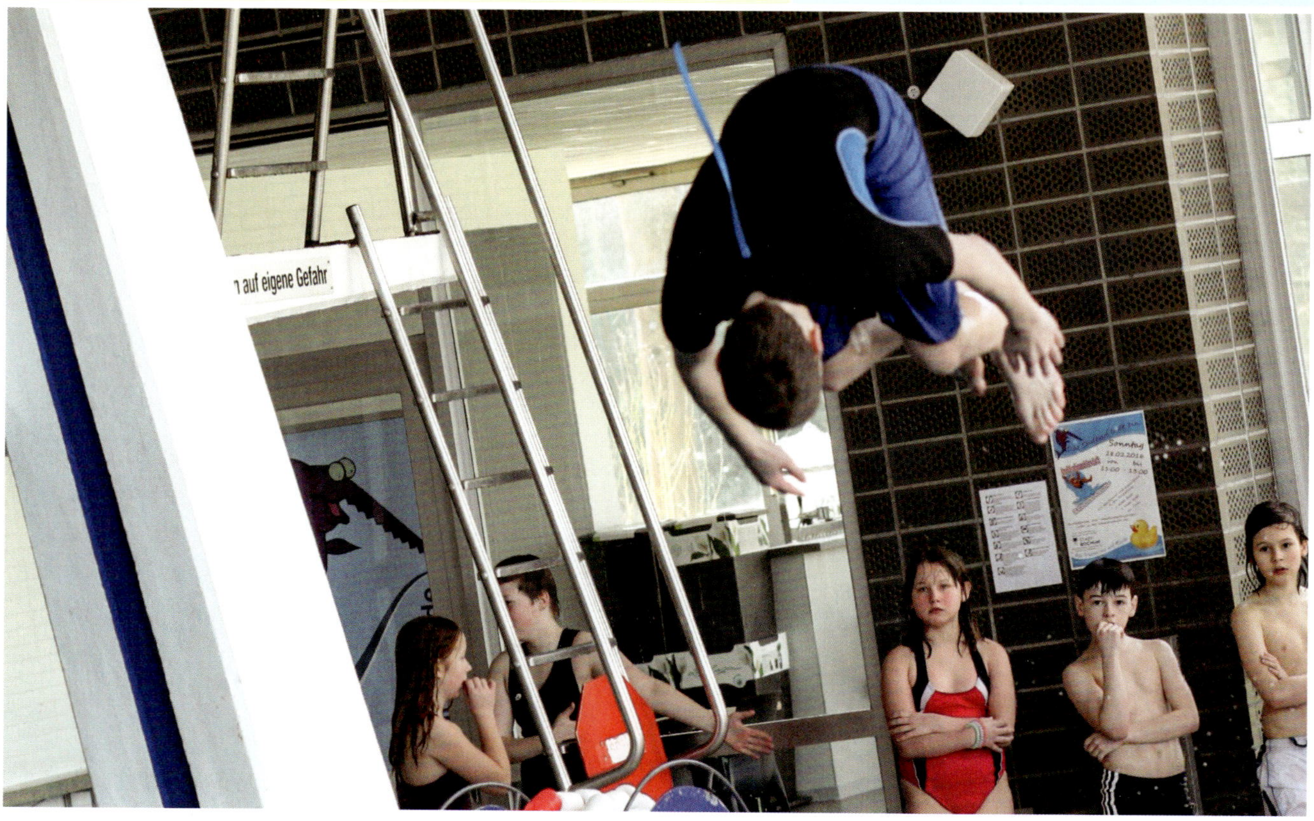

3. Vorwärts-, und Rückwärtssprünge, Handstandsprünge

Rand

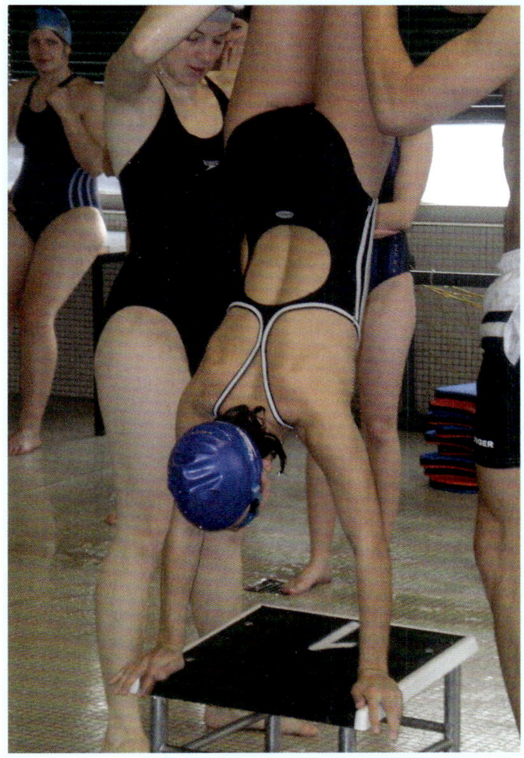

4. Gruppen- und Paarsprünge

Rand

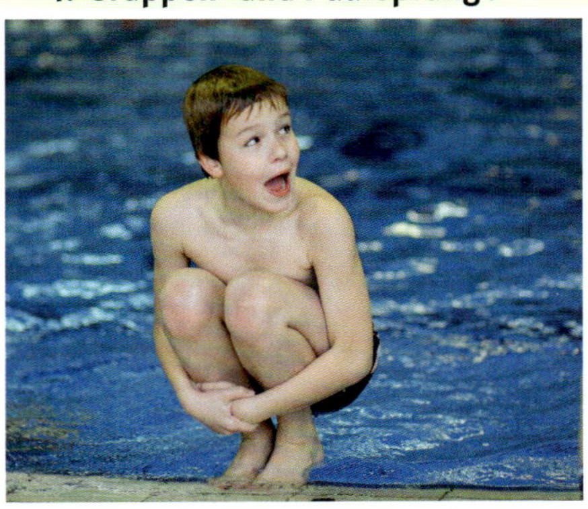

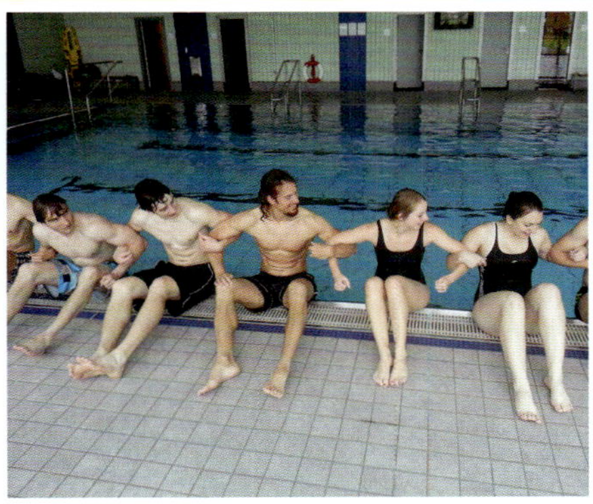

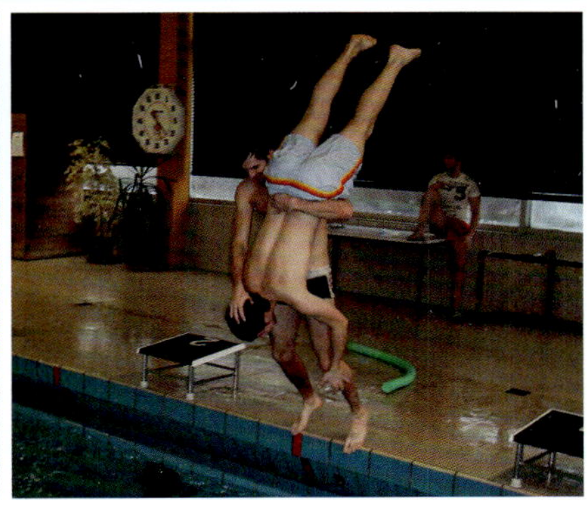

5. Sprünge vom 1-m-Brett und Angehen

1-m-Brett

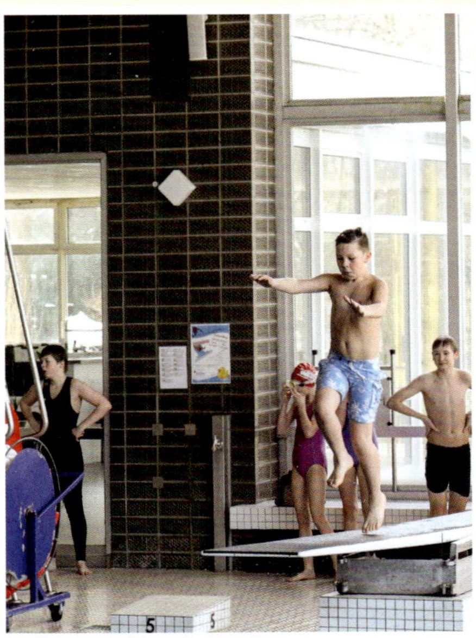

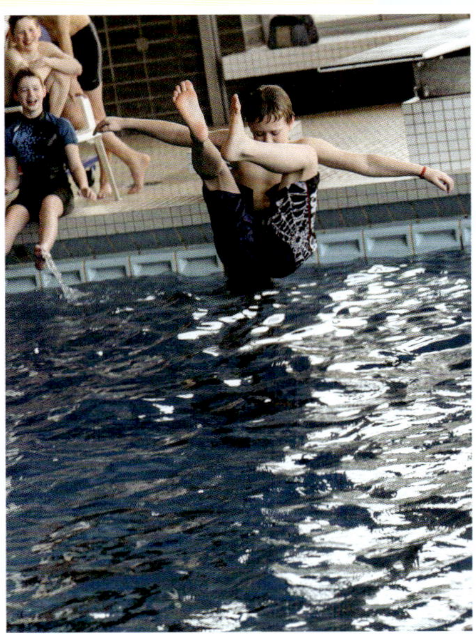

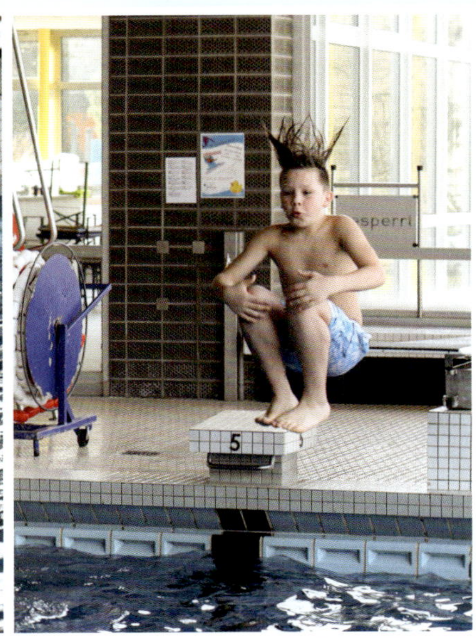

6. Ballstaffetten

Rand, Ball

Ausklang (5 Minuten)

Raufspiel **„Reiterball"**: Zwei Teams spielen gegeneinander auf zwei Tore. Die Spieler jeder Mannschaft bilden Paare aus Pferd und Reiter, die Reiter werden mit Kappen markiert. Nur Spieler, die ordnungsgemäß huckepack auf einem Pferd sitzen, dürfen Tore erzielen. Sollte die Zahl ungerade sein, gibt es immer einen Spieler ohne Pferd. Dieser darf aber kein Torwart sein. Reiter und Pferd in Ballbesitz dürfen angegriffen werden. Variation **„Reiter-Parteiball"**: Ziel ist es, eine vorgegebene Anzahl von Pässen, z. B. 5, innerhalb des Teams zu spielen, ohne dass der Gegner in Ballbesitz gelangt.	1 Ball, 2 Tore, Kappen zum Markieren der Reiter, mindestens 12 Spieler, stehtiefes Wasser

Stundenbild 8: Gestaltung eines Trainings

Fachliche Hinweise

In dieser Stunde sollen die Schüler einige Grundlagen von Trainingsprozessen im Sport verstehen, um eventuell zukünftig ein eigenes Training planen zu können. Es existieren unterschiedliche Definitionen von Training in der Literatur:
Im Lexikon Trainingslehre definiert Jonath (1988, 278) Training als einen auf Grundlage der allgemeinen Trainingsprinzipien geplanten Prozess zur Entwicklung und Verbesserung funktioneller und morphologischer Anpassungen an spezifische Belastungen.

Hollmann und Hettinger (2000, 116f.) verstehen unter Training die Summe aller Maßnahmen, „die zur planmäßigen Steigerung der körperlichen Leistungsfähigkeit führen. (...) Wir bezeichnen Training als systematische Wiederholung gezielter überschwelliger Muskelanspannungen mit morphologischen und funktionellen Anpassungserscheinungen zum Zwecke der Belastungssteigerung."

„Training ist offen für alle, vom Anfänger über den Fortgeschrittenen bis zum Spitzensportler, vom Schüler über den Jugendlichen, den Aktiven bis zum Alterssportler, für den, der seine Leistung steigern, für den, der seine Fitness erhalten, aber auch für den, der sie wiederherstellen will" (Hohmann/Lames/Letzelter 2002, 13).

Trainingsprozesse können in eine formale Sprache übersetzt werden, wenn Streckenlängen, Geschwindigkeiten und Pausen angegeben werden:
- Der Belastungsumfang bezeichnet die in einer Trainingseinheit insgesamt zurückgelegten Meter oder Kilometer.
- Die Belastungsdauer kennzeichnet die Zeit, die eine Übung dauert.
- Die Belastungsintensität gibt Auskunft über die Geschwindigkeit, in der geschwommen wird, und auch über den Anstrengungsgrad.
- Die Belastungsdichte wird durch die Länge und Anzahl der Pausen bestimmt.

Mithilfe dieser Angaben werden Trainingsbelastungen wiedergegeben.

Für den Schulbereich sind folgende vier Methoden relevant:
- Dauermethode
- Extensive Intervallmethode
- Intensive Intervallmethode
- Wiederholungsmethode

Die Hauptmethode zur Verbesserung der aeroben Ausdauer ist die Dauermethode. Nach Angaben von Zintl (1988, S. 83) schwimmt man im Bereich der Mittelzeitausdauer 2-10 min und die Langzeitausdauer beginnt bei einer Belastung von 10 Minuten. Ein Training nach der Dauermethode ist einfach planbar, weil lediglich die Reizdauer und die Reizintensität bestimmt werden müssen. Die Intensität kann entweder gleichbleibend sein oder aber in Form eines Fahrtspiels zwischen schnelleren und langsameren Teilstrecken wechseln. Der Cooper-Test misst die Fähigkeit, innerhalb von 12 Minuten eine möglichst große Strecke zurückzulegen. Er ist einfach durchzuführen und kann schnell ausgewertet werden.

Bei jeder Form des Intervalltrainings wird die Belastung durch Pausen unterbrochen. Beim Extensiven Intervalltraining wird mit einer mittleren Intensität (60-80 %) der individuellen Leistungsfähigkeit geschwommen. Das Verhältnis zwischen Belastungszeit und Pausenzeit beträgt 2:1. Es gibt keine vollständige Erholung, sodass es zu einer Aufstockung der Ermüdung kommt. Auch diese Methode trainiert die aerobe Ausdauer.

Bei der Intensiven Intervallmethode liegt die Intensität bei 80-90 %. Deshalb sollte die Anzahl der Wiederholungen 10-12 nicht übersteigen. Das Verhältnis zwischen Belastungs- und Pausenzeit beträgt 1:2. Auch hier gibt es lohnende Pausen, die schnell zu einer Aufstockung der Ermüdung führen. Mit der Intensiven Intervallmethode wird in erster Linie die Schnelligkeitsausdauer trainiert.

Bei der Wiederholungsmethode werden Strecken mit 90-100%iger Intensität geschwommen, die nicht länger als 20 Sekunden dauern. Damit 100 % möglich sind, muss diese Methode immer Anfang eines Trainings angewandt werden. Das Verhältnis zwischen Belastungszeit und Pausenzeit beträgt 1:6 oder 1:7, damit es zu einer vollständigen Pause kommt, bei der Atmung und Puls nahezu wieder die Ausgangslage erreichen. Die Wiederholungsmethode dient der Verbesserung der Schnelligkeit. Es folgt in einer Trainingseinheit ein Training der Schnelligkeitsausdauer, bevor zum Schluss Ausdauerbelastungen folgen.

Hinweise zur Vorbereitung
Im Vorfeld der Stunde sollte das Programm der Stunde auf ein Plakat geschrieben und eine Zeitentabelle für den Cooper-Test kopiert werden, damit die Schüler eigenständig ihre Leistung einordnen können. Außerdem werden die Schüler anhand ihrer ungefähren Leistungsfähigkeit in Gruppen eingeteilt und auf die Bahnen verteilt.

Ziele
- Kennenlernen von Trainingsformen im Wasser und Trainingsmethoden in Grundzügen erklären können. Den Unterschied zwischen Schnelligkeit, Schnelligkeitsausdauer und Ausdauer erkennen und verstehen.
- Anstrengungsbereitschaft und Durchhaltevermögen, die Grenzen der eigenen Leistungsfähigkeit erkennen

Trainingsmethoden im Überblick

	Wiederholungsmethode	Intensive Intervallmethode	Extensive Intervallmethode	Dauermethode
Intensität	90-100 %	89-90 %	60-80 %	50 %
Dauer	Bis 20 Sekunden	20 Sekunden bis 2 Minuten		MZA 2-10 min LZA ab 10 min
Verhältnis Bel. Dauer-Pause	1:6 oder 1:7	1:2	2:1	----
Ziel	Schnelligkeit	Schnelligkeits-Ausdauer	Ausdauer	Ausdauer
Art der Pause	Vollständig	Lohnend	Lohnend	Keine Pause

Körperbewegungen werden durch die Kontraktion der einzelnen Muskelzellen ermöglicht. Die Muskelkontraktion ist ein energiebeanspruchender Vorgang. Sie kann deshalb nur so lange anhalten, wie Energie zur Verfügung steht. Diese Energie wird dem Körper über die Nahrungsaufnahme zugeführt. Die in der Nahrung enthaltene Energie kann von den Muskeln jedoch nicht unmittelbar für die Kontraktion verwendet werden, sondern muss zuvor im Körper umgewandelt werden. Der einzige energieliefernde Prozess, der unmittelbar eine Muskelkontraktion ermöglicht, ist Adenosintriphosphat (ATP), das jedoch nur in sehr kleinen Mengen in der Muskelzelle vorhanden ist und nur für wenige Kontraktionen reicht. Deshalb muss je nach Dauer und Intensität der Belastung auf andere Stoffwechselsysteme zurückgegriffen werden:
- Anaerob-alaktazide Form der Energiebereitstellung: Spaltung des Kreatinphosphats (KP) und Übertragung der dabei entstehenden Energie auf das Adenosindiphosphats (ADP). Sie reicht für 7-12 Sekunden intensivster Belastung.
- Anaerob-laktazide Energiebereitstellung: Gykolyse, die auf der Spaltung von Glykogen zu Milchsäure beruht und im Zellplasma stattfindet. Die Leistungsfähigkeit der Glykolyse erschöpft sich nach etwa 45 Sekunden.
- Aerobe Energiebereitstellung: Abbau von Kohlenhydraten und Fetten mit Hilfe von Sauerstoff in den Mitochondrien der Muskelzelle. Dieses System ist von der Atmung des Schwimmers abhängig und es dauert ungefähr 60 Sekunden, bis zur vollen Bereitstellung. Diese Energie steht dann aber nahezu unbegrenzt zur Verfügung.

In den meisten Fällen wirken nur ein oder zwei dieser Systeme gleichzeitig. Sie greifen aber im Laufe einer Belastung lückenlos ineinander.

Als Anhaltspunkt kann diese Abiturtabelle der Baden-Württemberger Gymnasien aus dem Jahr 2013 dienen:

Schüler			Schülerinnen		
Punkte	Strecke (m)	Bahnen	Punkte	Strecke (m)	Bahnen
15	750	30	15	700	27
14,5	737,5	29,5	14,5	687,5	26,5
14	725	29	14	675	26
13,5	712,5	28,5	13,5	662,5	25,5
13	700	28	13	650	25
12,5	687,5	27,5	12,5	637,5	24,5
12	675	27	12	625	24
11,5	662,5	26,5	11,5	612,5	23,5
11	650	26	11	600	23
10,5	637,5	25,5	10,5	587,5	22,5
10	625	25	10	575	22
9,5	612,5	24,5	9,5	562,5	21,5
9	600	24	9	550	21
8,5	587,5	23,5	8,5	537,5	20,5
8	575	23	8	525	20
7,5	562,5	22,5	7,5	512,5	19,5
7	550	22	7	500	19
6,5	537,5	21,5	6,5	487,5	18,5
6	525	21	6	475	18
5,5	512,5	20,5	5,5	462,5	17,5
5	500	20	5	425	17
4,5	487,5	19,5	4,5	412,5	16,5
4	475	19	4	400	16
3,5	462,5	18,5	3,5	387,5	15,5
3	450	18	3	375	15
2,5	437,5	17,5	2,5	362,5	14,5
2	425	17	2	350	14
1,5	412,5	16,5	1,5	337,5	13,5
1	400	16	1	325	13
0	⇠ 400	⇠ 16	0	⇠ 325	⇠ 13

Auf einen Blick

Phasen	Organisation, Material
Einstieg (5 Minuten)	
Theorie Trainingsmethoden	
Hauptteil (35 min)	
Durchführung eines Grundlagentrainings	
Schnelligkeit: Wiederholungsmethode 5x15m maximal, Pause drei Minuten, Lage nach Wahl	Schwimmbaduhr
Schnelligkeitsausdauer: Intensives Intervall 4x50m Kraul mit Start, Pause zwei Minuten	Schwimmbaduhr
Ausdauer: Dauermethode 12 Minuten Cooper-Test	Schwimmbaduhr, Leistungstabelle
Ausklang (5 Minuten)	
Gemeinsame Auswertung und Besprechung des Trainings	

Stundenbild 9: Zeitgefühl entwickeln

Fachliche Hinweise

Das Zeitgefühl bezeichnet eine Fähigkeit bei Menschen und Tieren, zu bestimmten Abläufen von Vorgängen die Dauer des objektiven Vorgangs einschätzen zu können. Untersuchungen haben ergeben, dass es für die Dauer eines objektiven Vorgangs keine speziellen Zellen im Gehirn gibt, die eine Messung des Zeitablaufs vornehmen. Das Gehirn stützt sich bei der Einschätzung der Verlaufsdauer eines objektiven Vorgangs auf ein Maß der geistigen Tätigkeiten, die aus der Beschäftigung während des Vorgangs resultieren. Dabei stellen sich folgende Empfindungen ein:

- Erregt ein objektiver Vorgang eine hohe geistige Tätigkeit, so entsteht die Vorstellung, dass der Vorgang längere Zeit andauert.
- Erregt ein objektiver Vorgang eine geringe geistige Tätigkeit, so entsteht die Vorstellung, dass der Vorgang nur geringe Zeit andauert.

Insbesondere in den Ausdauersportarten ist das Tempo- bzw. Geschwindigkeitsgefühl als Wahrnehmung der Bewegung in Bezug auf die Distanz oder Dauer einer Bewegungshandlung eine wesentliche Leistungsvoraussetzung. Für die Wahrnehmung von Zeit besitzt der Mensch kein spezielles Sinnesorgan. Der Sportler orientiert sich vor allem an zeitlich-rhythmischen und dynamisch-räumlichen Komponenten der Bewegungswahrnehmung. Dabei spielen die kinästhetischen Empfindungen und insbesondere ihre Differenziertheit eine große Rolle. Gleichzeitig werden Wahrnehmungen hinsichtlich der Umgebungsbedingungen aber auch des subjektiv erlebten Aufwand-Nutzen-Verhältnisses insbesondere bei konditionellen Anforderungen einbezogen. Für den erfahrenen Sportler sind z. B. Krafteinsatz, Abdruck, Frequenz, Vortrieb, Koordination, Lockerheit u. ä. Merkmale, über die er seine Bewegungsgeschwindigkeit wahrnimmt und reguliert. Zeitgefühl ist eine wesentliche Voraussetzung für selbständiges Trainieren.

Hinweise zur Vorbereitung

Die Arbeitsblätter 50-m- und 400-m-Tests und die Rechenaufgaben müssen für die Partnerarbeit vorbereitet und in Gruppenstärke kopiert werden. Außerdem braucht jedes Paar zwei Stifte und ein Handy zum Stoppen. Die Lehrkraft sollte eine Stoppuhr und eine Pfeife haben. Die erste Schätzaufgabe erfolgt noch an Land. Wichtig ist, dass die Schüler bei den ersten beiden Aufgaben keine Uhr sehen. Falls das nicht möglich ist, müssen die Schüler mit Augenbinden schwimmen.

Ziele

Selbstwahrnehmung und Selbsteinschätzung, kooperieren und gemeinsam mit einem Partner eine Aufgabe bearbeiten

Auf einen Blick

Phasen	Organisation, Material
Einstieg (5 Minuten)	
Die Schüler **schätzen** an Land auf der Wärmebank 1:30 Minuten und lösen gleichzeitig auf einem Blatt einfache Rechenaufgaben. Wer meint, dass die Zeit abgelaufen ist, hebt die Hand.	1 Stift und 1 Blatt mit Rechenaufgaben, Stoppuhr, Pfeife An Land
Partneraufgabe: Die Schüler legen im Vorfeld fest, wie viele Meter sie in 35 Sekunden schwimmen können. An dieser Stelle positionieren sie eine Markierung, zum Beispiel ihre Badeschlappen.	Tiefes Wasser, Badeschlappen
Hauptteil (30 min)	
Partnerarbeit: Jeder Schüler schätzt im Vorfeld die Zeit, die er für die Aufgaben glaubt zu brauchen, und trägt sie in die Tabelle ein. Anschließend stoppt der Partner die Zeiten und notiert sie ebenfalls. Beide Partner diskutieren die Werte. 1. Durchgang: 50 m Kraulbeinbewegung mit Schwimmbrett 50 m Kraularmbewegung mit Pullbuoy 50 m Kraulschwimmen 2. Durchgang 50 m Brustbeinbewegung mit Schwimmbrett 50 m Brustarmbewegung mit Pullbuoy 50 m Brustschwimmen	In Paaren 1 Arbeitsblatt pro Paar, 1 Stift, Handy zum Stoppen Tiefes Wasser 1 Schwimmbrett pro Paar 1 Pullbuoy pro Paar

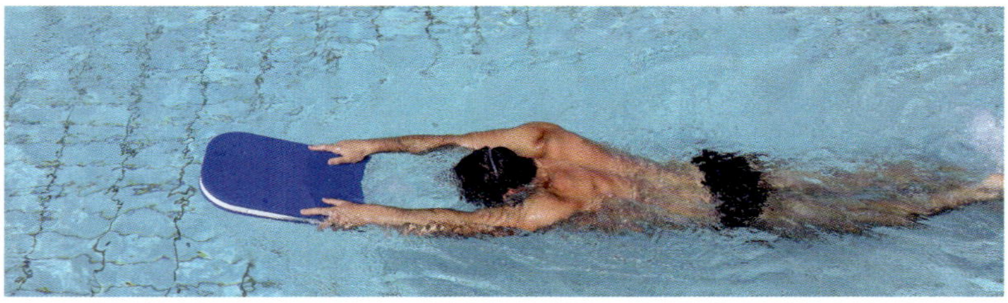
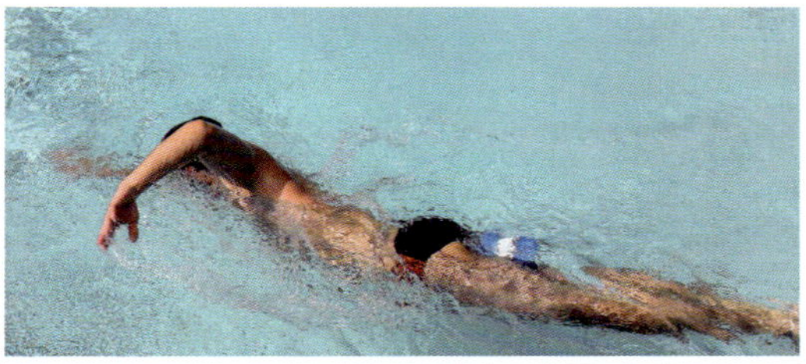
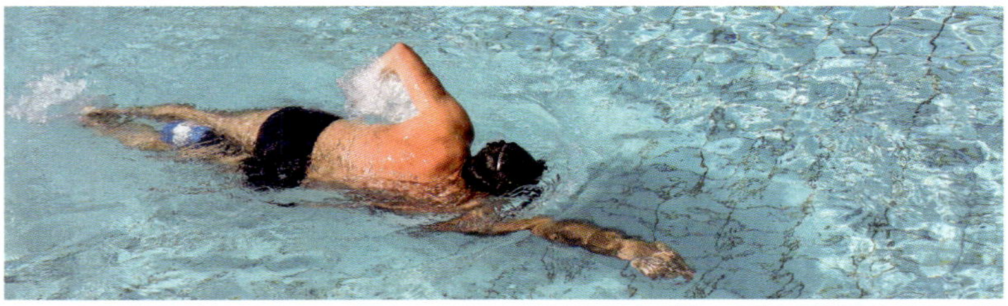
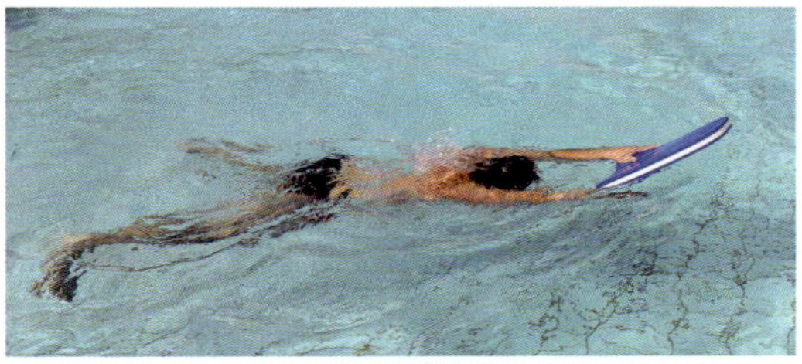
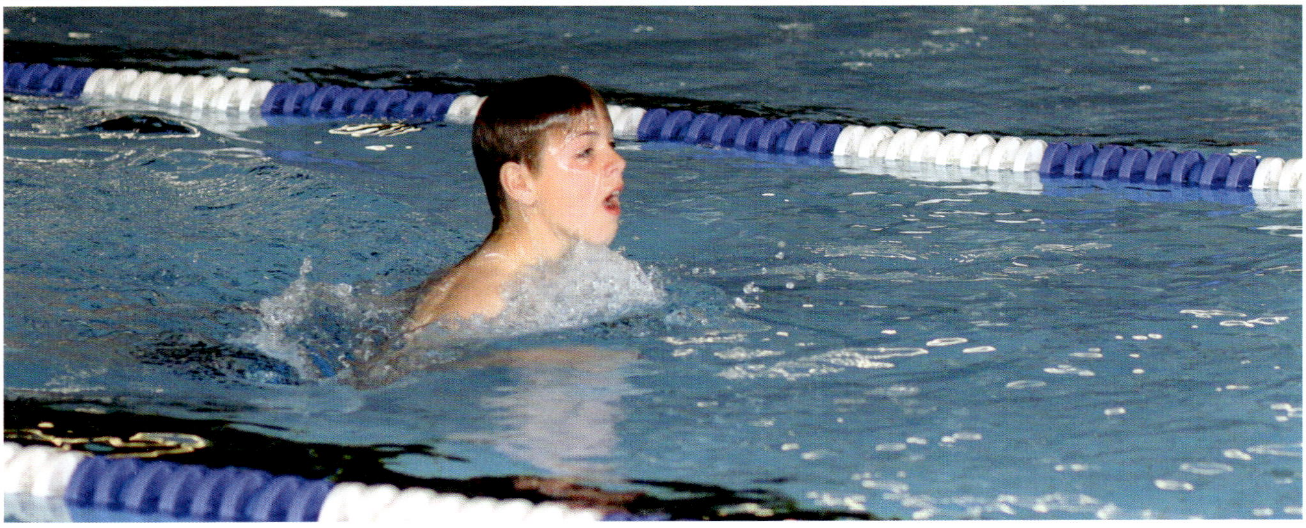

Partnerarbeit: 10 x 25 m Steigerungsschwimmen Die Partner schwimmen die 25-m-Teilstrecken immer abwechselnd. Zu Beginn gibt der Lehrer eine Zeit vor, in der die erste Bahn geschwommen werden muss. Diese Zeit orientiert sich am schwächsten Schüler, z. B. 40 Sekunden. Beim ersten Start müssen alle unter diesen 40 Sekunden bleiben. Mit dieser geschwommenen Zeit setzt sich jeder selbst eine Marke, die beim nächsten Start verbessert werden muss. Bei jedem weiteren Start sollte die eigene bisherige Bestzeit unterboten werden. Der Schwimmer mit den meisten Verbesserungen ist Sieger dieses Wettkampfs.	In Paaren 1 Arbeitsblatt für jeden, 1 Stift, Handy zum Stoppen Tiefes Wasser

Ausklang (10 Minuten)

Partnerarbeit: Verfolgungsschwimmen über eine Bahn: Wann muss ich starten, um meinen Partner kurz vor der Wand einzuholen? 1. Durchgang: Der erste Starter schwimmt Teilbewegungen (nur Brustarm- oder Brustbeinbewegung), der zweite Starter schwimmt die Gesamtbewegung. Anschließend werden die Rollen gewechselt. 2. Durchgang: Der erste Starter schwimmt nur Kraularm- oder -beinbewegung, der zweite Starter die gesamte Lage. Anschließend werden die Rollen getauscht. Gemeinsame Auswertung und Besprechung der Ergebnisse	Tiefes Wasser Pullbuoys und Schwimmbretter

50-m-Zeitgefühl

	Brust Partner A		Kraul Partner A			Brust Partner B		Kraul Partner B	
	gesch	Zeit	gesch	Zeit		gesch	Zeit	Gesch	Zeit
50 Arme					50 Arme				
50 Beine					50 Beine				
50 ges.					50 ges.				

10 x 25 m Steigerungsschwimmen

Start	Zeit A	Punkt für Verbesserung?	Zeit B	Punkt für Verbesserung?
1				
2				
3				
4				
5				
6				
7				
8				
9				
10				
Punkte				

Stundenbild 10: Zuglängenbestimmung

Fachliche Hinweise

Bei jeder Untersuchung von Wettkampfresultaten – egal ob auf Anfängerniveau oder bei nationalen Meisterschaften – hat sich ein Erfolgsfaktor mit großer Konstanz als entscheidend erwiesen. Die schnelleren Schwimmer brauchen weniger Züge als die langsamen. Definiert ist die Zuglänge als die Distanz, die mit einem Schwimmzug zurückgelegt wird. Der zweite Faktor, der entscheidend ist, ist die Anzahl der Züge pro Strecke. Wenn die Zuglänge größer wird, nimmt automatisch die Zugfrequenz ab. Eine hohe Zugfrequenz erhöht den Energiebedarf enorm. Wenn man die Frequenz verdoppelt, vervierfacht sich der Wasserwiderstand. Außerdem verursacht man mehr Turbulenzen, bewegt viel Wasser und die Hände rutschen durch das Wasser, was aber nicht den Körper schneller durch das Wasser bewegt. Diese Situation erinnert an ein Reifendurchdrehen im Winter.

Wie zählt man die Züge? Am besten zählt man beim Kraul- und Rückenschwimmen jedes Mal, wenn man mit einer Hand eintaucht, und beim Brust- und Delfinschwimmen immer, wenn beide Arme nach vorne geführt werden. Die Zuglänge wird auch von der Körpergröße und der Spannweite der Arme von Handgelenk zu Handgelenk beeinflusst. Sehr gute Schwimmer erreichen eine Zuglänge zwischen 55 und 70 % ihrer Körpergröße. Ein 1,50 m großer guter Kraulschwimmer schwimmt auf einer 25-m-Bahn 19-24 Zyklen. Damit legt man 19 Meter zurück, die ersten vier Meter werden durch Abstoßen und Beinschläge unter Wasser überwunden. Die optimale Zugzahl, bei der man eine bestimmte Distanz oder Geschwindigkeit mit dem geringsten Energieaufwand schwimmen kann, ist sehr individuell. Folgende Formel ermöglicht es, eine individuelle Zahl für das Kraulschwimmen zu errechnen:

Anzahl der Züge pro Bahn: (L-P)/A

L=Länge der Bahn

P=Distanz, die man vor dem ersten Zug durch Abstoßen zurücklegt

A=Spannweite der Arme von Mittelfinger zu Mittelfinger

Wie groß die Zuglänge ist, hängt von der Wirksamkeit der Antriebsphasen eines Schwimmers ab und davon, wie gut er seinen Wasserwiderstand minimieren kann. Eine Steigerung der Schnelligkeit lässt sich also nicht einfach durch eine Erhöhung der Frequenz erreichen, vor allem, weil in den meisten Fällen die Zuglänge abnimmt, wenn ein Schwimmer seine Frequenz steigert. Eine Erhöhung der Frequenz ist erst dann sinnvoll, wenn die Zuglänge eines Schwimmers größer wird als seine Armspanne.

Zusammengefasst die wichtigsten Erkenntnisse:

- Geschwindigkeit = Zyklusweg x Frequenz/60
- Je größer der Zyklusweg und je höher die Frequenz, desto schneller schwimmt man.
- Eine Verbesserung des Zykluswegs ist nur dann effizient, wenn man gleichzeitig seine Frequenz stabil halten oder gar erhöhen kann.
- Man hat nur etwas von einer Frequenzerhöhung, wenn man gleichzeitig seinen Zyklusweg stabil halten oder im besten Falle verbessern kann.
- Zyklusweg und Frequenz müssen auf jeden Sportler individuell angepasst werden.

Hinweise zur Vorbereitung

Die Arbeitsblätter müssen erstellt und in halber Klassenstärke kopiert werden. Die Paare brauchen einen Stift und ein Handy zum Stoppen. Die Zeiten werden mit zwei Stellen hinter dem Komma notiert. Mit zwei Hütchen wird die Strecke von 10 m markiert.

Ziele

Kriterien zur Leistungserfassung erarbeiten und diese mit dem Partner besprechen

Auf einen Blick

Phasen	Organisation, Material
Einstieg (5 Minuten)	
Theoretischer Einstieg und Erklärung des Ablaufs	
Hauptteil (35 min)	
Partnerarbeit: Bestimmung der Zykluslänge Mit Hütchen werden am Rand 10 m markiert. Das erste Hütchen steht 5 m vom Rand entfernt, damit der Abstoß die Ergebnisse nicht verfälscht. Individuelle Formel anwenden und N ausrechnen. Anschließend eine Bahn Kraul oder Brust schwimmen, der Partner zählt die benötigten Züge. Diese Aufgabe zweimal wiederholen, der Partner protokolliert die Ergebnisse. Anschließend erfolgt ein Partnerwechsel.	Paare Stoppuhr, Hütchen
Zweimal eine Bahn schwimmen, die Zeiten stoppen und die Ergebnisse auf dem Arbeitsblatt notieren: 1. N+1 Brust / N+2 Kraul 2. N+2 Brust / N+4 Kraul Wie verändern sich Zeit und Zykluslänge bei steigender Frequenz?	Paare Stoppuhr Arbeitsblatt und Stift pro Paar
Dreimal eine Bahn möglichst mit der gleichen Zugzahl schwimmen, aber jede Bahn schneller werden. Die Ergebnisse werden auf dem Arbeitsblatt protokolliert.	Paare Stoppuhr Arbeitsblatt und Stift pro Paar
Ausklang (10 Minuten)	
Vorstellung und Diskussion der Ergebnisse und des Verfahrens.	

Zuglängenbestimmung

$\text{Zuglänge (m/Zug)} = \frac{\text{Geschwindigkeit (m/s)}}{\text{Frequenz (Zug/s)}}$ $\text{Geschwindigkeit} = \frac{10\text{ m}}{\text{xs}}$ $\text{Frequenz} = \frac{\text{yZüge}}{\text{xs}}$

(s = Sekunden)

	Zugzahl N	Zeit	Zykluslänge m/Zug	Geschwindigkeit m/s	Frequenz Züge/s
1.Bahn					
2.Bahn					
3.Bahn					
1. Bahn					
2. Bahn					
3. Bahn					

2 x 1 Bahn

	Partner A			Partner B	
Zugzahl	Zeit	Zykluslänge	Zugzahl	Zeit	Zykluslänge
N+1 (B) /N+2 (K)			N+1(B)/N+2 (K)		
N+2 (B)/N+4 (K)			N+2(B)/N 2 (K)		

3 x 1 Bahn mit steigender Geschwindigkeit

	Partner A			Partner B		
	Zugzahl	Zeit	Zykluslänge	Zugzahl	Zeit	Zykluslänge
1.Bahn						
2.Bahn						
3.Bahn						

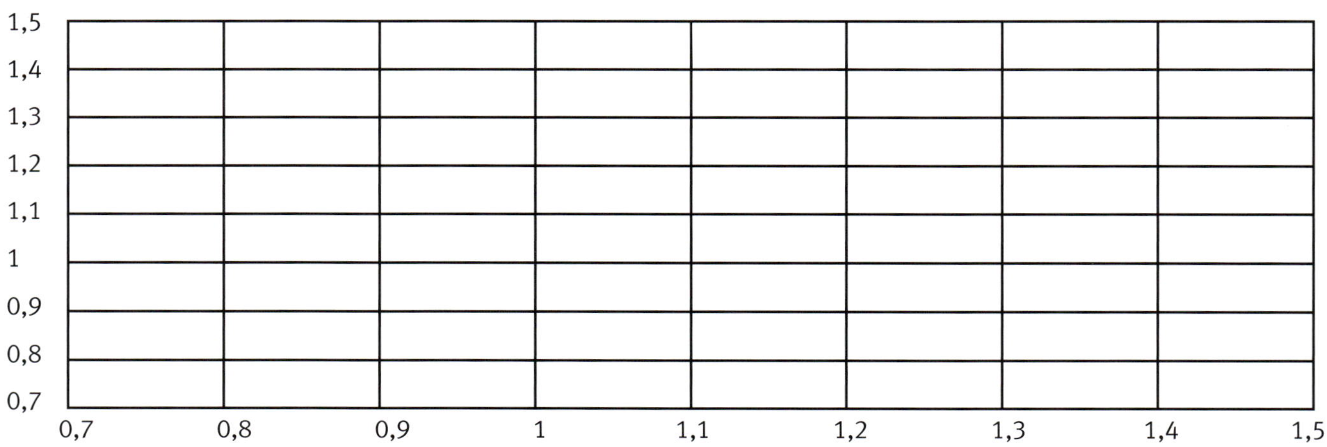

Stundenbild 11: Wasserball

Fachliche Hinweise

Starten: Schnelles Starten hat im Wasserball eine besondere Bedeutung, weil ein Bewegungsvorsprung im Wasser schwieriger aufzuholen ist als an Land. Die Mehrzahl erfolgreicher Schnellangriffe beruht auf einem schwimmerischen Vorsprung, der bereits auf den ersten Metern erreicht wurde. Ein effektives Starten ist auch wichtig, um sich auf engem Raum von seinem direkten Gegenspieler lösen zu können. Der Freiwasserstart wird aus der Brust- oder Seitenlage durchgeführt. Zu Beginn werden zu den mit hoher Frequenz ausgeführten Kraularmbewegungen ein bis zwei Brustgrätschen ausgeführt, um explosiv zu beschleunigen oder sich vom Gegner zu lösen. Beim Starten mit Ball nimmt die Hand, die am weitesten vor dem Kopf liegt, den Ball. Um die Bewegungsfreiheit zu erhalten, wird der Ball mit der flachen Hand etwas nach vorn geschoben, damit er beim ersten Armzug vor dem Kopf liegt.

Wassertreten: Das Wassertreten ist für die Spieler wichtig, weil sich während eines Spiels viele Situationen ergeben, in denen sie sich nur auf die Beine stützen können, da die Arme mit dem Ball beschäftigt sind, z. B. beim Wurf. Besonders wichtig ist es auch in Situationen, in denen der Wasserballer um eine günstige taktische Position kämpft.

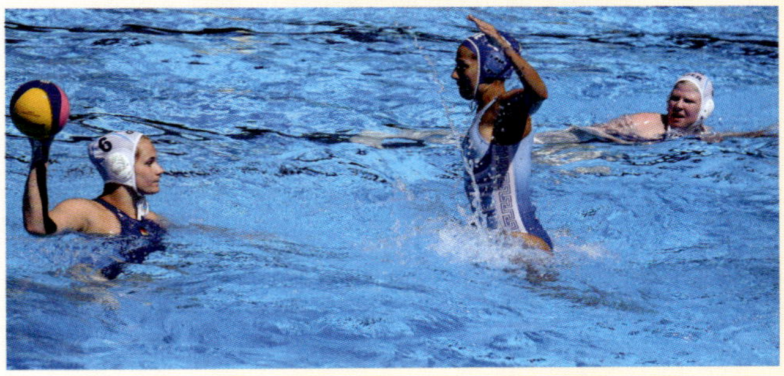

Wassertreten ist eine Art Froschhaltung in Verbindung mit einem wechselseitigen Beinschlag. In der Grundstellung liegt der Spieler flach im Wasser, während die Arme das Wasser „drücken", um dadurch den Körper zu stabilisieren. Aus dieser Grundstellung kann der Spieler jede erforderliche Bewegung ausführen und somit immer flexibel in das Spielgeschehen eingreifen.

Der Spieler zieht die Knie (bei einem Abstand der Knie zueinander von ungefähr 30 cm), abwechselnd in Richtung Oberkörper und stößt sofort wieder mit dem Fuß nach unten gegen das Wasser. Wie beim Brustbeinschlag ist die Bewegung der Füße zuerst nach außen und dann nach innen gerichtet. Es gibt keine Pause. Beim Wassertreten im „Stand" sollte zwischen Oberkörper und Oberschenkel ein Winkel von annähernd 90 Grad entstehen. Um die Beine zu entlasten, ist es günstig, wenn möglich die Arme zu Hilfe zu nehmen. Die Unterarme und Hände führen ca. 20 cm unter der Wasseroberfläche eine seitlich gerichtete Einwärts- und Auswärts-/Abwärtsbewegung durch. Die Einwärtsbewegung dient dem Wasserfassen, die Auswärts-/Abwärtsbewegung zum Abdrücken vom Wasserwiderstand. Am effektivsten ist die Bewegung der Hände, wenn der Oberkörper leicht gebeugt über ihnen liegt. So kann sich der Wasserballer richtig abstützen und in Zusammenarbeit mit den Beinen hoch aus dem Wasser kommen. Durch diese Bewegung kann der Oberkörper plötzlich aus dem Wasser kommen, um einen Pass abzufangen oder einen Wurf zu blocken. Ein schneller Start zu allen Seiten ist auch möglich.

Wurfvarianten: Grundsätzlich ist bei der Anwendung der verschiedenen Wurftechniken zu bemerken, dass sich die Wirkung verringert, ja größer die Torentfernung oder je schlechter der Winkel zum Tor ist. Kommt hingegen der Spieler dem Tor zu nahe, kann der Torwart eingreifen oder der Schusswinkel wird sehr ungünstig.

Rückhandwurf: Der Rückhandwurf hat bei Kindern einen hohen Prestigewert. Anwendung findet er meist dann, wenn der Wasserballer keinen frontalen Zugang zum Tor hat. Er wird meistens in senkrechter Körperstellung ausgeführt mit dem Rücken zum Tor. Der Ball wird mit angewinkeltem Arm so aufgenommen und gefasst, dass der Daumen nach unten ins Wasser zeigt. Er folgt eine schnellkräftige Rückwärtsbewegung der Hüfte und anschließend die Rückwärtsbewegung des sich streckenden Arms. Anfänger können den Ball auch zwischen Handfläche und Unterarm einklemmen. Trotz der geringen Präzision ist diese Wurfvariante für einen effektiven Torwurf wegen seines Überraschungseffekts aus dem Nahbereich sehr gut geeignet.

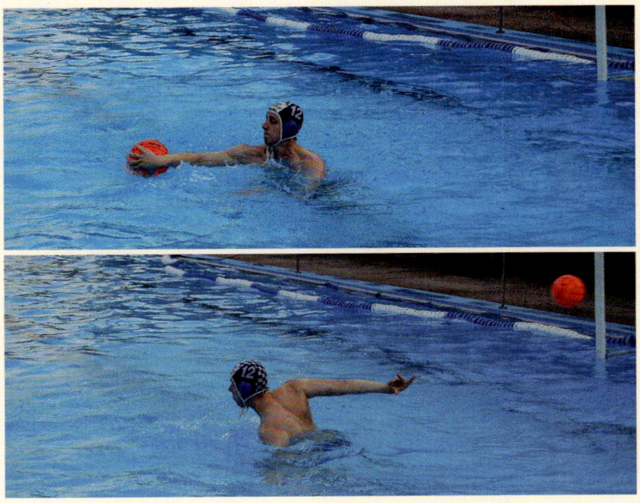

Druckwurf: Wenn ein Spieler aus dem Dribbling heraus auf das Tor schießen muss und ein Gegner dicht hinter oder neben ihm schwimmt, ist es oft nicht möglich, sich zum Schlagwurf aufzurichten und den Ball hinter die Schulter zu führen. Hier ist der Druckwurf eine Lösung: Der Druckwurf ist keine Wurfbewegung im eigentlichen Sinn. Der Ball wird bei dieser Torwurftechnik vielmehr durch eine Stoßbewegung in Schwimmrichtung katapultiert. Druckwürfe erfolgen aus der waagerechten Schwimmlage und können sowohl schussartig als auch bogenartig ausgeführt werden. Der Druckwurf erfolgt überwiegend nah am Tor. Während des Kraulschwimmens legt der Rechtshänder beim Vorbringen des rechten Arms seine Hand auf den Ball, umfasst ihn und drückt ihn etwas ins Wasser. Nun erfolgt eine Handdrehung, sodass der Daumen ins Wasser zeigt. Dadurch, dass der Körper sich gleichzeitig in einer Vorwärtsbewegung befindet, kommt der Ball in eine dem Kugelstoßen ähnliche Ausgangsposition nahe der Schulter. Der Ellbogen befindet sich außerhalb des Wassers und der Ball wird in die gewünschte Richtung gestoßen. Eine schnelle Bewegung des Handgelenks während des Stoßes kann der gegnerische Torwart nicht rechtzeitig erkennen und reagiert zu spät. Wichtig bei der Wurfausführung ist, dass der Ball nie seitlich gehalten oder deutlich angehoben werden darf, weil er sonst vom verfolgenden Gegenspieler weggeschlagen werden kann.

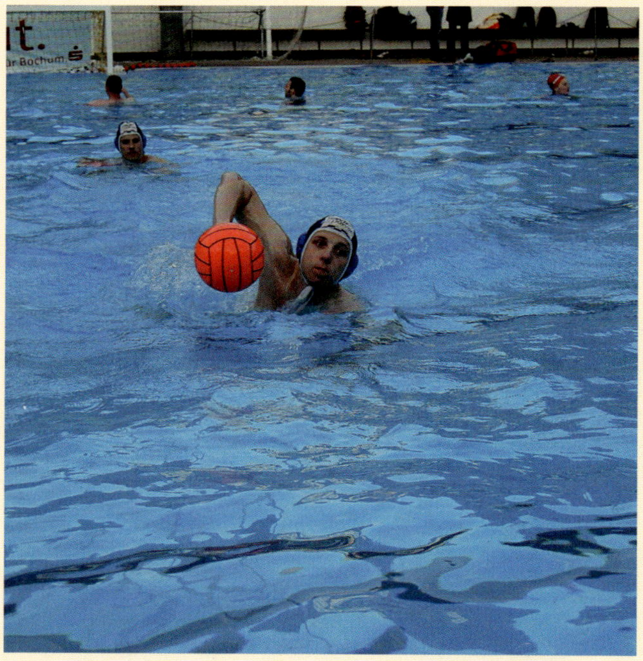

Beobachtungsschwerpunkte: Kann der Ball sicher gegriffen werden? Bleibt der Ball während der Zug-/Stoßbewegung vor dem Körper? Wird der Wurf durch Wassertreten unterstützt? Erfolgt der Wurf ansatzlos aus dem Schwimmen?

Selbstdoppler: Auch hier handelt es sich um eine Stoßbewegung. Er wird nicht nur in Situationen angewandt, in denen ein Spieler nicht mehr genug Zeit hat, den Ball aufzunehmen, zu passen oder zu schießen. Auch beim ungehinderten Anschwimmen auf das gegnerische Tor kommt der Selbstdoppler erfolgsversprechend zum Einsatz. Vorteil ist der extreme Überraschungseffekt, der es dem gegnerischen Torwart oder Abwehrspieler schwer macht, den Ball abzuwehren. Der Rechtshänder hebt den Ball während des Kraulschwimmens mit der linken Hand leicht aus dem Wasser und führt ihn zur rechten Schulter. Ohne die Kraulbewegung zu unterbrechen, stößt der rechte Arm während der Schwungphase den Ball mit voller Kraft in die gewünschte Richtung. Der Ellbogen ist seitlich angehoben und die Fingerspitzen geben dem Ball die gewünschte Richtung. Wichtig ist, dass der Selbstdoppler nur dann angewendet werden sollte, wenn der Schusswinkel günstig ist.

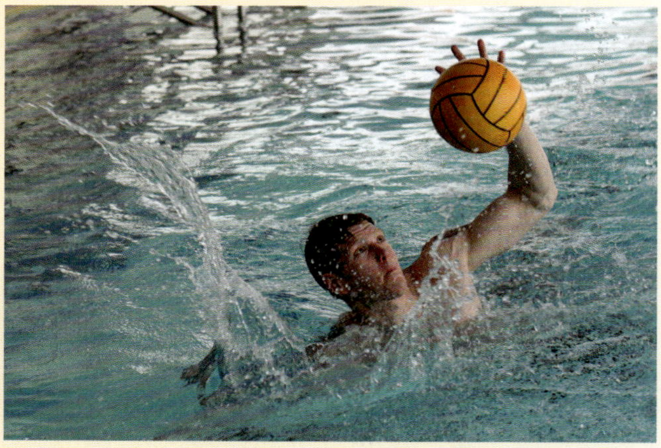

Kriterien für eine Mindestspielfähigkeit sind folgende:

- Brustschwimmen, Kraulschwimmen, Wassertreten
- Dribbling
- Eine Wurf- und Passtechnik
- Einhändiges Fangen
- Manndeckung in der Verteidigung, sofortiges Attackieren des Ballhalters
- Abschirmen des Balls und Lösen vom Gegenspieler durch schnelles Starten

Hinweise zur Vorbereitung

Der Lehrkraft braucht eine Pfeife, jeder Schüler einen Ball. Für die Spielformen und das Abschlussspiel sollten zwei Tore und Kappen vorhanden sein.

Ziele

Spielprozesse beobachten und analysieren, taktische Verhaltensweisen und elementare Techniken variieren und im Spiel anwenden

Auf einen Blick

Phasen	Organisation, Material
Einstieg (5 Minuten)	
Körpertechniken: **1. Starten:** ohne und mit Ball auf ein Kommando starten Wettkampf: auf Kommando starten Variation: auf Kommando eine Rolle vorwärts machen, anschließend so schnell wie möglich starten und zum gegenüberliegenden Beckenrand kraulen **2. Wassertreten:** Wassertreten in Bauchlage gegen den Beckenrand, die Arme sind gestreckt und halten sich am Beckenrand fest. Senkrecht auf der Stelle treten und das Herauskommen durch Tellern der Arme unterstützen. Variationen: Nur ein Arm unterstützt, der andere wird aus dem Wasser gehoben. Wer kann beide Arme aus dem Wasser heben? **Wettkampf Wassertreten:** Beide Arme aus dem Wasser heben. Wer kann am längsten das Kinn über Wasser halten?	Tiefes Wasser Für jeden Schüler einen Ball Pfeife In Gruppen nebeneinander

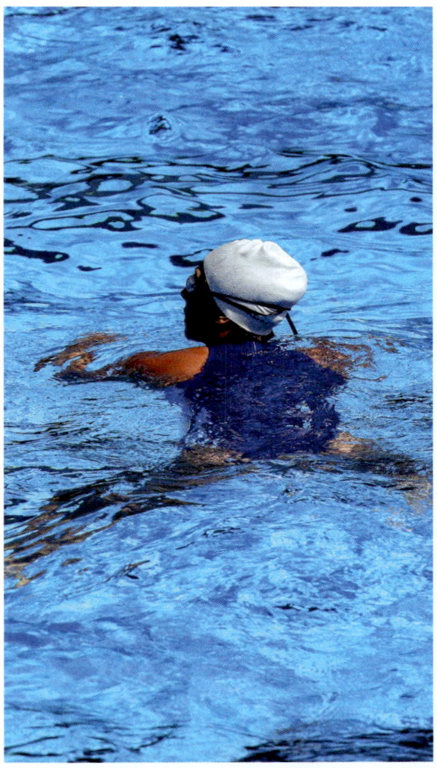
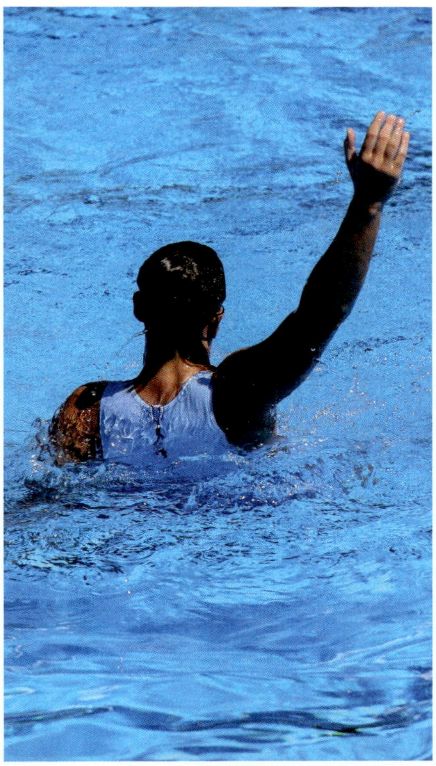
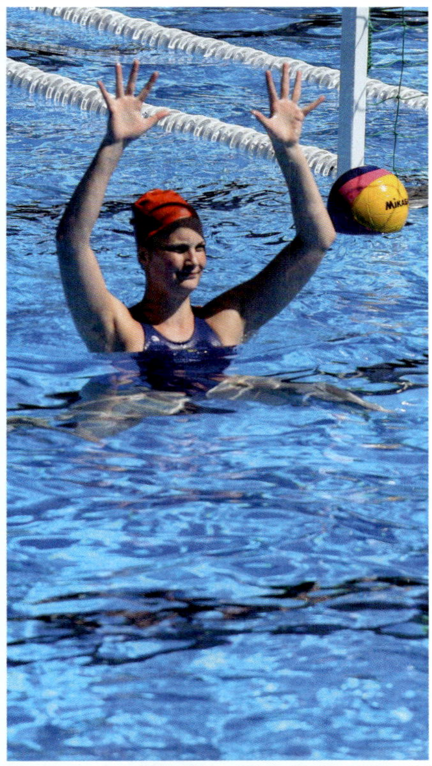

Phasen	Organisation, Material
Hauptteil (35 min)	
Aufziehen als eine Torwurffinte: Den Ball mit dem Drehgriff aufnehmen und in die Wurfauslage führen. Nicht werfen oder passen, sondern den Pass oder Wurf nur antäuschen. Der Wurfarm bildet im Ellbogengelenk fast einen rechten Winkel.	Für jeden Spieler einen Ball Tiefes Wasser

Zielwürfe aus 5 m auf ein Tor mit Torwart: Variationen: Mit ein- bis dreimaligen Aufziehen vorher Vor dem Wurf die Ecke festlegen **Wurfvariante Rückhandwurf** demonstrieren und ausprobieren **Torwürfe nach Dribbling:** Anschwimmen aus 8 m Entfernung, ca. zwei bis drei Armzyklen, anschließender Torwurf Variationen: Druckwurf und Selbstdoppler Zuerst demonstrieren und anschließend ausprobieren	Für jeden Spieler einen Ball, 2 Tore mit jeweils 1 Torwart 2 Gruppen pro Tor Tiefes Wasser
1:1: Der ballführende Spieler schwimmt von der Mittellinie auf ein Tor. Er hat eine halbe bis ganze Länge Vorsprung vor seinem Verteidiger. Ziel ist es, ein Tor zu werfen. Der Verteidiger versucht, den Vorsprung aufzuholen und entweder den Ball wegzuspitzeln oder den Angreifer auf die Außenbahn abzudrängen und gegebenenfalls dort den Wurf zu blocken.	Pro Paar ein Ball, 2 Tore, jeweils 1 Torwart Tiefes Waser

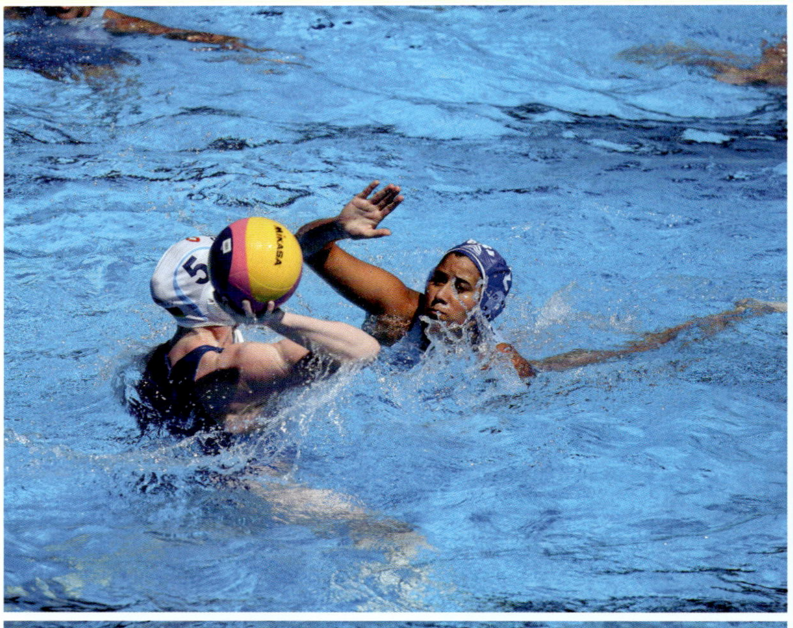

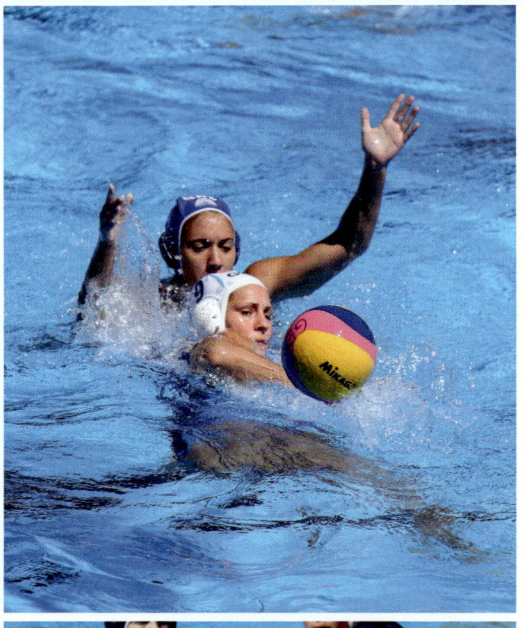

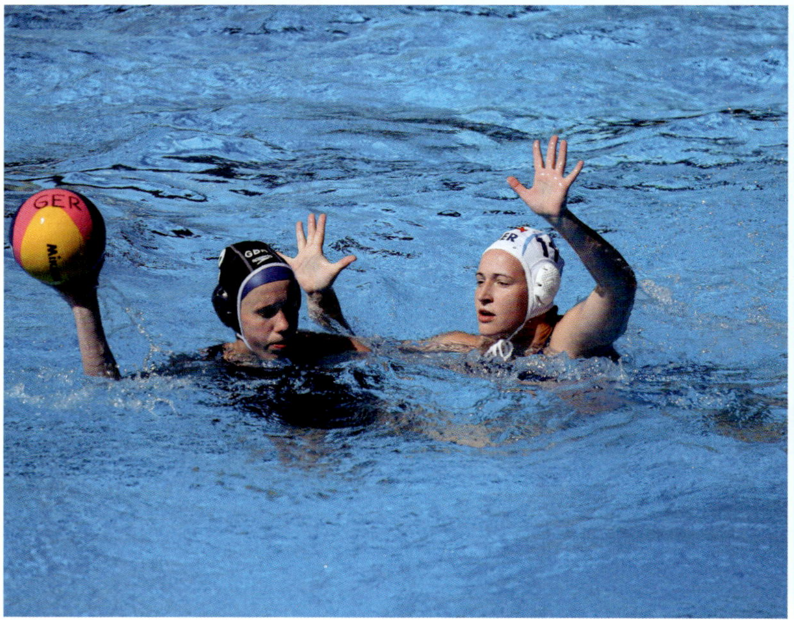

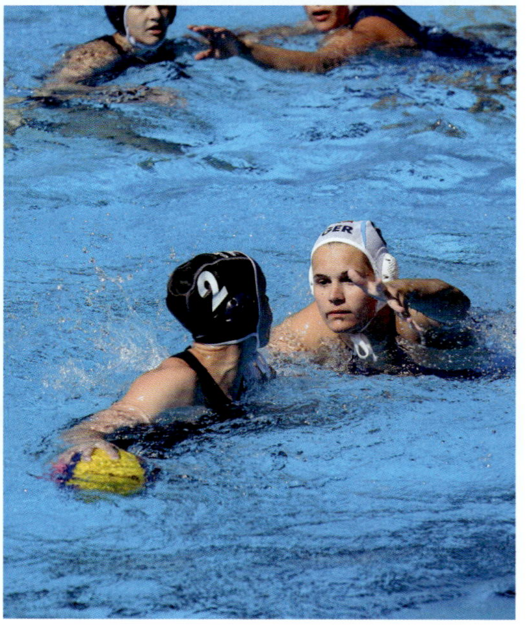

Überzahlspiele: Die Gruppen verteilen sich auf die beiden Tore und spielen einen Angriff aus.	2 Tore, jeweils 1 Torwart 4er-Gruppen
3:1 + Torwart auf ein Tor: Die drei Angreifer nutzen ihre Überzahl durch eine geschickte Staffelung in Tiefe und Breite. Die Angreifer sollen sich so bewegen, dass der Raum für den am besten postierten Spieler zum Torschuss frei wird.	3er-Gruppen 4er-Gruppen
2:1: Zwei Angreifer starten mit Ball von der Mittellinie und versuchen, gegen einen Abwehrspieler zum Torerfolg zu kommen.	
Variation: Erschwert wird die Situation dadurch, dass nach drei Sekunden ein weiterer Abwehrspieler von der Mittellinie startet.	
Spiel **Wasserball** mit fliegenden Wechseln Gespielt werden vier Viertel von maximal vier Minuten Dauer. In den Pausen werden am Rand Spielsituationen besprochen und Fragen geklärt.	2 Tore, jeweils 1 Torwart Tiefes Wasser Pfeife

Reflexionsaufgaben:

Beurteilung der Spielsituationen Herausspielen eines Angriffs/Stören eines Angriffs, Herausspielen und Nutzen von Torgelegenheiten

Der Ballhalter darf angegriffen werden. Dazu erfolgt ein frontaler Angriff des Verteidigers auf den Ballhalter. Eine Hand geht zur Schulter, die andere zum Ball.

Spieler ohne Ball dürfen nicht angegriffen oder behindert werden.

Wenn vorhanden pfeifen die passiven Schüler im Wechsel das Spiel.

Regeln:

Ecken werden ausgeführt.

Freiwürfe werden indirekt ohne Gegnerbehinderung ausgeführt.

Bei einem groben Foul vor dem Tor gibt es einen 5-m-Strafwurf.

Ein Tor ist ungültig, wenn der Schütze den Ball vorher in zwei Händen hatte.

Offensichtliche Fouls an Spielern ohne Ball werden mit Freiwurf geahndet.

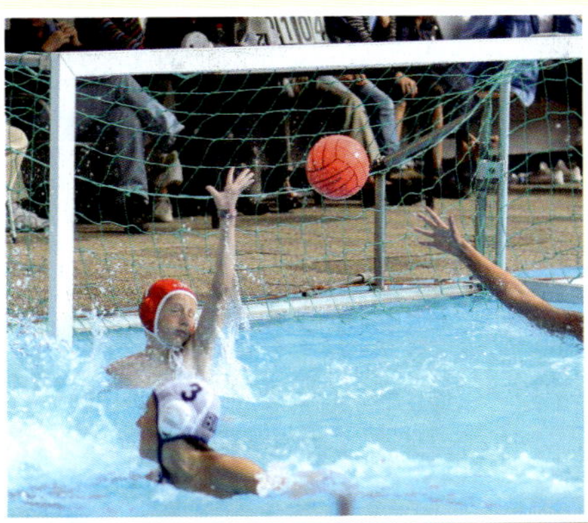

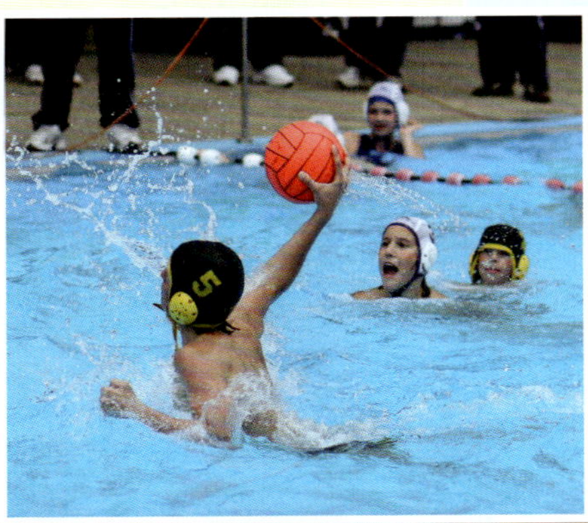

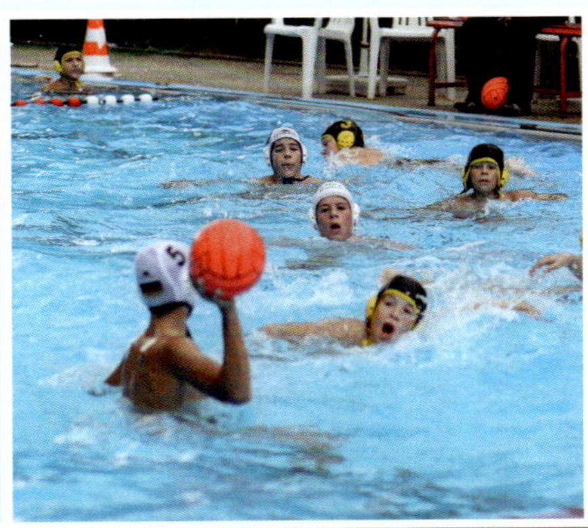

Ausklang (5 Minuten)

Gemeinsame Reflektion des Spiels

Literatur

BASS (Bereinigte Amtliche Sammlung der Schulvorschriften NRW) 2016/17. Erftstadt: Ritterbach.

Brüns, L. (1990): Hinführung zum Kunstschwimmen. In: Häusler, W. (Hrsg.), Sport und Spiel. Lehren und Lernen in Schule, Verein und Freizeit. Band 4: Schwimmen-Wassersport-Wintersport (S. 76-90) Seelze: Friedrich.

DOSB (Hrsg.) (2006) DSB-Sprint-Studie. Eine Untersuchung zur Situation des Schulsports in Deutschland. Aachen: Meyer & Meyer.

DSV (Hrsg.) (2016) Wettkampfbestimmungen. Zugriff am 3.3.17 unter http://www.dsv.de/der-dsv/service/regelwerke/

DSV (Hrsg.) (2004) Vereinbarung über die Gültigkeit „Deutschen Prüfungsordnung Schwimmen – Retten – Tauchen" in Verbänden und Schulen. Zugriff am 3.3.17 unter www.dsv.de/fileadmin/dsv/documents/fitness_und.../Prüfungsordnung_KMK.pdf

Gießing, J. (2008). HIT-Hochintensitätstraining. Das optimierte System für rapiden Muskelaufbau. Arnsberg: Novagenics.

Gogoll, A. (2009). Kompetenzmodelle für das Schulfach Sport – zur Fundierung und Empirisierung sportpädagogischer Bildungserwartungen. In E. Balz (Hrsg.), Sollen und Sein in der Sportpädagogik. Beziehungen zwischen Normativem und Empirischem (S.49-62). Aachen: Shaker.

Fahrner, M., Moritz, N. (2009). Doppelstunde Schwimmen – Unterrichtseinheiten und Stundenbeispiele für Schule und Verein. Schorndorf: Hofmann.

Ferger, K. & Lange, A. (2009). Schwimmen multimedial. Hergenroth: Dr. Ferger.

Frank, G. (2014). Koordinative Fähigkeiten im Schwimmen. Der Schlüssel zur perfekten Technik. Schorndorf: Hofmann.

Hegen, P., Schöllhorn, W. (2012). Gleichzeitig in verschiedenen Bereichen besser werden. Leistungssport, 42 (3), 17-23.

Heim, R. & Sohnsmeyer, J. (2015). In W. Schmidt (Hg.), Dritter Deutscher Kinder- und Jugendsportbericht. Kinder- und Jugendsport im Umbruch (S. 118-139). Schorndorf: Hofmann.

Hirtz, P. (1985). Koordinative Fähigkeiten im Schulsport. Berlin: Volk und Wissen.

Höfling, H., Schlack, R., Kamtsiuris, P., Butschalowsky, H., Schlaud, M. & Kurth, B. (2012). Die Kiggs-Studie. Bundesweit repräsentative Längs- und Querschnittsstudie zur Gesundheit von Kindern und Jugendlichen im Rahmen des Gesundheitsmonitorings am Robert Koch-Institut. Bundesgesundheitsblatt, Gesundheitsforschung, Gesundheitsschutz, 55 (6-7), 836-842.

Hohmann, A., Lames, M. & Letzelter, M. (2002). Einführung in die Trainingswissenschaft. Wiebelsheim: Limpert.

Hollmann, W. & Hettinger, T. (2000). Sportmedizin. Grundlagen für Arbeit, Training und Präventivmedizin. Stuttgart: Schattauer.

Jonath, U. (Hrsg.) (1988). Lexikon Trainingslehre. Reinbek: Rowohlt.

Klieme, Eckard et al. (2007): Zur Entwicklung nationaler Bildungsstandards. Eine Expertise. Zugriff am 3.3.17 unter www.bmbf.de/pub/zur_entwicklung_nationaler_bildungsstandards.pdf

König, S. (2016). Koordinationstraining im Schulsport. In: Thienes, G., Baschta, M., Training im Schulsport (S. 139-158). Schorndorf: Hofmann.

Kurz, D. (2008). Der Auftrag des Schulsports. In: Sportunterricht 57 (7), 211-217. Schorndorf: Hofmann.

Laging, R. (2013). Didaktische Prinzipien des Lehrens und Lernens von Bewegungen. In: Sportunterricht 62 (12), S. 355-359.

Lange, A, Schultz, M. (2010). Wasserball spielend lernen in Schule und Verein. Wiebelsheim: Limpert.

Lange, A., Sinning, S. (2011). Spiele im Wasser. Wiebelsheim: Limpert.

Lange, A. (2013a). Piratenabenteuer. In: SportPraxis (3+4), Wiebelsheim: Limpert.

Lange, A. (2013b). Delfinschwimmen-spektakulär und elegant. SportPraxis (7+8), 13-16. Wiebelsheim: Limpert.

Lange, A. (2015). Schnell, elegant und ökonomisch. Erlernen des Rückenschwimmens. Dr. Josef Raabe Verlag (Hrsg.), Einfach sportlich - Runde Stunden für Einsteiger und Fachfremde. Ringbauchausgabe 7/15. Stuttgart: Dr. Josef Raabe.

Lange, A. (2016). Spielerische Schatzsuche im Wasser. Wasserbewältigung auf abenteuerliche Weise. Dr. Josef Raabe Verlag (Hrsg.), Einfach sportlich - Runde Stunden für Einsteiger und Fachfremde. Ringbauchausgabe 2/16. Stuttgart: Dr. Josef Raabe.

Lange, M., Butschalowsky, H. G., Jentsch, F. et al. (2014). Die erste KiGGS-Folgebefragung (KiGGS Welle 1). Studiendurchführung, Stichprobendesign und Response. Bundesgesundheitsblatt – Gesundheitsforschung – Gesundheitsschutz 57 (7): 747–761

Laughlin, T. (2015). Schwimmen für alle. Das Geheimnis einer effizienten Schwimmtechnik: Freistil, Brust, Rücken, Schmetterling. Bielefeld: Covadonga.

Madsen, O., Reischle, K., Rudolph, K., Wilke. K. (2015). Weg zum Topschwimmer. Band 1. Schorndorf: Hofmann.

Martin, D., Carl, K., Lehnertz. K. (Hrsg.) (1993). Handbuch Trainingslehre. Schorndorf: Hofmann.

Meinel, K., Schnabel, G. (2007). Bewegungslehre – Sportmotorik. Aachen: Meyer & Meyer.

Reischle, K. (2000). Spezielle Didaktik der Sportarft Schwimmen. Frankfurt/Main: Diesterweg.

Reischle, K., Buchner, M., Rudolph, K. & Bouws, N. (Hg.). (2011). SwimStars. Schwimmen lernen und Techniktraining optimieren. Das dsv-Schwimmhandbuch (2. Überarbeitete Auflage). Schorndorf: Hofmann.

Roth, K. & Willimczik, K. (Hg.). (1995). Bewegungswissenschaft. Reinbek: Rowohlt.

Sachsenmaier, C. (2005). Vergleich aktueller Lehrpläne der Bundesländer in Bezug auf das Schwimmen in der Schule. Dsv-Jugend Kassel. Zugriff am 3.3.17 unter www.dsv-jugend.de/content/fachtexte

Scherer, H.-G. (2011). Bewegung lernen und lehren. In: Sportpädagogik 35 (3-4), S. 78-86.

Schlecht, E. (Hg.) (2008). Handlungsprogramm zur Förderung und Qualitätsentwicklung des Schwimmens in der Schule im Regierungsbezirk Arnsberg. Zugriff am 3.3.17 unter bzarnsberg.schulsport-nrw.de/images/.../handlungsprogramm_schwimmen.pdf.

Schöllhorn, W., Hegen, P., Eeckhoff, A. (2014). Differenzielles Lernen und andere motorische Lerntheorien. Spectrum der Sportwissenschaft, 2, 35-55.

Schöllhorn, W. (2010). Differenzielles Lehren und Lernen im Schwimmen. Deutsche Schwimmtrainer-Vereinigung (hrsg.), Schwimmen-Lernen und Optimieren (Bd. 31, S. 7-22). Wuppertal: Eigenverlag.

Schöllhorn, W. (2005). Differenzielles Lehren und Lernen von Bewegung – Durch veränderte Annahmen zu neuen Konsequenzen. In H. Gabler, H. Digel, F. Schiebel, Lehr- und Lernansätze in der Sportwissenschaft. DVS-Symposium, Tübingen, 2004.

Sieland, P. (2003). Ausdauer und Ausdauertraining. In V. Scheid & R. Prohl (Hrsg.), Kursbuch Sport (Trainingslehre), S. 55-86. Wiebelsheim: Limpert.

Stemper, T. & Kels, M. (2016a). Schwimmfähigkeit im Kindesalter. Bedeutung-Definition-Prävalenz. Sportunterricht, 65, 2-9.
Stemper, T. & Kels, M. (2016b). Schwimmfähigkeit in den Lehrplänen der Grundschule. Sportunterricht, 65, 72-76.

Thompson, W. (2014). Worldwide Survey of Fitness Trends for 2015: What's driving the Market? ACSM's Health and Fitness Journal, 18 (6), 8-17.

Ungerechts, B., Volck, G. & Freitag, W. (2012). Band 2: Vermittlung und Training im Schwimmen. In Deutscher Schwimmverband (DSV) (Hrsg.). Lehrplan Schwimmsport. Schorndorf: Hofmann.

Wachter, H.-J. (2005). Schulschwimmen unter versicherungsrechtlichen Gesichtspunkten. Sport-Info des RP Karlsruhe, Heft 2/2005, S. 15-16.

Wilke, K. & Daniel, K. (1994). Wendetechniken im Schwimmsport: Kippwenden. In: SportPraxis 6, S. 11-15.

Winterboer, M. (o.J.). Bewegungsanalyse und Bewegungskorrektur beim Tischtennis abgerufen unter www.tt-college.de/pdf/fehler.pdf

Worth, A. (2014). Brennpunkt – „Schwimmen in der Schule" – Land in Sicht?. sportunterricht, 63 (2), 33.

Wulf, G. (2009). Aufmerksamkeit und motorisches Lernen. München: Elsevier. Zimmermann

Zimmermann, K. (1983). Zur Weiterentwicklung der Theorie der koordinativen Fähigkeiten. Wissenschaftliche Zeitschrift der Deutschen Hochschule für Körperkultur, 24 (3), 33-44.

Zintl, F. (1988). Ausdauertraining. München: BLV.

Schwimmabzeichen

Schwimmabzeichen sind ein unverzichtbares Element des Schwimmunterrichts.
Für die Abnahme von Schwimmabzeichen im Unterricht sprechen folgende Gesichtspunkte:
1. Schwimmabzeichen haben in allen Könnensstufen einen hohen Aufforderungscharakter.
2. Für alle Alters- und Ausbildungsstufen gibt es eine Vielzahl von Schwimmabzeichen.
3. Mit der Abnahme von Schwimmabzeichen wird die Wassersicherheit und Wasservertrautheit weiter verbessert.
4. Mit den Schwimmabzeichen werden auch rettungsspezifische Gesichtspunkte vermittelt.
5. Das Bahnenschwimmen mit dem Ziel der reinen Technik kann in der geschickten Verpackung von Schwimmabzeichen einen neuen, den Unterricht belebenden Anreiz erfahren.
6. Für viele Schüler stellt die Möglichkeit, ein Schwimmabzeichen zu erwerben, eine weitere Motivation dar, sich noch intensiver mit dem Schwimmen zu beschäftigen und das Schwimmen auch außerhalb der Schule/Schulzeit zu betreiben.
7. Schüler mit abgelegtem DLRG-Rettungsschwimmabzeichen in Silber können in Bädern der Kommunen als Badeaufsicht (Ferienjob) eingesetzt werden. Darüber hinaus haben sich solche Schüler bei der Beaufsichtigung von Teilgruppen im Rahmen einer zumutbaren Verantwortung im Schwimmunterricht bewährt.

Laut einer Vereinbarung der Schwimmsporttreibenden Verbände über die Abnahmeberechtigung von Schwimmabzeichen darf jede Lehrkraft, die Schwimmen unterrichtet, Schwimmabzeichen abnehmen. In der „Deutschen Prüfungsordnung Schwimmen-Retten-Tauchen" sind die Prüfungsinhalte und Abnahmeberechtigungen näher erläutert (vgl. Vereinbarung über die Gültigkeit der „DEUTSCHEN PRÜFUNGSORDNUNG SCHWIMMEN-RETTEN-TAUCHEN" in Verbänden und Schulen, beschlossen durch die Kommission „Sport" der Ständigen Konferenz der Länder in der Bundesrepublik Deutschland am 26.11.1997).

Das bekannteste Abzeichen ist sicherlich das Seepferdchen, bei dem die Kinder vom Rand ins Wasser springen, 25 Meter schwimmen und aus brusthohem Wasser zwei Tauchringe heraufholen müssen. Das Überprüfen der Schwimmfähigkeit durch das Seepferdchen und die damit verbundene „Auszeichnung" ist eine Herausforderung, die von den Schwimmanfängern im Allgemeinen gern angenommen wird. Es entsteht ein großer Anreiz, die Teilprüfungen und vor allem die Schwimmfähigkeit unter Beweis zu stellen, da Kinder in der Regel auf das Erreichte stolz sind. Häufig ist es mit eine der ersten Auszeichnungen, mit der Kinder belohnt werden. Viele Schwimmanfänger fiebern regelrecht der Prüfung Seepferdchen entgegen, da sie ein wichtiger Schritt in ihrem Leben ist. Die Kinder möchten gerne zur Gruppe der Schwimmer gehören und sich mit dem Abzeichen schmücken. Wer dieses Abzeichen hat, kann sich zwar über Wasser halten, aber noch nicht sicher schwimmen und muss weiterhin beaufsichtigt werden. Denn Schwimmer sollen problemlos mit jeder Wassersituation zurechtkommen. Wer nur Brustschwimmen kann mit dem Gesicht über Wasser, Angst hat, sein Gesichts ins Wasser zu legen und sich weigert, mit seinem Körper unter Wasser zu gehen, hat große Probleme mit dem Element Wasser und kann in keiner Weise als Schwimmer bezeichnet werden.
Schüler können im Rahmen des Schulschwimmunterrichts auch die Jugendschwimmabzeichen in Bronze, Silber und Gold ablegen, für die folgende Anforderungen gelten:

Bronze:
- Sprung vom Beckenrand und mindestens 200 m Schwimmen in höchstens 15 Minuten
- Herausholen eines Gegenstandes aus ca. 2 m tiefem Wasser
- Sprung aus 1 m Höhe
- Kenntnis der Baderegeln

Silber:
- Startsprung und mindestens 400 m Schwimmen in höchstens 25 Minuten (300 m Bauch- und 100 m Rückenlage)
- Zweimal Heraufholen eines Gegenstandes aus 2 m tiefem Wasser
- 10 m Streckentauchen
- Sprung aus 3 m Höhe
- Kenntnis der Baderegeln

Gold:
- 600 m Schwimmen in höchstens 24 Minuten
- 50 m Brustschwimmen in höchstens 70 Sekunden

- 25 m Kraulschwimmen
- 50 m Rückenschwimmen
- Tieftauchen (drei Tauchringe aus ca. 2 m tiefem Wasser in 3 Minuten)
- 15 m Streckentauchen
- Sprung aus 3 m Höhe
- 50 m Transportschwimmen (Schieben und Ziehen)
- Kenntnis der Baderegeln (Selbst- und einfache Fremdrettung)

SwimStars
Das offizielle Schwimmlernprogramm des Deutschen Schwimm-Verbands heißt „SwimStars". Es besteht im Gegensatz zu anderen Abzeichen nicht nur aus Prüfungskriterien zur Abnahme von Abzeichen, sondern bietet zusätzlich methodisch aufeinander aufbauende Übungen von der Wassergewöhnung bis zur abschließenden Technikoptimierung und besteht aus insgesamt 11 herausfordernden Abzeichen mit Urkunden. Die SwimStars sind in kleinere Lernschritte unterteilt, die mit jeweils fünf Anforderungen abschließen und an die sportfachlich korrekte Schwimmtechnik heranführen. Das 3-Wellensystem gliedert sich in den Bereich „Wassergewöhnung" (die 3 ersten SwimStars Grün, Türkis und Blau), „Ich kann schwimmen" (Schwarz, Rot und Gold) und darauf aufbauend in die dritte Welle „Technik optimieren" mit 5 weiteren SwimStars zu den einzelnen Schwimmarten. Diese Einteilung verbessert die Orientierung für die Lehrkraft und die Motivation der Lerngruppe. Kleine Lernerfolge werden sofort sichtbar und belohnt.